ROYAUME
DE
CORÉE
HOANG-HAI ou MER JAUNE
HIEN KING

Poro-erghi
Kirin Ula
Turbede
LEAOTON
Mogden
Sarhu
Toan-tchuan
Peytan
Pinyan
Fon-tchuen
Pe-hoan-tchin-taho
Kiao-tao
Tsiao-fon
Tsian-hoa
Te-ho-tao
Yuen-shan-tao
Yun-shan-tao
Yan-tcheou
Hay-shan-tao
Nantao
Te-tchin
Mer Jaune
Lay-tcheu
Ten-tcheu
Tchin-shah-oey
Sian-yan
Han-kee
Teyuen
Taotchuen
Ho-tao
Tchan

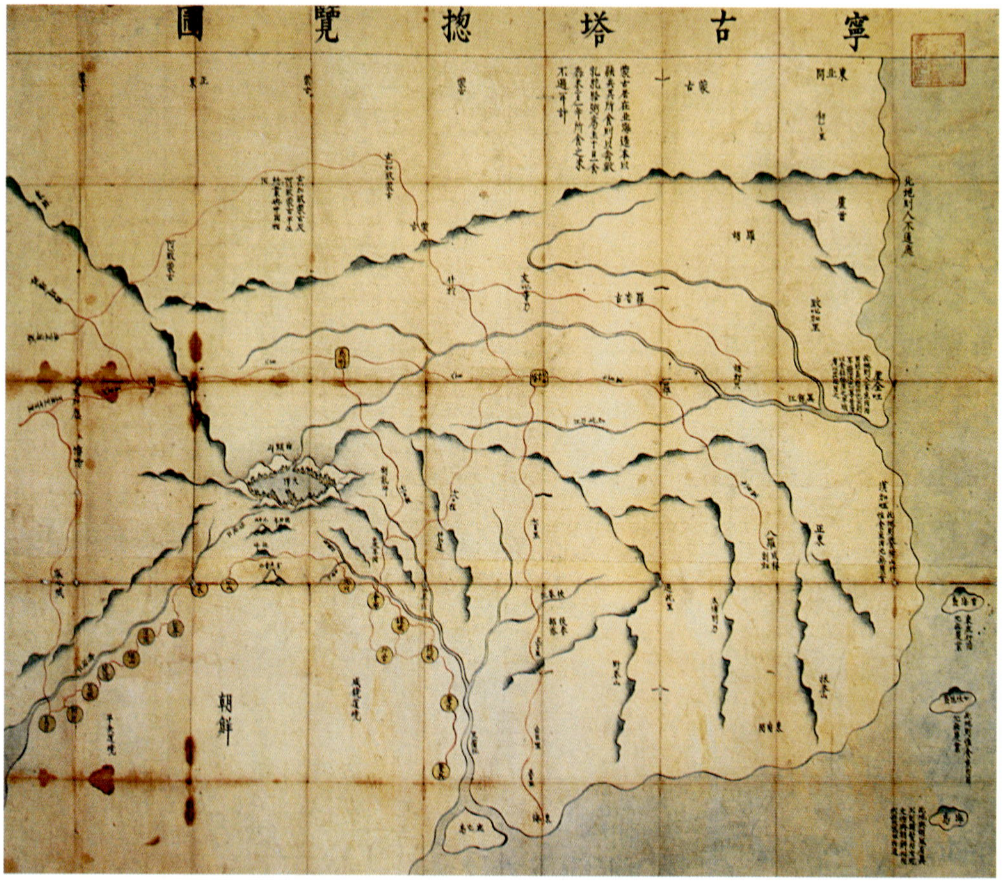
寧古塔摠覽圖
朝鮮

일만리 조선강토의 침축사

一萬里 朝鮮疆土의 侵縮史

一萬里 疆土가 三千里江山이 된 까닭

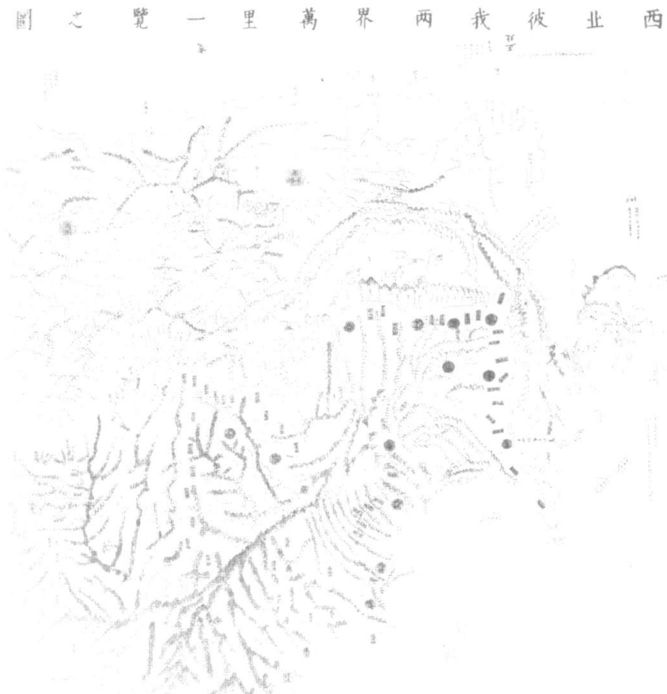

양태진 지음

백산출판사

머리말

인류의 삶이 대지(大地)를 모태(母胎)로 하듯 국가는 영토를 모태로 구성, 발전과 쇠락을 거듭해 왔다. 이렇게 볼 때 세계사나 국사 또한 대소국 간의 강역(疆域)변천사와 맥락을 같이하고 있다. 즉 나라별 영토의 확축사(擴縮史)가 곧바로 세계사나 자국사(自國史)와 직결되어 있는 것이다. 우리나라의 경우 고대는 물론 조선시대 전·중기(前中期)만 하더라도 조선의 강토는 일만 리(一萬里)라는 영토관이 조야 간(朝野間)에 의심의 여지가 없었다.

그 같은 영토의식이 사그라지기 시작한 것은 주변국의 침략과 후기 위정자들의 왕도수호(王都守護)라는 자폐의식으로 인해 변경(邊境)관리에 여력이 없었기 때문이다. 즉 서남쪽 왜구의 창궐과 임진왜란, 북으로는 신흥국인 청(淸)의 위세에 따른 정묘호란과 병자호란, 동북쪽으로는 시베리아 연해주 땅을 상실하면서 조선의 강토가 '일만 리'라는 강역의식에서 멀어지게 된 것이다.

그리고 보다 결정적인 요인은 1712년(조선 숙종 38년) 백두산에 정계비가 세워지고 청 측의 봉금제도가 강화되면서 만주 땅을 우리의 판도에서 멀어지게 한 데다, 청조의 중화정책(中華政策)에 속박되어 국세(國勢)가 위축되어 왔기 때문이다.

무엇보다 변경지대에 대한 국가적 관리가 취약해지면서 해상에서는 해방정책(海防政策)의 부재나 다름없는 상황 속에, 날로 침략의 도를 더해오는 주변국들의 정치군사적 위세에 짓눌려 변방의 요충지인 대마도의 상실을 비롯해 동북지역의 군사적 거점인 녹둔도를 상실하게 되는 가운데, 백두산 정계비문상의 동위토문(東爲土門)에 따른 토문강 국경설을 견지하지 못하고 부당하게 두만강 국경하천으로 밀리고 만 것이다. 이 같은 상황하에 우리의 국토는 대한해협을 경계로 광대한 해양권이 제약을 받게 되었고, 나아가 응당 되돌려 받아야 할 간도 땅마저 중국 측 관할에 놓이게 되었다. 뿐만이 아니다. 전통적으로 압록강, 두만강상의 사주(沙洲) 및 도서(島嶼)들은 우리나라 영토로 귀속되어 온 역사적 사실마저 부인당하는가 하면, 민족의 성산(聖山)은 물론 그 핵심처인 백두산 천지조차 분할 · 관리되는 비운을 맞고 있다. 이 같은 사실들은 우리 민족의 의사와 전혀 다르게 중국, 러시아와 국경을 맞대고 있는 북 측과의 관련조약으로 인해, 통일 대한민국이 풀어나가야 할 영토관리정책상의 어려움을 가중시키고 있다.

이러한 까닭에 지난날 일만 리였던 우리의 강토가 삼천리강토로 좁혀져 왔고, 국민들의 영토의식은 삼천리강토라는 편협된 사고에 파묻히고 만 것이다.

역사는 되풀이된다는 교훈을 예로 들지 않더라도, 역사가 국민적 · 민족적 혼(魂)의 실체임을 감안할 때, 일만 리(一萬里) 영토의식이야말로 국수적이니 비현실적이니 하는 사고에서 결단코 벗어나야 한다. 역사는 준비되지 않은 자에게는 그 교훈이 이어질 수 없다. 일만 리 강토라는 영토의식을 우리 모두의 마음속 깊이 간직해, 긍지에 찬 이 시대를 살아가는 국민으로 자임해 주기를 바라면서 졸저를 간행하였으니 독자 여러분의 많은 질정(叱正)을 바랄 뿐이다.

저 자

차 례

西北彼我兩界萬里一覽之圖

A MAP of
QUAN-TONG
or
LEA - TONGE
PROVINCE;
and the
KINGDOM
of
KAU-LI or COREA
THE WHANG HAY OR YELLOW SEA
SEA OF KOREA
QUAN-TONG OR LEA-TONGE
or Gulf of
LEA-TONGE
TSYEN-LO
Remarks
A Stroke under the Name of a Place shews the Latitude observed.
Pira or River.
Hotun or City.
Omo or Lake.
K. Kiamen, or Post House
P. Paychang or Village
Quelpaert according to the Dutch Charts
I. Twi-ma-tau belonging to Japan
Long. East of Pe-king
Long. from London
Plate 22. No. 14. Page 7.

第1章

一萬里 朝鮮
疆土의 侵縮史

발해국 이후 만주와 시베리아、청·러에 의해 침축(侵縮)되다

1

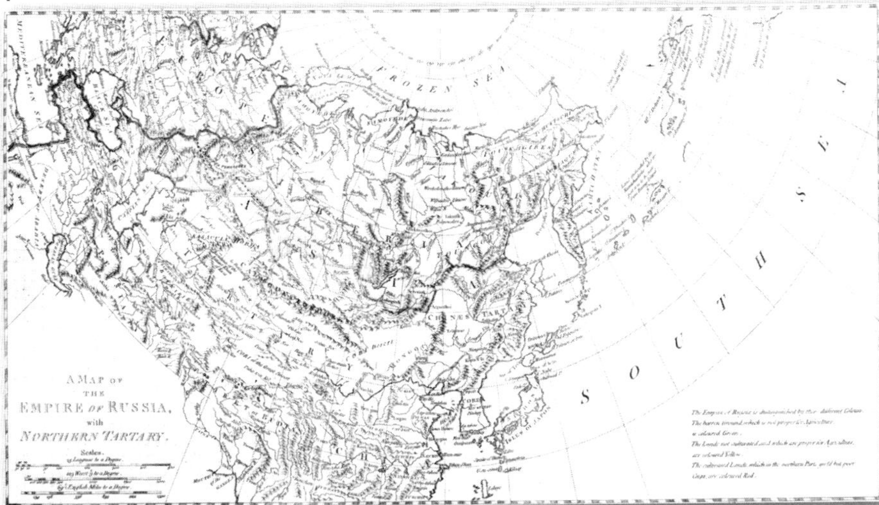

2

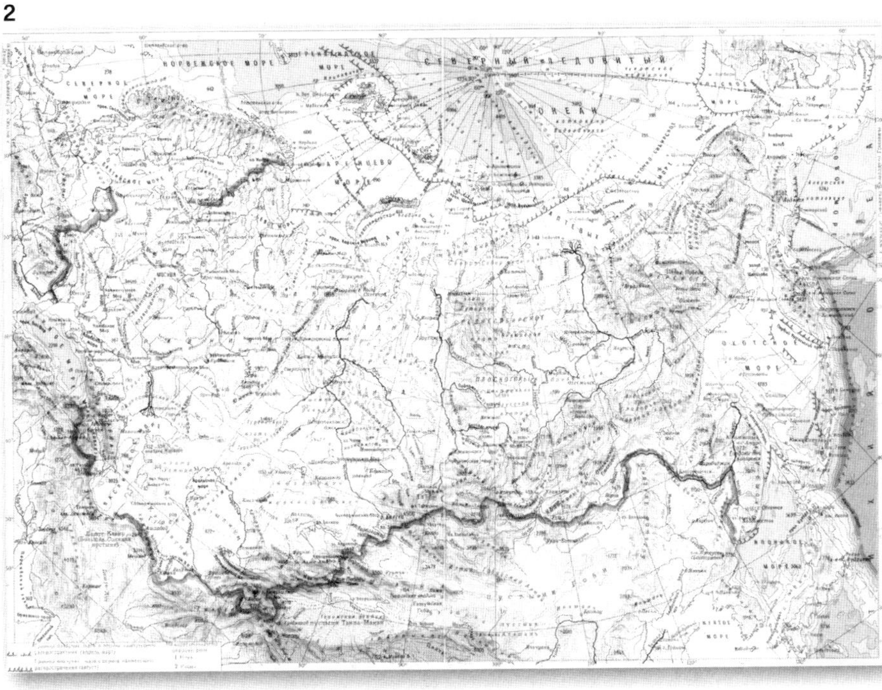

1_부동항을 찾아 시베리아 · 연해주 · 캄차카 반도를 향해 영토를 확장한 러시아영역도 지도
2_3천만분지 1로 제작된 러시아 최대 판도(版圖)

3

3_요동 · 만주 일원이 우리나라 영역에 속해 있는 18세기에 제작된 영문판 지도

•第1章•

발해국 이후 만주와 시베리아, 청 · 러에 의해 침축(侵縮)되다

1. 러시아의 동침(東侵)과 청조(淸朝)에 의해 만주와 시베리아 땅을 상실(喪失)하다

발해 멸망 후 무인광야지대(無人曠野地帶)나 다름없던 만주 및 시베리아 연해주 일대는 청조(淸朝)의 발흥(勃興)과 러시아의 동침(東侵)으로 이 땅을 잃어버리게 됨으로써 1만 리(一萬里) 강토가 삼천 리로 줄어들게 되었다.

명(明)나라 말기에 건국된 청(淸)나라는 대외관계에 있어 매우 소극적이었다. 13세기에 몽골이 러시아를 정복하고 흠찰한국(欽察汗國)을 세운 후 비올가(Волга) 하반(河畔)인 사라이로부터 다수의 타타르(Татал)인인 도루코족(族)을 구사(驅使)해 러시아를 통치하기 2세기에 이르며 그 세력을 키워오며 동방으로의 침로를 제대로 대처하지 못하였다.

오늘날의 토포리스크(ТободЬск)에서 이루도이시(Иртыш)川으로 거슬러 올라가는 지역에는 이스겔(Искер)이라는 성(城)이 있었는데, 이 성(城)을 중심으로 세력을 형성하고 있던 나라가 바로 시비리(СибирЬ) 소왕국이었다. 이러한 시비리국은 오늘날의 토포리스크(ТободЬск)에서 이루도이시(Иртыш)川 도보루, 다뷔드 등 여러 하천유역이 포함된 지역으로 이들 하천(河川)을 거슬러 올라가면 이스겔(Искер) 성을 중심으로 한 주변 일대가 시비리국이었다. 본시 이스겔(Искер)이라는 명칭은 타타르(Татал)인에 의해 붙여진 지명인데, 러시아인들이 타타르인들의 수도(首都)인 시비리(Сибирв)를 이 지역의 지명으로 삼으면서 시베리아라는 명칭으로 전해지게 되었다.[1)]

원래는 쿠우치므(Кучум)한(汗)의 영지(領地)로서 시비리국이 이에르마크(ЕрмакТимофеевич)의[2)] 원정(遠征)으로 인해 1580년대에 소멸한 이후, 우랄 이동(以東) 지역이 점차 제정(帝政)러시아의 영역에 포함된 이래 시베리아라는 지명이 포괄하는 범위도 넓어졌다.[3)]

요컨대 16세기 후반에 이르러 코사크의 추장(酋長) 이에르마크(ЕрмакТимофеевич)가 시비리(СибирЬ)에 침입, 원주민들을 정복하였고 17세기에 들어와서는 몽골인의 근거지를 점령함으로써 신흥한 청(淸)나라와 직접 교섭하기에 이르렀다. 따라서 러시아 본토와 시베리아 사이는 우랄(Урал)산맥이 경계로 되어 있었는데, 이 산맥은 알프스나 히말라야와 같은 습곡산맥(褶曲山脈)이 아니어서 기후 조건을 제외한다면 종족이동(種族移動)에 큰 장애가 되지 않았다. 우랄산맥 동쪽과 서부 시베리아는 대평원(大平原)으로 예니세이(Енисей) 하반(河畔)까지는 구릉(丘陵)이라 할 만한 지대가 없을 뿐만 아니라 사실상 발해 멸망 후 무인광야지대(無人廣野地帶)나 다름이 없었다.

이러한 지대를 러시아가 1587년 토포리스크(ТободЬск), 1604년 톰스크(Томск), 1619년 예니세이스크(Енисеск)[4)], 1632년 야크츠크(Якутск), 1638년 오호츠크(О

---

1) Сереломнињ, С.М., ИсторичесскійОчеркъ Завоеванія АзіатскойРссіи(Переселенчское Управленія Землеустройства и Землелъія Азіатская Россія, Vol. 1, Петербургъ, p. 6).
大橋興一, 帝政ロシアのシベリア開發と東方進出過程, 日本 : 東海大學出版部, 1974, pp. 83~84.

2) 이에르마크(ЕрмакТимофеевич : ?~1584) : 러시아의 探險家로 처음에는 비올가流域으로 출몰한 盜賊이었다. 이반 4세의 정부군에 獻身하다가 邊境地帶의 巨商 스도로코노후家의 보호를 청해 이 巨商家의 世襲地 내에 居하는 韃靼部族의 시비루汗國의 追放을 의뢰받아 우랄산맥을 넘어 1581년 시비루汗國을 평정하고 이 지역을 이반 4세에 獻上하였다. 이에 이전의 罪를 赦함 받고 시비루公에 봉해졌다. 이전 시비루汗國 구챠므의 急襲을 받아 이루데이시河에서 溺死하였다.

3) 시비리의 땅(Сибирсская Земля)이라고 사용한 시기는, 1407년 러시아 原初年代記(除村吉太郎 譯, 昭和 18年)의 작자(作者)로부터인데, 프챠크汗이었던 도쿠타민이 듀메니 부근인 시비리地에서 살해되었음을 서술한 데서 비롯되었다.

4) 예니세이(Енисей)河는 서부 시베리아의 大河로 外蒙古에서 發源하여 北氷洋으로 흐르는데 이 江 左岸에는 1618년에 건설한 예니세이스크市가 있다. 강 상류지대인 미니신스크 부근은 선사시대 이래 인류가 살아온 청동기문화가 발달해 온 곳으로 유명한 예니세이碑文을 비롯하여 突厥 回鶻문자를 새긴 碑文들이 殘存해 있다.

хотское)를 건설하고, 그 후 수십 년 뒤에는 태평양 연안으로 그 모습을 드러냈다.[5)]

1632년 야크츠크[6)]에 근거지를 둔 러시아인 무리가 레나河(Дена)를 따라 퉁구스족이 거처하는 강 상류의 산맥을 넘어 제야河(Зея)와 시루카河(Шилка) 등 일대에 곡물과 금 등, 수많은 자원이 있다는 소문을 듣고, 비오톨 코로뷘(Петр Головин)이라는 시베리아 관할 장군은 1643년 Poyarkov(ВаслийДанирович Прярков)라는 인물을 파견, 제야河(Зея) 유역을 탐색하도록 하였다. 당시 이 지역에 자원이 풍부하다고 알려져 있었기 때문이다. 특히 금광과 모피류(毛皮類 : 黑貂, 白貂, 黑狐, 白狐, 白狼, 栗鼠毛皮 등)를 다량으로 수확할 수 있다는 소문이 무성하게 나돌았다.

포야르고흐는 1646년 이 지역을 탐험하고 야크츠크로 돌아왔다. 귀로 중 식량이 떨어져 청조(清朝)에 조공(朝貢)하는 다우리족(族) 거주지를 약탈, 참획하는 일을 저질러 토착민의 원성을 샀다.

다우리족은 대청일통지(大清一統志)에 달호이(達虎爾)라 기록되어 있으며, 제야河(Зея : 精奇里河 一統志의 淨溪里河) 유역에 살고 있던 만주족과 흡사한 인종으로 눈강(嫩江) 유역에 주로 모여 살았다.

그 다음으로 Fransbekov가 Kharbarov(ЕрофейПавдович Хабаров)로 하여금 흑룡강(Амур) 유역을 탐색하도록 하였다. 이에 하바로프(Kharbarov)는 150명의 탐험대를 인솔하고 오레쿠마河(Олекма)를 건너 흑룡강 유역으로 나아가 다우리족을 정복하고 Albazin, 즉 이른바 아극살(雅克薩 : Yacsa)을 구축하였다.[7)]

---

5) 大橋興一, 帝政ロシアのシベリア開發と東方進出過程, 日本 : 東海大學出版部, 1974, pp. 83~84.
Golder, Russian Expansion on the Pacific, pp. 33~66.
稲葉岩吉, 滿洲發達史, 日本 : 評論社, 1935(昭和 10年), p. 337.

6) 야크츠크(雅庫)는 시베리아 야구도 自治國의 首都로 레나河 支流에 臨해 있다. 16세기 이래 러시아인들이 동방으로 눈길을 돌리면서 상업거래의 요충지가 되었다. 야크츠크는 이 지방의 水路交通으로 1640년 모스크바 정부가 이곳을 행정중심지로 정하고 야크츠크市라 명명하였다. 그러나 이 지역이 寒冷하고 경제력이 빈약하여 예니세이스크를 근거지로 흑룡강 탐험을 진행, 1958년 네르친스크가 건설되자 흑룡강 일대가 야크츠크와 분리, 이르쿠츠크의 발흥과 동시에 야크츠크는 쇠퇴하였다. 19세기경 이르쿠츠크縣에 속하는 1개 주가 되고 1922년 자치공화국이 되면서 행정의 중심지로 자리 잡았다.
БартолЬд В.В., История ИЗучения Востока в Европе и Россин, Ленингра, 1925, p. 189.

7) 雅克薩은 Yacsa, 즉 야크사라 발음하며 일명 Albazin이라 불린다. 러시아 극동진출의 첫 관문으

이렇듯 러시아가 동(東)으로 동으로 그 세력을 넓힘으로써 50년이 채 못 되어 청군과 마주치기에 이르렀다. 무엇보다 오스토로크(Остpr)라 하는 책장(柵場)은 코사크족이 주변 원주민들의 습격을 방어함과 동시에 원주민들로부터 거저 빼앗다시피 한 모피류들을 관리함과 동시에 가렴주구(苛斂誅求)의 책원지(策源地)로 삼았다.

오스토로크(Остpr) 책장(柵場)이 늘어날수록, 원주민인 토인(土人)들의 박해가 심해지자 하는 수 없이 뿔뿔이 흩어져 일부는 침략자인 코사크족에, 일부는 몽골족에 또는 만주지역으로 투항하고 말았다. 코사크족은 1639년대에 퉁구스인들로부터 흑룡강(黑龍江)이라는 강명(江名)을 알게 되었고, 이어서 시루가河(失耳喀 : Шилка)를 발견하였다.

이후 이들 강(江)을 이용하여 양양(洋洋)한 대하(大河)로 남류(南流)하는 발판을 마련하였다.[8] 무엇보다 흑룡강(黑龍江) 상류지인 아루쿤河(АргунЬ)와 제야河(精吉里 : Зея) 일대는 코사크족들의 수렵장화(狩獵場化)됨과 동시에 원주민들인 타타르인 및 소론(索倫)족들은 이들의 박해를 견뎌내기 어렵게 되었다. 1652년 러시아인 선봉대들이 니포초하구(尼布楚河口)에 요새(要塞)를 구축하고 이를 네르친스크(Нерчинск)라 명명하였다.

이어서 하바로프의 원정대(遠征隊) 가운데 한 무리가 흑룡강으로부터 송화강을 돌아 호루가채(寨)를 공략함에 청·러 양국 간에 갈등이 유발되었고, 아극살(雅克薩)에 알바진요새(要塞)를 마련함에 긴장은 고조되었다. 이때가 순치(順治)

로 1651년(順治 8년) 하바로프가 점령, 城塞를 구축한 곳이다. 이른바 羅禪征伐에 따라 朝鮮軍이 참전해 승리를 거둔 곳이기도 하다. 1689년(康熙 28년) 淸領으로 確定, 城塞는 파괴되었다.

8) 시루가(失耳喀 : Шилка)는 Syr-darya라 부르기도 하는데, 중앙아시아의 大河로 天山山脈 서부에서 발원 西北流하여 아랄海에 들어간다. 기리시아人은 구자루데스(Yaxartes)河라 부른다. 이란에서는 진주를 의미하는 야흐샤니알타(Yakhsha-arta)로 추정하며 隋唐書에는 藥殺水 眞珠河라 混載하고 있다.
돌궐비문에는 Yincu-uguz, 즉 진주라 묘사하고 아랍어로는 Saihun, 元明시대에는 호쥐엔토하((灌闌沒輂 : 곽선몰련) 忽章河 火站河)라 하였다. 시루라는 명칭은 17세기 아랄海에서 비롯 下流에는 델타가 없고 上流域에 휘에루가나 타시켄트 중심으로 中流 左岸지방에 오아시스가 발달해 있다. 옛적부터 遊牧民族과의 交易이 이루어졌던 곳이다. 시루하는 소쿠토지방을 중심으로 트란스오기지아나의 北境인데, 이란과 非이란계 사이의 境界가 되어왔다.
11세기 이후 토루고족의 征服 이후 移住가 시작되었고 15~16세기경 이른바 도루기스탄이 出現해 본래의 의의를 상실하였으며, 농경사회와의 경계가 될 정도의 河川이었다.

10~11년(1653~1654년) 봄 사이였다. 청조(淸朝)는 영고탑(寧古塔)의 묘방장경(昴邦章京) 사이호달(沙爾虎達)로 하여금 변급(邊岌)[9]이 이끄는 조선의 총포원정군(銃砲遠征軍)과 연합하여 공격에 나섰다. 반면 러시아측은 하바로프가 이끄는 원정대의 전력은 미약할 뿐만 아니라 지리적으로도 낯선 곳이라 접전결과(接戰結果) 패배하고 말았다.

1658년에는 Stepanov가 Kharbarov를 대신해 흑룡강 하류를 경략하고자 함에 청군은 다우리족을 흑룡강 우안(右岸)으로 이주케 하고, 러시아인의 식량약탈에 대비, 이들을 조선의 신유(申瀏)[10] 장군이 이끄는 조총수(鳥銃手) 200명과 함께 추격, 잔멸(殘滅)시킴으로써 일시 흑룡강 유역은 평정되었다.

청이 일찍이 러시아 원정대(遠征隊)가 동(東)으로 출몰하는 것을 저지할 수 없었던 것은 삼번(三藩)의 난(亂)[11]과 대만(臺灣)의 병탄(倂呑)이 순조롭지 못한데다 내정(內政)이 불안하였기 때문이었다.

그런데 다행히 1678년 삼번난(三藩亂)의 주역인 오삼계(吳三桂)의 사망과 동시에 난이 평정되고, 대만의 정경(鄭經)[12] 역시 사망함에 따라 대만도 청(淸)의 판도(版圖)에 들어옴으로써 이후 보다 적극적인 대외방비(對外防備)에 나설 수 있었다.[13]

1682년 강희제는 더 이상 러시아의 남하(南下)를 두고만 볼 수 없어 만주지역에 있는 청태조, 태종의 두 능과 흥경(興京)에 있는 사대조(四代祖)의 능을 참배

9) 邊岌은 1654년(朝鮮 孝宗 5년) 咸鏡道 兵馬虞候로 있으면서 王名으로 鳥銃軍 100여 명을 이끌고 淸軍과 연합해 흑룡강에서 러시아군을 무찔러 國威를 떨치고 凱旋하였고, 1656년 全羅水使, 顯宗 초 忠洪道水使로 전임되었다.

10) 申瀏는 孝宗 때의 將軍으로 武科 及第 후 虞侯가 되어 鳥銃手 200명을 이끌고 羅禪征伐에 나서 黑龍江에서 러시아군을 掃蕩하고 歸國하였다. 戰功으로 嘉善大夫에 올랐으며 統制使가 되었다. 淸白, 勤勉, 威德을 갖춘 將帥로서 品格이 뛰어났다고 한다.

11) 三藩은 雲南의 平西王인 吳三桂, 廣東의 平南王 尙之信, 福建의 靖南王 耿精忠을 일컫는 것으로 이들은 모두 漢人將軍으로 淸初에 反旗를 들었는데, 1678년 吳三桂의 死亡으로 亂이 平定되었다.

12) 鄭經(1642(崇禎 15)~1681(康熙 20))은 鄭成功의 아들로 일명 鄭錦이라고도 한다. 康熙 13년(1674년) 삼번의 난이 일어남에 대륙으로 출병, 혼란을 야기하였으나 난이 평정됨에 고립되어 있다가 사망한 인물이다.

13) 矢野仁一, 滿洲近代史, 1941年(昭和 16年), pp. 57~58.
稻葉岩吉, 滿洲發達史, 1936年, 日本 : 評論社, pp. 337~338.

할 겸, 청조발상지(淸朝發祥地)를 돌아본다는 구실로 순행길을 나섰다.

강희제 일행이 흥경(興京)에 다다른 후, 영액변문(英額邊門)에서 대위장(大圍場)을 횡단, 이통주가도(伊通州街道)로 나와 오라길림(烏拉吉林)에 도달하였다. 당시 조선과의 국경에 관해 언급함으로써 1712년에 백두산정계비가 세워지는 빌미가 되기도 하였다.

강희제(康熙帝)는 요하(遼河)의 수운(水運)과 송화강(松花江) 수운을 연결해 이통하(伊通河)로 이어지게 해, 물자공급 부족에 시달리는 길림, 흑룡강 일대의 군량미 수송준비에 도움을 주고자 요하의 수운을 이용, 신민둔(新民屯)의 동편(東便), 거요하(巨遼河)의 개성(開城)에 제일병참창(第一兵站倉)을, 여기서 등자촌(鄧子村 : 일명 等色屯)이라고 하는 동요하(東遼河) 상류의 혁이소하(赫爾蘇河)에 제이병참창(第二兵站倉)을, 등자촌이 요하 수운의 끝이라 몽골인들로 하여금 육로인 100여 리 길을 도보로 운반, 이통문(伊通門 : 일명 易屯門)에 이르게 하였다.

제삼병참창(第三兵站倉)은 이통문에서 다시 배편으로 역둔하(易屯河)로 내려와 역둔구(易屯口)로 나와 송화강에 도달케 하였다. 당시 동원된 배는 요하에 50척, 이통하에 50척으로 배에 실을 수 있는 양은 배마다 60석(청나라 기준으로 60石)이라 하므로 송화강에 다닐 수 있는 큰 배의 경우 200석을 실어 나를 수 있었다고 한다.

송화강을 거쳐 나온 뱃길은 눈강(嫩江)을 거슬러 지지하르(齊齊哈爾)로 나와, 다시 강류를 거슬러 올라가 묵이근(墨爾根)에 도달한 후 흑룡강 대안인 아이쿤(愛琿)으로 수송하였다.

역참(驛站)으로는 개원(開原)에서 위원보(威遠堡)로 나와 유조변(柳條邊)을 따라 이통주(伊通州)를 경유, 쇄인(刷烟)에서 길림(吉林)으로 길림 이북은 송화강 연안(沿岸)을 따라 백도납(伯都納)을 경유, 아이쿤으로 이어졌다. 길림에서 아이쿤까지 1,300여 리가 되는데, 여기에 19개의 역참(驛站)을 두었다.

이후 러시아인들이 흑룡강 상류인 네르친스크(Нерчинск) 방면으로부터 원군(援軍)을 지원받아 점차 남하하여 아극살(雅克薩)을 탈취함에 재차 청군과 충돌하였으며, 이후 이 같은 공방(攻防)이 이어지면서 17세기 중엽에 들어 러·청 간에 교섭을 갖게 되었다.

물론 그 이전 시기인 1567년 Petrov와 Yallysheff가 러시아 측 대표가 되어 청제(清帝)를 알현하고자 하였으나 공물(貢物)을 올리지 않았다는 이유로 거절당하였고, 1619년(明 萬曆 47년) 톰스크(Томск)에서 파견된 Evashko와 Pettlin가 북경에 왔으나 역시 공물(貢物) 없이 문서만 휴대하고 청제의 알현(謁見)을 청하므로 거절당한 바 있다.

당시 러시아의 세력은 우랄(Урал)산맥을 넘어 카스피海(Касписке Море) 이동(以東)으로 뻗치고 있었고, Michael Romanoff 때에는 예니세이 하반(河畔)인 예니세이스크(Енисеск)까지 그 세력을 뻗쳤다. 이에 대해 대청일통지(大清一統志)에 '명시조어삭막미통중국(明時阻於朔漠未通中國)'이라 하여, 러시아 사절이 처음으로 북경(北京)에 온 것이 세조 때인 순치(順治) 12년(1655년)으로 보고 있으나, 황조통고(皇朝通考)에는 이듬해인 순치 13년인 1660년이라고 기술되어 있다.[14)]

이때는 러시아의 차르(ЦарЬ) 알렉세이 미하이로비치(АдекйМихалович)가 통치하던 시기로 코사크의 원정대가 태평양에 도달했으나 생필품 조달이 곤란했을 뿐만 아니라 현지인 한지(寒地)에서의 곡물과 야채 등의 식품을 구할 수 없었다. 이에 러시아인들은 흑룡강 유역의 다우리족 및 소론(索倫)족을 약탈하는 한편 대상(隊商)을 북경으로 보내 청과 무역을 시도하고자 하였다.[15)] 흑룡강 유역을 탐험하면서 다우리족과 소론족을 약탈해 온 러시아인들을 중국에서는 아라사(俄羅斯), 라차우(羅叉又), 라찰(羅刹)이라 불렀고, 이들이 준동하는 지역을 황폐한 지대라 하여 라차우 또는 라찰이라 칭하였다.

이 밖에 라차(羅車), 라사(羅沙), 노찰(老察), 라선(羅先), 로차(虜車), 차한(車漢)이라하여 표기를 달리하고 있지만, 실은 러시아 명칭의 대음(對音)이다. 특히 차한(車漢)이란 말은 찰안(察顔), 찰한(察罕)에서 온 것인데, 강희연간(康熙年間)의 러시아 표문(表文)에도 찰한한(察罕汗)이라 자칭하였다. 그런가 하면 나선(羅禪)을 정토(征討)하기 위해 내한한 청차(清差) 한거원(韓巨源)을 보고 효종은 나선이 어떤 나라인가 물음에 영고탑 근방에 있는 별종(別種)이라 한 것으로 보아 러시

14) 皇朝通考, 卷三百, 四裔考, 俄羅斯; 大清一統志, 卷四百二十三之七, 俄羅斯.

15) 兪止燮, 俄羅斯事輯錄; 何秋濤, 俄羅斯互市始末.

아에 대한 청(淸) · 조(朝) 양국은 이들에 대한 예비지식이 매우 빈약했던 것으로 보인다.16)

2. 청 · 러의 조우(遭遇)와 네르친스크(Нерчинск : 尼布楚)조약(條約)

강희 15년 러시아인 니과뢰한(尼果賴罕) 백리이악유책(伯里爾鄂維策)이 청나라에 왔을 때 통상을 허락함과 동시에 서찰을 보내 러시아인의 변경 침략을 금지토록 요청했으나 별다른 효과가 없었다.

강희 21년(1682년) 부도통(副都統) 낭담(郎談 : Langtan), 공팽춘(公彭春 : Pao-chun, Cong), 살포소(薩布索 : Salpso) 등에게 오소리(烏蘇里), 영고탑(寧古塔), 아극살(雅克薩) 등지를 정찰해 흑룡강변과 호마이(呼瑪爾 : 코마루)에 목책(木栅)을 세우고 영고탑 장군 파해(巴海), 부도통 살포소(薩布素)로 하여금 수비케 하고 강안(江岸) 각 처에 위술소(衛戍所)를 두었다.

강희 22년(1683년)에 흑룡강성을 쌓고 살포소를 장군으로 임명하고, 강희 24년 도통(都統) 팽춘(彭春), 좌도독(左都督) 하우 등으로 하여금 아극살성(雅克薩城)을 함락시켜 이를 파괴하고 수장(守將) 액리극사(額里克舍 : Alexis)에게 러시아 황제에게 올릴 서찰을 주어 다시는 침략하지 않겠다는 약속을 받고 풀어주었다.17)

그러나 이들은 이듬해 또다시 아극살(雅克薩)을 점거함에 살포소(薩布素)가 이들을 포위하였다. 당시 청나라는 국력이 상승할 때이기는 했으나, 강희 20년에야 겨우 삼번(三蕃)의 난을 평정하고 동 22년 대만(臺灣)을 병합하였으나 외몽골(外蒙古) 준갈이(準葛爾) 등은 청나라에 아직 복속하지 않았으며 백성들은 오랜 전란에 지쳐 평화를 갈구하고 있던 때였다.

이러한 시기에 황제는 대군을 동원해 국경에 보내기가 여의치 않았다. 그러나 변경의 장수들은 거듭 무력을 동원해 침략자들을 구축할 것을 상주(上奏)했으나 청제(淸帝)는 평화적 해결을 원해 여러 차례에 걸쳐 러시아 황제에게 서한을 보

16) 松筠, 綏服紀略; 申基碩, 間島領有權에 關한 硏究, 探究堂, 1979, pp. 232~233.

17) Du Halde, Description de la Chine et de la Tartarie Chinoise Tome, IV, p. 144.

내 흑룡강 유역의 러시아군을 철퇴시킬 것을 촉구하는 한편 아극살을 포위하고 화란(네덜란드)인으로 하여금 해로를 통해 러시아로 서한을 띄우기도 하였다.[18)]

러시아 역시 평화적 해결을 바라기는 마찬가지였다. 당시 알렉시스 황제의 아들 차르 Feodor가 사망하고 그의 제매(弟妹)들이 황위(皇位)계승을 둘러싸고 내분이 있는데다 피타가 어린 나이에 즉위하여 청군과 싸우기가 힘겨웠고, 계쟁지(係爭地) 또한 교통이 매우 어려운 형편이었다. 이러한 상황에서 양측은 강화(講和)에 대한 기운이 일어, 1687년(강희 26년) 러시아는 Nicephore를 파견해 강화조약 체결과 동시에 아극살 포위의 완화를 요청하였다.[19)] 청 측도 통역 이반을 파견해 아극살 포위를 완화해 주었다. 이듬해 러시아가 재차 Estienne를 북경으로 보내 강화회의 개최를 요청해 옴에 청나라 역시 흠차내대신(欽差內大臣) 소액도(索額圖 : Songotu)와 강희제의 숙부인 도통공(都統公) 동국강(佟國綱 : Tonquekang Cong) 등을 전권사절로 하여 불란서인 예수교 선교사 Pere Gerbillon(張誠), 포르투갈인 Pere Thomas Pereyra(徐日昇) 등을 통역관으로 하여 병사들을 대동하고 회담장인 셀렝가(Selenga : Селенга)로 향하였다.

러시아의 전권대사는 전(前) 시베리아 장군(將軍) 코로빈의 아들 Theodor Alexiewoz Golowin(漢字로 費岳多羅)이었다. 당시의 상황은 뒤알드의 기행문 중국지에 상세히 나타나 있다.[20)]

그리고 청 측 전권대신 수행원이었던 장붕핵(張鵬翮)의 봉사아라사일기(奉使俄羅斯日記) 전량택(錢良擇)의 출새기략(出塞紀略)에도 당시의 상황이 기술되어 있다. 1688년 5월 29일(康熙 27년 5월 1일) 전권일행(全權一行)이 황제 알현 후 다음날 북경을 출발, 귀화성(歸化城)에서 북북서를 향해 사막을 횡단, 외몽골 땅인 가루가(喀爾喀)에 도달하였다.

이 무렵 몽골족 객이객(喀爾喀 : Kalka)이 그 서편에 있는 Elluth(額魯特)와 상쟁(相爭)하여, 추장(酋長) 갈이단(葛爾丹)이 가루가족(喀爾喀族)에 대패해 그의 사절이 외몽골에 와서 동족 유목민을 이끌고 남천(南遷)하고 있던 시기였다.

18) 皇朝通考, 卷三百.
19) Du Halde, op. cit., p. 145.
20) Du Halde, op. cit., pp. 103~195.

이 해 7월 20일(淸曆 6월 25일) 칙사 시위(侍衛) 관보혜자(關保兮子) 등이 와서 사절들을 내몽골의 안전지대로 인환(引換)하였다. 이에 앞서 고륜(庫倫)의 활불(活佛) 절불존단파(折不尊丹巴) 호토극도(胡土克圖 : 구도우도)에서 청사(淸使) 일행이 갈이단(碣爾丹)의 기습을 받아 전군(全軍)이 복멸(覆滅)했다는 과대보고가 있어 청제는 대경실색하여 특사를 보냈다.

호위하는 장사(將士)들은 기갈(飢渴)에 식량은 떨어지고 여기서 참령(參領) 소라파(索羅巴) 박락하태(博洛河泰), 원외(員外) 나희(喇喜) 등을 보내 소대사(索大使) 등의 서면(書面)을 갖고 셀렝가(Селенга)에 도달, 이를 러시아 전권(全權)에 교부하고, 청사(淸使) 일행은 회의지(會議地)와 떨어져 있는 먼 곳인 말을 타고 무려 16일이나 걸려서 되돌아왔다.

이때 러시아 전권에 건네진 서면은 뒤알드의 중국지 제4권의 144~146쪽에 실려 있다. 상기 저서에 의하면 청러 충돌의 원인과 흑룡강방면에서의 러시아의 부당한 처사가 힐책되고 있다. 청사 일행은 8월 20일 내몽골 살마포납(薩瑪布納)에 도착, 이번원 낭중(理藩院 郎中) 안희록(安布錄)이 칙명(勅命)을 갖고 전권(全權) 일행을 이곳에 머물게 하였다.

장장군(張將軍)과 만한(滿漢) 장사(將士)들은 9월 2일(청력 8월 13일) 북경으로 돌아왔는데, 비용은 전후(前後) 100여 일에 은(銀) 250여 만냥을 썼고, 장사(將士) 희생자 900여 명, 낙타 1천여 필, 말 2만 7천 필의 손실을 입었다.[21]

3. 네르친스크조약의 전말(顚末)

청의 전권 일행이 살마포납(薩瑪布納)에서 천막을 치고 칙명을 기다리고 있는 사이(1688년 9월 8일) 앞서 셀렝가(Селенгин)에 파견한 사자(使者)가 돌아와 러시아 전권(全權)의 반서(返書)를 가져왔다. 이것은 러시아어, 라틴어 2개어로 써졌는데 뒤알드의 중국지 제4권 162쪽에 그 대의(大意)가 기술되어 있다.

---

21) 張鵬翮, 奉使俄羅斯日記; 錢良擇, 出塞紀略; Du Halde, op. cit., pp. 103, 195.

이 내용의 개요는 오랜 다툼의 원인을 고찰하고 이를 중지, 양국 간의 국경을 획정, 영구 평화와 동맹을 체결하는 것으로 되어 있다.

이는 이제까지의 강화회의가 실패했으나 금년 겨울 안에 국경회담을 개최하기를 희망, 그 시기와 장소를 정하자는 내용이었다. 1689년(강희 28년) 5월 23일 러시아 전권 코로빈의 사자(使者)가 청조의 대신(大臣) 앞으로 서한을 갖고 북경에 왔다.[22]

여기서 말하는 '찰한한(察罕汗 : 러시아의 차르를 말함) 견비악다라 등지(遣費岳多羅 等至)'는 이를 뜻하는데 코로빈의 사자(使者)가 왔다 함은 전권(全權)이 왔다는 것이 아니다. 이 서면(書面)에는 청국 황제가 국경의 어느 장소를 지정, 양국 강화회의 장소로서 그곳에 대표자를 파견하는데 대표의 출발시기를 정할 것을 요청하고 러시아도 동시에 같은 수의 수행원이 딸린 사절을 파견하여 강화회의와 상호평등의 관례에 따를 것 등을 기재한 것이다.

강희 27년 6월 8일 러시아 사절에 반서(返書)를 주어 회의지를 니포초(尼布楚 : Nipchou) 즉 러시아인이 말하는 네르친스크(Nertchinsk)로 정하고 전권(全權)은 6월 13일에 출발하기로 하고 청 측과 러시아가 공히 성실 항구적 평화확립을 위하도록 사절의 신변안전에 필요한 수행원을 동반할 것을 성명하였다.

청 측 전권은 예정대로 출발하였는데 이들은 이전에도 대표로 나섰던 소액도(索額圖) 동국강(佟國綱) 마라(瑪喇 : Mala) 등이었다. 이들 사절 일행은 7월 31일에, 러시아 측 전권인 코로빈 일행은 8월 18일 늦게 임지에 도착하였다.

회의는 국경문제를 중심으로 러시아가 흑룡강 선(線)을 제기하였다. 이는 니포초(尼布楚 : 네르친스크)에서 하류의 흑룡강 유역 전체를 영유하고자 함이었다. 이러한 주장에 대해 청 측은 쉽사리 동의하지 않고 팽팽히 맞섰다.

청 측의 주장에 따르면 레나하 이동(以東)의 땅은 전연 무가치한 것으로 러시아 주장대로라면 청조 발상지인 만주의 안전을 보장할 수 없다고 보았으며 러시아의 아극살 영유론 또한 도저히 수긍할 수 없었기 때문이었다.

---

22) Du Halde, Volum IV, op. cit., p. 162. Mais traiter ferieusement de l'affaire essentielle qui e'toit de re'gler les limites des deux Empires et faire unepaix et une alliance e'ternelle entre les deux nations.

이처럼 양자 간의 주장에 괴리가 심해 회의는 진전은커녕 파행지경에 이르렀다. 드디어 8월 28일 러시아 전권은 회의를 마다하고 귀국하려 하였으나 청 측은 육로와 흑룡강 양 방면에 무려 만여 명의 병졸과 낙타 3, 4천 필로 위협을 가함에, 러시아 측의 전권(全權)은 호위병 260명과 니포초성(尼布楚城) 수비병 5백 명으로는 이들의 위협에 도저히 맞설 수 없는 급박한 상황을 어떻게든 모면하고자 다음날 하는 수 없이 격이필제하(格爾畢齊河 : Kerbetchi), 외흥안령(外興安嶺), 이고납하(爾古納河 : Ergone)로 경계를 삼기로 하였다.

이로써 청 측은 아극살(雅克薩)을 점거하여 그 성채(城塞)는 허물고, 러시아는 니포초(尼布楚 : 네르친스크)를 영유하게 되었다. 동시에 러시아는 다음의 3개 조항을 청 측에 요구하였다.

1. 러시아 황제에게 서면으로 정당한 칭호를 쓰고 양국 황제는 호혜평등으로 차별하지 말 것
2. 양국은 사건을 처리함에 있어 상호 대사를 파견하고 대사의 명예를 지켜주고 타국에 복종을 강요하지 말며 대사는 본국 군주의 서면을 상대국 황제에 수교, 완전자유를 향유하게 할 것
3. 통상의 자유를 보장할 것[23]

이에 청 측은 위의 1, 2항에 대하여 청국은 이제까지 외국에 사자를 보낸 일이 없으나 황제임을 보증한다고 하고 3항인 통상자유에 대해서는 이의가 없으나 이를 조약문에 삽입하는 것은 거절하였다.

이후 논의를 거쳐 그해 9월 7일에 조인하니 이것이 유명한 네르친스크조약이다. 양측 전권이 천막 아래에서 회합, 탁상을 둘러싸고 앉아 청 측 전권은 만주, 라틴어로, 러시아 전권은 러시아어 라틴어로 조약문에 조인, 이를 상호 교환함으

---

23) 通商의 自由에 대해 다음과 같이 언급하였다.
Que le commerce seroit libre des deux cotes et que les sujets de l'un et de l'antre Empire pouroient avec la permission des Gouverneurs, sous la jurisdiction desquels ils se trouveroient, aller liberment ou bon leui sembleroit et faire leur commerce des terres d'un Empire dans celles de l'antre.

로써 조약은 맺어졌다.

이리하여 양국 국경선상에 라틴, 만주, 한어(漢語), 몽골어 등 4종의 언어와 문자로 된 석패(石碑)를 세우게 되었다.

이 비석(碑石)은 격이필제하(格爾畢齊河 : Kerbetchi) 동쪽 연안에 세워졌는데 한문(漢文)은 청(淸)의 서원문(徐元文)이 아라사강계비기(俄羅斯疆界碑記)를, 만주문(滿洲文) 한역(漢譯)은 만주인(滿洲人) 서청(西淸)이 쓴 흑룡강외기(黑龍江外紀)에 나와 있다.

조약문(條約文)은 전문(前文)과 본문(本文) 및 말문(末文)으로 되어 있는데 전문(前文)에는 쌍방 전권의 성명, 칭호 등을 기재하는 등 자못 현대식 조약문 체재를 구비하고 있었다.

청 측 서명자는 의정대신(議政大臣) 영시위(領侍衛) 내대신(內大臣) 소액도(索額圖), 도통일(都統一) 등 구구(舅舅)인 동국강(佟國綱), 도통(都統) 낭담(郎談), 도통(都統) 반달이선(班達爾善 : Langtartcha), 진수(鎭守) 흑룡강(黑龍江) 등처(等處) 장군(將軍) 살포소(薩布素), 호군(護軍) 통령(統領) 마라(瑪喇), 이번원(理藩院) 시랑(侍郞) 온달(溫達 : Wenta) 등 7인이, 러시아 측은 피도르 알렉세이비치 코로빈(Фелор Алексеевич Головин) 등이었다.

이로써 지난 60여 년에 걸쳐 러시아의 흑룡강 점령의 야욕은 좌절되고 이후 107년 동안 흑룡강상으로 러시아인의 자취는 볼 수 없었다.[24]

4. 네르친스크조약 이후 청·러의 국경(國境)

네르친스크조약 이후 길림, 흑룡강 유역 일대는 광대한 처녀림(處女林)이 형성되어 명실상부(名實相符)한 봉금지대(封禁地帶)가 되었다. 그러한 정황이 강희제의 동북부지역 순행에 동참하였던 고사기(高士奇)[25]의 기록을 통해 세간에 알

24) 大橋興一, 帝政ロシアのシベリア開發と東方進出過程, 日本 : 東海大學出版部, 1974, pp. 141~143.

25) 高士奇는 順治 2년인 1645년에 태어나 康熙 42년인 1703년까지 생존해 있던 인물로 청나라 詩人인 동시에 정치가로 절강성(浙江省 : 錢塘) 출신이다.

려지게 되었다.

고사기의 호종동순목록(扈從東巡目錄) 가운데 오계중계(烏稽中皆)라는 기록이 있는데 오계(烏稽 : wochi)는 와집(窩集) 또는 와계(窩稽)라고도 쓰는데 이는 여진어(女眞語)로 대삼림(大森林)이라는 뜻이다. 유변기략(柳邊紀略 : 柳城邊牆의 기록)[26]에 송화강(당시 혼동강(混同江)이라 함)에서 영고탑(寧古塔) 간에 두 곳의 와계(窩稽)가 있었는데 하나는 40리 거리의 나목와계(那木窩稽)요 다른 하나는 60리 거리의 색출와계(色出窩稽)이다.

삭방비승(朔方備乘)의 저자 하추도(何秋濤)[27]는 그의 간유와집고(艮維窩集考)에 길림(吉林) 흑룡강와집(黑龍江窩集) 속에 48개의 와집(窩集)을 적시(摘示)하고 있다.

황조통고(皇朝通考)에 의하면 코로뷘을 비악다라(費岳多羅 : 테오도르) 또는 비요다라액예극사(費要多羅額禮克謝 : 테오도르 알렉세이)라 하고 흑룡강외기(黑龍江外紀)[28]에는 아곤이(俄昆尼)라 하였는데 이는 오고르츠(Okolnitz)라 하는 러시아식 칭호이다.

조약 전문에 그 어떤 무뢰한이 국경을 넘어 수렵, 약탈, 살육 등을 저질러 양국의 불화, 갈등을 일으킬 시 이를 저지, 청 · 러 양국 황제 간에 경계를 명료확실(明瞭確實)하게 하여 항구적 평화를 확립하는데 쌍방은 일치, 제 조항(諸條項)에 동의한다고 하였다.

字는 澹人, 號는 江村으로 가난한 書生으로 북경으로 올라와 康熙帝의 사랑을 받게 되어 황제에게 詩書를 가르치고 帝의 巡幸에 侍從함으로써 扈從東巡目錄을 작성하였다.
한때 收賄의 혐의로 물러났다가 禮部侍郞으로 등용되었던 인물이다. 書畵에 능함은 물론 鑑識에도 정통하였다. 50종 이상의 著 · 編述과 江村銷夏錄(三卷)과 淸吟堂全集 九卷이 代表作이다.

26) 柳城邊牆은 淸代 滿洲族이 主要地를 守護하기 위해 세운 특별경계표로 土壘의 외 · 내측에 濠를 파고 흙을 모아 토담을 쌓고 그 위에 버드나무를 심어 柵을 세웠다. 요소요소에 관문을 두고 경비병을 배치하였는데 산해관에서 북쪽을 향하고 奉天 서북에서 길림으로 開原에서 두 갈래로 나뉘어 압록강으로 다다랐다. 鴨綠江 부근은 淸太宗 때 遼西는 順治年間에 法庫門 부근은 康熙 元年(1662년)에, 혹은 開原 吉林 부근은 康熙 20년(1681년)경에 세워졌다.

27) 朔方備乘의 저자 何秋濤(道光 三年; 1823~同治 元年; 1862)는 淸代 학자로 복건성(예전의 光澤縣)인으로 字는 願船, 道光 24년(1844) 進士로 형부주사가 되었다. 北邊 러시아세력의 침투에 유의, 북교휘편(北徼彙編) 6권을 저술하고 이의 증보편 80권을 내놓았다. 그 후 咸豐帝가 이 책의 書名을 朔方備乘이라 하여 北徼彙編을 대신하게 되었다.

28) 西淸의 黑龍江外紀의 滿文 漢譯에는 "分定疆界 兩國獵戶不得越境 如有一二宵小私行越境 打牲偸竊者送該官 分別輕重治罪 此外十人或十五人合夥執仗 殺人刦物者 務必奏聞行正法 其一二人誤犯者 兩國照常和好 不得擅動 征伐"이라 하고 있다.

본문은 전(全) 육조(六條)로 작성되어 있는데 그 일부를 보면 다음과 같다.

• 제1조 : 국경문제로 琸爾納河(Chorna) 즉 만주인이 말하는 오로목하(烏魯木河 : 일명 烏倫木河 Ourouon)로 동경(東經) 119度 북위(北緯) 53度 변(邊)으로, 시루가河(Шидка) 입처(入處)로 만주인들이 말하는 사할린 우라 즉 흑하(黑河)의 소지류(小支流)인 격이필제하(格爾必齊河)를 경계선으로 하고 여기서부터 강원(江源)인 대흥안령(大興安嶺 : 야브로노이 산맥)으로 하고 동(東)은 바다에 닿고 격이필제하(格爾必齊河)에서 남(南)으로 액이고납하(額爾古納河)에 이르는 하천(河川)을 양국 경계선으로 한다.
• 제2조 : 국경(國境)에서 일어나는 분쟁처리법(紛爭處理法)을 규정하고 아극살(雅克薩)의 성채(城寨)를 허물고 러시아인의 철수를 확약하고, 양국의 수렵인들이 월경(越境)하거나 그 가운데 한두 사람이 국경을 넘어, 수렵, 절도, 살인 등을 저지를 경우 이들을 체포하여 국경 인근의 지사(知事) 또는 관리에게 인도하고, 당해 지사는 이들에 대한 상당한 처벌을 내리며 국경에 있어서 상호 치외법권을 인정한다.

조약문의 대요를 보다 명료하게 간추려보면 다음과 같다.

1. 고루비치(格爾必齊 : ГОорбица)川 및 스타노보이山으로 청러의 경계(境界)로 하고 산 남쪽 흑룡강으로 흘러나오는 계곡은 청국령에 속하며 산 북쪽은 러시아령(領)으로 한다.
2. 아루쿠니(額爾古納)河를 청 · 러 양국(兩國)의 경계로 하고 우안(右岸)은 청령(淸領)에, 좌안(左岸)은 러시아령(領)에 속한다.
3. 시루카(Шилка), 아루쿤(АргунЬ) 두 하천(河川)이 합류하는 북방(北方), 오특하(烏特河) 일대는 공중지대(公中地帶)로 남겨둔다.
4. 알바진(雅克薩 : Албазинский) 성채(城寨)를 허물고 양국의 평화를 유지하도록 한다.
5. 타국령(他國領)으로 범월(犯越)한 자(者)는 처벌(處罰)하도록 한다.

6. 도망자(逃亡者)는 상호(相互) 환부(還付)토록 한다.

7. 만(滿) · 한(漢) · 몽골(蒙古) · 라틴(羅甸)의 4개 국어(四個國語)로 쓰인 계비(界碑)를 세우도록 한다.

당시 러시아는 양국인의 거주지를 법적으로 보장받고자 한 것으로 오늘날과 같은 치외법권제와 같은 것은 아니었다. 청이 아편전쟁 이후 광동에 외국 선박의 입항이나 마카오에서조차 치외법권을 인정하지 않았으면서도 북방 국경에서는 범인(犯人)의 상호인도(相互引渡)를 약정한 것은 그만큼 변경에서 빈번하게 일어나는 사건으로 인해 조정(朝廷)에까지 번거로움을 끼쳤기 때문이다. 이후 러 · 청 간에는 남경조약에 이르기까지 그 여파가 이어졌다.

즉 치외법권(治外法權)문제는 청 측이 네르친스크조약 제2조가 효시(嚆矢)가 되었다.[29)]

동 제3조는 단순히 과거지사는 일체 묻어둔다는 데 그쳤고, 제4조는 상호 간에 도망자는 용납하지 않고 만약 잠입했을 경우 체포하여 본국에 인도하기로 하였으나 실제 정치범 인도조항(引渡條項)은 양국 간에 문제를 야기하는 경우가 있었다.

제5조는 러시아인이 청국에 거주하고 청인이 러시아에 거주하는 경우 계속 거주할 수 있도록 하였다.

제6조는 상호 간 여행 통상의 자유를 인정하였다.[30)] 이상과 같은 니포초(尼布

---

29) Du Halde, Volum IV, op. cit., pp. 242~244에 다음과 같이 기술하고 있다.
Gouverneurs et aux Officiers e'tablis sur les frontie'res des deux Empires, et lesdits Gouverneurs informez de la qualite' du crime, les puniront comme ils le me'riteront. Que si des gens assemble'z leurs limites, ou s'ils tuent quelques sujets de l'autre couronne, on en informera les Empereurs des deux Empires, et tous ceux qui seront trouvez coupables de ce crime, seront punis de mort,et on ne suscitera point de guerre pour quelque exce's que ce puisse e'tre de personnes particulie'res, beaucoup moins agira-t-on par voye de fait en re'pandaant sang.
Que s'il arive qu'une ou deux personnes de petite conce'quence fassent quelques excursions au-dela' des limites, soit pour chasser, soit pour voler ou piller, on les prendra aussi-tot, et on les menera aux.

30) Ayant e'gard au pre'sent traite' de paix et d'union re'ciproque entre les deux couronnes, toutes sortes de personnes de quelque condition qu'elles puissent e'tres, pouront aller et venir re'ciproquement, ave toute sorte de liberte' des terres sujettes a' l'un des deux Empires dans

楚)조약(네르친스크조약)은 중국 역사상 공전(空前)의 일로 아편전쟁 이전까지 외국과 대등한 관계의 예(禮)로 체결한 국제조약으로 쌍방이 평등 대등한 관계로 편무적(片務的) 조항이 포함되지 않은 조약이었다.

청이 광동(廣東)에서 외국인과 통상조약을 체결할 시 조약상 통상을 허가하지 않고 거주 여행 영업상 여러 면에서의 속박을 가해 온 것에 비하면 네르친스크조약에서의 러시아인에 대한 조약상의 통상 여행의 자유를 수락한 것은 괄목할 만한 조처였다.

네르친스크조약 체결 후 러시아 정부는 통상상의 이익을 옹호하기 위해 러시아의 대표기관을 북경에 상주케 하고 청국령 내에 거주하는 러시아인들의 정교 신앙을 위해 교회를 건설하게 하고 전도자가 북경에 주재할 수 있도록 해달라는 요구를 위해 1692년 이즈브란트 이데스(ИИзбрандт идес)를 수석으로 하는 사절단을 북경에 보냈다.

그러나 이듬해 북경에 도착한 이들 사절단은 표트르 1세의 친서에 청제(淸帝)의 명이 러시아제 이름 다음에 기록된 것을 구실로 비례(非禮)라 하여 받아들이지 않음에 이들의 방문은 무위(無爲)로 그쳤다.

네르친스크조약 체결로 정해진 국경선은 서쪽으로는 아이쿤川과 시루카川 지류(支流)인 골비츠川(Горбица)의 연결선(連結線)으로 이 선(線) 이동(以東)으로 아무르川 북쪽 여러 지류와 동(東)시베리아 여러 하천과의 분수령을 북방경계로 하면서 동편 우도스카야만(灣 : 우타灣 : Удсккая губа)에 이르는 태평양 연안까지 이르는 경계선으로 결정하였다.

이로써 문제의 알바진성(城)은 청 측 영역에, 이곳에 있던 러시아군은 네르친스크로 이동하였다. 다시 말해 1689년 네르친스크조약에 따라 분쟁지역이었던 아무르川 주요 유역지대는 청 측 영역으로 되었으나 이 강(江) 상부 유역만은 러시아 측이 관장하게 되었다.

---

celles de l'autre, pourvu' qu'ils ayent des patentes par lesquelles il conste qu'ils viennent avec permission : et il leur sera permis de vendre et d'acheter tout ce qu'ils jugeront a propos et de faire un commerce re'ciproque.

이로 인해 제정러시아의 동점(東漸)은 막히고 시베리아 식민정책상 문제를 안게 되었다.

다시 말해 오레마크川에서 아무르 하계(河系)에의 간선교통로(幹線交通路)인 토인키루스기 연수육로(連水陸路 : Тунгирскийволок)[31] 확보를 위해 토인키루스기 책(栅 : Тунгирскийострог)을 구축, 자재저축장(資材貯藏場)으로 하였다가 청 측이 1659년 갑자키이를 습격, 책(栅)이 파괴되었다.

1658년 네르친스크 성채(城砦)를 구축했으나 스테파노프 부대(部隊)가 송화강 하구에서 역시 청 측에 패함으로써 1659년에는 알바진 성채(城砦) 또한 파괴당하였다. 그 같은 결과를 초래케 한 것은 제정러시아 정부가 이 지역 사정에 미숙한 데다 청 측에 대응할 만한 실력이 결여되어 있었기 때문이었다.

5. 조약체결(條約締結) 이후 청 · 러 간의 국경방비(國境防備)와 무역(貿易)

가) 청 · 러 간의 국경방비(國境防備) 상황

1675년 러시아는 니콜라이 카브리로비치 스빠훠리를 단장으로 사절단을 북경에 파견, 이듬해 국서를 휴대하고 아무르천 유역에서의 양국 간의 분쟁에 관한 교섭을 하고자 하였다.

이에 대해 청 측은 아무르천 유역의 분쟁은 러시아인들의 월경침해(越境侵害)에 있으니 러시아인들이 스스로 물러나면 분쟁은 자연히 해소된다고 보았다. 이로써 니콜라이 카브리로비치 스빠훠리 일단(一團)의 교섭은 성공을 거두지 못했으나 이면적인 성과는 매우 컸다.

이들 일단에게는 러시아에서 청국으로 통하는 교통로를 상세히 조사해 이를 바탕으로 정밀지도 제작의 특명을 받고 있었는데 이들이 토포리스크에 도착해 그 지역에서의 관리 및 주민들의 제반 사정과 견해를 듣고 오비천 본류에서 게

31) 連水陸路란 用語는 러시아어로 트윈키루스라 하며 Тунгирскийволок는 陸路와 河川이 연결되는 地點이다.

데이川을 거슬러 연수육로(連水陸路)를 거쳐 다시 게미川에서 예니세이江을 소항(遡航)해 바이칼호(湖)[32]로 천행(辿行)하다가 여기서 다시 셀렝가 및 우타川으로 거슬러 연수육로인 인코타川으로 나아갔다.

여기서 다시 네르친스크를 경유 시루가川을 하행(下航), 아르쿤川을 다시 거슬러 올라가는 노정(路程)을 탐사(探査)하는 성과를 거두었음을 말한다. 이를 바탕으로 러시아어로 청조(淸朝)의 실상에 관한 상세한 기록과 함께 토포리스크에서 청국 국경에 이르는 정확한 기록을 작제(作製)하게 되었다.

1682년 청조(淸朝)는 내정(內政)이 안정됨에 따라 아무르江 유역에서의 러시아인의 동태에 대해 적극적인 감시를 함과 동시에 이 일대의 통로 및 지형을 정사(精査)하고 이듬해인 1683년에는 러시아 세력의 남진에 대응하기 위해 제야 하구(河口)와 가까운 아이쿤(愛琿), 쑹가리(松花江) 상류 메르겐(МергенЬ) 지지하르(齊齊哈爾)에 성채(城寨)를 구축하고 전위기지(前衛基地)와 후방기지(後方基地)와의 연락을 취하게 하였다.

실례로 아이쿤(愛琿)과 길림 사이에 여러 역참(驛站)을 두었는데 이들 역참은 응급을 요하는 일시적 시설이 아니라 아무르江 유역 일대를 견고(鞏固)히 지켜내기 위해 계획된 시설이었다. 군비(軍備)를 충실히 갖춘 청조(淸朝)는 1683년 네르친스크에 주둔하고 있는 군장(軍長)에게 최후통첩으로 '제야川 일대의 책채(柵砦)로부터 철수할 것'을 요구하였다.

이에 러시아가 이제까지 공들여 발판을 삼아온 제야천 유역의 군사 근거지를 포기할 수밖에 없었다. 여타 잔존의 책채(柵砦)도 공격당함으로써 알바진 성채(城砦)의 경우 청군의 포위로 고립상태에 빠졌다.

---

32) 현 러시아 프리야드 自治州 서부의 유라시아의 최대 淡水湖이다. 면적 3만 3천여km^2 湖岸線 2천km, 北東에서 남서에 걸친 半月形이다. 最深部는 1,741m로 세계에서 가장 투명한 호수이다. 流入河川으로 셀렝가川을 비롯해 무려 大小 300餘個의 河川이 흘러든다. 예니세이 안가라 등의 河源이 되고 있다. 주변 일대는 시베리아 구석기시대 이래 문화의 중심지였다. 신석기시대부터 퉁구스계의 일파인 에펜기족이 살았다. 그 후 漢民族인 흉노로 알려진 유목민 세력하에 있었다. 이 湖水를 北海라 사서에 기록하기도 하고, 이후 프리야드 몽골 등이 진출해 일대를 점거하였고 17세기 중엽 러시아가 이 지역에 출현, 앙가라川畔에 이르쿠츠크市를 건설 東시베리아의 중심지가 되었다.

이때 러시아군의 항복 권유를 무시하고 무모한 반격으로 수많은 사상자를 냈고 식량은 떨어져 하는 수 없이 네르친스크로 퇴각하기에 이르렀다. 러시아인의 남진을 적극적으로 방어하는 데는 두 차례에 걸친 조선군의 원정에 힘입은 바 적지 않았다.

그럼에도 불구하고 청나라의 사서(史書)나 그 이후의 기록(記錄)에도 이에 대한 언급이 없음은 유감이다.

조선군의 우수한 총포실력은 명나라를 멸망시킬 때 인정되었기에 청 측이 조선군의 원정을 요청해 왔기 때문이다. 러시아의 남진정책에 제동을 건 결과로 맺어진 네르친조크조약 체결 후 러 · 청 양국 간의 교섭은 주로 통상 · 종교문제가 잇따랐고 간간이 국지적(局地的)인 국경문제를 제기하고 있었다.

나) 러시아의 대청무역(對淸貿易)

러시아는 대청무역(對淸貿易)을 함에 있어 상업적 견지에서 화평책을 유지하고자 하였는데, 무역형태는 사무역(私貿易)과 공무역(公貿易)인 정부경영(政府經營)의 대상무역(隊商貿易)이었다. 제1차로 1693년에 대상무역단(隊商貿易團)이 북경에 왔는데 당시 러시아의 표도르 대제(大帝)는 국고수입(國庫收入)의 증대를 위해 매년 대상(隊商)을 파견할 수 있도록 칙령(勅令)을 공포하였다.

1698년에 공포된 칙령에 의해 2년에 1회씩 보내졌는데 이때로부터 1718년에 이르기까지 총 10회의 관상대(官商隊)가 북경에 왔으며 관상대 파견 시마다 청 · 러무역을 위해 특별세무관(特別稅務官)과 위원(委員)이 임명되었고 다수의 상인(商人)과 이들의 대리인(代理人)들이 동행하였다.

출하물(出荷物)은 85%가 모피류인데 그 밖에 피혁(皮革)과 잡화류(雜貨類)도 있었다. 모피 중에도 율서모피류(栗鼠毛皮類)가 대종(大宗)을 이루었으며, 연간 거래물량이 200~400만 매(枚)에 달하였고, 청 측으로부터의 수입품은 목면(木棉), 견직물(絹織物), 약품(藥品) 등이 주류(主流)를 이루었다. 이렇듯 청 · 러 간의 관상(官商)무역이 이루어지고 있을 무렵 몽골(蒙古) 토사한부(土謝汗部)와 시베리아 경계 인근인 도우라川과 셀렝가川 등 하안(河岸)지대에 청 · 러 양국 변경주민 간에 세시(歲市)가 열렸다. 이것이 이른바 고륜(庫倫)무역과 같은 것이다. 청조(清朝)에서는 이에 관할기관을 설치하고 토사도한(土謝圖汗)으로 하여금 자율적 조처하에 질서를 유지토록 하였으나 세시(歲市)가 열릴 때마다 분쟁은 끊이지 않았다.

여기에 러시아인들은 청령(清領)인 아무르川 및 그 지류인 제야川 유역으로 침범해 이전에 이미 파괴(破壞)되었던 알바진 성채(城砦)로 잠입하자 청 측은 몽골인으로 하여금 이를 공격하도록 하였다. 이어서 이제까지 시행해 왔던 북경무역과 변경에서의 무역에 제한(制限)을 가하는가 하면 러시아 측 관상대(官商隊)의 입경(入京)을 금지하고 청국 내에서의 러시아인의 거래행위를 일체 정지토록 하였다.

이에 러시아에서는 외교적으로 이 문제를 풀어나가려 하였으나 시베리아 변경지에서는 청·러 양 국민 간의 분쟁이 국부적이지만 계속 일어나고 있었다.[33] 네르친스크조약 체결 이후 러시아는 시베리아에서 몽골을 횡단, 대상(隊商)을 북경으로 보내 청과 무역을 계속하게 하였다. 대상(隊商)을 보냄과 함께 러시아 전권사자(全權使者)는 서찰(書札)을 갖고 약 100명에 달하는 대상(隊商)을 거느리고 북경으로 왔는데 도중 객이객인(喀爾喀人)으로부터 습격을 받아 뿔뿔이 흩어져 그 가운데 2명의 러시아인과 리스아니아인이 1690년(강희 29년) 2월에야 북경에 도달하였다. 얼마 후인 4월에 8~90명으로 무리를 이룬 대상(隊商)이 북경으로 왔다. 사자(使者)의 임무는 네르친스크조약 이행의 독촉이다. 특히 아극살(雅克薩) 요새(要塞) 파괴(破壞) 및 액이고납하(額爾古納河) 우안(右岸)에 있는 러시아인 이주문제(移住問題)가 주된 임무였다.[34]

1692년(康熙 31년) 러시아 표트르의 사절로 독일태생 Evert Ysbrantibdes(漢名 雅蘭布)가 이르쿠츠크에서 흑이근(墨爾根) 제제합이(齊齊哈爾) 동부(東部) 내몽골(內蒙古)을 경유하여 북경에 왔는데 이는 이르쿠츠크조약 비준교환 및 통상세칙 취급을 위해서였다.

---

33) Бахрушин С.В., Очерки по истории Колонизации Сибири в XVI и XVII вв.Моск ва, 1928; 大橋興一, 帝政ロシアのシベリア開發と東方進出過程, 日本 : 東海大學出版部, 1974, pp. 168~169.

34) 何秋濤, 俄羅斯互市始末, 二十九年(康熙)俄羅斯人吉里古里伊法尼齊等至京.

일행은 전권 및 수행원 등 40여 명에 별도의 90여명에 달하는 대상(隊商)을 이끌고 왔다.[35)]

이때의 전권(全權)은 고두(叩頭)의 예를 강요당하였으나 황제를 배알, 국서(國書)를 증정하고 내대신 색액도 등이 접반(接伴), 지에르피욘 페이라의 통역으로 각종 환대를 받고 비준교환과 통상체결의 사명을 마치고 북경 체재 4개월여 후인 1693년(강희 32년) 흑룡강 방면으로 나아가 귀국하였다.[36)]

당시의 무역세칙에 의회아라사국무역(議准俄羅斯國貿易)이라 하여 그 요점은 대상(隊商)의 수를 200인으로 제한하고 3년에 1회 대상을 북경에 보내 무역을 하게 하고 도중의 비용은 자변(自辯)을 원칙으로 하고 일응 화물불령납세(一應貨物不令納稅)라 하여 상품은 무관세(無關稅)로 수입 · 수출은 모두 관세를 부과하지 않기로 하였다.[37)]

그리고 북경주재 아라사관인 러시아공사관은 체재 중 그 식비는 자담(自擔)이며 체재기간은 80일 이내로 하였으며 금수품으로 카루타 해자(骸子 : 싸이고로), 스고로쿠 등 풍속을 해치는 도박류(賭博類), 사렴(私鹽), 사차(私茶), 화기(火器), 아편(阿片) 등을 들고 있다.

청국이 광동(廣東)에 있어서 외국인의 영주를 금하며 무역기간에 한해 체재를 허용하며 부동산의 소유를 허락하되 행상소유(行商所有)의 건물은 가건물(假建物)로 한정하고 북경무역 체재기간에 한해 공사관 내에 거주하게 하는 등 그 밖의 자유로운 활동은 제한하였다.

그럼에도 불구하고 러시아 대상(隊商)의 북경 진입을 허락하고 러시아공사관 설립을 용인한 것은 주목할 만하다. 황제에 올릴 서면의 형식 및 사절의 예식에 관해서 러시아 전권으로부터 대등의 예에 따라 행하기로 하였다. 이후 러시아 황제의 서면은 흑룡강장군이 일견하고 방식에 합당치 않을 경우 그 자리에서 돌려보냈다.[38)]

---

35) 聘盟日記에 "於尼布初商訂和約後 本國皇帝爲通商要務詳訂數事特派出使中國"이라 했다.

36) 皇朝通考, 卷三百, 三十二年 察罕遣使進貢 嗣是遣使通市無間.

37) 欽定大淸會典事例, 卷七百四十六, 理藩院邊務.

38) 皇朝通考, 卷三十三.

사절은 삼궤구고례(三跪九叩禮)를 하기로 하였고 국경의 형사문제처리법을 규정, 러시아인이 사적으로 국경을 넘어 침입한 자는 포박하여 러시아 관헌에 인도하는데 상당의 벌금을 물도록 하였다.[39]

즉 이 조약으로 네르친스크조약의 시행세칙이 이루어졌고 초기에 청러관계에 관한 여러 문자로 쓰인 것 가운데 오류 또한 이 조약에서 바로잡았는데 대표적인 예가 양국 무역에 무세(無稅)를 약정했다는 것이다.

러시아가 북경 옥하교(玉河橋) 서편에 아라사관인 공사관을 두게 된 것도 이 때부터이다.

유정섭(兪正燮)의 아라사사사집록(俄羅斯事輯錄)에 따르면 청·러 간에 외교통상관계가 개시된 것도 이때부터라고 한다. 청러관계에 있어서 청조는 항시 받는 쪽으로 러시아로부터 매번 사자가 왔는데 이들은 오란다의 사자(使者)에 의탁, 러시아 황제의 서면을 올렸다. 1692년(강희 31년) 표트르 대제의 사절로 독일출신 Evert Ysbrant Ides(漢名 雅蘭布)로 하여금 네르친스크에서 흑이근(墨爾根) 제제합이(齊齊哈爾) 동부 내몽골(東部內蒙古)을 거쳐 북경으로 보냈다.

이들의 임무는 네르친스크조약의 비준교환 및 통상세칙취급(通商細則取扱)문제였다. 일행은 전권을 비롯해 수행원 40명에 별도의 대상(隊商) 90명으로 꾸려졌다.

북경에 머물고 있던 예수교 선교사 Pe're Alexander Cicerid에 명해 해로서(海路書)를 러시아 황제에게 보냈다. 1712년(강희 51년) 만주인(滿洲人) 병부직방사랑중(兵部職方司郎中) 도리침(圖理琛 : Tulishen)을 파견, 러시아 땅인 볽올가河 하류 즉 액제이하(額齊爾河)지역에 이주한 도루코족(土爾扈特族 : Torgotes)의 추장 아옥기한(阿玉奇汗 : 아유기)을 초유(招諭)하였다.

도루코족(土爾扈特族)은 몽골족의 일파로 객이객사부(喀爾喀四部) 서편에서 유목생활을 하는 위납특부(衛拉特部 : 일명 액로특. Eluth or Welat)로 명나라 와라(瓦剌)의 일족(一族)인데 위납특부는 알타이 타루파가타이 이리(伊犁)지방으로

---

39) 大淸會典事例, 俄羅斯察罕汗奏文體式不合 將貢物奏文一併發回 但該國地遠 不知中國制度 將原奏不合式之處 明白曉諭來使 召見時昭常恩賜 其帶來貨物仍令貿易. 卽今俄羅斯復有潛至精奇里烏拉等處打貂行走 恐伊等頭目不知應行文 尼布楚城守尉査拏治罪並申飭該國人嗣後不許 私越邊境界如城守尉査拏不嚴一併治罪라 約定하였다.

유목생활을 하며 지냈다.

명나라 말기, 이들 일족인 도루코족(土爾扈特族)은 타 부족과 불화한 편이었다. 추장(酋長) 화악이늑극(和鄂爾勒克)이 부족을 이끌고 대거 서천(西遷)해, 올가河 하류지방 스텝에 유목의 터전을 이루면서 러시아의 보호를 받고 있었다. 러시아인들은 이들을 갈무쿠人(Kalmuks)이라 불렀다.[40] 당시의 추장 아옥기한(阿玉奇汗)은 화악이늑극(和鄂爾勒克)의 증손(曾孫)이다. 청 성조(聖祖) 황제기에 아옥기(阿玉奇)는 청이 몽골의 태반을 정복했다는 소식을 듣고 라마교를 신봉하며 누차 청조에 조공(朝貢)하였다.

성조(聖祖)가 아옥기(阿玉奇)의 소식을 듣고 아옥기의 조카 아납포주아(阿拉布珠兒 : 아랍푸쥬알)가 그의 어머니와 같이 요용납살(遙遙拉薩)을 순례하고 달뢰나마(達賴喇嘛)를 알현하고 귀로에 구적(仇敵) 책왕아납포탄(策旺阿拉布担 : 쯔완아라프탄)에 포위되자 청에 투항함에, 성조(聖祖)가 패자작위(貝子爵位)에 봉하고 가곡관외(嘉峪關外)의 땅에 거하다 돌아간다는 소식을 들었다는 구실로, 러시아의 지리풍속을 조사토록 중대밀명을 띤 복심(腹心) 도리침(圖理琛)을 파견하였다. 이들 사절의 실제 임무는 정탐에 있었다. 도리침(圖理琛)의 기행(紀行) 이역록(異域錄)에는 러시아의 국정(國情)과 지리(地理) 상황 등이 상세히 기술되어 있다.

이들 일행이 몽골을 횡단, 바이칼호(Байкал : 栢海兒湖) 호반(湖畔)에서 이르쿠츠크(Иркуутск : 厄爾口城) 예니세이크(Енисейск : 伊聶謝) 토보리스크(ТоолЬск : 托波兒)를 지나 프라고타山(佛落克嶺 : Blagodat) 부근 우랄산맥을 넘어 가마河(喀穆河) 하반(河畔)을 나와 카잔(喀山) 사라토후(薩拉托付)를 거쳐 도루코족(土爾扈特族)의 유목지(遊牧地)에 들어갔다.

여기서 다시 올가河(Ока) 즉 도루코족(土爾扈特族)의 액제아河(厄濟兒河)를 거슬러 내려와 강희 53년 아옥기한(阿玉奇汗)이 있는 마노탁해(馬奴托海 : Manyich) 부근에 다다랐다. 성지(聖旨)를 전하고 1715년(강희 54년) 갔던 길을 되짚어 북경으로 돌아왔다. 이 이역록(異域錄)은 당시 러시아의 사정에 어두웠던 청조(清朝)로서는 유일무이의 참고자료가 되었다. 이로 인해 뒷날 도루코족(土爾扈特族)

---

40) 大淸一統志, 卷四百十四, 西域 新疆統部 張穆 蒙古遊牧記 參照.

의 일부가 청조에 귀속하는 동인(動因)이 되었고 러시아의 황제 윌리암스는 1730년경 도리침(圖理琛)이 재차 수도인 상트페테르부르크에 사절로 가면서 이 자료를 활용하였다.[41]

외교의례와 통상분규 문제는 도리침(圖理琛)이 러시아에 갔을 때 러시아 황제 표트르가 스웨덴 왕 찰스 12세와 전쟁 중이어서 청사(淸使)를 맞이할 수 없게 되자, 도리침은 토브르스크에서 시베리아 총독 카자린(Prince Cazarin : 청은 噶噶林으로 표기)에게 흑룡강 방면에서의 사월국경무역(私越國境貿易)을 경고함으로써 양국 간의 국교 및 통상관계가 원만치 못함을 드러내고 있다.[42]

청 측은 시베리아 총독의 특허장 소지자에 대해 무역을 허락해 왔고 러시아 사자가 제제합이(齊齊哈爾 : 지지하르)에 온 일에 대해 용사기략(龍沙紀略)[43]에 의하면 당시 온 사자(使者)는 란쥬(de Lange)인데 이때까지만 하여도 양국관계가 원활하지 못함에 1719년(강희 58년) 표트르 황제는 이스마이르프(Leff Ismayloff)를 전권(全權)으로 북경에 파견하였고 수행자였던 영국인 존 벨(John Bell)의 기행문에 당시의 상황을 기록하고 있다.

즉 일행이 성조(聖祖)를 알현하고자 했으나 고두(叩頭)의 예를 강요함에 통상조약 체결에 실패하였다고 하고 있다. 1716년 란쥬가 대상(隊商)을 이끌고 지지하르에 와서 상인들의 요구를 달성하고자 이번원(理藩院)에 통상각서를 제청했으나 대신은 받아들이지 않고 되돌려 보내며 우리는 통상을 바라지 않는다고 하면서도 상인(商人) 대표에게는 관대히 대하며 말하기를 앞으로 통상문제로 번거롭게 하지 말라고 하였다. 그 후 이스마이르프(Leff Ismayloff) 비서는 북경에 체류하면서 통상조약을 위한 담판을 시도했으나 몽골족의 러시아 이주문제가 불거져 러시아에 대한 청의 감정이 매우 좋지 않아 러시아의 대상(隊商)마저 입경

---

41) 異域錄은 圖理琛이 擁正 元年에 撰한 것으로 歐文書誌로 Cahen, G., Histoire des relations de la Russie avec la Chine, 1689~1730, 1912 등이 있는데 이후 여러 형태의 번역본이 나왔다.

42) 皇朝通考, 卷三百에 初凡通市諸物 噶噶林印記(시베리아 總督 特許狀)者准市 餘則否 五十六年(1717년)七月 俄 羅斯邊城頭目以文來 請干將軍托留(黑龍江將軍)欲私行貿易 上命托留 移文責之.

43) 方式濟, 龍沙紀略, 俄羅斯來文二函 一彼國字 一蒙古字 貴官與商賈名悉載 康熙丙申歲(康熙五十五年; 一七一六年) 來文 稱察罕汗 一千七百一十六年 蓋溯自有城郭人民始也 署銜具先代官職於前 重世祿也 將軍以其文達兵部理藩院.

(入京)을 거절, 양국 간의 통상은 단절되었다. 사자(使者)인 란쥬(de Lange) 역시 북경에 17개월 동안이나 체류하고 있었으나 사실상 억류상태나 다름없었으며 통상에 관한 아무런 진전없이 추방당할 정도였다.

이러한 상황이 한동안 이어져 왔는데 다만 양국의 호시장(互市場 : Trade Mart)으로 합극도(恰克圖 : Kiakhta)만이 개장하였다. 이 캬흐타(Kiakhta)무역 역시 러시아가 시베리아에서 북경으로 대상을 보내는 노정(路程) 가운데 하나였다.

다른 하나의 노정은 이르쿠츠크에서 셀렝가河를 거슬러 고륜(庫倫)[44]에서 사막을 횡단해 장가구(長家口)로 나오는 길이고 또 다른 하나는 네르친스크에서 지지하르로 나와 동부 내몽골을 거쳐 고북구(古北口)에서 북경으로 들어오거나 봉천(奉天) 산해관(山海關)을 경유해 북경으로 들어오는 길이었다.

원래 고륜(庫倫)에서 합극도(恰克圖 : Kiakhta)[45]까지 약 800여 리(460粁)인데 대상로(隊商路)가 동쪽은 겐라이산맥(Kentei)에 이어져 낮아지고 서쪽은 사얀산맥으로 이어지는데 그 가운데로 셀렝가河 북류로(北流路)가 대상로(隊商路)였다.

이 지역은 사얀산맥 기슭을 따라 북으로 나아가는 삼림이 펼쳐져 있는 곳으로 예니세이강 상류이다.

건륭(乾隆)연간에 두 번에 걸쳐 캬흐타를 다녀온 몽골인 송균(松筠)[46]의 수복기략(綏服紀略)에 대상로가 양국교통의 유일한 통로였음을 밝히고 있다. 바로 이 대상로에 캬흐타가 있었는데 강희연간(康熙年間)만 해도 취락(聚落)이라고는 찾아볼 수 없는 곳이었다.

---

44) 庫倫이란 1650년대에 세워진 도시로 몽골 제1대 라마 쥬프쯘단파(哲布尊丹巴)의 本住地로 고정된 사원 등이 건조되면서 清朝 乾隆時代 外蒙古 통치상의 근거지로 자리 잡으면서 정치적 중심지가 되었다. 중국 러시아의 상인들이 왕래하게 된 이후 국제시장을 형성하였다. 지형상 오르곤河 支流인 도라河 연안에 위치해 있다. 오늘날 몽골국의 首都로 1924년 울란바토르 호돈이라 개칭되었는데, 원래는 쿠론이라 발음하였다.

45) 恰克圖(Kiakhta)는 바이칼湖 南端에 위치한 도시로 러 · 청 양국 상인들이 庫倫에서 무통제하에서 통상을 해왔는데 청 측은 무역을 제한하고자 하였고 러시아는 무역의 확대를 요망하면서 양국 간의 조정을 위해 이곳에서 이른바 캬흐타조약을 체결하였다.

46) 松均은 清代(乾隆 元年 : 1754~道光 15年 : 1835)의 人物로 蒙古系 官僚이다. 飜譯生員에서 理藩院筆帖式에 補任後 累進해 1814年(嘉慶 14年) 武英殿大學士로 있었다. 1834年(道光 14年) 都督으로 退官하고 이듬해에 사망하였다. 字는 湘浦, 謚號는 文淸이다. 新疆識略, 12卷, 西陲總統事略, 12卷 등 編著書가 있다.

그런 까닭에 이 지역에 대해 상세히 언급하고 있는 이역록(異域錄)[47]에도 별다른 언급이 없다. 캬흐타조약에 의해 옹정(擁正) 7년(1729년) 이곳에 시장이 개설되고 양국의 무역감시관이 주재하기에 이르렀고 취락이 들어서면서 한편은 러시아, 또 다른 한편은 청 측 부락이 들어섰다. 타국 지도에 러시아 마을을 캬흐타(恰克圖), 청 측 마을을 가매성(Maimaicheng)이라 한 것은 이를 두고 말하는 것이다. 청에서는 단순히 캬흐타를 아라사시권(俄羅斯市圈), 중국시권(中國市圈)이라 하였다. 수복기략(綏服紀略)[48]에 따르면 1712년(擁正 5년) 표트르의 황후(皇后)인 러시아 여제(女帝) 캐서린(Catharine) 1세가 사우아 우라치스라비이치 백작(伯爵 : Count Sava Wladislavitch)을 전권(全權)으로 하여 청에 파견, 캬흐타조약을 체결하였고, 이 조약으로 청·러 국경은 아르쿤川에서 서쪽으로 연장, 샤핀타파山 고개로 이어졌다.

1727년 8월 20일 캬흐타에서 조인된 이 조약은 동년 10월 12일 및 27일부로 캬흐타 동서 양 지방 국경에 관한 선언과, 동년 12월 21일 네르친스크에서 조인된 국경조약을 포함해 1728년(擁正 6년) 6월 14일에 비준 교환되었다.[49]

본 조약은 11개 조로 이루어졌는데 주요내용으로 네르친스크(尼布楚)에서 정해진 액이고납하(額爾古納河)에서 서편 캬흐타 서방까지를 국경으로 하였다. 이를 대청일통지 卷七四六에 "俄羅斯人所居近山河者 以山河爲界 無山河之空地 設立鄂博[50]爲界"라 하였다.

---

47) 異域錄은 圖理琛이 撰한 地理書로 擁正年間(1722~35)이다. 本書를 參考로 淸의 一統志가 作成되었다.

48) 綏服紀略, 先是沿邊市易並無定所 時疆界旣明 因附近相度 有恰克圖 地處適中 擁正七年奉旨 著於該處 設立市集 並派理藩院司員 三年一換 駐箚總理 由是俄羅斯咸貴 恰克圖貿易矣 … 恰克圖爲四部(喀爾喀四部)卡倫適中之 通衢 貿易商民建立木城(木柵)起蓋房屋 費力無多頗爲堅固.

49) 皇朝通考, 卷三百, 俄羅斯條에 擁正五年三月 察罕汗遣使表賀上等極 附方物 八月遣郡王額駙策凌 伯四格 侍郎圖理 琛等 與俄羅斯使臣薩瓦定議 自額爾古納河岸至阿魯哈當蘇 阿魯奇都勒 齊克達 奇林俱爲我斥堠 應以相對之楚庫河爲界 自此以西沿布爾古特山等處 以博木沙哲嶺爲界立石以誌 不許越境滋事及容留逃盜人等 犯者互相查拏並以 恰克圖口爲常互市處 人數不得過二百 定例理藩院司官一員照料 修京城俄羅斯 來京讀書幼童及敎習(宣敎師)等 官給養贍願回者聽隨 召見薩瓦等賞賜有差 並優賜察罕汗 尋遣薩瓦歸國.

50) 鄂博이란 砂漠荒地로 돌을 쌓아 만든 境界標이다.

이 경계선상에 59개소의 잡륜(卡倫)인 감시소를 두었다.[51] 이 국경의 잡륜(卡倫)은 가경(嘉慶) 8년(1830년) 고륜판리대신(庫倫辨理大臣)이 10년에 11회씩 순찰하기로 되어 있었으며(欽定大淸會典事例 卷七四六) 국경에 있어서 상호 치외법권(治外法權)으로 도적을 체포하여 상대국에 인도해 처벌을 요구하고, 만일 범인을 포박하지 않을 시 가해자 국적의 정부가 피해자에게 배상하게 하였다.

또한 상호 도망자를 용납하지 않기로 하며, 캬흐타를 호시장(互市場)으로 하고, 무역은 무관세로 하며, 북경에 영구적인 러시아공사관 설립 및 교회와 유학생을 받아들이기로 하였다. 이 조약은 1858년(咸豊 8년) 천진조약에까지 이어져 유효하게 준행되었다. 특히 몽골을 무관세지로 함은 세계대전 시까지 변함이 없었다.

캬흐타를 개시장(開市場)으로 정한 후, 청은 이번원(理藩院)에서 무역사관(貿易使官)을 파견하고 이를 감독하였다. 옹정(擁正) 7년에는 러시아 정(町)과 청 측 정(町) 안에 시장을 개설하였다. 캬흐타조약 제5조에 따라 러사아는 북경에 상설공사관(常設公使館)을 두고 공사관 내에 청의 유학생을 받아들이고 교회를 세우기에 이르렀다. 본시 러시아인의 북경 거주는 오래전부터 있어 왔다. 제1회 아극살(雅克薩) 전투 시 포로로 잡혀온 40여 명이 북경 옥하교(玉河橋) 서편에 억류되어 있었는데 이곳에서 만주인들에게 러시아를 가르치고 정교회(正教會)를 세워 운영하기도 하였다.

19세기 초엽 러시아 선교사 치므코우스키가 북경에 들어와 있을 즈음 아극살 전투에서 포로로 잡혀온 후손들은 만주인들과 잡혼하여 언어 사상 측면에서 이미 청국인으로 되어 있었다. 도리침(圖理琛)[52]이 도루코족(土爾扈特族)에 사자(使

---

51) 綏服紀略에 設卡倫五十九座 極東之十二卡倫 就近屬黑龍江將軍統轄輪派索倫官兵戍守 拖西之卡倫四十有七 以喀爾喀四部屬下蒙古 按其遊牧遠近 每卡倫安設章京一員 率領兵丁皆令携脊戍守 其對面俄羅斯亦一體安設 所有兩面卡倫 適中隙地蒙古語曰薩布石堆曰鄂博 凡薩布處所皆立鄂博爲界 間有叢林無可堆石 卽削大樹鐫記爲其時 庫倫尙未派駐大臣 凡此卡倫俱皆辨理夷務之 喀爾喀王丹津多爾濟統轄.

52) 圖理琛, 異域錄 我等來時 我大部交付 有俄羅斯國商人科密薩爾乞請 行俄羅斯佛教番僧在京師者 止有米提理一人 年已老邁 倘有不測 則行我俄羅斯佛教之人 必致斷絕 若准我國送番僧前來 我卽送來等語 我國大臣轉奏 蒙大皇帝恩准 送番僧前來 又僧交付爾商人科密薩爾 爾國若有外科良醫一併送來 我等事峻還朝時 爾國若將行教番僧外科醫士給發 令我等帶去俄羅斯總督曰 是此等情節我科密薩爾 俱僧告訴 番僧現今在此預備醫士 此處無甚良者已差往莫斯科窪城 調取尙未曾到 天使大人回時可以到此.

者)로 갔을 무렵 정교회 선교사가 북경에 와 있었는데 당시 러시아인은 도리침에 선교사의 북경파견에 대한 전언(傳言)을 요청하고 있었다. 이역록(異域錄)에 도리침과 러시아 총독 간의 대화가 기록되어 있다.[53]

이로 미루어 강희제 말년경에는 북경에 러시아인들이 거주해 왔음이 밝혀졌고, 북경에 러시아로부터 유학생이 파견되었음이 합극도조약 이전부터 있었음이 확실해졌다.

이들로 하여금 청 · 러 간의 교섭에 있어서 통역을 맡게 하였다. 이후 러시아는 공사관 내에 이전까지 1명뿐이었던 정교회 승려를 4명으로 늘리고 교원(教員)도 2명이나 두게 되었다. 그리고 나이 어린 유학생 4명이 파견됨에 청 측은 이들에게 식량을 공급해 주었다.

또한 교회 유지비로서 연간 은(銀) 1천 루블, 쌀 9천 봉(封)을, 러시아 측은 은화(銀貨) 1만 6천 루블을 지원하고 이 가운데 1천 루블은 아극살 포로의 후손 교화(教化)에 쓰도록 하였다.[54]

청나라에서는 대학인 국자감(國子監)에서 만 · 한(滿 · 漢) 각 1명의 교사를 뽑아 러시아 공사관에 보내 러시아 유학생을 가르쳤다. 이번원(理藩院)에서도 양가(良家)의 자제를 선발, 재경(在京) 러시아 교원(教員)으로부터 러시아어를 배우도록하고 성적이 우수한 자는 이번원의 관리로 채용하였는가 하면, 러시아인 유학생도 통역관으로 채용하였다.[55] 앞서 성조(聖祖)는 예수교 선교사를 고용, 전국(全國)을 측량하게 하였고 외교고문 통역관으로 기용, 죠르비용과 같은 자는 성조의 신임이 두터워 네르친스크회담 시 놀라울 정도의 외교적 수완을 발휘하

53) 綏服紀略, 俄羅斯旣已遵奉檄文 約束其邊界人等 永不滋事 復申請遣人進京 學習國書俟 通曉文理後 燠回 遇事卽以淸文兼俄羅斯及西洋字話繕寫馳遞.

54) 欽定大淸會典事例, 卷七五一, 理藩院, 擁正五年議准 俄羅斯館內設立廟宇 令在京之俄羅斯僧一人居住 並該國所請增俄羅斯僧三人 俟送到時一並給與口糧食物 聽其於廟內行俄羅斯教禮拜念教 無庸禁止 又使臣薩瓦及留京學書之俄羅斯四人 教習二人亦令在館居住 一例給與口糧食物.

55) 欽定大淸會典事例에 擁正六年議准 俄羅斯國學生俟 送到時令其在俄羅斯館居住 交與國子監選滿漢助教各一人 往館教習淸漢文. 嘉慶八年奉定 考試俄羅斯學生等第 作爲五年一次 考例等頭者 作爲八品官 考例二等者作爲九品官 考例三等者 著交該學善加教誨 由八品官復行考例頭等者 作爲七品官由 七品官考例頭等者作爲主事 分部學習行走 遇缺卽補. 綏服紀略, 俄羅斯向化已久 其在京習國書之十數人 數年一次更換 所有在京在途照料之官 理藩院均派家道殷實者 蓋因隋時酌需 賞賚不致拘泥 盡資於官吏.

여 조약체결을 이끌어내기도 하였다. 그러나 예수교의 편협하고 고루한 교리가 중국전래의 전설 등 신앙과 배치됨에 성조는 만년에 예수교를 기피해 옹정 원년(1723년) 후반기에는 기독교 선교사를 내지에서 추방하여 해안(海岸)가인 마카오로 몰아내도록 엄명하였다.

이들 선교사들이 맡았던 통역은 청인들 가운데 러시아 유학생으로 대체케 하였다. 이후 청러관계는 캬흐타조약으로 가일층 긴밀해졌다. 캬흐타가 호시장(互市場)이 되면서 러시아는 3년에 1회씩 북경에 대상(隊商)을 보낼 수 있었다. 그러나 상기 조약체결 이후 북경으로 여섯 번의 대상을 보내는 데 그치고 말았다.

이유는 청조(淸朝)가 러시아 대상이 북경에 오는 것을 몹시 싫어했기 때문으로 북경에 들어온 대상들에 대해서도 감시를 게을리하지 않았다. 이러한 정황을 러시아는 숙지(熟知)하고 있었다.[56]

러시아 상인들의 왕래도중 보호라는 이름 아래 엄중히 감시해 왔음도 밝혀지고 있다.

이어서 건륭(乾隆) 2년(1737년) 청은 북경무역을 물물교환에 한정, 일체의 화폐취급을 금지함으로써 사실상 무역은 금지상태로 돌아갔다.[57]

이후로 북경무역은 사실상 폐지되었는데 1762년(乾隆 27년) 러시아 대상(隊商)이 북경에 온 이후 대상(隊商)은 오지 않았다. 청러무역은 북경, 합극도, 흑룡강 세 방면에서 이루어졌는데 강희시대와 성조(聖祖)의 진취적 개국주의가 큰 파란없이 진행되다가 옹정(擁正) 때 와서 국방상의 이유로 무역처를 변경(邊境)인 합극도로 옮기기로 방침을 정하였다.

건륭(乾隆) 때 와서 합극도무역은 점차 발전해 오다가 북경무역이 폐지되어, 합극도무역만 남아 양국 간 유일의 호시장(互市場)이 되었다.

---

56) 欽定大淸會典事例, 卷七四六, 擁正九年(1731년)奉准 俄羅斯賣買人來時 喀爾喀土謝圖汗等報院具奏請旨委官一人 馳驛前往哈克圖地方伴接沿途照看 其賣買人仍依原議不給 口糧食物一應人馬聽其自備由張家口至京 路途歇寓 令官兵護送看守 賣買人出館後 兵部奏派副都統及官兵看守 賣買人出館行走皆令護軍等伴行 特簡內大臣部院堂官 數人總理俄羅斯事務 其監視貿易二人 開列侍讀學士科道職名引見簡用. 同書擁正十年條에 俄羅斯貿易事畢 起程時照例委官撥兵沿途護送 並開列監視貿易官等職名 候鎖點一人送至邊界.

57) 皇朝通考, 卷三百, 監督俄羅斯館御使赫慶奏言 俄羅斯互市止宜在于邊境 其居住京城者請禁貿易止令以貨易貨 勿以金銀相售 在京讀書子弟不可任其出入使知內地情形 輿圖違禁等物禁勿售與.

그러나 때때로 무역정지 및 폐관(閉關)명령이 떨어져 양국 상인에게 심대한 피해를 주는가 하면, 양국 간 국교에 마찰을 일으켰다. 굳이 그 이유를 든다면 고종(高宗)은 성조(聖祖) 세종(世宗)에 비해 쇄국주의를 폈기 때문이다.

예컨대 고종(高宗)은 남방에 무역항을 광동(廣東) 1개 항(港)으로 한정하고 외국인의 거주 영업 등에 여러 제한을 가하였다. 여기에다 러시아인들이 국경지역으로 침략해 옴에 따라 청국인의 감정을 극도로 자극해 왔기 때문이다.

합극도에서 러시아가 상호무세주의를 무시하고 청국상품에 수입세를 부과하는가 하면, 러시아령에 거주하는 몽골족의 일파인 프리야드族이 수시로 청국령에 침입, 절도 · 살인 등 범죄행위를 해옴에 대해 러시아 관헌의 조치가 적법하게 이루어지지 않고 있어 청조의 비위를 몹시 상하게 하였다.

특히 정치범의 인도(引渡) 및 치외법권문제로 양국 간에 불신이 컸기 때문이다. 건륭(乾隆) 22년(1757년) 고종(高宗)은 준갈이(準葛爾) 호로특족(厄魯特族)을 정벌하였는데 그 추장(酋長) 아목이살납(阿睦爾撒納 : 아무르사나)이 러시아령(領)으로 투항함에 청나라 장수인 순덕눌지(順德訥之)가 이를 추격, 국경에 다다름에 러시아 국경수비관(喀比潭; 캐비탄)과 액이제사(額爾齊斯) 하반(河畔)에서 만나 청조(淸朝) 이번원의 공문을 갖고 범인인도조항에 의해 아목이살납의 인도를 요구하였으나 그 사이 아목이살납(Amoursana)은 병사(病死)하고 그 시신(屍身)만 청국관헌에 인도(引渡)됨으로써 양국 관헌을 극도로 자극케 하였다.[58]

건륭(乾隆) 29년(1764년) 청은 러시아의 부당과세(不當課稅) 및 치외법권(治外法權) 남용문제(濫用問題)를 이유로 제1회 무역정지(貿易停止)를 하게 하였다.[59]

이보다 앞서 캬흐타(哈克圖)무역(貿易) 개시(開始) 당초(當初) 고륜(庫倫)과 캬흐타(哈克圖)에 감시무역사관(監視貿易司官) 각 한 명씩을 두고 무역사무를 관리케 하였고 건륭(乾隆) 22년, 이전 국경수비사령관 객이객(喀爾喀) 왕단진다이제(王丹津多爾濟)의 손(孫) 상제다이제(桑齊多爾濟)를 국경수비사령관으로 임명하여 대로절충(對露折衝)의 일을 맡겼는데 외교사무의 번잡으로 2년 뒤인 1762년 새로이

58) 皇朝通考, 卷三百, 魏源 蕩平準部記.

59) 綏服紀略, 二十九年條, 因附近卡倫之喀爾喀 俄羅斯瓦有遺失馬四匹數至逾千無從稽查 而俄羅斯以小報多殊爲狡猾 奉諭旨嚴行申飭 遂閉哈克圖不與市易.

고륜변사대신(庫倫辯事大臣) 두 명을 두고 그중 한 사람은 이번원(理藩院)에서 파견하였다.[60]

청의 무역정지로 인한 조치는 러시아 대상(隊商)들에 막대한 손해를 입혔고 동시에 대상을 이끌고 멀리 사막을 횡단 캬흐타(哈克圖)에 다른 청국상인들에게도 이만저만한 고통이 아니었다. 당시 고륜변사대신(庫倫辯事大臣) 상제다이제(桑齊多裏齊) 축달(丑達), 무역사관(貿易司官) 액이경액(額爾經額) 등에 상인들의 뇌물이 건네지면서 사사(私事)로이 무역이 이루어지는 독직사건(瀆職事件)이 드러나 축달(丑達) 액이경액(額爾經額) 두 명이 참수되었고 상제다이제(桑齊多裏齊)는 파직되었다. 이로써 청조는 희대의 기강숙정(紀綱肅正)의 희생자를 내었다.[61]

요컨대 러시아가 청국상품에 대해 과세(課稅)를 하거나 국경에 있어서 몽골인들의 가축도적(家畜盜賊)에 대한 배상요구가 부실(不失), 부당한 데 원인이 있다는 것이다. 당시는 러시아 여제(女帝) 캐서린 2세의 치세기(治世期)로 도루코 방면으로 군대를 보내고 있어 극동으로 눈을 돌릴 여유가 없어 우선 크로포토프(Kropotoff)를 청에 보내 무역재개를 교섭하고자 하였다.

청이 크로포토프(Kropotoff)의 입경(入京)을 허락하지 않음에 1768년 10월 18일(乾隆 三十三年 九月九日) 캬흐타에서 청사(清使)를 상대로 합극도조약의 보족협약(補足協約)을 체결, 상호 도망자 및 범죄자 인도를 약속, 무역을 재개하기로 하였다. 즉 제1회의 폐관(閉關)은 5년간 지속되었다.[62]

국교수복 이후 도루코족(土爾扈特族)의 대고(臺吉 : 清朝가 蒙古人酋長에 내리는 爵位의 一種) 사릉(舍稜 : Seling)의 도피사건(逃避事件)이 계속해서 일어났다. 원래 액로특족(厄魯特族)의 한 갈래인 도루코족(土爾扈特族)은 명나라 말기 비오르가河 하류지방에 이주해 온 족속인데 그 한 갈래인 사릉(舍稜)은 동족(同族)과

---

60) 大清會典, 卷七四六.

61) 皇朝通考, 卷三百, 俄羅斯條, 同 三十年 十一月(1765년) 奉諭旨 哈克圖貿易一事 近因俄羅斯不遵舊制 違背禁約甚 且多取貨稅 苦累商人 是以降旨停止 原以俟其自知悔過抒誠祈請 再准其通商貿易恐桑齊多裏齊身係蒙古 未能深曉事宜 復派大臣前往稽查彈壓 協同辯事 其所以責成者甚重 當桑齊多裏齊起意私通交易時 丑達係特派大臣理應正言阻止云云.

62) 綏服紀略, 俄羅斯後知悔過 於三十三年遣使申請馬四匹舊事概無庸議 懇乞開關交易 時欽差庫倫辯事大臣慶同喀喇 沁貝子瑚圖靈阿懍遵訓旨會議章程 復以俄羅斯恭順情形 入奏蒙恩旨俯准市易如舊.

같이 이리(伊犁) 근방에서 유목생활을 하며 준갈이(準噶爾)에 속해 있었다. 고종(高宗)의 준갈이(準噶爾) 정벌 후 이들이 청조에 저항하다가 건륭(乾隆) 33년 러시아 땅으로 도주해 한동안 뵈올가河의 부족에 휩싸여 있었다(蒙古遊牧記新土爾扈特部). 이때 청조는 북경에 체류해 있던 러시아 선교사를 포박해 이들을 인질로 잡고 억류하였다. 1771년(乾隆 36년) 사릉(舍稜)은 뵈올가河 도루코족(土爾扈特族)의 추장(酋長) 악파석한(渥巴錫汗 : 聖祖때 酋長 阿玉奇汗의 曾孫)의 부추김을 따라 3만여 호의 무리를 이끌고 동쪽으로 이동해 이리(伊犁)지역으로 침입하려 하였으나 청의 방어에 눌려 대부분이 투항하였다.

고종은 악파석(渥巴錫)과 그의 아들 책림납목찰륵(策琳納木札勒), 사릉(舍稜) 등의 투항을 받아들여 천산(天山) 남북(南北)의 유목지를 하사(下賜)하고 악파석(渥巴錫)을 한(汗)으로 봉(封)하였다.

구도루코부(舊土爾扈特部) 전체를 포함해 사릉(舍稜)의 죄를 묻지 않고 용서하고 군왕(郡王)으로 받들게 하였다. 이것이 신도루코부(新土爾扈特部)이다. 이 도루코(土爾扈特)의 대부락이 청의 영토 내에 들어온 것이 1772년 1월로 뵈올가河를 떠나온 지 8개월의 세월을 보내면서 수많은 희생자를 낸 결과이다.

이러한 도루코족(土爾扈特族)의 동족(同族)을 카르므크인이라 칭하며 뵈올가 하류지방에 살던 무리로 그 후 러시아 치하의 자치주에 속하게 되었는데 이들의 대거 이동(移動)은 기후변화로 목초지(牧草地)를 상실함에 따른 것이었다.

러시아는 도루코족이 청에 투항에 엄중 항의하였으나 건륭제는 러시아를 무시함에 청로(淸露) 양국 간에 첨예한 감정대립을 유발하였다.[63]

1779년(乾隆 四十四年) 두 번째의 폐관사건(閉關事件)이 일어났는데 원래 합극도조약에 의하면 국경의 범죄는 사건이 발생한 나라의 관헌에 의해 범인을 체포해 이를 양국관헌 입회하에 회심(會審), 심문해 범죄를 확정하고 범인은 소속국에 인도해 소기의 형을 구형하도록 되어 있었다. 그러나 러시아 관헌은 범인의 회심에 대해서는 동의하지 않았다는 이유로 이를 준행하지 않았다.[64]

---

63) 皇朝通考, 卷三百, 舍楞(舍稜의 誤植推定됨)卽我之叛臣 歸俄羅斯者一再 索取訖未與 我如以此折俄羅斯 彼將何辭以對.

64) 大淸會典, 卷七四六, 理藩院四十五年(1780년) 復准俄羅斯互市 一應章程 均照舊例辨理外 … 嗣後沿

당시 청조는 러시아의 조약위반을 지적, 엄중 항의하였다. 합극도조약에 따르면 협약 시행 이후 도주자는 상호 이들을 포박 후 이유가 적절한 자는 방면하거나 상대국에 보내고 단체이주자나 가축을 훔친 자는 체포해 지시를 기다리도록 하였으나 제대로 이행되지 않았다.

이로 인해 두 번째 무역정지가 이어지다가 2년 후에야 재개되었다. 1785년(乾隆 50年) 세 번째 폐관(閉關)사건이 일어났는데 이는 청상(淸商)이 국경 부근에서 러시아 국적의 프리야드人에 약탈당한 데 대해 러사아 측이 범인처벌(犯人處罰)에 해당하지 않는다는 이유로 처벌하지 않음에 따라 폐관된 것이다.[65]

이해 수복기략의 저자 송균은 고종의 특명에 의해 파왕고륜협리(派往庫倫協理)의 직분으로 고륜에 도착해 변사대신(邊事大臣)과 협력, 러시아 측과 절충하였다.

무역정지가 러시아 측에 경제적 타격을 줌으로써 몽골인 특히 외몽골의 카루카인들의 생활필수품을 얻기가 어려울 뿐만 아니라 이들이 유목생활을 통해 얻은 물품의 수출도 길이 막혔고 청국상인들에게도 무역을 통해 얻을 수 있는 경제적 이득을 취할 수 없게 되었다.

여기에다 청 측에서는 변방 유목민을 다스리기 위한 정치적 영향력을 결코 러시아 측에 빼앗길 수 없는 상황에다 무역사관(貿易使官)들이 상인들에 대한 감찰을 구실로 거액의 수뢰사건이 불거져 무역정지가 된 이래 밀무역이 성하고 이에 따른 독직사건이 일어난 것이다.

이 때문에 송균을 현지에 파견한 것이다.[66] 러시아 측은 이 사건의 단초가 이

邊地方有 拿獲私走或逃出之俄羅斯男婦 訊無別項情故者 或將伊等放回 或遣人送回俄羅斯 以示 我天朝不留彼處人民大體 儻有成群私來 偸竊馬匹等項事故 著拿獲後奏明請旨.

65) 松筠, 綏服紀略, 四十九年(1784년) 庫倫有商民斬明者 販貨附近卡倫之烏梁海遊牧貿易 被俄羅斯所屬之布哩雅特 等數人却去貨物 是應明法示懲辨理者 時庫倫辯事大臣勒保 同喀爾喀副將軍郡王蘊敦多爾濟 盟長貝子遜都布多爾 濟三人共利其事 設法訪知盜首夷名 奏請檄行俄羅斯駐箚額爾口城(Irkutsk)之固畢納托爾(露語; Guvernator=Governor)名拉木巴者 飭令捕盜會審 旋卽戈獲烏拉爾齊數犯 遣其咭那喇爾(General)送越哈克圖 同該處駐箚司員審明 遂將照例罰賠之十培 貨物如數 呈繳正 宜將賊犯明法示衆 乃其咭那喇爾人 本糊塗意 以呈出罰配貨物事己完結 遂將數犯鞭笞鉗其鼻耳發遣伊境東北無人處所 並未詳細知 會恰克圖司員辨理殊屬率謬 庫倫大臣發檄詢之 固畢納托爾納木巴者愚頑無知 一如咭 那喇爾推諉 竟以結案爲辭 因奉諭旨著典屬行文與薩那忒(Senat)飭令換回 其固畢納托爾等秉公治罪 乃薩那忒於五十年春 申文亦僅希冀了事 理藩院奉旨發檄責飭 旋撤哈克圖貿易.

66) 松筠, 綏服紀略에 閉關後 例應嚴禁私販 而卡倫兵役以及沿邊蒙古 必需之煙茶布疋 自宜酌辯 不使乏

르쿠츠크 지사(知事)에 있다고 보고 그를 파직시키고 범인 오납이제(烏拉爾齊)를 수색해 사건을 진정시키고 무역을 재개할 것을 요구하였으나 해결을 보지 못한 상태였다.[67]

건륭 54년 국경순라병이 러시아국적인 합리아도(哈哩雅圖)인의 밀엽자를 만나 체포하려 한측 도망해 놓치고 결국 자살사건이 일어났는데 청 측은 즉시 이 사건을 러시아 측에 이첩했으나 신임 이르쿠츠크 지사(知事)는 범인을 체포해 캬흐타로 회심(會審)하고 처분을 기다리고 있었다. 당시 송균 자신이 회심에 입회하여 범인을 처벌하도록 하였다.

이러한 시기에 여러 차례에 걸쳐 러시아 측은 서면으로 무역재개를 요청하였는가 하면 타루파가타이의 도루코人 나마살마림(喇嘛薩麻林)이라는 자가 비밀리에 러시아가 전비(戰備)를 갖추고 있다는 첩보를 알려 문제가 되었으나 거짓보고로 판명되어 무역은 재개되었다.[68]

이후 송균은 부도통(副都統) 보복(普福) 패자손도포다이제(貝子遜都布多爾濟)등을 캬흐타로 보내 이듬해인 건륭 57년(1792년) 러시아 이르쿠츠크 지사와 캬흐타 청촌(淸村)에서 회합하였다.[69]

用 因遵旨查 其人戶多寡 擬定章程 凡卡倫官兵所需者 行令各該旗兩月一送 卡倫官兵各有打牲所獲皮張 隨時發給該旗歸還商民 沿邊蒙古所需者 令商民領票前往發賣不致乏用 並飭令各旗札薩克留心查察. 不使商民潛出 卡倫與俄羅斯私行貿易至 大黃一項庫倫所屬 蒙古僧俗內間 或存有十餘斤者 止爲染色 而其商販僅 有回民一家 況頗知大體 屢荷恩賞實屬感激守法 故庫倫所屬地方 毋庸查禁大黃 時新疆烏什辯事大臣以查禁私販情形 奏入奉旨嚴加責飭 並著告示曉諭安慰四衆 復通行各所不可因噎廢食 云云. 員等審明 卽於界所將正犯二名 先後處死示衆 其從犯一名重責 發遣奏請以結新舊之案.

67) 松筠, 綏服紀略, 新固畢納托爾 人頗恭勤 奉到檄文 卽於境內竭力緝至次年春 將强行之正犯二名 從犯一名 先後拿獲 縛送哈克圖會審 聲請舊犯烏拉爾齊 己無蹤迹 懇將現獲之犯示衆辯完舊案 因卽繕慴具奏 遂越哈克圖 督令司員等審明 卽於界所將正犯二名先後處死示衆 其從犯一名重責發遣 奏請以結新舊之案.

68) 綏服紀略에 五十六年(1791년)冬奉旨著典屬 檄行俄羅斯 准其所請開關市場.

69) 綏服紀略 以前此 烏納爾齊一案 從前之固畢納托爾及咭喇爾等 辨理實屬錯誤 嗣後爾邊界頭目 如遇會辯事件 自應 照例急速完結 不可仍前延緩 以致追悔無及據 稱從前之固畢納托爾等 均己撤回別換我等前來一切敬聽指示 遵行斷不敢再有退諉 情詞誠懇 遂欽遵聖明指示 所有則例內開一切 仍前遵照至命盜案件 嗣後邊地設有犯者 無論喀爾喀俄羅斯 各宜案限輯獲送 赴哈克圖會審 明確各照本例正法 後彼此文移知會於犯事處所 明白曉示其沿邊一帶 應剴切曉諭 以禁盜竊 兩相和睦勿再滋事 所 有哈克圖貿易 漢夷商販彼此嚴行約束 不使互有積缺以致口角生非 各款一一曉諭 固畢納托爾惟命是從 因卽立約互相收 永爲定例遵行.

당시 협약은 5개조로 이루어졌는데 대전회통사례(大清會典事例) 권746을 보면 다음과 같다.

첫째, 합극도의 무역은 청제의 특별한 은지(恩旨)로 재개되는 것으로 앞으로는 결코 화(禍)를 불러일으키지 않도록 각별히 유념해야 하며,
둘째, 거래는 기한을 어기지 않고 당좌감정(當座勘定)에 따라 대차관계(貸借關係)가 발생하지 않도록 해야 하며,
셋째, 양국 국경의 관헌은 호양(互讓)의 정신으로 접촉해야 하며,
넷째, 캬흐타(哈克圖) 이서(以西)의 국경에 프리야드人 하라야드人의 가축도적에 대해 러시아 측은 엄중 취조해야 하며,
다섯째, 국경지대에서 일어나는 형사사건의 처리는 법에 따라 준행해야 한다.[70)]

무엇보다 치외법권을 명료하게 규정하고 있다. 7년이라는 오랜 기간 동안 무역정지 후 1792년(乾隆 五十七年) 여름 국경무역을 재개하기로 하였다. 1805년(嘉慶 十年) 러시아 대사 고로후킨伯(ЮлийАлександрович Головкин : Count Goloffkin)이 수행원을 대동하고 육로로 북경에 도착하였다. 이는 조약개정의 사명을 띠고 온 것이다.

전권(全權)은 조약 및 국제관례를 들어 고두(叩頭)의 예를 거절함에 따라 북경에서 퇴각을 명함에 목적을 달성하지 못하고 청로조약(淸露條約)은 1858년 천진조약(天津條約) 체결(締結)에 이르기까지 개정(改正)하지 못하였다.[71)]

그간에도 양국 간의 무역은 소규모이기는 하나 간헐적으로 이루어지고 있었는데 흑룡강 방면의 호시장(互市場)과는 비교가 되지 못하였다.

니포초(尼布楚)라고도 하는 네르친스크(Нерчинск)는 러시아 동방의 중진(重

---

70) 松筠, 綏服紀略, 此次通市 一切仍照舊章 已頒行爾薩那特衙門矣 兩邊民人交涉事件 如盜賊人命 各就近查驗緝獲 罪犯 會同邊界官員審訊明確後 本處屬下人由本處治罪 爾處屬下人由爾處治罪 各行文知照示衆 其盜賊之物 或一 倍 或幾倍罰賠 一切皆照舊例辨理.

71) 叩頭之禮는 淸朝의 禮法으로 머리를 땅에 대고 절하는 것으로 이 예법에 거부감을 표시함으로써 외교사절을 맞는 데 문제가 되곤 하였다. 天津條約은 애로호사건의 결과, 러시아, 미국, 불란서, 영국 등 4개국과 청과 맺은 조약으로 列强의 북경침입으로 咸豊帝 蒙塵을 하게 되었다.

鎭)으로 만주 및 북경 방면으로 향하는 대상(隊商)의 근거지가 되어왔는데 이에 버금가는 곳으로 만주에서는 지지하르(齊齊哈爾)가 있다.

용사기략(龍沙紀略)에 "俄羅斯 … 沿腦溫江((Nonni)黑龍江置驛 歲與察罕汗通問慰江岸殘址猶有存者 … 入通市者 皆泥撲處人"이라 한 것이 이를 뜻한다. 강희연간에 네르친스크에서의 청과의 무역에 대해 뒤알드 제4권 68항에는 이에 관한 기사가 실려 있다. 여기에 물고기에서 나오는 상아(象牙)라는 것이 있는데 이것은 중국에서는 약재로 쓰이는 희귀성 고가품이었다. 당시 국경무역에 대해 용사기략(龍沙紀略)과 성경통지(盛京通志)에 상세하게 언급되어 있다.[72)]

당시 청국 국경수비병과 러시아 병사 간의 밀무역이 이루어지고 있었는데 무역지는 주로 아르균(Аргунь) 하반(河畔)이나 지지하르 등지였다. 지지하르 북방 약 7km 거리에 위치한 출이한(出爾罕)이라는 곳이 있는데 초여름 녹음이 무성할 무렵인 약 20여 일 동안에는 정기적인 장(場)이 서, 흑룡강 유역 각지에서 유목민과 수렵민이 모여들어 산서상인(山西商人)의 모피, 가축을 사들이고 청국산(淸國産) 직물, 잡화, 차(茶)를 사갔는데 이러한 때에 러시아 상인들도 왔다.

니포초(尼布楚)조약 이후 찰변(察邊)이라 칭하는 장졸(將卒)이 지지하르(齊齊哈爾), 아이균(愛琿), 쑹가리(松花江)상류의 메루겐(墨爾斤 : Мерргнь), 여러 성(城)에서 약 240여 명이 떼지어 해마다 여름철에 나타나 격이필제하(格爾必齊河) 인근을 비롯해 국경지대의 이상유무를 순찰·확인하고 이를 이번원(理藩院)에 관례대로 보고하였다. 청의 사찰관(察邊官)이 격이필제하(格爾必齊河) 국경지에 나타나면 러시아의 네르친스크城 사령관 마옥이(瑪玉爾 : Maior = Major)가 먼저 청의 관리를 초대하고 다음으로 청 측이 마옥이(瑪玉爾 : Maior = Major)를 초대하였다.

이때도 양자 간에 무역이 이루어지는데 이러한 소무역(小貿易)의 경우는 그 이후로도 지속되었다. 여기서도 관세는 없었다. 1881년 2월 청로육로통상개정장정(淸露陸路通商改正章程) 제5조에 국경 양측 50km 이내는 무세(無稅)이며, 러시

---

72) 龍沙紀略, 秋盡俄羅斯來互市 或百人 或六七十人 一官統之宿江之西 官居氈幕 植二旗於門 衣冠皆織罽爲之 禿袖方 領 冠高尺許 方而約 其下行坐 有兵卒監之 所携馬牛皮毛玻璃佩刀之類 易織布煙草薑椒餹錫諸物以去. 盛京通志, 今互市我兵一手持酒與之飯 一手攬其手中物 酒盡物亦得 或從而鞭之 不則酒爲騙去 然其所有不過佩刀鏡鐵盤樺皮斗及羊獺等皮 而官兵利己三倍 若墨里勒克所得 遠勝此地顧其人獷悍不易制 故官兵輜重 皆納窖中以防竊 蓋其人乃俄羅斯之得罪戍邊者.

아 상품을 청이 수입 시, 수입세 3분의 1을 감세하는 특혜관세를 행하였는데 청측 상품을 러시아로 수입하는 경우에는 이 같은 혜택 없이 이루어졌다.

6. 러시아의 대청해상무역(對淸海上貿易)

1803~1806년간에 걸쳐 세계일주를 항행하던 러시아함대 지휘관 A.J. Krusentern은 1804년 사절(使節) Count Lesanoff를 떠내 보내고 일본 나가사키(長崎)를 거쳐 1805년(嘉慶 10년) 11월 캄차카로 귀로(歸路)하면서 마카오를 경유하였다.

이후 국경에서 50km 이내의 무세는 폐지되었으나 3분의 1 감세(減稅)는 세계대전이 일어날 때까지 이어져 왔다. 이처럼 청러무역이 대체로 육로인접국경지대(陸路隣接國境地帶)에서 이루어지는 대상무역(隊商貿易)인 데 반해 단 한 차례의 해상을 통해 광동항(廣東港)에서 함선(艦船) Nadezhda와 Neva호 두 척이 광동의 황포항(黃捕港)에 입항하였다.

황포항에 입항하려면 마카오주재 청국 관헌의 통항증을 발급받아야만 했다. 특히 군함이나 무기를 실은 상선은 호문요새통과(虎門要塞通過)가 허락되지 않았는데 위의 두 함정은 통항허가서도 없이 대담하게도 입항한 것이다. 무엇보다 광동에서의 외국상선의 무역은 청국 행상(行商)이라 칭하는 무역특허권을 갖고 있는 보상(保商)인 일종의 Security Merchant만이 가능하였다.

그런데 A.J. Krusentern은 1798년(嘉慶 3년)에 한번 이곳을 와본 적이 있어 당시 지기(知己)인 영국 상인 Beal Shank 그리고 Magniak의 주선을 믿었으나 뜻을 이루지 못하고 어렵게 행상(行商) Lucqua를 보상(保商)으로 내세워 무역에 나설 수밖에 없었다. 당시 Neva호에는 알래스카에서 거래한 많은 호피(虎皮)를 싣고 있었는데 판매가는 무려 17만 8천 피아스타에 달하였다. 이때의 Nadezhda호 하적물(荷積物)들은 1만 2천 피아스타로 팔려나갔는데 그 가운데 10만 피아스타는 현금으로, 나머지는 중국차로 받았다. 다행히 물건은 팔았으나 출항이 여의치 않았다. 즉 청국 관헌의 출항허가서를 받지 못했기 때문이었다. 어렵사리 광동거류(廣東居留) 외상(外商)의 장로(長老)인 영국상관장(英國商館長)인 Drunmond의 힘을 빌려, 해관감독(海關監督)의 허가서를 받아 1806년 2월 9일 황포를 벗어나 미국으로 향할 수 있었다.[73)]

A.J. Krusentern의 황포체재는 약 2개월여에 불과했으나 이전에 한번 다녀간 일이 있어 그의 기행문에는 당시 청의 내정이폐(內政弛廢)상황, 광동무역의 양태가 상세히 기록되어 있다. 그는 캬흐타무역 외에 청러 간에 광동무역을 정기적으로 운영할 필요성을 설파하였다.

광동무역이 본궤도에 오르면 청의 값싼 차를 러시아 서민들의 음료로 수입해, 러시아 대다수 국민들 건강에 해를 주고 있는 화주(火酒)를 차(茶)로 대체할 수 있으며 구라파 각처에서 생산되는 밀봉(蜂蜜)을 차에 가미해 마실 수 있게 하면 일석이조(一石二鳥)의 유익을 가져올 수 있다고 하였다. 그리고 러시아에 부족한 면포 견직물을 수입할 수 있으며, 약재, 칠기, 인형, 과실 등의 수입을 통해 국부(國富)를 증대시킬 수 있다고 하였다. 즉 차, 면포를 여러 선박에 싣고 수입하여 러시아를 비롯해 구라파 시장에 판매한다면 이익을 도모할 수 있는데 이러한 면에서 광동항을 통한 무역은 매우 중요하다고 하였다. 무엇보다 광동항을 통한 무역은 아시아는 물론 아메리카 식민지 등지와의 연락상 매우 긴요하고 중시되는 항구라 하면서 이제까지 육로를 통한 합극도 등지에서의 거래와는 비교가 되지 않는다는 것이다.

러시아가 육로무역의 특권을 누린 반면에 해상무역에는 별다른 특전을 누리지 못해 왔는데 러시아함정이 청나라에 들어왔다는 보고를 전해받은 북경정부는 즉시 이 배를 억류하도록 명하였으나 이미 출항한 후였다. 청조의 대외무역 사무에 있어서 과세관계(課稅關係)는 호부(戶部)의 소관이고 러시아와의 육로무역은 외무담당인 이번원(理藩院) 소관이었다. 지난날 이전까지의 무역은 주로 합극도에서 이루어졌는데 청조는 2명의 고륜변사대신(庫倫辨事大臣)을 두어 이를 관장케 하였다.

이들은 외몽골의 토사도한(土謝圖汗) 차신한(車臣汗) 양부(兩部)의 감리관(監理官)을 겸한 중책이었다. 이 가운데 1명은 청조의 국정에 직접 참여하는 만주인

---

73) 下田禮佐, 露淸關係硏究, 小川博士還曆記念 史學地理學論叢, 年代未詳, p. 39.

또는 몽골인으로 북경정부에 종사하는 관리 가운데 파견되었으며 임기를 3년으로 하였다.

다른 1명은 객이객(喀爾喀)의 찰살극(札薩克 : 자사그) 추장(酋長)으로 임명하였으며, 이들 밑에 감시무역사관(監視貿易司官)을 두어 고륜(庫倫)과 캬흐타에 각각 1명을 배치하였다.

이들 감시무역사관은 이번원에서 파견되었는데 처음에는 임기 2년으로 하였다가 후에 3년으로 바꾸었다. 이들은 잡륜(卡倫)인 국경감시소의 위술병인 몽골인을 감독하게 하였다. 그리고 고륜변사대신(庫倫辨事大臣)은 가경(嘉慶) 8년(1803년) 10년마다 한번씩 잡륜(卡倫)을 순찰, 경계표인 악박(鄂博)의 이상유무(異狀有無)를 확인하도록 하였다.[74]

또한 캬흐타 이동(以東) 흑룡강장군(黑龍江將軍) 소관 내의 대러시아관계사무는 흑룡강장군 및 호륜패이(呼倫貝爾 : 후룬페이루) 부도통이, 캬흐타 이서(以西)는 정변좌부장군(定邊左副將軍) 및 과포다(科布多 : 코프도) 참찬대신(參贊大臣)이 고륜변사대신과 협의 결정하도록 하였다.

이에 반해 러시아는 토보리스크 주찰(駐紮) 시베리아 총독이 대청교섭사무를 총괄하고 이르쿠츠크 지사(知事)가 직접 감독, 캬흐타에는 별도의 무역취급 관아(官衙)를 두었다. 이를 청에서는 살나특(薩那忒)이라 불렀다.

길나라이(咭那喇爾 : 게네라루)장군 마옥이(瑪玉爾 : 마요루) 좌관(佐官) 보이로극(普爾魯克 : 보루지쿠; Poruchik) 위관(尉官) 등의 무관(武官)을 배치, 변경시찰과 무역감시를 하게 하였다. 양국의 교섭사건은 고륜변사대신아문(庫倫辨事大臣衙門)과 살나특(薩那忒) 사이에 해결을 도모하고 중대사건은 청 측에서는 이번원(理藩院)이, 러시아 측은 이르쿠츠크知事 또는 시베리아 총독의 지휘를 받아 결행하였다.[75]

캬흐타무역에 종사하는 청상(淸商)은 태반이 산서인(山西人)으로 수복기략(綏服紀略)에 소유합극도무역상민개진성인(所有哈克圖貿易商民皆晋省人)이라 적고 있

74) 欽定大淸會典事例, 卷七四六, 理藩院.

75) 綏服紀略, 俄羅斯互市始末.

다. 이들 산서인은 대상로(隊商路)에 한해 몽골(蒙古) 만주(滿洲) 신강(新疆) 방면의 무역을 독점하고 있었다. 흑룡강외기(黑龍江外記)에도 지지하르(齊齊哈爾)에 대해 기록하기를 상판다진인(商販多晋人) 포호다잡화(舖戶多雜貨)라 하였는데, 산서(山西) 땅이 대체로 스탭성 고원(高原)으로 중국 본토와 몽골 중간지대에 해당되는 지역으로 토질이 매우 척박하고 기후는 건조하여 농산물이 절대부족한 형편이었다.

그런 까닭에 고래로 이 지역 사람들은 상인으로 나섰고 특히 표장(票莊)이라고 칭하는 일종의 내국위체은행(內國爲替銀行)과 같은 산서인 독점의 외국식 은행을 설립, 중국 내의 중요 금융기관으로 발돋움하였다. 위체은행(爲替銀行)의 후원하에 특허장을 받음에 편익성이 더해져 자연 청러무역을 독점할 수 있었다. 무역상들은 광동의 경우와 마찬가지로 특허제도하에 있었다. 즉 이번원에 화물, 인원 수를 정확히 신고하고 집조(執照)라는 감찰(鑑札)을 받아 장성(長城)의 관문(關門)을 넘을 때 상기 집조(執照)를 제시, 상인의 성명, 화물의 수량, 목적지, 출발기일 등을 명시하는데 통과한 관문으로부터 찰합이도통(察哈邇都統 : 張家口方面), 귀화성장군(歸化城將軍 : 山西方面), 다륜락이(多倫諾爾 : 다론노루), 동지(同知 : 長城東部) 등의 부표(部票)라고 하는 여행면장(旅行免狀)을 받아야 한다. 부표(部票)를 발급한 관청은 곧바로 요지(要旨)를 고륜변사대신(庫倫辨事大臣) 및 캬흐타(哈克圖)의 무역사관(貿易司官)에 통첩(通牒)하도록 되어 있었다.[76] 고륜(庫倫)에 다다르면 변사대신아문(辨使大臣衙門)에서 재차 집조(執照) 및 부표(部票)를 검사하고, 국경선인 잡륜(卡倫)에 도착하면 또다시 화물차량, 낙타 등의 수효를 점검하고 집조(執照)를 보여주어야 하고 합극도에 도착하면 무역사관의 검사 후 시장으로 들어가도록 허락을 받게 된다.[77]

이번원에서 발급한 지조는 1년 기한인데 만일 1년이 지나도 돌아오지 못할 사정이 발생하거나 화물을 다른 곳으로 옮겨 무역을 해야 할 경우 당해지방의 허가서를 받아 행선지 지방관의 허가를 받도록 하였다. 이는 광동무역의 경우 청조가 외국상인에 무역기간 이외에는 광동에 거주를 허락하지 않는 취지와 같은 것이다.

---

76) 大淸會典事例, 卷七四六, 嘉慶 四年.

77) 大淸會典事例, 卷七四六, 乾隆 四十五年.

한인(漢人)들이 러시아인, 몽골인들과 잡거하고 금전상(金錢上) 대차(貸借)나 청산연체(淸算延滯)로 인해 위의 여러 나라 사람들과 다툼이나 잡혼(雜婚) 등 여러 문제가 발생함에 처리에 곤난을 염려했기 때문이다.[78]

상인들은 관행상 단독이 아닌 2인 1조가 되어 합극도시장에 나가도록 되어 있었다. 감찰을 피해 사무역을 할 경우 금고 및 태형에 처해지며 상품의 반을 관으로부터 몰수당하고 당해지방에서 추방되었다.

위에서 말하는 표상(票商)이라 하는 것은 특허상으로 광동의 행상 또는 공행에 해당되는 것이다. 청조는 러시아인을 비롯해 한인(漢人)들의 몽골이주, 몽골인과의 잡거(雜居)를 염려하고 있었다.

러시아 측은 무역상의 독점제도가 있어 대청무역에 종사하는 자를 과밀살이(科密薩爾 : Kommissar)라 하였는데 대체로 시베리아 총독의 특허장을 지닌 자들이다. 과밀살이(Kommissar)에 대해 이역록(異域錄)에 누차 언급되어 있는데 캬흐타(哈克圖)의 표상(票商)도 광동(廣東)의 13행(十三行 : 보통 八行이 慣行)이나 8행(八行)으로 제한(制限)되어 있는데 이 표상 속의 장로(長老)를 행수(行首)라 하였다.

시장은 청·러 양측에서 열렸는데 러시아 상인이 청나라 상품을 살 경우, 러시아 상인이 청국시장으로 오면 여기에 이번원(理藩院)에서 파견된 무역사관(貿易司官)과 서기(書記)가 임장(臨場)하고 이들 감독하에 행수(行首)가 다른 7명의 표상(票商)과 협의해 상품의 가격을 정하였다.

한번 정한 값은 법률과 같이 요지부동이었다. 가격이 정해지면 상인들의 도착순에 따라 러시아 상인에 판매가 시작되고 청국 상인이 러시아상품을 살 경우 러시아 측 시장에 가서 살나특(薩那忒)의 감독하에 러시아 상인이 일정가격을 정해 거래가 이루어지는데, 거래대금은 은이나 현물로 하며 신용거래함이 없고 대차관계의 발생을 엄금하였다.[79]

수복기략(綏服紀略) 속의 아라사호시시말(俄羅斯互市始末)에 의하면 무역시장

---

78) 大淸會典事例, 卷七四六, 俄羅斯互市末에 "凡票商 令以現銀現貨交易 限定一年催回 不准籍索缺名爲替留各部落 娶妻立産 不准取蒙古名字 無票者卽屬私商 查出照例治罪遂回 貨物一半入官."

79) 欽定大淸會典事例, 卷七四六, 1792년의 協約에 "中國與爾國貨物 原係兩邊商人自相定價 爾國商人應由爾國嚴加管束 彼此貨物交易後 各令不違約期 卽時歸結 勿令負缺致啓爭端."

은 매년 가을에 열리는데 몽골인이 이 시장에 와서 무역을 청하면 100냥(百兩) 이하는 이를 허락하나 100냥 이상일 시는 찰살극(札薩克 : 酋長)의 허가서가 있는 자에 한하여 거래가 이루어졌다.

무역취급의 의미를 수복기략(綏服紀略)에 "고종순황제(高宗純皇帝) 이합극도시역(以哈克圖市易) 물사내외상판호유사사(勿使內外商販互有欺詐) 치계훼단(致啓釁端) 인즉의정금관(因卽擬定禁款) 출시효유(出示曉諭)"라 하고 있으나 상리(商利)에 민감한 청국상인들은 순박한 몽골인에 대해 판매에 이(利)를 탐하는가 하면, 이들 유일 자산(資産)인 가축(家畜)을 약탈하는 자도 있었다.[80] 청으로부터의 수입품은 대부분이 차(茶)종류였다.

무엇보다 차는 대상무역(隊商貿易)에서 운반에 편리할 뿐만 아니라 생활수준이 낮은 러시아인에게 알맞은 저품가(低品價)인 박차(磚茶)가 대종을 이루었다. 이 차는 몽골인에게는 필수품이나 다름없었으며 차 외에 견직물인 면포, 연초, 잡화 등이 거래되었지만 차(茶)와는 비교가 되지 않았다. 차가 요긴한 것은 한방약제(漢方藥劑)로 설사(泄瀉)에 사용되는 대황(大黃)이 있기 때문이다.[81]

거래액은 많아져 도광(道光)연간의 사람 위원(魏源)의 이정비채(夷情備采)에 의하면 중국차(中國茶)의 대(對) 러시아 수출물량(輸出物量)은 6만 6천 상자(六萬六千箱子) 5백만 봉(五百萬捧)에 달하였다 하며, 1845년 수출입 총액은 1,362만 루블로 보고 있다. 청인들은 외국인이 무역을 하도록 하는 것은 대황제(大皇帝)의 은혜로 중생만민(衆生萬民)을 구제(救濟)하는 데 있다고 보았으며 결코 자신들에게는 득(得)이 없다고 생각하였다.

"乾隆五十七年 哈克圖協約에 哈克圖互市 於中國初無利益 大皇帝普愛衆生 不忍爾國小民困窘 又因爾薩那特衙門懇請 是以允行"이라 하였는데 이것이 청조의 견지(見地)로 국제무역이 상호 유익하며 문화를 교환하는 것으로는 전연 보지 않았다.

80) 綏服紀略, 至沿邊各旗札薩克遊牧 往往有商民以値數錢銀之甎茶 賒與蒙古一年償還捐不收取 必欲按年增利 年復一年索其犬馬收之 此弊不但關蒙古生計 而貪饕如竟有被蒙古憤恨致斃者 雖有國法懲凶 何能壓蒙古 因定以一本一利 通飭遵行 如此則邊氓無重利之害 而哈克圖商民 自知警誡 亦不敢愚弄夷商致生憤恨.

81) 綏服紀略에 "哈克圖貿易 … 由張家口販運煙草茶段布雜貨 前往易換各色皮張氈片等物 初入時商民俗尙儉樸 故多獲利"라 하여 茶 거래의 비중을 짐작케 하고 있다.

이러한 생각을 반영한 것이 광동에서의 외인이 조약 또는 명령을 위반하면 즉시 폐관 또는 무역정지를 내린 데서도 알 수 있다.

폐관(閉關)은 외국상인을 곤란하게 하였을 뿐만 아니라 자국 상인들에게도 어려움을 주었다. 예컨대 차와 대황은 외국인에게 필수품이라 보아 이것을 주지 않으면 이들은 반드시 굽힐 것이라 믿고 있었다.[82] 원래 대황은 중국 본토 서북의 여러 성(省)과 몽골지방에 야생하는 다년생 풀로 그 뿌리를 말려 설사약이나 염색재로 활용하였는데 이 가운데 사천성산(四川省産)이 양질(良質)에 속하였다.

중국인들은 대황초(大黃草)가 각종 유행병 치료에 특효가 있다고 믿었으며 서양인들이 육류와 버터, 치즈 등의 동물성 식료를 많이 취하고 있어 식물질의 차를 마시고 육식으로 인한 질병을 치료하는 데 대황초가 필요하다고 생각하였다.[83] 청조는 외국무역이 외국인에 대한 시혜(施惠)라는 관점을 견지, 중국인들로 하여금 자존배외사상(自尊排外思想)으로 기울어지게 하였다. 외인멸시(外人蔑視)는 누차 폐관(閉關)으로 이어져 급기야는 아편전쟁(阿片戰爭)과 같은 대사건(大事件)을 야기케 할 정도였다.

합극도에서 러시아로부터 청국에 수입되는 품목은 시베리아산(産)인 모피(毛皮)가 주이나 이 밖에 혁제품(革製品), 빌로드, 모직물 등도 있었다. 해를 거듭함에 따라 무역액이 증가되고 고가의 사치품이 늘어나 제3차 폐관(閉關)사건을 맞게 되는데 무려 7년간이나 무역정지를 당하였다. 이로 인해 특히 고가상품의 거래자들은 상당한 손해를 입을 수밖에 없었다.[84]

수출입의 균형은 알 수 없으나 중국차의 수출이 많았는데 그 후에도 수출물량

82) 松筠, 俄羅斯多食魚 須大黃解魚毒 特派頭人專司收買 給屬下官賣濟衆 哈克圖販賣大黃者 獨有一家係青海回民 俄羅斯最爲信服 他商販此勿能售也 然俄羅斯收買大黃 非此一處 其部通西洋 西洋人亦常有販往售賣者 蓋大黃雖 爲草藥 其濟衆實無涯也.

83) 蕭令裕, 粤東市舶論, 道光年間, 凡夷之必我資二 而我之不二患者二 番人性嗜乳酪 膠結腸腹 惟大黃茶葉蕩滌 稱神一不得食立致困病 異時哈克圖口不與俄羅斯通市 西洋各國市大黃於粤 每國限以五百斤 防其漏入俄羅斯也 比開關如故 紅毛花旗諸酋合辭懇請毋限定數 是知疵癘之稷非藥濟旗槍之用 在彼同需 今茶斤出口歲計四五十萬 頻年交易 定有積存.

84) 綏服紀略, 哈克圖商販 從前多有 奢侈太過者 自然僞造物所忌 閉關八年以來 前之不安本分者 盡至困苦 是亦上天垂教示懲之意 因諭商民 回思舊習 痛加改悔 示以所禁之條 心各悅服 總之官買皮張 均安時價 而自上率以樸素則風俗漸歸淳厚.

이 초과되었음은 의문의 여지가 없다. 무역액(貿易額)은 법정제한(法定制限)은 없으나 무역품목은 국방상의 이유로 화기(火器), 화약(火藥), 철(鐵) 및 철기(鐵器), 화폐제도유지상(貨幣制度維持上) 동(銅) 및 동전(銅錢), 식량정책상 미곡(米穀), 정부의 수입유지(輸入維持)상 식염(食鹽) 및 사판(私販)의 차(茶), 보건 및 도덕상 아편 도박용품 등의 취급은 엄격히 금지하였다.[85]

관세는 조약에 따라 징수하지 않았으나 무역상에 감찰(鑑札)을 주어 다대한 요금을 징구하고 외몽골 캬흐타로 가는 대상(隊商)에 대해 가축 수효에 따라 장가구(張家口)에서 과세(課稅)하였다. 즉 중국 내 각처의 대상로(隊商路)인 항구, 시장, 내륙수로(內陸水路) 등지에서 상관세(商關稅)를 부과하였다.

대상로(隊商路)에 따라 대상(隊商)들에 과세하였는데 이러한 세제(稅制)는 1862년 육로무역장정에서 고쳐졌지만 대상로로부터 중국 본토로 들어오는 러시아 상품과 타 해관(海關)을 통해 들어오는 외국상품에 비해 수입세 3분의 1을 감해 주었는데 이를 천진(天津)에서 시행하였다. 주요수출품인 차는 취급운반을 고려, 수량에 따라 과세, 감찰(鑑札)을 받게 하였다.

수출입의 취급은 청 · 러 다 같이 독점상인을 통하게 하고 소비자에게 건네지는 값은 생산가의 수 배에 달하게 하였는데, 여기에는 교통상의 불편도 고려되었다.

이처럼 청 · 러관계에 있어 서세동점(西勢東漸)형인 서구제국에 비해 러시아는 노골적인 영토확장에 주안점을 두고 있었다.

청의 서양제국과의 관계가 재리(財利)를 관장하는 호부(戶部)의 소관인 데 반해 러시아관계는 대외관계를 맡은 이번원(理藩院) 관할(管轄)이었다는 점에서도 그 의미를 엿볼 수 있다.

85) 欽定大淸會典事例, 卷一九, 一戶部禁令에 "乾隆十七年(1752년) 哈克圖庫倫等地方商販牛羊駝馬 令由張家口 進關納稅 應進古北口者 止帶馬數匹 羊數雙 查明實非商販 聽其自便"이라 하였다.

第2章

一萬里 朝鮮
疆土의 侵縮史

아무르江을 위요(圍繞)한 청·러 간의 분쟁(紛爭)

1

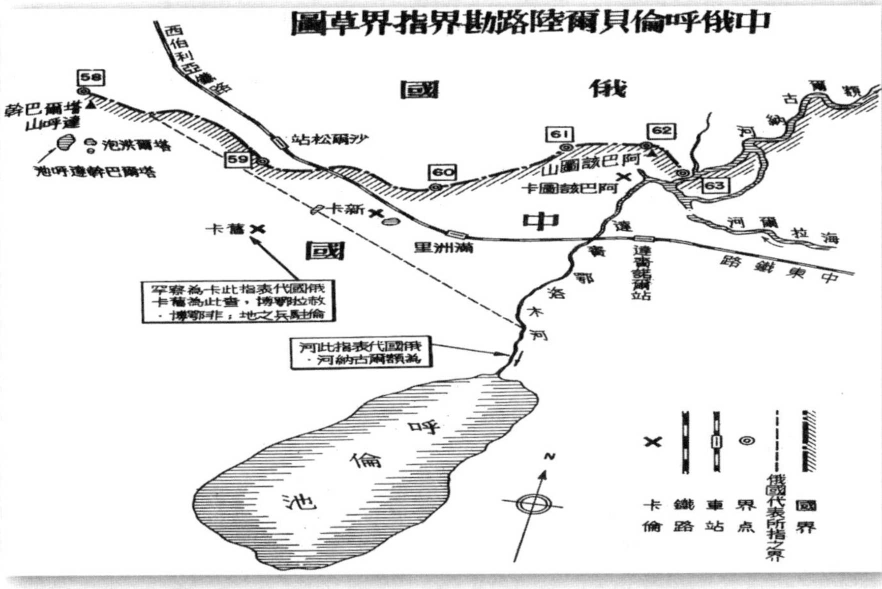

2

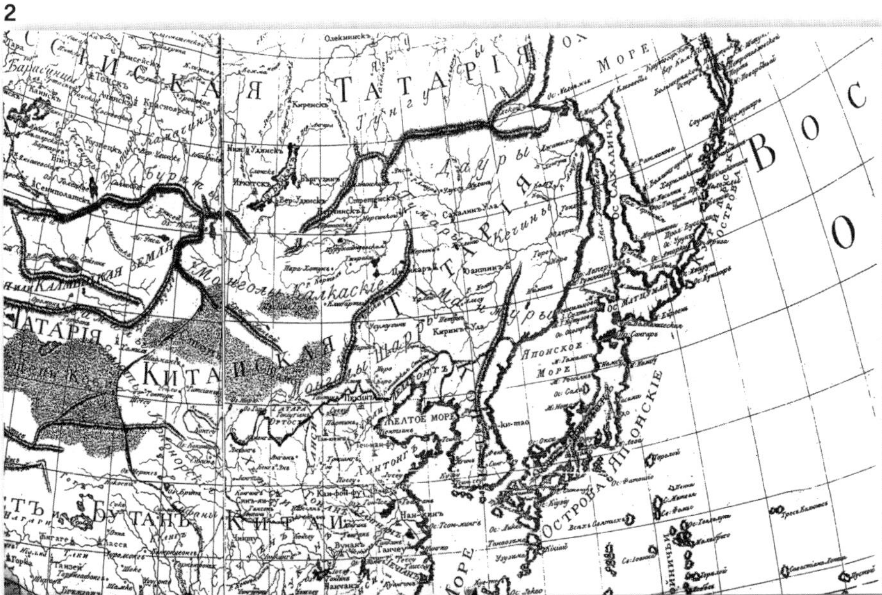

1_청 · 러 동부국경도
2_우리나라 두만강 유역과 캄차카 반도까지 진출한 러시아 지역도

3

4

5

3_토장 감시초소가 돌담으로 바뀐 전경
4_유조변장이 개조된 국경초소
5_변모된 현대의 국경 감시소

•第2章•

아무르江을 위요(圍繞)한 청·러 간의 분쟁(紛爭)

1. 아무르江은 러시아 극동진출(極東進出)의 교통로(交通路)

남북조시대로부터 중국인의 기록에는 黑水(헤이룽장)로 적고 있다. 어원은 만주원어(原語)인 사리얀 우라(Sahalien-ula)의 의역(意譯)이다. 흑룡강은 흑수의 아칭(雅稱)으로 원(元), 명(明) 이후 흑룡강으로 범칭되었고 퉁구스족은 아무르라 부른다.

흑룡강이라고도 범칭되어 온 이 강은 중국 동북부와 러시아령인 시베리아의 경계를 이루는 대하(大河)로 외몽골의 고원인 헨티산맥 북쪽 기슭에서 발원, 네르친스크 부근의 야블로노비산맥에서 발원한 실카강과 합류한다.

실카강은 모허강(漠河)의 서쪽에서 헨티산맥의 남쪽 기슭으로부터 발원한 아루쿤강과 합류되어 아무르강이 된다. 여기서부터 중·러 국경을 북동쪽에서 남동쪽으로 유로(流路)를 바꾸어 블라고베시첸스크에서 제야강과 합류하는데 부근 계류(溪流)들과 합쳐지면서 강은 완만한 흐름으로 바뀌어 연안평야를 이루며 곡류(曲流)가 되풀이된다.

도중 우안(右岸)에서 쑹가리, 다시 하바롭스크에서 우수리강을 합쳐 북동쪽으로 유로를 바꾸어 니콜라예프스크나 아무레 부근에서 타타르해협으로 흘러든다.

하바롭스크 부근에서 하구에 이르기까지의 약 950km 양안(兩岸)에 토탄지(土炭地)와 습원(濕原)이 많고 강의 너비도 10km에 달한다. 수량이 풍부하고 몬순기후의 영향으로 여름부터 가을까지 만수기를 이룬다.

10월 상순부터 이듬해 4월 하순까지 결빙해 최저수위가 된다. 본류와 지류 모두 결빙기 이외에는 수운(水運)에 이용되며 극동 프리모르스키 일대의 교통동맥을 이루고 있다.

연안에는 콤소몰스크, 하바롭스크 등 도시의 발달을 볼 수 있지만 일체가 러시아령이며 중국령으로는 헤이하 이외에는 큰 도시가 없다. 연어, 송어, 잉어, 용상어 등 어류가 풍부하며 어획량도 많다. 양대하천을 원류로 하여 송화강, 우수리강으로 들어와 간궁해협(間宮海峽)으로 흘러드는데, 17세기 이후 역사상 중요하천이 되면서 러시아 극동진출의 근간교통로(根幹交通路)로 부상(浮上), 아이쿤조약 이후 러시아에 항해권이 주어졌다.

2. 러시아의 동침(東侵)에 의해 설정(設定)된 한·러 국경선

1689년 네르친스크조약에 의해 청러국경은 아르쿤강에서 외흥안령(外興安嶺)으로 정해졌으나 19세기에 들어 러시아가 남하하면서 흑룡강(黑龍江 : 헤이룽강) 연안을 점령하고 1858년 아이쿤조약(愛琿條約)을 체결하여 헤이룽강 북안의 땅을 얻는 동시에 강의 항해권마저 차지하였다.[1)]

1860년 베이징조약으로 연해주(현 프리모르스키)가 할양되어 오늘날의 국경으로 굳어졌다. 이 강은 길이 4,350km, 유역면적 185만 5천km^2로 러시아는 아무르강이라 칭한다. 수·당시대에는 흑수말갈의 거주지로 알려지고 있다. 네르친스크조약 체결 이후로, 러시아인의 아무르江 유역에 대한 진출은 외형적으로는 좌절된 듯이 보였다. 그런데 레나川으로부터 아무르江 방면의 교통로를 획득하기 위한 사건은 면면히 이어져 왔다.

이는 제정러시아 정부가 아무르江 유역에 대한 진출을 포기하지 않았음을 의미하는 것이다. 단지 청·러 간의 분규를 일시적이나마 피해 가고자 하는 전략에 불과하였다. 즉 네르친스크조약 체결 이후 아무르江 유역 무역상의 유익을

1) 白鳥庫吉, 黑龍江異名に就いて, 歷史地理 7-1. 京都大學東洋硏究室 編, 東洋史辭典, 東京創元社, 1974(昭和 49年), p. 249; 학원세계백과대사전, 31권, 학원출판공사, 1993, pp. 626~627.

중시해 외관상 우호관계를 유지하고자 하되 내적으로는 복잡다단한 문제들을 구체적으로 풀어나가고자 하는 분위기가 농후하였다.

무엇보다 러시아 측으로서는 캄차카의 식민적 경영(植民的經營) 및 초해적 식민활동(超海的植民活動)에 따른 모피류 생산의 증가가 요망되었으며 북태평양연안 방면에서의 러시아령 식민지에 물자수송의 원활을 도모해야만 하는 긴급성 또한 절박하였다.

여기에다 시베리아지역으로의 러시아인들의 이주로 인해 그 활동범위가 확장됨에 따라 이들 상호 간의 교통로 확보도 무시할 수가 없었다. 따라서 이 같은 제반조건을 충족시키려면 아무르천 확보가 선결요건임을 통감하게 되었다. 이에 러시아 정부는 이에 관한 해결책으로 청조에 외교적인 교섭을 촉진해 나가고자 하였다. 그 같은 실례가 1805년(러曆) Ю-A코로비킨 사절(使節)을 파견해 다음과 같은 문제들을 해결하려 하였다.

① 아무르川의 자유항행 및 매년 최소한의 선박으로 식량을 수송할 수 있도록 승인
② 청 측 내 일부 항만에서의 러시아 해상무역을 할 수 있도록 요망
③ 아무르천 하구(河口) 및 광동(廣東)에 무역사무관(貿易事務官)을, 북경에 외교관 주재를 허용
④ 러시아정교회(正敎會) 대표자가 청국외교부와 직접 교섭할 수 있도록 하는 등

이상의 요망을 집약하건대 아무르川 연변에서의 무역상 권익 확대 강화와 원활한 물자수송을 위한 강상유역(江上流域)의 선박항행이었다. 그러나 청 측으로서는 이 같은 러시아 측의 요구를 쉽사리 받아들일 수 없었다.

코로비킨 사절(ЮлийАлекеевдич Головкин) 일행이 임무수행을 위해 청국으로 입국하고자 함에, 수행인들의 청령통과제한조처(淸領通過制限措處)와 의례(儀禮) 강요문제로 인해 고륜(庫倫)에서 발길을 돌릴 수밖에 없었다. 수년이 지난 1842년 남경조약 체결 이후, 영국의 대청(對淸) 진출로 인해 제정러시아로서는 이 같은 정세변화에 불안감을 감출 수 없었다.

즉 구미제국의 상선(商船)이 청국항에 출입해 무역을 자행함으로써 기존의 청·러육상무역이 위축, 경제상 위협이 되고 있는데다 영국이 아무르천 점령을 기도할지 모른다는 설까지 나돌아 당혹감을 감출 수 없게 되었다.

이에 러시아는 아무르천의 지리적 정황을 탐색하고 아무르천 하구를 선점(先占), 자유로운 하천항해(河川航海)를 획책하고자 하였다. 실제 아무르川의 자유로운 항행 제기는 러시아의 시베리아 진출 이후 상당히 오래전부터 꾸준하게 제기되어 왔었다.

예컨대 1756년 세렌킨스크의 야고피(Якоби) 사령관은 아무르지방(Приамурье) 점령의 필요성과 가능성을 제기해 온 대표적인 인물이다. 그는 아무르천 항행에 관한 시베리아현(縣) 지사(知事)의 질문에 다음과 같은 답신(答申)을 하였다.

아무르지방을 제정러시아가 영유(領有)하는 데 대해 청국 정부가 절대 동의하지 않을 것이다. 그러니 네르친스크나 세렌킨스크 두 관할구역 내 적정장소에 식량을 비롯한 제반물자를 충분히 비축하고 장비(裝備)를 잘 갖춘 부대를 주둔시킨 연후에 아무르천의 러시아선박항행권에 대해 청 측에 강력히 요구함과 동시에, 아무르천 연변(沿邊)에 요새를 구축해, 그 위력을 배경으로 목적을 달성해야만 한다고 하였다.[2)]

이러한 야고피(Якоби) 사령관의 견해는 제정러시아 당국과 시베리아지역의 관민(官民)을 자극, 아무르川문제에 대한 관심을 환기시켰다. 이후 제정러시아의 예카테리나 2세 치하인 1803~1806년(露曆)에 쿠루젠시데에른(Иван Федорович Крузенштерн)이 지휘하는 탐험선대(探險船隊)가 은밀히 아무르川의 자유로운 항행문제 탐색을 위해 극동으로 보내졌다.

이 탐험선대는 세계일주 항해를 한다는 명분으로 편성되었으나 실제는 아무르 하구(河口)를 탐험하는 데 있었다. 이 탐험선대는 아무르강 유역에 자유로운 항해를 하는 데 유리한 지리적 조건을 발견하지 못하였을 뿐만 아니라 하구(河口)가 사주(沙洲)로 막혀 선박의 출입이 매우 어렵다고 하면서 아무르川을 해양

---

2) Романовъ, В.Ф., ДальнiйВостокъ.(ПерсеЛенческое Управленiе Главнаго Управл енiя Землеустройства и Земледълiя Азiатская Россiя, Vol. I, Петербургъ, 1914, p. 515.
Cahen, G., Histoire des relations de la Russie avec la Chine, 1689~1730, 1912.

과 내륙의 연결수송로(連結輸送路)로 이용하기에는 불가능하다고 오판하였다. 이에 러시아 정부는 크게 실망하고 아무르川 항행문제는 좌절상태에 놓이게 되었다.

1842년(露曆) 제정러시아 학사원(學士院)은 예니세이스크 동방에서의 동식물을 조사하였는데 당시 탐험대장으로 활약한 A-ф 및 텐토르흐(академик Александр федорович Миддендорв)가 2년 반에 걸쳐 중요자료를 수집함과 동시에 1832년 라토이젠스키 육군대좌가 아무르강을 소항(溯航)해 알바진에 도달, 아무르지방의 군사점령 계획에 대한 문제에 관심을 갖고 있었다.

1844년 겨울 야크도스크에 도착여정을 변경, 아무르川을 향해 이 지방조사에 착수하였다. 그는 정치적 상황에 관한 관심도 갖고 있어 청러관계에 대한 자료도 수집하였다. 이에 따른 보고내용이 러시아 정부에 새로운 자극을 불러일으켰는데 보고내용상 요점을 간추리면 아무르川 연변 및 이 지역 점유는 매우 중요하다는 것이었다.

이 지역 점령을 위해 청국과의 분쟁을 두려워할 필요는 없다고 주창하고, 아무르川 하류지방 주민들은 청의 지배권력에 복종치 않고 있으며 청인들은 그 영역한계(領域限界)가 러시아인이 생각하는 계선(界線)보다 훨씬 남방으로 보고 있으며 이 강은 시베리아 내륙에서 태평양으로 나아가는 유일 수로(水路)로 매우 유용한 교통로가 분명하다고 하였다. A-ф 및 텐토르흐의 탐사보고가 니콜라이 1세에 보고되자 아무르지방에 관심이 깊었던 니콜라이 황제는 즉시 이에 따른 상세한 보고를 명하였다.

이로써 일시 잠잠했던 아무르문제는 재연되어 아무르川 하구(河口)의 정밀답사가 이루어졌고, 아무르천 하구가 항행선박의 출입이 불가능하다는 종래의 조사보고에 대해 재검토되었다. 동시에 이 지역에 대한 청의 막강한 세력에 의해 장악되고 있다는 이전의 내용에 대해 사실상 재조사를 하게 되었다.

당시 제정러시아 정부 내에서는 아무르문제에 관해 니콜라이 1세를 중심으로 한 적극적 정책추진파와 이를 억제해 양국 간에 분쟁을 피하고 이 문제로 인해 파생될 이슈를 최소화하여 통상상의 유익을 도모하려는 일파로 양분되어 있었다.

이 무렵 청국과 일본 근해를 탐사함과 동시에 통상관계를 증진시키고자 극동으로 파견된 유력한 러시아함대가 체르노에해협(海峽)에 대기하고 있었다. 이에 니콜라이 1세는 함대사령관인 E.B. 푸데야데인(ЕвфимийВасильевич Путятн)에 밀명을 내려 아무르川 하구(河口)의 정밀조사와 당해지방의 정세관찰을 하도록 하였다. 이는 반대파의 태도에 대응하기 위함이었다.

황제의 명에 의해 러시아함대가 아무르천 하구로 진입하면 북경정부를 자극시켜 양국 간의 무역에 장애를 가져오며 특히 캬흐타 육상무역(陸上貿易)에 저해되지 않을까 하는 우려 때문이었다. 이렇듯 대립되는 정책의 절충안으로 이 임무를 러시아-아메리카회사에 위임함으로써 정치적으로나 재정적 측면에서 부담을 덜 수 있다고 보아 아무르川 문제 해결의 준비 조치로 알렉산드르 카브리로프호(號) 지휘하의 프리크형(型) 콘스탄테인호(號)를 1846년(露曆) 러시아-아메리카회사(會社)로 하여금 오호토스크항(港)으로 파견하였다.

이때 정부에서 훈령을 내리기를 아무르川河口 상태와 선박항행 가능여부에 따른 정밀조사의 목적을 분명히 하고 이 임무수행을 위해 진력해 줄 것을 요망하였다. 아울러 현지에서의 유의사항도 시달하였다. 첫째, 청인들로부터 내항의 목적을 물어왔을 때 풍향관계로 할 수 없이 밀려왔으나 곧 회항해 나가려 한다고 답하고 둘째, 토착주민들로부터 적의(敵意)가 감지될 때 전원이 협력하여 방비에 나설 것이며 셋째, 청인들이 이 함선이 러시아선박(船舶)이 아닌가 의심할 경우에 대비 임기응변으로 여러 나라의 기(旗)를 준비해 두었다가 게양(揭揚)할 것을 지시하였다.

이처럼 이 탐사를 통해 청러 간에 분쟁이 야기되지 않을까 하는 염려에서 소규모로, 소극적인 탐사활동을 하도록 하였다. 이에 니콜라이1세는 불만이었다. 이에 황제는 황제명의로 탐사사업의 국가적 의의를 강조하는 한편 밀지를 내려 적극적인 활동을 다른 한편으로 주문하기도 하였다.

오호스도크항(港) 남방에 있는 러시아-아메리카회사 기지인 아얀에서 준비하고 있던 콘스탄테인호(號)에 이루구스도크 동부(東部) 시베리아 총독으로부터 추가훈령이 내려졌다. 훈령에는 아무르川 하구 부근에 청국병사들이 집결해 있는데 이들과의 충돌을 피하기 위해서는 측량작업에 엄중경계를 요하며, 측량기계류는 총독 자신이 직접 관리할 것이고 측량 및 항해기록도 자신이 맡으며 승조원들에 대해서는 탐함선이 아무르천 가까이 접근해 있다는 사실을 절대 알리지 말라는 것이었다.

1846년 7월 20일(露曆) 콘스탄테인호가 격랑의 조류(潮流)와 풍랑을 뚫고 수일 후 하구에 근접, 위도상 북위 53도(度) 변(邊)임을 확인, 측량기계류를 소형선박에 옮겨 싣고 하구 남안 근방을 향해 측량해 나갔다. 앞으로 더 나아가면 위험하지 않을까 염려되어 본선으로 돌아와 동년 8월 20일 아얀으로 귀항하였다.

러시아-아메리카회사에 보고한 탐사보고내용에 따르면 이들이 조사한 바로는 북위 52도 46분에는 사주(沙洲)로 흡사 사할린과 대륙이 연결될 정도의 지협상태(地峽狀態)라 하였다.

요컨대 선박이 하구로 진입하기 어려우며 사할린이 반도라는 종래의 견해는 잘못된 것임이 확인되었다는 것이다. 보고서에는 제작한 측량해도와 함께 상트페테르부르크에 있는 러시아-아메리카회사를 통해 러시아 정부에 보고되었다.

이 같은 조사결과로 니콜라이 1세는 몹시 실망하였는가 하면, 반대편에 서 있던 자들은 이러한 보고를 정책적으로 이용하였다. 이에 니콜라이 1세는 1847년 당시 38세의 H-H 무라비요흐를 동부 시베리아 총독으로 발탁, 등용하였다. 이 같은 인사조처는 정부관변에 충격을 주었다. 당시 무라비요흐는 그와 뜻을 같이하는 바이칼호(號) 지휘관 네뷔에리스고이가 입수한 극동관계자료로 아무르문제를 검토, 북태평양으로 통하는 교통수로를 개척하겠다는 굳은 결심을 하고 있었다.

그 같은 결심을 실행키 위해서는 동부 시베리아 총독보다는 바이칼호의 지휘관이 유리하다고 보아 그 뜻을 상주(上奏)해, 1847년 바이칼호 지휘관이 되었는데 이 운송선의 임무는 아무르하천 탐사와는 전혀 상관이 없었다.

1849년 5월 12일 바이칼호 지휘관 네뷔에리스고이가 남미남단을 우회(迂廻), 태평양을 북서진(北西進)해 페토로파부로스크항(港)에 도착해 무라비요흐로부터 서한을 받았는데 내용인즉 정부가 청국에 대해 지나치게 두려움을 갖고 아무르천하구 탐사에 관한 훈령을 주저하고 있다고 하였다.

이에 네뷔에리스고이는 무라비요흐의 의견에 동의하고 아무르 입강(入江) 북부 및 하구의 하류(河流)를 탐사하고, 아무르川 하구방위에 적당한 삼각주의 유무를 조사하고 해도(海圖) 및 지도의 작제(作製), 사할린반도설에 관한 검증, 탐험결과를 해군군령부장(海軍軍令部長) 및 총독에 보고, 6월 15일까지 오호츠크港

으로 회항(回航), 바이칼호를 인도(引渡), 사관(士官) 전원(全員)을 대동하고 상트페테르부르크로 귀환하였다.

네뷔에리스고이는 정식훈령이 도달하기에 앞서 자신의 판단과 책임하에 탐험을 단행하기로 하고 그 같은 결의를 명시한 서한을 무라비요흐에 띄우고 곧바로 아무르천 하구 탐사에 나섰다. 그 결과 사할린이 반도(半島)가 아니라 섬임이 확인되었고 아무르천 하구에 이르는 수로를 찾아냄으로써 탐사를 성사시켰다. 이로써 근 1세기에 걸친 의문점을 풀게 되었다.

이후 정부 내에 아무르문제 재검토의 기운이 일면서 특별위원회가 설치되었고, 1849년 1월 특별위원회 회의에서 학사원 회원 미텐토루후의 탐사조사보고가, 1845년 니콜라이 1세에 보고결과, 참본부 내에 있었던 요구 즉 아무르지방 북변의 지형학적 · 지질학적 조사를 수행하기 위해 육상비밀탐험대를 파견하고자 하였던 문제, 해상에서 아무르천하구 탐사를 하고자 하였던 무라비요흐의 청원,청국정부 지배하에 놓여 있지 않다는 미텐도루후가 증언한 아무르천 하구 주민인 키리야구人과 교섭문제 등에 관해 논의되었다.

네뷔에리스고이의 탐사결과로 러시아로서는 아무르지방이 정책 면에서 중요한 지역임이 인정되고 동 하천의 하구는 군사적 · 경제적으로 중요 기지로 부상되었다. 이곳이 동서 시베리아지방과 캄차카지방의 번영은 아무르문제 해결 여하에 달려 있음이 확인되었다.

제정러시아의 극동정책에 관한 네뷔에리스고이의 견해는 아무르하천을 신속하게 점령, 이를 기점으로 아무르천 유역의 식민지화를 도모하고 조선과 국경을 이루는 해안을 탐사, 지리적 조건이 유리한 군항지를 물색, 내륙과의 교통운수편과 외국의 무력침해에 대한 방위를 고려, 군사적 설비를 갖추자는 것이었다.

1850년 2월 2일 무라비요흐가 동부시베리아 총독에게 상신하여 아무르川 하구점령(河口占領)문제에 관한 최고위원회 회의가 열렸다. 여기에서 아무르천 하구 탐사보고가 이전과 다른 이유가 어디에 있었는지 논의가 분분하였다.

회의가 있던 다음날 무라비요흐 동부시베리아 총독에게 니콜라이 1세의 칙명이 내려졌다.

칙명의 요지는 스챠스데이야(Счаасья залив)만(灣)이 아닌 오호츠크해(海) 남안(南岸)의 어느 지점에 동영장(冬營場)을 설치하되 입강(入江)은 물론 아무르하안(河岸)에는 결코 설치해서는 안 된다. 설치한 동영장에서 러시아-아메리카회사가 키라야구人과 교역을 하지 못하게 하고 동영장의 설치 및 방위를 위해 25명의 수병(水兵) 또는 가자기이를 오호츠크에서 파견하고 이 명령 실행은 총독의 감시 및 관리하에 행해야 하며 동영장의 설치장소를 선정하기 위해 네뷔에리스고이 해군대좌를 총독의 지휘하에 두도록 한다는 것이었다.

1850년 이른 봄 상트페테르부르크를 출발한 네뷔에리스고이는 육로로 이루구도이스구에 도착 준비를 갖춘 후, 습지와 삼림지대를 답파(踏破)하여 아얀항(港)에 도착하였다. 운송선 아얀호를 지휘 스챠스데이야(Счаасья залив)만에 도달한 것은 그해 6월 27일이었다. 곧바로 만안(灣岸) 일각에 상륙해 동영장 설치장소를 탐색, 29일 동안(東岸)의 한 지점을 선정, 영장(營場)을 설치하고 '페트로후스고에 동영장(冬營場)'이라 명명하였다.

7월 초순 아얀港 주재(駐在) 러시아-아메리카 회사 소속 사관(士官)이 무라비요흐의 서찰을 휴대하고 동영장에 나타났다. 그는 교역관리를 위해 오호츠크해협을 여러 번 순찰하여서 이 부근의 사정에 정통하였다. 그와 함께 네뷔에리스고이는 스챠스데이야만과 배후지(背後地)를 정밀조사한 결과 이 지대가 동영장으로 적당치 않음을 알게 되었다.

이에 이전에 탐색한 바 있던 아무르하류 연안에 위치한 곳이 유리하다고 생각되어 훈령과 상반되게 아무르천을 소항하기로 마음을 굳히고 약간명의 수병과 키리야구 통역을 대동하고 소포(小砲) 한 문(一門)에 작은 배로 아무르 입강(入江)을 시도하였다.

하구수도(河口水道)를 50km쯤 소항(溯航)하니 하안(河岸)에 타타르인 20여 명이 배를 주시하며 웅성거림에 경계를 하고 접근하니 이 지방은 그들의 점유지로 외방인의 침입을 용납하지 않는다고 하며 노(怒)하고 있었다. 일행은 두 명의 수병을 배에 남겨두고 상륙해 무기로 위협하며 전진하니 토민들은 공포에 질려 안내를 함에 이들을 따라 부락에 들어갔다.

이들 토착민의 말에 의하면 싱안(힌칸 : 興安嶺)산맥에 이르기까지 아무르川 연안지역에는 청국군 군사시설은 전혀 없으며 아무르 우수리 양안지방에 거주하는 이종민(異種民)들은 청국에 속하지 않으며 모피세를 내지도 않는다고 하였다.

네뷔에리스고이 일행은 이 지대의 지리적 조사를 하고 근거지 설정을 할 만한 장소를 찾는 것이 목적이었기 때문에 여기서 다소 떨어진 하류의 하구로부터 4km쯤 떨어진 구에쿠타갑(岬 : мыс Куегда) 부근에 비교적 무난한 장소를 발견하고 여기에 제정러시아국기를 세우고 이곳을 '니콜라에흐스키 초소(哨所)'라 명명하였다.

이것이 1850년 8월 초순으로 아무르지방에 제정러시아의 근거지인 니코라에흐스크(Николаевск)의 토대가 되었다. 이곳에 수명의 병사들을 남겨두고 페트로후스고에 동영장으로 돌아왔다. 네뷔에리스고이는 훈령 위반에 대해 무라비요흐가 니콜라이 1세의 관대한 처분이 내려지도록 알선을 간청하였다.

그 후 네뷔에리스고이는 이미 설치한 페트로후스고에 동영장과 니코라에흐스크 초소를 러시아-아메리카회사 소속 사관에 맡기고 아얀항(港)을 경유, 이르구도에스크로 향하였다. 그는 무라비요흐에게 군함을 아무르천 하구에 파견해야 할 필요성을 강조하기 위해서였다. 즉 총독으로 하여금 군함파견을 정부에 건의하도록 기대했기 때문이다.

1851년 1월 네뷔에리스고이는 무라비요흐를 만나 아무르문제에 대한 자기의 신념을 피력하고 영미인의 극동으로의 침략활동에 대해 언급하였다. 그러나 러시아정부는 아무르문제에 대한 특별위원회를 개최하여 네뷔에리스고이의 훈령 위반에 대해 수병으로 강등하고 이 문제에 대한 선후조치(善後措置)로 니코라에흐스크 초소를 파괴하고 1849년에 발한 훈령에 따라 페트로후스고에 동영장을 중심으로 러시아-아메리카회사로 하여금 키리야구 및 그 밖의 이종인(異種人)들과의 교역을 하게 하며 아무르천 및 그 유역 사할린 탈단해협 연안에 근접하지 않도록 할 것을 의결하였다.

이러한 결정을 도저히 받아들일 수 없었던 무라비요흐는 니콜라이 1세를 직접 알현하기로 하고 아무르문제에 관한 우국충정과 극동정세에 대한 올바른 판단하에 결단한 네뷔에리스고이의 애국적 행동에 대해 술회하였다. 겸하여 네뷔에리스고이의 조처를 관대히 용서하여 줄 것을 간청하였다.

이에 황제는 무라비요흐의 청을 받아들여 니코라에흐스크 초소에 관해 일단

계양한 러시아국기는 여하한 명분으로도 철거하지 말 것과 네뷔에리스고이의 애국적 행동에 대해 특별위원회에서 내린 조처와는 달리 호의적으로 받아들였다.

아울러 특별위원회에서 내린 조처에 대해 황태자를 의장으로 하여 재심의 하라는 칙명을 발하였다. 재심의 결과 니코라에흐스크 초소는 러시아-아메리카회사 출장소 명목으로 존속시키고 이후 이 지방에서 그 어떠한 명목으로도 확장기획을 하지 말며 타 지점을 점령하지 않도록 하였다.

러시아-아메리카회사는 식량과 자재를 이곳에 조달, 수송하며 페트로후스고에 동영장과 니코라에흐스크 초소의 운영 및 방비를 위해 시베리아부대로부터 수병과 가자기이人 60명, 사관 2명을 파견하고 의사 1명을 딸려 보내도록 하였다.

이러한 조직을 아무르부대라 칭명하고 사령관에 네뷔에리스고이 해군대좌를 임명하고 동부시베리아 총독 관할하에 두도록 하였고 부대의 운영경비는 연간 1만 7천 루블을 지출하도록 하였다.

이 같은 조처가 내려지기는 1851년 2월 12일인데 러·청관계를 우려한 러시아정부는 아무르문제에 양해를 구하기 위해 청국정부에 이 같은 사실을 통고하였다.[3)]

1851년 여름 페트로후스고에 동영장에 도착한 네뷔에리스고이 해군대좌는 우선적으로 무라비요흐와 회견 후 페트로후스고에 동영장과 니코라에흐스크 초소의 방비시설을 정비하고 아무르 수계를 확보하는 데 역점을 두었다.

1852년 봄 니코라에흐스크에서 아무르川으로 소항(溯航)한 네뷔에리스고이 일행은 기지(Кизи)호(湖)를 탐사하고 호안(湖岸)에 마리인스키 초소(Мриинскийпост)를 설치하고 여기서 달탄해협(韃靼海峽)을 거쳐 육로를 넘어 테가스리(де-Кастри залив)만(灣)으로 나와 만안(灣岸)에 초소를 구축하고 그곳을 알렉산도로흐스구(Александровск)라 명명하였다. 그의 일행 일부는 여기서 남하하여 이무페라도루스가야(Иммператорская гавань)만인 현 소비에트스가야(Советская гавань)만에 도달, 콘스단데이노흐스키(Константkи но вскийЦпост)초소를 설치하였다.

거기서부터 일행은 프리모레스카야주의 해안을 따라 남하를 계속해 조선과의 경계방면으로 향하였다. 그 후 블라디보스토크(Владивосток) 건설의 기초를 닦

3) 滿鐵弘報課 編, 東韃紀行, 昭和 17年 pp. 385~386; 大橋興一, 帝政ロシアのシベリア開發と東方進出過程, 日本 : 東海大學出版部, 1974, pp. 337~341.

았다. 1854년 1월 11일 러시아정부는 무라비요흐 동부 시베리아 총독에게 아무르문제에 관해 청 · 러 간 영역분정(領域分定)에 대해 청국과 직접 교섭할 것을 지시함에, 청 · 러 경계문제를 논의하기 위한 전권위원(全權委員)의 파견, 회의의 장소와 시기, 그리고 영불연합함대의 내습에 대한 캄차카 방위를 위해 원군(援軍)을 아무르 수로를 이용 수송할 데 대한 양해를 구하도록 하였다.

그런데 영불(英佛) 양국의 대러시아 선전포고가 있어 청국정부로부터의 회답을 기다리지 못하고 아무르川 항행(航行)을 감행하였다. 시루카 하안(河岸)에서 건조한 아루쿤호(號)와 그 밖의 러시아 배가 병력과 군수품 등을 적재하고 1854년 5월 18일 아무르천을 하항(下航)하다가 아이쿤(愛琿)에서 청국관헌으로부터 형식적인 항의가 있었으나 별다른 저항없이 마리인스키에 도착하였다.

이러한 아무르川 항행(航行)은 동부 시베리아 총독인 무라비요흐가 기획하였는데 주로 자바이칼 가자키이를 이용 · 준비하였다. 이리하여 페드로파브로스크항(港)의 방위시설은 정비되었고 아울러 러시아선박 항행이 청 측으로부터 무력적 저지가 없었으므로 이 방면에 있어 청 측 병력이 우월하지 않았음이 입증되었다.[4]

1854년 8월 영불연합함대가 페드로파브로스크港을 맹폭(猛爆)하였다. 처음에는 적함대를 격퇴하였으나 역습을 당해 항구는 폐허화되었다. 이후 페드로파브로스크港에 있던 러시아 함선들은 아무르 하구(河口)로 둔입(遁入)하였다.

여하튼 1854년 5월 18일 러시아 측의 아무르천 하항은 러시아의 대청교섭(對淸交涉)을 촉진케 하였다. 따라서 1855년 제2회 아무르川하항은 하천운항(河川運航) 해결에 유리한 고지(高地)를 향한 준비공작이었다.

마리인스키 초소(哨所 : Мриинскийпост)와 니고라에후스크(Николаевск) 사이의 아무르 연안지대에 최초의 이주자인 동시에 수비병 481명이 배치되었다. 청 · 러 교섭상 청 측이 고륜(庫倫)을 회의지로 하자는 회답에 무라비요흐는 마리인스키로 변경하자고 하여 동의를 얻어냈다.

이 회의에서 러시아 측은 아무르천을 경계선으로 하는 것이 적절하며 국경에 관한 분쟁원인을 영구히 제거하고 극동정세의 안전을 도모함에 있어 아무르천

---

4) 滿鐵調査課 譯編, 露領沿海地方の自然と經濟, 上卷, 昭和 2年, pp. 201~203.

하구에 러시아군 주둔 군사시설을 확충하여 시베리아를 경유, 러시아 본토와 극동과의 연락을 유지하고 아무르천 좌안에 러시아인 이주지를 계속 세워 나가는 것이 절대적으로 필요하다고 주장하였다.

네르친스크조약에서 아르쿤천과 시루가천 지류인 코르비츠아천과 연결선이 서방경계이고 아무르 이동(以東)인 야브프로노비이(老爺嶺)산맥에서 북방을 경계로, 청 측은 아무르천 대부분인 유역을 청령으로 하는 것을 러시아 측도 승인하였다.[5] 이후로 경계의 개정이 아무르 연안지역이 정치적 · 군사적 · 경제적으로 매우 중요함을 무라비요흐는 강력히 주장하고 나섰다.[6]

그러나 1855년 이른바 마리인스키회의에서는 결정을 보지 못하였으나, 러시아는 사실상 마리인스키(Мриинскийпост)와 니코라에후스키(Николаевск) 등지를 이미 점령하고 있었고 이주자도 증가하여 1855~1856년경에는 7천 명에 달함으로써 아무르川 수로(水路) 자유항행권(自由航行權)을 정식으로 획득할 필요성이 대두된 것이다.

1856년 러시아 선박의 제3차 아무르 하항이 고르사고흐(Корсаков) 대좌의 지휘하에 감행되었다. 1, 2차 아무르천 항하(航下)가 긴박한 극동정세하에서 이루어졌지만 제3차 아무르천 항하(航下)는 이와 달리 청령(淸領)으로 간주되는 아무르지대를 사실상 식민지화하려는 정책상의 의도하에 근거지를 설정하고자 하는데 있었다.

이에 대해 청 측 관헌은 러시아선박의 아무르川 항행(航行)을 적극적으로 방해하지는 않았지만 아무르川 좌안(左岸)에 수비대를 주둔시키고 식량저장소 설치를 위한 근거지 마련에 대해서는 용인할 수 없다는 입장이었다.

그럼에도 불구하고 고르사고흐(Корсаков) 대좌는 무라비요흐의 명령을 충실

---

5) 矢野仁一, 近世支那外交史, 昭和 15年, pp. 758~759.

6) 무라비요흐(Михаил Николаевич Муравьев : 1809~1891)는 1848년 동부 시베리아 총독에 임명, 니코라에흐스크를 동부 시베리아 침략의 근거지로 적극적인 정책을 펴, 1854년 흑룡강의 수로를 探檢, 청국 수비가 느슨함을 틈타 同江 下流로 植民, 1858년 태평란으로 多難한 淸朝를 위협 愛琿조약을 체결하였다. 이로써 흑룡강 이북의 땅을 획득, 아무르스키伯으로 敍勳되었다. 1860년 이그나티흐와 협력 북경조약을 체결, 우수리강 以東의 땅을 취하고 일본을 압박, 樺太全土를 러시아領으로 하려다가 실패한 인물이기도 하다.

히 실행하고 있었다. 즉 마리인스키에서 상류 아무르川 좌안(左岸)에 군대가 배치되고 식민지시설이 증강되어 우수리川, 쑹가리川, 제야川 하구(河口) 등지의 근거지를 마련하였다. 이는 아무르천 하계(河系)의 수로를 확보, 아무르川 좌안(左岸) 일대의 점령을 추진하는 것이나 다름없었다.

니콜라이 1세는 1856년 칙령으로 극동행정구획의 개혁을 단행하였는데 종래의 캄차도우스카야州와 아무르川 하류지방을 포괄해 새로운 프리모르스가야주(州)로 하고 니코라에흐스크 초소(哨所)의 소재지를 니코라에흐스크市로 하고 프리모르스가야주(州)의 수도(首都)로 정하였다. 이상과 같이 러시아 측이 아무르川 좌안지대를 점령하고 연해주지방의 지배를 조직화할 즈음, 청 측은 러시아 정부에 대해 두 나라 간의 경계에 관한 협정을 제의하였다. 이에 제정러시아 외무성은 아무르川에서의 러시아함선의 자유항행권 및 연안에 저장고와 그 밖의 설치권을 요구하는 선에서 문제를 해결하려 하였다.

그런가 하면 상트페테르부르크에 있는 무라비요흐의 강력한 의견에 따라 러시아 측의 점령정책은 강행되었다. 당시 무라비요흐의 견해에 따르면 아무르川의 러시아함선 항행은 현지 청국 관헌들과 청인 거주자들이 이미 승인한 사실이고 앞으로 아무르천 항행의 자유 및 안전을 확실히 보장받기 위해서는 강좌안지대(江左岸地帶)의 영유(領有)가 절실하며 이 지대에 대한 청 측의 유효한 항의가 없고 결사 저지할 실력도 갖추지 못하고 있으며 또한 청 측의 영토권 주장은 사실과 다르다는 것이다.

또한 이 지대를 러시아가 점령한 데 대해 아무르천 좌안지대의 완전 영유에 관한 청 · 러 간의 교섭은 용이하게 목적을 달성할 수 있다고 생각하고는 러시아 외무성의 문제해결 대처방안은 미흡하다고 보았다. 그리고 청 · 러교섭에 무라비요흐 자신을 위원으로 임명해 줄 것을 요망하였다. 이 같은 청원은 알렉산드르 2세에 의해 받아들여졌다. 이후 제정러시아를 괴롭혔던 크리미아전쟁의 종결은 아무르지방에 대한 식민지화정책을 적극 추진하기 위해 대청교섭을 촉진케 하였다. 무라비요흐는 제4차 아무르川 항하(航下) 준비를 진행할 무렵 애로號사건[7]

7) Arrow號事件은 1856년(清 咸豊 6년) 廣東港에서 香港에 등록된 영국기를 揭揚한 로차船 애로호

이 일어나 영국과 청나라가 불화 중이었는데 뒤이어 선교사 살해사건이 일어나 불 · 청(佛 · 淸)관계도 악화되어 영불동맹이 맺어짐에 러시아 정부는 극동정책에 미칠 영향을 우려하지 않을 수 없게 되었다.

이에 러시아 정부는 청국 정부에 캬흐타를 경유하여 사절을 북경에 보내는 데 따른 승인을 요청하였으나 청국 측은 이 요구를 거절하고 아무르지방의 청 · 러 경계문제는 현지 관원들 간에 담판하라고 회답하고 흑룡강장군(黑龍江將軍) 역산(奕山)[8]을 파견하니 상의하라 하였다.

이에 러시아 측은 몹시 불만스러운 상황하에서 아무르川 항하를 감행, 가자기이 450가족을 이 지역으로 수송하여 아무르川 좌안 요지에 배치하였다.

영불동맹하에 대청관계가 악화되고 있는 시점에 러시아는 아무르川 좌안지대에 이주식민(移住植民)을 증강하고 방위시설을 강화해 나갔다. 동부 시베리아 총독인 무라비요흐는 대청교섭 전권위원으로 아무르川 항하를 선박으로 아이쿤(愛琿)에 도착, 청 측 전권인 흑룡강장군 역산(奕山)을 만나 아이쿤담판을 벌였는데, 당시 청 측의 역산(奕山)은 이 일대의 지리적 무지(無知)로 인해 연해주 일원을 잃게 되는, 아이쿤(愛琿)조약(1858년 5월 16일)에 서명하고 말았다. 조약 내용을 간추리면 아르쿤川 하구(河口)에서 아무르川 하구(河口)까지 아무르川 좌안지대(左岸地帶)는 러시아령(領)으로 하고 아무르川을 내려와 우수리川 하구(河口)까지 아무르川 우안지대(右岸地帶)는 청국령(淸國領)으로 한다.

제야川에서 남방 호르모진村(豁爾莫勤津屯)까지 거주하는 청인들에 대해서는

가 청국 관헌이 臨檢, 중국선원 12명을 海賊容疑者로 보아 체포하고 英國旗를 끌어내린 데서 발단된 사건이다. 광동총독 葉名琛이 영국영사 容疑者들의 引渡要求를 거부함에 영해군을 출동시켜 廣東省 城을 공격하였다. 당시 영국은 남경조약 후 외교통상상의 제반조건에 대해 불만을 품고 있었다. 이러한 시기에 프랑스 선교사 살해사건이 일어나 양국은 공동으로 광동을 함락시키고 천진으로 침입 1858년 천진조약을 체결하였다. 이듬해 조약비준을 교환하기 위한 사절을 白河에서 북경으로 들어가려 하자 이를 저지함에 재차 전투가 벌어졌다. 1860년 영불연합군이 북경을 점령 천진조약을 비준하고 북경조약을 체결하였다.

8) 奕山은 淸의 皇族으로 鑲藍旗人이다. 林則徐와 斥이 지고 琦善과 結託, 川鼻仮條約을 破棄, 翌年 靖逆將軍으로, 隆文 楊芳을 參政大臣으로 광동에서 영국군과 맞섰으나 戰意를 喪失, 1주일 만에 投降, 600만 원의 煙草賠償金 지불을 약속하고 광동휴전조약을 맺고 조정에는 성공리에 임무를 수행한 것처럼 보고하였다. 이어서 영국군에게 厦門 定海 上海 鎭江이 점령당하였고 남경조약을 체결하게 되었다. 1855년 흑룡강장군이 되어 지리상으로 어두워 아이쿤조약을 체결 흑룡강북의 땅을 喪失케 하였다.

이전처럼 청국 정부 관리하에 거주하도록 인정하고 러시아 주민을 학대하거나 핍박하지 않을 것, 우수리川과 해양(海洋)과의 중간지대는 양국의 경계가 확정되기까지 청 · 러 양국 공동관리지역으로 하며, 아무르, 쑹가리, 우수리 3개 하천[9]은 청 · 러 양국 선박이 항해하도록 하며 타국 선박은 운항치 못한다.

이로써 무라비요흐는 아이쿤담판에서 얻은 성과로 인해 무라비요흐 아무르스키(Мураьев Амурский)라는 칭호가 주어졌다.

이른바 아이쿤담판을 마친 후 우스데이 제이스키(Усть Зейский)로 돌아온 무라비요흐는 아무르지방의 식민개발을 새로이 적극 추진, 아무르스카야주(州)의 수도 프라코뷔시춘스크(Бллаговещенск)를 비롯한 여러 도시의 기초를 닦았다.

이 해 여름 가자이기이 이주가 계속되었고 이들 대다수가 아무르川에 연(沿)한 우수리川 하구에 정착하였다. 또한 니코라에흐스크에서 자바이칼리에(Забаикалье)까지 역체로(驛遞路)가 개설되었다. 이후 청 측은 아이쿤(愛琿)조약 체결로 국가적 손실이 컸음을 알았다.

이 같은 정황하에서 영불연합군이 1857년 말 광동(廣東)을, 이듬해 5월에는 태고보루(太沽堡壘)를 점령, 천진(天津)으로 육박해 옴에 이 기회를 틈타 러시아는 청국 정부를 압박해 천진조약을 맺었다.

이 조약의 체결로 아이쿤(愛琿)조약에서의 미진한 점들을 보완 · 보충하게 되었다. 즉 아무르천 좌안지대를 제정러시아에 할양하였다고 생각하지 않고 차여거주(借與居住)를 허락한 것으로 간주하였고, 또한 우수리川과 해양과의 중간지대 즉 우수리지역을 청 · 러공동관리하에 둔다는 것에 관해서도 조약체결 당사자인 역산(奕山)이 북경 정부에 정확하게 보고하지 않았다는 것이다. 따라서 양국 정부의 견해가 크게 달랐다.[10] 청 · 러 양국 간의 교섭에서 다음과 같이 약정하였다.

---

9) 쑹가리는 松花江으로 표기하기도 한다. 中國 東北部에 위치한 大河로 백두산에서 발원해 嫩江 牧丹江을 합쳐 臨江에 달해 黑龍江과 합류한다. 流域은 北滿洲를 관통하며 풍부한 水運은 魏書에 速末水, 唐代에 栗末水로 遼에서는 鴨子河 混同江 金나라시대는 混同江 또는 黑水라고도 칭하였다. 土民들은 遼에서는 松阿哩江, 金에서는 宋瓦江으로 明代에 와서 松花江으로 불렸다. 愛琿조약에서 이 江의 航行權이 淸에서 러시아로 옮겨지면서 兩國間에 問題視되었다. 우수리江은 烏蘇里江이라 표기하기도 한다. 중국과 러시아의 시베리아 지역과의 경계를 이루며 沿海州에서 發源 숭가치아(松阿察)河로 흘러 北東流하다 黑龍江과 합쳐진다. 下流는 水運이 편리, 水量이 豊富하다.

10) 矢野仁一, 近世支那外交史, 1940(昭和 15年), pp. 794~795.

첫째, 양국의 기관 사절은 완전평등의 예로 대하게 하며,

둘째, 러시아 정부가 필요로 할 경우 사절을 파견하고, 이들 사절들은 캬흐타와 고륜 또는 백하구(白河 口), 태고(太沽)나 다른 개항지 선착장을 통해 북경으로 들어가도록 허락하며,

셋째, 이들 사절들의 여행에 편의를 도모하고, 북경체재 중 상응하는 예우를 하도록 한다.

넷째, 러시아는 이전의 캬흐타 및 그 밖에 육로상의 변경무역 이외에 상해 등 5개항에서 외국무역을 할 수 있도록 하며

다섯째, 약간명의 러시아 선교사가 러시아 영사 또는 국경관헌의 증명으로 청국에 들어가 포교할 수 있게 하고

여섯째, 북경과 캬흐타 간에 정기우편을 활용하도록 한다.

이로써 러시아는 제약을 받아온 청국시장에 경제적 진출을 조성함과 동시에 이제까지 유무형으로 제약을 당해 온 장애를 제거하게 되었다. 이렇듯 청·러 간에 새로이 맺은 천진조약 및 규정은 에 따라 아이쿤(愛琿)조약에서의 미진한 점을 보완하였는가 하면, 1859년 6월 북경에 파견된 이그나데이흐(НиколайПавлович Игнатьев)는 우수리강 하구(河口)에서 하류의 아무르川 연안(沿岸)에 청인들의 항하(航下)를 금지케 하고, 청국 수비병의 이주(移駐)를 명하도록 하는 중대한 과제(課題)를 안고 있었다. 다시 말해 아이쿤조약에서 논한 공동관리지역이 흡사 점령을 당한 듯하여 청 측은 몹시 격분, 아이쿤조약에 대한 거부반응이 컸다. 이러한 상황하에서 아무르문제를 비롯한 여타 현안을 해결해 나가기가 매우 어려운 상황이었다. 이러한 때에 천진조약(天津條約) 비준교환(批准交換)을 위해 백하구(白河口)에 도착한 영불양국사절(英佛兩國使節)이 승선(乘船)한 배에 대해 태고포대(太沽砲臺)로부터 발포한 사건이 일어남에 영불연합함대가 태고포대(太沽砲臺)를 함몰(陷沒)시키고 곧바로 북경으로 진군함에 청국조정이 일대혼란에 빠졌다. 이 시기를 틈타 이그나데이흐는 양자 간의 화의를 조정하는 데 힘을 기울였다. 그러면서 노회(老獪)한 외교적 수단을 통해 청 측으로부터 아이쿤조약과 천진조약을 확인케 하고 청·러 간의 북경조약을 체결하는 성과를 거두었다.

1860년 11월 14일 체결된 북경조약 가운데 아무르문제와 관련된 주요사항으로는 아이쿤조약에서 결정된 청·러 경계선을 확인하고 우수리 공동관할지역(共同管轄地域)을 러시아령(領)으로 고치고 청과의 경계를 우수리, 쑹가리, 스운카챠야川에 연(沿)한 흥개호(興凱湖)를 가로질러 백릉천(白稜川) 하구(河口)에서 남동으로 향해 포크라니지나야(Пограничная : 현 토우우닌(Дунин))를 지나 훈춘천(琿春川) 하원(河源) 산령(山嶺)을 지나 두만강 하구(豆滿江河口)에 달하는 선(線)을 설정하였다. 아이쿤조약에서 정해진 아무르, 쑹가리, 우수리 세 하천(河川)에서의 청·러 양국 선박(兩國船舶)의 자유로운 항행(航行)은 물론 새로이 설정된 경계선상에서의 양 국민의 무세자유무역을 하도록 함을 확인하였다. 그리고 러시아 상인이 캬흐타에서 무역을 하게 함과 동시에 무역을 위해 북경에 들어갈 수 있는 권리를 재확인하고, 고륜(庫倫) 장가구(張家口)에서 소규모의 거래를 행할 권리 및 동시 통행인원 200인을 넘지 않게 하고 국경에서 러시아 관헌이 발급한 증명서를 소지한 조건하에서 무역을 위해 청국으로 들어갈 권리를 승인한 아루쿤川 하구에서 예니세이川 하원(河源)까지 경계선을 연장, 고간토(Коканд)에 이르는 국경선을 새로이 설정하였다.

청·러통상관계에 있어서도 가시카루에서 자유무역을 약정하였고, 뒤이어 북경조약 체결 당시 지리적 답사가 미흡한, 흥개호 이남에 대해 이듬해 쌍방 전권이 흥개호 서안(西岸)에서 만나 현지조사결과에 따라 결정한 북경조약추가조관 및 국경설명서의 조인이 행하여졌다. 이로써 청·러 간의 아무르문제는 러시아의 의도대로 마무리되었고 우리나라 동부 최북단의 두만강 하류 국경선이 잘못 그어짐으로써 전래의 고유영토이던 녹둔도를 상실하게 되었다.

第3章

一萬里 朝鮮
疆土의 侵縮史

조선군의 나선정토(羅禪征討) 참전(參戰)

1

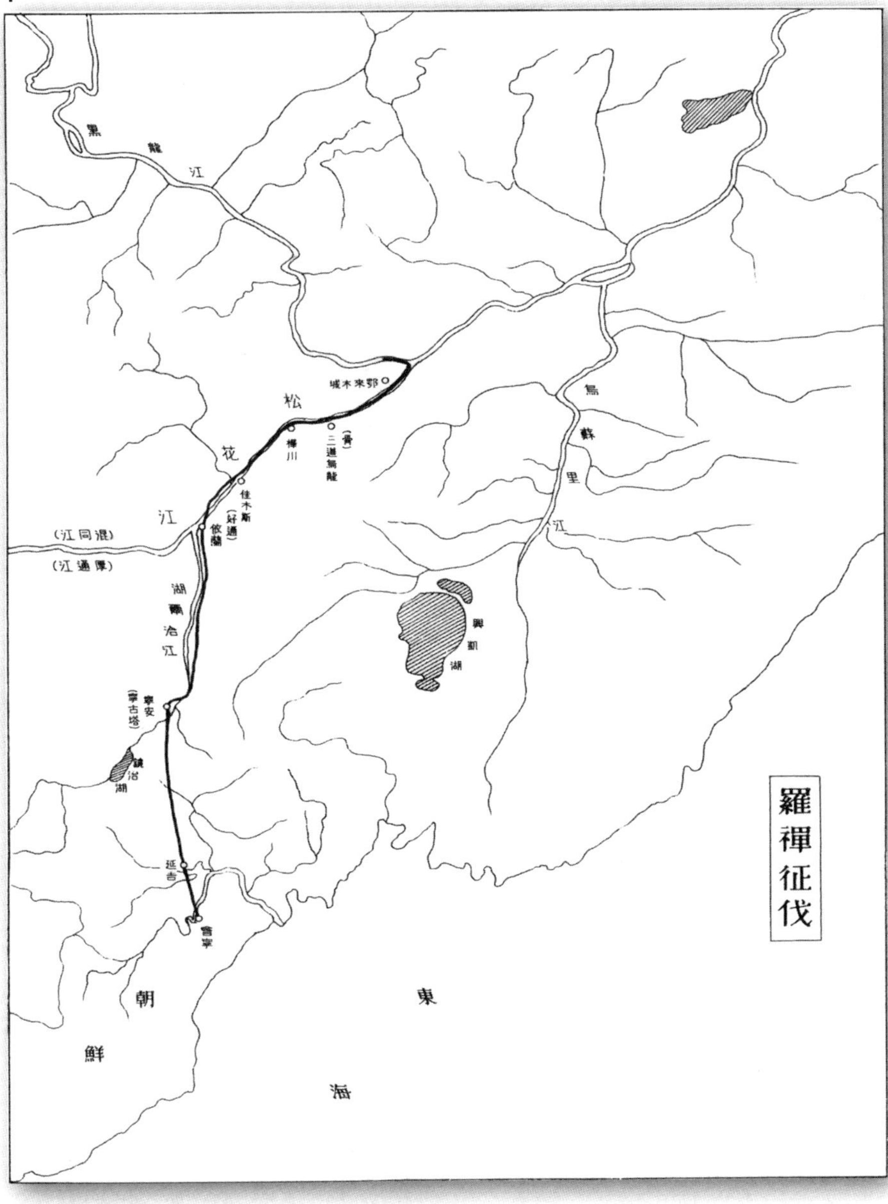

1_나선정토 노정도(路程圖)

2

3

2_흑룡강 하류 전경
3_변모된 송화강 주변 전경

•第3章•

조선군의 나선정토(羅禪征討) 참전(參戰)

1. 청의 나선정토(羅禪征討)를 위한 조선군의 참전요청

1654년(효종 5년 : 順治 11년) 2월 청나라 차관(差官)인 한거원(韓巨源)이 청나라 예부(禮部)의 자문(咨文)[1]을 가지고 와서 말하기를 나선(羅禪)을 정토(征討)하려는데 조선에서 조총선수(鳥銃善手) 100명을 선발하여 영고탑(寧古塔)[2]으로 보내라고 요청하였다.

이 같은 요청의 배경에는 인조 15년 1월 28일, 청에 항복할 때 11개항의 항복조건을 약조하였는데 그 가운데 다섯째 항목에 명나라를 칠 경우 칙사(勅使)를 보내 조선의 수만 보기(步騎)와 수병(水兵)을 기일을 정해서 보내되 착오(錯誤)가 없도록 하라(朕若征明朝 降詔遣使 調爾步騎舟師 或數萬 或刻期會處 不得有誤) 하고, 여섯째 항목에는 이번에 짐이 가도(椵島)[3]를 공취(攻取)할 때에는 조선에서 병

---

1) 禮部爲傳奉事 順治十一年 正月十四日 恭奉聖諭 朝鮮近寧古塔地方 國內善使鳥鎗人 着善一百名 由會寧發至寧古 塔 聽昻邦章京沙爾虎達 率領往征羅禪 限三月初十日 到寧古塔 爾禮部 卽行移咨朝鮮國王欽差 欽遵合行移咨貴 國王 部文到日 煩爲遵照聖諭 卽選差使鳥鎗人一百名 由會寧依限前往寧古塔 勿致遲綏 須至咨者 右咨朝鮮國王 順治十一年 正月十六日 同文彙考原編 七六 軍務 甲午 禮部知會選鳥鎗手征羅禪咨.

2) 寧古塔은 오늘날 길림성 寧安縣에 속해 있다. 渤海 때 上京 龍泉府 龍州治로 鏡珀湖가 西便에 자리하고 있다.

3) 椵島는 平安北道 鐵山郡 栢梁面에 속해 있는 섬으로 이 섬에 명나라 遼東都司 毛文龍이 後金에 쫓겨 椵島로 들어가 東江鎭이라 칭하고 駐屯함에 우리 朝廷에서는 명과 연합해 청을 견제할 목적으로 암암리에 접촉하고 있었다. 모문룡이 청군의 배후를 기습함에 청 측은 이들을 소탕하기 위해 조선군이 조력할 것을 병자호란 항복조건에 두었다. 이때 모문룡이 머물던 椵島가 1629년

선(兵船) 50척을 내고 수병(水兵)과 총(銃), 포(砲), 궁전(弓箭) 등 무기는 조선에서 갖추라(朕今回攻取椵島 爾可發船五十隻 水兵槍砲箭 俱宜自備) 하는 2개 항목이 있었기 때문이다.

이 같은 청 측의 요구는 조선으로서는 심히 받아들이기 어려운 문제였다. 이에 인조(仁祖)는 그 같은 고뇌를 다음과 같이 술회하고 있다.

"내 일찍이 남한의 치욕(恥辱)을 죽음으로써 맞이했던들 이처럼 처참한 오늘의 수모는 당하지 않았으련만! 차라리 산성에서 죽지 못했음을 한하노라! 나라가 이 지경에 이르렀으니 아래를 내려다보아도 부끄럽고 위를 올려다보아도 두려울 뿐이다. 오직 죽기를 바랄 뿐이다."라고 울분을 토로하고 있다.[4] 이후에도 청이 명나라를 멸하기까지 수차에 걸쳐 청의 요구가 있었다. 청이 명나라를 최후 공격 시 금주(錦州)를 포위하고 함락시키는 데 오랜 시일이 소요되었다. 당시 명(明)이 십만대군을 이끌고 금주를 구하려 함에 청의 우진왕은 우리나라 포수 400명을 선봉(先鋒)으로 삼아 남산을 지키게 하고 군(軍)을 두 대(隊)로 나누어 일대(一隊)는 탑산(塔山)으로 빠져 나가는 길을, 다른 일대(一隊)는 금주(錦州)로 들어오는 길을 방어케 하였는데 이 전투에서 조선군의 사격술이 뛰어남을 알고 있었다.

이러한 연유로 청 측은 하루가 다르게 러시아세력이 동진해 옴에 이를 더 이상 좌시할 수 없어 이를 응징하고자 대응책으로 조선군의 원병을 요청한 것이다. 이 요청으로 역사상 특이하게 우리나라 군(軍)이 해외원정(海外遠征)을 하게 된 것이다.

청의 러시아 동진(東進)을 방어하는 데 따른 원군요청(援軍要請)은 두 차례에 걸쳐 이루어졌지만 이에 대한 기록은 유감스럽게도 청사(清史)나 러시아사에서도 찾아보기 어렵다. 두 차례에 걸친 원정은 첫 번째가 변급(邊汲), 두 번째가 신유(申瀏) 장군의 출정이었다.

러시아가 내륙 쪽인 서구라파 방향으로의 진출을 버리고 동방으로 겨냥한 것은 영국 등 구라파 진영의 견제에 밀린데다 발해가 멸망한 이래 우랄산맥 넘어 동쪽이

毛의 被殺로 明軍은 사실상 사라지고 말았다.

4) 仁祖實錄, 仁祖 16年 八月 辛卯條.

무인지대나 다름없었고, 시베리아 흑룡강 연안에 무수한 금은광(金銀鑛)이 있는가 하면, 값비싼 모피류를 얼마든지 획득할 수 있는데다, 수많은 가축이 번식하고 있어 주민들이 부유한 생활을 하고 있다는 소문이 무성하게 나돌았기 때문이다.

이러한 풍문(風聞)으로 인해 무뢰한들이 성군작당(成群作黨)해 출몰하였는가 하면, 일부 호기심 많은 탐험가와 러시아 정부의 비호를 받는 군졸들이 연수육로(連水陸路)를 따라 출현하면서 이들이 현지에서의 생필품 조달을 위해 토인(土人)들을 마구 살해하거나 약탈을 서슴지 않음에 토착민들은 청국 정부의 보호를 요청했으나 즉각적인 보호조치를 취하지 못하였다.

이 시기가 청나라 성조(聖祖 : 順治 9年) 치세기(治世期)로 청은 남벌(南伐)에 얽매여 동변(東邊)의 정황을 돌아볼 경황이 없었다.

그러나 이후 점차 남벌을 마치고 내정이 안정되자 계속해 동부지대로 잠입해 들어오는 러시아인들을 더 이상 방치할 수 없었을 뿐만 아니라 방치할 경우 청조(清朝)의 발상지인 송화강, 흑룡강, 우수리강 일대가 러시아인들의 잠거지가 될 우려가 높아졌기 때문이었다.

1652년(順治 9년) 2월 러시아인들이 흑룡강 연안으로 침투로를 뚫고 있을 때 이를 이전처럼 좌시(坐視)하지 않고 주방(駐防) 영고탑(寧古塔) 장경(章京) 해색(海色)에게 명해 웃차라(烏札拉)에서 러시아인들을 격퇴케 하였다.[5] 이것이 청나라 군대와 러시아인들과의 최초의 접전(接戰)이었다.

이후 산발적(散發的)인 접전이 있어 수차에 걸쳐 정토군(征討軍)을 보냈으나 성과를 보지 못하였다. 그 같은 사례로 1655년 상서도통(尙書都統) 명안달례(明安達禮)로 하여금 북경에서 군대를 이끌고 토벌에 나섰으나 송화강 연안 깊숙이 침입해 온 러시아인들을 겨우 쫓아내고 호이마하구(呼瑪爾河口)에 쌓아 놓은 성채(城砦)를 포위 공격하다가 군량과 여타의 보급품 조달이 어려워 그 이상의 전과를 올리지 못하였다.

2년 후인 1657년(順治 14년)에는 진수(鎭守) 영고탑(寧古塔) 묘방장경(昴防章京) 사이호달(沙爾呼達)로 하여금 잠입한 러시아인들을 구축(驅逐)케 하여 상견

---

5) 朔方備乘, 卷六十一, 北徼事蹟表 上.

오흑(尙堅烏黑)에서 접전(接戰)을 벌였고 다음해인 1658년에는 송화강과 고이한강(庫爾翰江 : 구루칸) 사이에서 대전(對戰)을 벌여 승리하였으나 이들을 완전히 쫓아내지는 못하였다. 1660년에는 파해(巴海)가 고법단촌에서 이들을 쫓아내기는 하였으나 보급물자의 부족과 기후상의 악조건으로 결정적인 승리를 거두지 못하였다.[6)]

2. 참전(參戰)을 위한 원정조처(遠征措處)

러시아인들이 레나河 유역으로 잠입해 들어올 때가 명나라 숭덕(崇德)연간(1636~1643년)인데 당시 명나라 조정으로서는 각처의 유적(流賊)과 만주족의 침입으로 요하유역(遼河流域)마저도 제대로 보전하기 어려운 형편으로 송화강, 흑룡강, 우수리강 연안 일대를 돌볼 겨를이 없었다.

그러다가 명나라가 망하고 청나라가 들어서면서 청조(淸朝)의 발상지(發祥地)로 간주되는 이 일대에 러시아인들의 발호(跋扈)가 자심하였다. 특히 예니세이河에서 아무르河로 통하는 연수육로(連水陸路)가 개척되어 주변 일대의 광산물과 수렵자원이 약탈당함으로 인해 원주민들과의 갈등 마찰이 계속되고 나아가 이들은 자재저축장(資材貯蓄場)까지 마련해 놓고 항구적인 점령태세를 갖추려 함에 이에 따른 대응책이 불가피하게 되었다.

1651년 청군(淸軍)은 이들의 본거지라 할 수 있는 아르바잔스키 성채(城砦)를 기습 파괴시키고 이들의 퇴각을 종용하였으나 좀처럼 응하려 하지 않을 뿐만 아니라 오히려 강렬하게 대응하려는 태세를 보임으로써 일찍이 뛰어난 총포술로 청군(淸軍)을 도와 명군(明軍)을 섬멸시켜 전과(戰果)를 올린 조선군의 위력(威力)을 알고 있는 청 측이 나선정토(羅禪征討)에 동참(同參)을 요청한 것이다.

청 측의 나선정토(羅禪征討)의 동참요청(同參要請)은 조선정부로서는 심히 곤혹스럽고 아이러니컬한 것이었다. 당시 조선 국왕인 효종은 절차부심(切磋腐心)

6) 吳相湘, 俄帝侵略中國史, p. 6.

하여 청에 대한 복수를 하고자 군사력을 배양하였는데 도리어 이들을 돕지 않을 수 없는 처지가 되고 말았기 때문이다.

청조(淸朝)에서 나선정토(羅禪征討)를 위해 조선군의 파병을 요청한 '선조창수정라선자(選鳥鎗手征羅禪咨)'에 의하면 조창수(鳥鎗手)란 사격을 함에 있어 매우 우수함을 뜻하는 것인데 임진왜란을 겪으면서 우리나라 조총수의 사격술이 국제사회에서 정평이 나 있었으며 그중에도 함경도와 평안도 북변(北邊) 포수의 기술이 뛰어났었다.[7)]

여기에다 청 측은 조선의 국방력 강화를 견제하려는 깊은 속셈도 없지 않았나 여겨진다. 왜냐하면 병자호란으로 인해 봉림대군(鳳林大君 : 뒤에 孝宗으로 登極함)은 형인 소현세자(昭顯世子)와 함께 8년이라는 오랜 세월 동안 인질(人質)로 잡혀가 있으면서 온갖 고초와 굴욕을 당하며 지낸 까닭에 그가 왕위에 오른 이후 곧바로 복수의 염원으로 군비를 갖추고 있었기 때문이다.

그런데 성하지맹(城下之盟) 속에 신구(新舊)의 성원(城垣)은 조선 측 자의대로 수축(修築)함을 불허한다는 명문이 있어 부득이 일본의 재침에 대비한다는 구실로 성지를 보수 · 축성(築城), 병기(兵器)를 정비, 군대를 조련하고 있었다.

그런데 북경을 다녀온 호행사(護行使) 윤두표(尹斗杓)가 국왕께 아뢰기를 "청제가 말하기를 선한(先汗)에서부터 조선에 은혜를 베풀기를 두텁게 하였고 나

---

7) 淸의 참전요청에 대해 광해군 11년 명나라 使臣 袁見龍이 수천의 조선 조총수를 調發해 줄 것을 청해 왔을 때 임금이 답하기를 火砲射擊術은 우리나라의 長技가 아니라 임란 후 明나라 사람과 투항해 온 왜인들로부터 교련을 받아 양성된 것으로 그 수효도 數千에 불과하며 이들 대부분이 전란으로 죽었고 오늘날까지 살아남아 있는 자도 극소수인데다 이들마저 老弱해서 우리나라 邊方도 제대로 지켜내지 못할 정도라고 명의 요구에 불응함에 明使가 領相인 趙挺에게 말하기를 귀국 조총수가 유명함은 천하가 다 알고 있다. 내가 이곳에 올 때만 해도 의주, 안주, 황주, 평양의 병사들이 극히 精銳하고 조총술이 능함을 알고 있는데 국왕께서 조총수가 없다고 한들 그 어느 누가 곧이듣겠는가 하였다. 이 같은 명나라 사신의 말은 이미 국제사회에서 조선 砲手의 명성이 널리 알려져 있었기 때문이다. 원문은 다음과 같다.

光海君日記 11年 八月 丁巳.

徵兵大事也 固不可以差官之言 輕易調發 然若如是云云 則恐有後尾 宜小邦數萬兵卒 盡陷虜中 凡于器械蕩然無 餘 至如壬辰兵火後 僅僅敎鍊 成形火手 盡爲陷失 雖有若干名 何至累千 若數小則無益於防守.

光海君日記 11年 八月 己未.

若謂 貴國不慣于銃又謬矣 夫貴國之銃鳴于天下 孰不知之實爲倭銃之賜 昨至義州至安州兩處 銃手不下五六百 皆極精而極銳者 後至黃州平壤 皆以强而示弱 不復陳說 則銃手豈眞無哉 所言者嫌也.

역시 현재의 조선 국왕께 도탑게 하였거늘 매양 왜구의 재침을 구실로 축성조련을 한다 하니 너의 나라 상하가 모두 딴 뜻을 가진 것이리라 한다."[8] 하여 국왕을 힐문하고자 한다고 아뢰었다.

이에 효종은 진주사(陳奏使)로 인평대군(麟坪大君)을 보내 표문(表文)을 올리기를 "우리나라가 임진란 시 일본으로부터 혹독한 피침을 당한 이래 오늘날까지 인심이 안정되지 못하고 있고, 해마다 왜구들이 와서 위협하지 않는 해가 없습니다. 방비가 소홀할 경우 믿을 것은 대국의 구원뿐이라 선신(先臣 : 仁祖를 지칭)도 항상 염려하여 귀국에 진문(陳聞)해 왔습니다.

순치(順治) 2년 예부(禮部) 회자(回咨)에도 일본이 조선과 대해(大海)를 사이에 두고 있다 해도 실은 접양(接壤)과 다름없어 변고(變故)를 헤아리기 어려우니 조선 국왕은 변방을 엄칙(嚴飭)하고 만약 긴급한 적정(賊情)이 있을 때에는 사람을 보내 보고하라 하셨습니다.

지난해 사은사(謝恩使) 정태화(鄭太和) 회사(回使)에 성지수선(城池修繕)문제는 선황제(先皇帝 : 淸 太宗을 말함)의 금지한 바로 사신의 구전(口傳)만으로 경솔하게 허락할 수 없으니 주문(奏聞)이 있을 때 처리할 것이라는 전언(傳言)이 있었는지라 사실대로 진품(陳稟)한 것이며 추호도 타의가 있는 것이 아닙니다.

전날 사문(査問)할 때 이만(李蔓)과 동래부사(東萊府使) 노협(盧協) 등이 엄위(嚴威)에 떨어서 사실대로 대답하지 못한 죄를 지었기에 노협(盧協)을 엄중 문책하여 변지(邊地)로 귀양보내고 이만(李蔓)도 유죄(流罪)에 처하였다 하고, 사대지성(事大之誠)을 계속해 극진히 하겠다"고 하여 겨우 청조(淸朝)의 힐문(詰問)을 모면하였다.

이렇듯 청조의 힐문과 위협으로 효종의 야심찬 북벌계획이 주춤거리고 있던 시기에 청(淸)의 나선정토(羅禪征討)를 위한 조병(助兵)요청에 북벌(北伐)을 위해 갈고 닦은 병력과 무기를 역(逆)으로 저들을 돕는 데 나서야 하는 운명을 맞게 된 것이다.

---

8) 孝宗實錄, 孝宗元年, 庚寅 八月 戊申. 據奏 倭國相惡 欲修城集兵 整頓器械 此語不止一二次 自爾先王以至于今日 亦不知凡幾緣此 所以遣巴哈納 祁充格等賚勅往問眞僞 巴哈納 祁充格等回奏云 臣等提取慶尙道觀察使李蔓 東萊府使盧協等 仔細訊問 答云 倭國朝素相和好 並無怨亂兵戈之事 前奏係欺罔巧詐等語 由此觀之 其修城集兵整頓器械之事 原與倭國無涉 尙欲與朕爲亂也 意圖進修城池 招集兵馬 整頓器械 所以欺罔巧詐 禮節有違 朕惟備之而已 夫復何言.

즉 청사(淸使)가 들고 온 자문(咨文)에 따라 비변사(備邊司)에서는 나선부정군초송절목(羅禪赴征軍抄送節目)을 초기(草記)하여 왕의 윤허를 받아 보냈는데 세목(細目)은 함경북도포수(咸鏡北道砲手) 영고탑입송시(寧古塔入送時) 절목(節目)에 대강(大綱)이 명기되어 있다.

특별히 부기할 것은 사기(師期)를 아문(衙門)의 자문(咨文)에 따라 3월 초여름날까지 영고탑에 도착하라 하고 군병은 2월 그믐 안으로 회령부(會寧府)에 집합 후 장속(裝束)을 정돈하여 삼월 초하루에 출발함으로써 초열흘까지 도착하도록 하고 마필(馬匹)과 고세(雇稅)는 남관(南關)에서 부담하고 6진 사병들이 가진 마필(馬匹)은 결코 초송(抄送)치 마라.

청국차관(淸國差官)의 말에 따르면 아역(衙譯) 김삼달(金三達), 장효례(張孝禮) 등 2인이 북경을 출발해 영고탑으로 향하였으며 우리의 군병이 저들 나라로 들어갈 때는 응당 맞이해 지도할 것이니 아역(衙譯)이 도착할 때까지는 자의대로 월경(越境)하지 마라.

군병(軍兵)의 선발은 병사(兵使)가 주관하고 복마(卜馬) 자장(資裝) 식량관계는 병사(兵使)의 소관이 아니니 감사(監司)가 맡아서 처리하되 지체없도록 하라 하였다.

이외에도 비변사계북도군병입송절목(備邊司啓北道軍兵入送節目)[9]에 조총(鳥銃)과 탄약에 관해, 준비가 안된 상태에 대해 기술하면서, 북도포수(北道砲手) 가운데는 재주 있는 사람이 없지 않으나 그들이 소지한 조총은 정완(精完)치 못할 가능성이 있다.

관아(官衙)에서 보관하고 있는 병기도 정완하다 할 수 없으니 장비를 완고정리(完固精利)한 것을 택해주어 전장(戰場)에서 낭패를 당하는 일이 없도록 하라 하였다.

탄환은 1인당 100발씩 주어 병사가 적당히 출급하고 각 관군기창에서 저장하고 있는 것은 다시 손을 보아 개조 후 지급하는 것이 좋겠다고 하고 특히 조총과 탄환문제에 각별히 관심을 두어 정완한 것을 보내주라고 강조하였다. 만일 이

9) 咸鏡北道砲手 寧古塔入送時討節目.

같은 조처에 미진한 데가 있거나 늦어진다고 할 때 감사와 병사는 중죄를 면치 못할 것이라 엄명하였다.[10)]

그런데 보다 중요한 문제는 원정시(遠征時) 문제가 되는 것이 군량문제인데 기동력과 운반수단이 오늘날과 같지 않은 상태에서 군량미 조달방법은 난제 중 난제였다. 그러한 가운데 우리 조정에서는 조선군이 두만강을 건너 청나라 땅으로 들어가기 직전까지 소요되는 열흘간의 양식은 우리 측이 부담하겠으나 청국령으로 진입한 후에는 이들의 양식은 청국 측에서 마련해 달라고 요망하였다. 당시 조선 내의 실정은 연이은 흉년에다 영고탑까지의 식량을 운송할 방법 또한 막연하였다. 이 같은 실정을 감안해, 청조에서는 그들 호부(戶部)로 하여금 조달하겠다는 회자(回咨)를 조선정부에 보내왔다.[11)]

이리하여 조선 정부는 그해 2월 초 5일에 조병승락(助兵承諾)[12)]과 함께 열흘간의 참전병사의 양식을 마련하겠노라고 자문을 청 측에 보냈다. 당시 북변주민의 실정은 심히 어려운 상황에 놓여 있었다. 즉 관리들의 가렴주구가 심한데다 오랑캐들의 기습과 약탈에다, 연이은 흉년으로 백성들의 삶은 하루하루 연명하기가 어려운 지경이었다. 따라서 이렇듯 어려운 생계를 이어가기보다는 징병에 응모해 자장목(資裝木) 몇 필(匹)이라도 받아 처자식을 먹여 살려보고자 지원자가 넘쳐났으니, 그 정경(情景)은 처절하기 이를 데 없었다.[13)] 지급품목은 다음과 같다.

---

10) 備邊司謄錄, 第十七册, 孝宗 五年 甲午 二月 初二日.

11) 同文彙考 原編, 卷七十二, 軍務 順治 十一年 四月 禮部 回咨.

12) 同文彙考 原編, 卷七十六, 軍務, 朝鮮國王爲傳奉事 本年二月初二日 准貴部咨云云等因 據此劃卽調發善使鳥鎗軍人一百名 除差領一員哨官一員 率領小通事二名 及軍官旗鼓手火丁竝四十八名 前去境上 擬候衙門通到來一同 征進外仍照北路 近緣連歲凶歉 公私赤立加以自本國至寧古塔 道路遙遠 軍餉沒策 僅辯十日粮料 以是沿路 食用之資煩乞 貴部査照咨內情節 傳奏天聽 允是便益 爲此合行移咨 請照施行 順治十一年 二月初五日 移禮部.

13) 孝宗實錄, 孝宗 五年 三月 丁巳 晝講時 武臣金應海曰 六鎭連年飢饉 頃者淸國徵兵之日 以綿布 十五匹募兵人皆願往 其情可矜耳 …. 孝宗實錄, 孝宗 五年 五月 庚寅 備邊司啓, 北路人心離散 器械疎虞 … 而厚春部落 日漸强盛 寧古塔在我界不遠之地 他日之憂有不可言 … 使有屹然難犯之勢 亦當收用北方人材 固結其心 孝宗實錄, 孝宗 五年 六月 己未 戶曹正郞 李之馨 上疏 … 全付於貪官暴吏之手 細布貂蔘 惟恐後時 軍民流散 漫不掛念 丙子亂後尤甚 無形飢寒日功 聚斂日增千里封疆 半爲荒原 …

一. 砲手 一百名을 北道砲技善手中 極精壯者初選 每一名 資裝木 十五匹 題給

一. 領將 一員 資裝木 三十匹 題給

一. 哨官 一員 資裝木 二十匹 題給

一. 領將隨率(軍官 通事包含) 二十二名 資裝木 八匹 題給

一. 哨官隨率 八名 資裝木 八匹 題給

一. 領將卜馬二匹 哨官卜馬一匹 軍人 七名 一組 馬一匹

一. 軍糧 寧古塔 到着後 淸國側 供饋, 朝鮮國境於寧古塔間 十日分急送

一. 軍兵 於北道獨當抄送 卜馬一十間軍糧運送用馬匹 南關融通準備

一. 哨官以下軍兵選拔之後 官家恪別保護救恤 雜役免除 無農耕作者家 隣保協力救助 失農弊防止

3. 조선군의 출정(出征)과 대전(對戰)

그해 3월 10일까지 영고탑에 도착하라는 자문(咨文)에 따라 2월 말일 회령에 조선병력이 집결·대기하였으나 사기(師期)인 3월 10일이 지남에도 청나라 아역(衙譯)은 나타나지 않았다. 이에 비변사(備邊司)에서는 자문(咨文)에 사기(師期)가 경과된 후라도 등대(等待)하라는 말이 없는데다 절기(節氣)가 농사철이라 집결시킨 인마(人馬)를 해산시키는 것이 어떻겠느냐고 임금께 아뢰었으나 임금은 바로 해산하는 것은 온당치 않으니 좀 더 기다려보라! 그리고 군병(軍兵)과 마필(馬匹)이 집결해 있은 지 여러 날 되고 사기(師期)가 경과해 청나라 관련 역관이 언제 도착한다는 기별이 없으니 대기하는 군졸과 병마의 양식 및 사료는 인근 고을에 분산시켜 조달함이 좋겠다고 하였다.[14]

그 후 열흘이 지난 3월 21일에야 통사(通事)가 회령부에 와서 닷새 후인 26일 두만강을 건너게 되었다. 그리고 군병(軍兵)과 마필(馬匹)이 집결해 있은 지 여러 날 되고 사기(師期)가 경과해 청나라 관련 역관이 언제 도착한다는 기별이 없

14) 備邊司謄錄, 孝宗 五年 甲午 三月 十三日.

으니 대기하는 군졸과 병마의 양식 및 사료는 인근 고을에 분산시켜 조달함이 좋겠다고 하였다.[15)]

그 후 열흘이 지난 3월 21일에야 통사(通事)가 회령부에 와서 닷새 후인 26일 두만강을 건너게 되었다. 이에 관한 소식은 4월 7일자 조쟁수월강전진자(鳥錚手越江前進咨)[16)]를 통해 전해지고 있다.

당시 7월에야 비로소 출정했던 원정군인 변급(邊笈) 장군이 인솔한 부대가 청군과 함께 나선을 격파하고 무사히 영고탑으로 개선, 귀환했음이 알려졌다.[17)]

이에 임금은 나선정토에 승전(勝戰), 귀환한 사실을 청나라 예부(禮部)에 이자(移咨)하여 보고하라 하였다. 이에 비변사에서는 승문원(承文院)에 명해 자문(咨文)을 작성, 역관(譯官)을 가려 보내고자 하니, 보첩(報捷)은 청인(淸人)들보다 뒤져서는 좋지 않으니 금명간 자문을 작성해 뇌자관(賫咨官)을 차송(差送)함이 좋을 것이라 하였다. 그리하여 그해 7월 초에 보첩음자(報捷音咨)를 청조예부(淸朝禮部)에 보내게 되었다.[18)]

---

15) 同文彙考 原編, 卷七十二, 軍務 順治十一年 四月初七日 鳥鎗手越江 前進咨. 朝鮮國王爲軍務事 本年三月十五日 已將往征羅禪鳥鎗軍等 整齊等使多時 衙門通事未及出來緣由 別差司僕司僉正李慶彬 賫持咨文前往去後 本年四月初三日 據咸鏡道節度使鄭榏 三月二十二日狀啓 節該 本月二十一日 衙門通事 始爲來到會寧府說稱 本月二十六日 領率軍兵渡江 而師期在四月初十日云云等因 馳啓 據此 除着領兵將本道兵馬虞侯邊笈率領會前抄選 鳥鎗軍人等 一同衙門通事 越江前往寧古塔征進 云云 順治 十一年 四月初七日 移禮部.

16) 孝宗實錄, 孝宗 五年 七月 己丑 北虞候邊笈 與淸兵擊破羅禪 領兵還到寧古塔. 備邊司謄錄, 七月初七日條, 邊笈領孤軍 深入異域 全師而還 不可無賞.

17) 孝宗實錄, 孝宗 六年 四月二十三日 丁丑.

18) 順治 十一年 七月 日 移禮部 朝鮮國王 爲捷音事 議政府狀啓 該咸鏡道觀察使李應善馳啓 准領兵將北道兵馬虞侯邊笈馳報 卑職本年四月分領兵到寧古塔 十六日一同大朝軍兵發行 二十一日到曰可地方乘船 二十七日到厚通江 二十八日與賊遇於江中 終日接戰 賊中丸死者甚多 二十九日又爲接戰 五月初一日賊見曰可人乘小者皮船者 欲爲追捕 使砲手連賊放砲 賊退入大船 初二日賊擧碇乘流 而去 我軍隨大軍一齊上船 追及一百餘里 至好通遇賊一齊放砲 終日大戰 賊不敢近前 初三日又追賊九十餘里 至骨地賊爲大砲所擠退屯 初四日又追至一百二十餘里 初五日遇賊 賊欲於島中 林茂處伏兵 知我軍備 不敢近島乘風沂水而遁 我軍因留本處 初六日築土城高三丈 周五里許 初七日完役 十六日回軍 六月十二日行船到箭門 十三日還到寧古塔 大朝護送差官者亦及從人八名馬十五匹 亦爲一同出來等因 准此令行馳報 等因得此 臣等窃照 所據領兵將邊笈 率領鎗軍人 前赴遙遠地方 幸獲全軍而還 云云.

4. 두 차례에 걸친 나선정토(羅禪征討)

가) 제1차 변급(邊岌) 장군의 출정시말보고(出征始末報告)

"신(臣)이 거년(去年) 여름 영고탑으로 출정하라는 명을 받고 회령으로부터 여드레간을 북행하여 영고탑에 이르고 그곳에서 백 리를 더 가서 홀가강(忽可江)에 이르러 자피선(者皮船)을 타고 다시 백 리를 가서 홀가강(忽可江)과 영고탑강(寧古塔江)의 합류처에 이르렀는데 여기서부터 배로 동북으로 백 리를 가면 지세(地勢)가 점차 낮아져 닷새면 회통강(會通江)에 도달합니다. 강물의 흐름이 빠르고 노젓기가 심히 급해서 엿새 만에 왈합지경(曰哈地境)에 다다랐습니다. 이곳에는 서쪽으로부터 흘러오는 강이 있는데 넓이가 임진강보다 더 넓으며 이름을 운라강(雲羅江)이라 하며 회통강(會通江)과 합류한 후에는 후통강(後通江)이라 칭합니다. 영고탑에서 열나흘이면 왈합(曰哈)에 도달되는데 육로로는 2,400여 리가 됩니다."하였다. 국왕이 묻기를 "영고탑에 성(城)이 있느냐"함에 "목성(木城)이 있는데 규모가 적으며 성(城) 안팎의 인가(人家)는 300가구에 불과합니다. 장수의 이름은 니합리(尼哈里)라 하는데 사리(事理)를 좀 아는 듯하였습니다." 자피선(者皮船)의 크기에 대해 국왕이 물음에 "적은 것은 겨우 4, 5명이 탈 수 있고 그 수는 40척가량되며 큰 것은 17인을 태울 수 있는데 20척가량되었습니다.

신(臣)이 왈합(曰哈)에서 적선(賊船)을 만났는데 큰 배는 13척으로 300石을 실을 수 있고 적은 배는 26척으로 왜선(倭船)과 비슷했습니다. 청장(淸將)이 신(臣)에게 전봉(前鋒)의 책임을 맡기려 하였으나 '어찌 이 적은 배로 적의 거함(巨艦)을 막을 수 있겠느냐'하고 반대하였습니다. 이에 청정(淸將)도 그 말을 옳게 여겨 왈합병(曰哈兵) 300명과 청병(淸兵) 300명으로 하여금 강변(江邊)의 지세가 가장 높은 곳을 골라 진(陣)을 치게 하고 강안(江岸)을 따라 버들가지로 위장을 한 후 우리 포수들로 하여금 이를 은폐물로 삼아 방포(放砲)하게 하였습니다. 이에 적선이 점차 물러갔는데 배가 워낙 크고 노(櫓)가 없기 때문에 기동력이 없어 제대로 움직이지 못하다가 강류를 따라 겨우 내려갔습니다.

후통강(厚通江)이 흑룡강에 합류하는 곳에 이르러 적이 처음에는 전투태세를 취하는 것 같더니 때마침 동풍이 불어 돛을 올리고 사라졌습니다. 적선에 타고 있는 남녀는 모두 400명이 채 되지 못하는 것 같았습니다.

무기는 화기뿐으로 그 용모는 다른 만적(蠻賊)과 같고 모두 누런 비단옷을 입었습니다. 흑룡강 하류에 어피달자(魚皮獺子)라는 종족이 있는데 북경 정부에 귀순해 있습니다. 이곳은 왈합지역으로부터 15일정(日程)으로 그 중간에는 인적이 전혀 없습니다.

또한 흑룡강 상류에는 피약합부족(愎哈部族)이 있는데 나선적이 육지로부터 피약합부족을 침탈하고 이들이 항복한 후에 나선족이 배를 만들어 타고 있다고 합니다. 배를 만드는 데는 철정(鐵釘)을 쓰지 않고 다만 나무새끼줄(木索)로 얽어 매는데 바다에 다니는 배와는 비할 바 아닙니다. 신의 생각에는 이 적은 반드시 서양으로부터 왔을 것이라 생각됩니다."

이에 임금이 말하기를 "그곳은 서양으로부터 매우 먼 지역인데 어찌 그리 보는가?"

왈합이 말하기를 "흑룡강과 운라강 사이는 몽골지방이라 흑룡강이 매우 넓어 강구(江口)에 열진유지(列鎭遺址)와 여해지방(如海地方)이 있다고 합니다.

이 강구(江口)지방은 영고탑(寧古塔) 서남방(西南方)에 있으며 우리나라로부터 멀지 않다고 합니다. 왈합족(曰哈族)은 머리를 깎고 앞머리는 이마를 덮고 있으며 수건을 쓰는데 옷은 한 개의 단추를 달며 포성(砲聲)을 들으면 남자는 귀를 막고 누워버리고 여자는 놀라서 누워버린다고 합니다."[19]

이상과 같이 변급(邊岌)의 참전(參戰)보고는 북경 예부(禮部)에 보낸 첩보음자(捷報音咨)와 효종 6년 4월 23일 임금이 주강(晝講)을 마친 후 무신(武臣)들과 윤대(輪對)하였을 때 출정시말(出征始末) 보고 내용에 있어 일정(日程)과 리수(里數)에 약간의 차이가 있으나 내용 면에서 큰 차이는 없다. 출정장병(出征將兵)들이 전사이환(全師而還)하고 득첩무사회환(得捷無事回還)한 데 대해 병조(兵曹)는 개선군인(凱旋軍人)들에 대해 각각 거주군현(居住郡縣)으로 하여금 호역(戶役)을 면제케 하고 미포(米布)를 나누어주고 위로연을 열어주도록 하였고 영장(領將)인

19) 孝宗實錄, 孝宗 六年 四月 丁丑; 申基碩, 間島領有權에 關한 研究, 探究堂, 1979, p. 242.

변급(邊笈)에 대해서는 특별히 가자(加資)하였다.

요컨대 북도로후(北道虞侯) 변급(邊笈)을 영장(領將)으로 한 제1차 나선정벌은 영고탑을 출발하여 약 2개월에 걸친 장정(長征)에서 적(賊)에게 치명상(致命傷)을 줄 정도의 격렬한 전투는 없었고 적선(賊船)을 흑룡강 하류로 쫓아버린 데 그쳤던 것으로 보인다.

나) 제2차 나선정토(羅禪征討)

1658년 제1차 조선군의 출정이 있은 지 4년 후인 순치(順治) 15년(孝宗 九年) 3월 청차(淸差) 이일선(李一善)이 조병(助兵)에 관한 황제의 칙유(勅諭)[20]를 가지고 내한(來韓)하였다.

그런데 제1차 조병(助兵) 요청 때와는 달리 군량(軍糧)이 곤란한 지경이니 5개월간의 식량을 조선국에서 가지고 와서 싸워달라고 하였다.

즉 1차 병력 수의 배인 200명에, 기간도 1차 때의 84일에 비해 장기간인 무려 5개월이라 하니 조선정부로서는 심히 감당키 어려운 일이었다. 이에 임금은 "사정은 어렵지만 어찌 응하자 않을 수 있으리오." 하면서, 곧바로 회자(回咨)하기를 "칙유(勅諭)와 예부자문(禮部咨文)[21]의 내용대로 받들겠다"고 하였다.

이어서 조총수(鳥銃手)와 군향(軍餉)에 관한 자문(咨文)이 발송되고 함경도 관찰사와 절도사(節度使)에 명해 선용조창수(善用鳥銃手) 200명을 선발하고 함경북도 병마우후(兵馬虞侯) 신유(申瀏)를 영장(領將)으로 임명하고 초관(哨官) 2인, 표

---

20) 同文彙考 原編, 七十六 軍務, 再發鳥鎗手 送寧古塔勅 皇帝勅諭 朝鮮國王姓某 今羅禪侵我邊境 擾害生民 應行征勦 竝發滿兵 前往需用善使鳥銃手二百名 王卽簡拔 竝將一切應用之物 全行備辨 令的當官員統領限于五月初間 送至寧古塔 特諭 順治十五年 二月十九日.

21) 同文彙考 原編, 七十六 軍務, 禮部知會預備軍餉咨 禮部爲知會預備征勦羅禪緊急軍餉事 主客淸吏司案呈 奉本部送准戶部密咨 內開據鎭守寧古塔昂邦章京沙爾虎達 咨稱奉旨朝鮮 征勦羅禪兵餉就于寧古塔 處預備 委實不數 朝鮮逼近寧古塔 該國兵餉 數計來往月日 應于本國 帶運食米可也等因 到部送司 安呈到部 該臣等議得 朝鮮國兵應照 昂邦章京沙爾虎達大文 稱數計來往月日 體運吃米恭候勅下禮部轉咨朝鮮國王 速備本國軍餉 謹題請旨等因 于順治十五年 二月十二日 題十三日奉旨 依議欽此欽遵 爲此密咨 煩爲遵照 旨內事理 速行等因 到部送司 奉此相應移咨 案呈到部 擬合就行 爲此密咨貴國云云 順治十五年 二月十九日.

하(標下)의 기고수(旗鼓手), 화정(火丁) 등 60명과 필요한 물자를 준비하여 국경으로 가서 청국차원의 도래(到來)를 기다려 정진(征進)케 하라 하였다.

자문(咨文)에는 군병의 왕반일자(往返日字)를 예측하기 어려워 지난번 1차 원정 때의 선례에 따라 84일로 일을 마칠 것으로 보고, 3개월분의 식량을 영고탑(寧古塔) 밖까지 운반토록 하였다. 이에 행부사직(行副司直) 이분(李芬)을 전차(專差)하여 자문(咨文)을 가지고 전왕(前往)케 한다고 하였다.[22]

이에 청국예부는 4월 16일자로 조선 국왕의 조쟁수(鳥錚手) 및 군향(軍餉)에 관한 자문(咨文)에 답하기를 "조선 국왕이 3개월분의 식미를 대운(帶運)하여 영고탑 근경에서 청후(聽候) 정진(征進)하겠다고 하나 운기(運機)의 지속(遲速)이 있는데 어찌 3개월분의 양미(糧米)로 정할 수 있는가? 조선국에 다시 알려서 항상 군전(軍前)에 있어 탐청(探聽)케 하여 해국(該國) 병향(兵餉)을 돌아가는 날까지 계산하여 중단됨이 없도록 하고 육속(陸續)해서 운반하도록 하라"[23]고 하였다.

이 같은 예부지회(禮部知會)에 대하여 조선 정부는 5월 12일자로 회자하였는데 그 가운데 함경도관찰사와 절도사 등에게 행문(行文)하여 적당한 관원(官員)을 파견하여, 군전(軍前)에 청후(聽候)하고 육속접운(陸續接運)케 하여 중단되는 일이 없도록 하라. 시기가 장마철이라 길이 험하고 멀어서 적시(適時)에 수송하는데 미치지 못할까 염려되니 십분노력하여 성의를 다하겠다고 하였다.[24]

이러한 여건하에서 북도(北道) 노후(虞侯)[25] 신유(申瀏) 장군이 부원(赴援)의 명을 받은 것은 무술년(戊戌年) 4월 초 6일이었다. 4월 10일에 회령으로 가서 각 읍의 포사수 6천 명을 초선(初選)하고 그 가운데 병약자 1천 명을 귀가시켰다. 그 달 29일에 이르기까지는 도내 각읍 수령들이 와서 장행(壯行)의 모임이 있었다.

말일에 청차(淸差)인 대통관(大通官)[26]이 와서 말하기를 "출동기일이 다음달 6

22) 同文彙考 原編, 七十六 軍務, 順治十五年 三月十二日.

23) 同文彙考 原編, 七十六 軍務 禮部知會 陸續運糧咨 順治十五年 四月十六日.

24) 同文彙考 原編, 七六 軍務 回咨 順治 十五年 五月 十二日.

25) 虞侯란 조선시대의 무관 벼슬로 각 道別로 배치된 병마절도사, 수군절도사 다음가던 관직이다. 經國大典에 의하면 兵馬虞候는 종3품으로 우후를 지낸자는 정3품인 訓練院正의 후보자로 추천될 수 있었다.

26) 差使에 딸린 通事로 여러 通事 가운데 대표이다. 당시 大通官은 金大憲, 次通官, 尹壽, 差官은 丹弼이었다.

일로 박두해 있으니 지체없이 도강(渡江)에 나서야 한다"고 하였다. 이에 신유 장군이 말하기를 "군에는 군 나름대로 기율(紀律)이 있는데 급하게 서둘러 조리를 잃게 된다면 사기가 꺾이게 된다. 곧바로 명령을 내리고 출발하게 된다면 어떻게 행장(行狀)을 정돈하겠는가? 비록 6일의 기한을 어긴다 해도 그 책임은 통관의 도착이 늦은 데 있는 것이라"고 응대하였다.

5월 초 2일 도강 9일에 영고탑 교외(郊外)에 도착해 대오를 정비하고 황제의 명에 따라 베푼 위로연(慰勞宴)에 참석하였다.

10일에 청정(淸將)과 함께 영고탑 성내(城內)로 갔는데 백두산의 한 줄기가 돌기(突起)하여 삼면(三面)을 둘러쌌는데 암석이 깎아지른 듯이 솟아나 공중을 나는 새나 원숭이 같은 짐승도 기어오르기가 어렵게 보였다. 동쪽으로 한 협곡(峽谷)이 흐르는데 두 봉우리가 문(門)같이 서 있고 큰 강이 그 앞을 흐르니 단 한 명의 병사가 지켜도 만 명을 막아낼 수 있는 요해처(要害處)이다. 이른바 일부당관(一夫當關) 만부막개처(萬夫莫開處)이다. 성내(城內)의 장려함과 사람들의 번성함이 형언하기 어렵다. 여기서 30리를 더 가서 조식(朝食)을 하고 다시 40리를 가니 그곳이 전문(箭門)이라는 곳이었다.

이곳 강 이름이 후통강(厚通江)[27]으로 통관(通官)과 같이 원수(元帥), 부원수(副元帥)의 막사(幕舍)에 가서 상견례를 하고 적세(賊勢)에 대해 논하였다. 11일 통관을 불러 원수의 수하(手下) 병졸수(兵卒數)가 얼마나 되느냐고 하니 영고탑 장군이 거느리는 정병(精兵) 6만, 심양(瀋陽)의 군(軍)이 8천, 등주(登州) 8천, 몽골(蒙古) 8천, 잠수군(潛水軍) 300명이라 하였다.

각 군에 대장이 있으나 모두 두 원수의 지휘를 받는다고 하였다. 여기에 조선군 5천(이 숫자는 과장된 수로 보인다. 실제 200명의 조총수를 청이 요청하였다)이니 청차(淸差) 이일선(李一善)의 말에 의하면 적(賊)은 1천 명에 불과하다고 하였는데 이들을 쫓기 위해 이 많은 병력이 동원되었다는 것은 과장도 지나친 과

27) 厚通江은 會通江과 같은 강을 지칭하는 것으로 보이며 混同江의 對音으로 오늘날의 松花江을 지칭한다. 松花江은 원래 松河理烏拉이라 하였는데 遼 때 混同江이라 改稱되고 金, 元은 宋瓦라 하였고 明나라 宣德연간 이래 松花江으로 定着되었다. 그런데 申瀏 장군의 北征日記에 宋加羅江이라 함은 쑹가리의 對音으로 이 역시 송화강을 말하는 것이다.

장이라 하지 않을 수 없다. 이 전투가 강상(江上)을 무대로 하기 때문에 선척(船隻) 수 또한 문제로 이에 관해 살펴보지 않을 수 없었다.

5월 11일 전문(箭門)의 후통강(厚通江)의 180여 척 가운데 120여 척은 강 상류에서 신조(新造) 중이라 한다. 조선군에 배정된 군선(軍船)은 50척으로 배 한 척당 노군(櫓軍) 30명이 타는데 이 밖에 상선(上船) 1척, 인로선(引路船) 2척, 좌우종선(左右從船) 각각 1척이 배정되어 있었다.

15일 저녁 송가라(宋加羅) 강구(江口)에 도선(到船)하였고, 하선해 신조선(新造船)이 도착하는 것을 기다렸다. 이 지역 사정에 관해서도 언급하기를 "이곳이 왈개(曰介), 개부락(介部落), 피약(愎介) 세 부족국의 땅이었는데 이들은 청국의 부용국(附庸國)으로 조공(朝貢)을 바쳐왔는데 순치(順治) 초부터 조공을 하지 않아 청에서 문죄(問罪)를 위해 공략(攻略) 이전에 문서(文書)로 그 연유를 물었더니 답하기를 '딴 뜻이 있어서가 아니라 차한국인(車漢國人)이라 부르는 자들이 배를 타고 와서 침폭(侵暴) 약탈(掠奪)함이 빈번한 지 벌써 3년이나 되어 이 거적(巨賊)을 섬멸하지 않는다면 근심거리가 그치지 않을 것'이라 하였다. 이에 청나라 조정에서는 영고탑(寧古塔)에 대장(大將) 한 사람을 진주(進駐)케 하여 사실여부를 정탐케 하였는데 그 사람이 바로 왈개(曰介) 출신으로 이번 출정(出征)에 원수(元帥)인 진수영고탑묘방장경(鎭守寧古塔昴邦章京) 사이호달(沙爾虎達)[28]이다.

진수영고탑묘방장경 사이호달의 족당(族黨) 100여 명과 그의 형제자매 역시 왈개(曰介)[29]에 살고 있어 청조(清朝)는 사이호달(沙爾虎達)을 이곳에 보내 차한적(車漢賊)을 섬멸하도록 전년(前年)인 1657년에 15만의 정병을 보내 흑룡강에서 전투를 벌였으나 대패하여 단 한 척의 배도 돌아오지 못하고 겨우 몸만 빠져 나왔다고 한다.

그러한 그가 상서(上書)하여 청죄(請罪)하였으나 그의 이전 공로를 생각해 용서하고 다시 정병(精兵) 5만을 이끌고 공격에 나섰으나 또다시 패하여 이제 겨우

---

28) 沙爾虎達은 사르쿠타라 발음하며 병자호란 시 驸軒(副元帥)으로 참전하였고 그 공로로 北海王에 봉해졌다.

29) 曰介族은 介部族과 同族으로 이들은 農耕人이 아니라 狩獵族으로 魚肉을 主食으로 하며 外部로부터 賊이 나타나면 賊에 同調하고 賊이 물러가면 清朝에 歸依하는 등 그 向背가 無常하다. 대체로 나이나 兄弟愛에도 無心하고 性質이 暴惡해 別種으로 알려지고 있다.

장사(壯士)와 잠수군(潛水軍) 1천여 명만 남아 있었다. 그런데 6월 2일 기다리고 있던 신조선(新造船)이 들어왔는데 원수와 부원수가 타는 배는 웅장하였다. 이 배는 지난해 8월에 건조하기 시작해 올 4월에 완공한 것이다.

6월 초 4일에 원수가 전진명령을 내렸다. 원수는 우리 군병을 여러 배에 분승(分乘)케 하고 신 장군(申將軍)도 청장(淸將)이 탄 배에 동승케 하여 그 지휘에 따르도록 하려 하였다. 이에 신 장군(申將軍)이 말하기를 장수가 군사를 지휘하는 것은 손이 손가락을 놀리듯 명령한 대로 움직이게 해야 하는데 타국인으로 하여금 생소한 이곳에서 서로 섞여 있게 되면 동작(動作)의 기회를 잃게 되어 결국 작전에 성과를 거둘 수 없게 되어 손무(孫武)·오기(吳起)와 같은 용병(用兵)의 대가도 별수 없을 것이다.

모름지기 원수(元帥)는 재고(再考)하여 주기 바란다 하였다. 그러나 원수는 들은 체도 아니하였으나 부원수(副元帥)는 이 말에 동조하여 조선군은 영장(領將)의 통솔하에 두고 뒤에서 전세(戰勢)의 변화를 살피게 하다가 전과(戰果)를 올리게 하는 것이 좋겠다고 함에 마침내 원수도 승낙하였다.

이에 조선군은 좌초장(左哨長) 신청일(申淸一)과 대통관(大通官) 김대헌(金大憲)을 같은 배에 타게 하여 선봉(先鋒)으로 삼고 차통관(次通官) 이기영(李起榮)은 영장(領將)이 탄 배에 동승(同乘)토록 하였다. 초(初) 10일 오후 흑룡강구에 이르렀을 때 적선(賊船) 25척이 올라오고 3백여 척의 배도 뒤따랐다. 적선(賊船)이 올라오다 우리 측 대군(大軍)이 오는 것을 보고 닻을 올려 10여 리를 물러 내려가서 강안(江岸)에 의지하여 진(陣)을 치고 일자(一字)로 산개(散開)하였다.

원수가 적을 공격하게 하니 적병은 처음에는 판옥(板屋) 속에 숨어 나타나지 않다가 청병이 가까이 접근하자 일제히 사격을 가해 왔다. 이에 청군은 순식간에 전멸하고 말았는데 생존한 장병(將兵)은 대장 1명과 병졸 1백여 명에 불과하였다.

원수는 몹시 두려워하다가 다시 군사를 400척의 배에 나누어 싣고 친히 공격에 나섰다. 적선들은 이에 처음에는 흩어져 후퇴하는 것처럼 함에 원수는 이 승세를 타고 추격해 적선 가운데(叢中)로 들어갔다. 그러자 적선에서 포를 쏘기 시작하고 좌우가 선회하여 청군의 후부를 차단하였다.

이렇게 되니 청군은 포위공격을 받게 되어 이번에도 크게 손실을 입어 남은 병정이 얼마 되지 않았다. 이처럼 두 차례의 교전으로 수많은 병사를 잃은 청장(淸將)들은 적세(賊勢)가 매우 강성해 이를 당해낼 계책이 없음을 알게 되었으나 분을 참고 다음날 또다시 부원수가 일전(一戰)을 감행하기로 하였다. 부원수가 정병(精兵)을 이끌고 이들에게 각자 도검(刀劍)을 지참케 하고 적선(賊船)을 공격하였으나 적병도 물러서지 않고 창과 포를 번갈아 쏘고 장창(長槍)을 던져 한꺼번에 세 사람을 찔러 죽이게 하여 청군에 큰 타격을 주었다. 전투를 마치고 생존자를 점검하니 생명을 부지한 자 2만의 군대 중 3천 명도 되지 않았다. 이처럼 세 차례의 격전을 벌였으나 군졸의 수효만 믿고 공격한다는 것이 무모한 전략임을 청장은 깨닫게 되었다.

즉 인해전술(人海戰術)로 적을 공략해서는 승산이 없음을 안 것이다. 연이은 패전(敗戰)으로 낙담한 원수와 부원수는 신유 장군에게 힐문하기를 “귀국에 원병(援兵)을 요청한 것은 귀국의 병사와 합동작전을 펴, 적을 섬멸하고자 함에 있거늘 어째서 여러 날 접전(接戰) 중 아군(我軍)이 심한 타격을 입음에도 불구하고 영장은 계속 방관만 하고 있으니 어찌된 일이요?” 하였다.

이에 신장군이 답하기를 “무조건 싸움판에 휩싸여 죽는다면 우리 국왕의 명을 욕되게 할 뿐만 아니라 귀국의 원병요청에도 부응할 수 없는 노릇이 아니겠소. 그러니 이제 냉각기를 가지고 작전을 구상해 봅시다. 따라서 내일 다시 전투를 벌이겠다는 말씀은 받들기 어려우나 조만간 사생 간에 결단을 내려, 앞장서 기필코 승전고를 울리도록 하겠나이다. 그러니 반드시 잠수군(潛水軍) 1백여 명과 철장(鐵匠) 50여 명을 확보해 주시오.”라고 청하였다. 그동안 신 장군이 비협력적으로 싸움을 관망해 온 것이 아니라 어떻게 하면 이 대전(對戰)을 승리로 이끌 수 있겠는가를 골똘히 구상하고 있었던 것이다.

수전(水戰)에 서툴고 화력도 적보다 열세인데다 큰 배를 가지고 화력이 강한 적을 괴멸시키는 데는 어떤 전법을 써야 하겠는가를 구상하고 있었던 것이다. 드디어 6월 11일 신 장군의 작전명령이 떨어졌다.

「배시황(裵是愰), 유응천(柳應天), 신청일(申淸一), 김명길(金命吉) 등 네 사람을 불러서 4인이 각각 한 척(隻)의 배에 50명의 병사를 태우고 각기 깃발을 하나씩 신변(身邊)에 세우고 일제히 적의 탄환이 닿지 않을 만한 곳에 머물며 북을 울리고 고함을 지르며 마치 당장이라도 기습할 듯한 자세를 보이라!

만약 적이 쫓아 나오면 즉시 물러나오고, 적이 물러가거든 다시 우리편에서 다가가 추격하라! 이렇듯 쫓고 물러나고 추격하기를 주야로 계속하라! 그리고 청군에 대해서는 북경군대장(北京 高山을 말함)은 5천의 정병을 거느리고 강 동편에 진을 치고 한양대장군은 강의 서편에 진을 치고 있도록 해 적이 추격해 오면 동서의 양편 대장군께서 적의 후방을 차단하도록 하고 두 원수(元帥)는 상류에서 꼼짝 말고 성세(聲勢)를 올리도록 하라」고 작전계획을 전하였다.

이에 달리 뾰족한 방법이 없었던 차라 신유 장군의 작전계획이 이의없이 채택되었다. 이후 우리 측 배 4척이 쏜살같이 내려갔다. 적이 이를 보고 크게 웃으며 함선(艦船) 밖으로 나와 발포를 하였으나 탄알은 우리 측 배까지 미치지 못하였다. 우리 측 배가 다가가면 적은 발포하고 적이 물러가면 우리 측 배가 다시 접근해 가니 적의 발포는 끊이지 않았다. 온종일 이 같은 일이 계속되었다.

다음날도 양측은 진퇴(進退)를 거듭하였다. 적이 우리 측 배를 쫓아오려 하면 우리 측 배는 멀리 물러나 있는데다 동서 양편에 두 장수가 버티고 있어 저들의 후방이 차단될까 두려워 더 이상 추격하지 못하였다. 그러니 밤낮없이 발포만 할 뿐이었다. 그날 밤에 신 장군은 유응천을 불러 "내일은 너희들이 적들이 있는 곳에 보다 가까이 가서 북을 울리기를 전날과 같이 하라" 하니 응천이 두려워하며 말하기를 "가까이 가면 탄알에 맞을 터인데 어떻게 하느냐"고 반문하였다.

그러나 장군은 "두려워 말고 가보라. 적은 필시 탄환이 떨어져 더는 발포하지 못할 것이다. 그리고 철장(鐵匠)들로 하여금 쇠새끼줄(鐵素)과 쇠못을 많이 만들어 대비토록 하라" 하였다. 다음날인 14일에 유응천이 적선 가까이 다가가니 적이 일제히 발포하였으나 탄환은 날아오지 않았다. 말하자면 공포탄(空砲彈)이었던 것이다.

적은 실탄을 여러 날 발포한 관계로 탄환이 소진된 것이다. 이에 신 장군은 100명의 잠수군을 불러 50냥의 백금을 나누어주며 "너희들은 오늘밤 중에 은밀히 적선에 잠입해 쇠사슬로 배를 둘씩 묶어서 배가 뿔뿔이 흩어져 달아나지 못하도록 하라" 하였다. 그리고 이날 밤에 적을 섬멸시키는 비책(秘策)을 일러주었다.

비책은 이어수자(利於水者) 불리어화(不利於火)라 하여 물에 익숙한 자는 불에

서툴다는 원리를 이용하는 것이었다. 듣건대 적선은 불에 잘 타는 화피(樺皮)로 덮여 있고 포(砲)를 만드는 방법이 다른 나라와는 달라 화승(火繩)을 쓰는 것이 아니고 자석(磁石)을 화문(火門)에 장치하여 돌과 철이 서로 부딪쳐서 불이 나게 되어 있었다.

대체로 포를 배의 사면(四面)에 있는 구멍에 달아놓아 이동이 쉽지 않았다. 불이 배 밖으로 일어나면 연기가 배 안으로 들어가지 않기 때문에 불에 대해선 신경을 쓰지 않았다. 그래서 화약은 군사(軍士)들이 서 있는 곳에 방치하고 있어 화전(火箭)을 쓰게 되면 적들은 꼼짝 못할 것이라 하였다.

이에 여럿이 묻기를 "미리 북을 치는 것은 무슨 까닭이요?" 하니, 장군이 답하기를 "졸지에 화공(火攻)을 펴면 적도 발포할 것이니 우리 측이 적선에 다가가기 전에 아군이 위험할 것이다. 그래서 주야(晝夜)로 적으로 하여금 두려워하는 마음을 일으켜 공포(空砲)로 실탄(實彈)을 허비케 한 것이다." 또 묻기를 "적이 실탄이 떨어져 공포(空砲)를 쏘고 있는 줄 알면서 어째서 곧바로 묘책(妙策)인 화공법(火攻法)을 쓰지 않느냐"고 함에, "근일의 풍향(風向)이 동남방으로 불어오는데 화공(火攻)을 하게 되면 풍세(風勢)가 적(賊)보다는 우리 쪽 배를 태울 위험이 높기 때문"이라고 하였다.

그러나 이제부터 서북풍(西北風)으로 풍향(風向)이 서서히 바뀌면 적은 화공작전(火攻作戰)으로 인해 낭패를 볼 것이다. 다음날인 14일 북풍(北風)으로 방향이 바뀌니 활 잘 쏘는 군병은 화전(火箭) 다섯 대를 가지고 네 척의 배에 올라타고 적선(賊船)을 향해 쏜살같이 달려갔다. 이에 적들은 전날과 같이 공포(空砲)로만 대응해 왔다. 화살이 명중될 만한 거리에 달하였을 때 일제히 우리 군(軍)이 화전(火箭)을 날리니 화살이 화피(樺皮) 또는 총혈(銃穴)을 맞히기도 하면서 화광(火光)이 충천(沖天)하니 적은 손 쓸 사이도 없이 적선(賊船)들은 한결같이 화염에 휩싸였다. 이때 동서(東西) 양 진영에 대기하고 있던 두 원수 휘하의 군졸들이 함성을 지르며 공격에 나서니 화살과 포탄세례가 비오듯 하였다.

적선들이 달아나려 하였으나 이미 쇠사슬에 묶여 달아날 수도 없었다. 이때 원수가 명하기를 적들이 소사(燒死)해 살아남은 자가 없을 듯하니 배의 불을 끄라고 하였다. 그러나 이 같은 판단착오로 적지 않은 사상자를 내게 하였다.

요인은 적들이 타다 남은 배 안에 숨어들어 있다가 청병(淸兵)들이 배 안에 남아 있을 만한 재물(財物)을 찾다가 이들 태반이 변을 당하였고 이 와중에 조선군도 적지 않은 부상자를 냈다. 두 원수(元帥)가 놀라 군졸들을 물러나오게 한 후 대오(隊伍)를 정돈, 적(賊)을 궤멸(潰滅)시키려 하였으나 날이 이미 어두워 청병(淸兵)의 지휘관인 고산(高山) 7인으로 하여금 적선을 포위케 하고 날이 새는 대로 공격하기로 하였다.

그런데 이날밤 풍뢰(風雷)가 크게 일어 강물이 갑자기 불어나는데다 칠흑 같은 야음(夜陰)이 덮쳐 지척(咫尺)을 분간할 수 없었다. 이 틈을 이용하여 적들은 타다 남은 배로 퇴각하고 말았다. 이리하여 적을 무찔러 물러나게 한 신유(申瀏) 장군의 작전은 성공리에 끝낼 수 있었다. 즉 적의 정세를 면밀하게 관찰, 판단하고 치밀한 계획과 슬기로운 전술(戰術)을 구사해 소수의 조선군 병력으로 이역 땅 흑룡강상에서 결정적인 승리를 거두고 국위를 선양하였다. 15일에 두 원수(元帥)가 승첩연(勝捷宴)을 베풀었다. 이 자리에서 두 원수가 신 장군(申將軍)의 공로를 치하하기를 "거적(巨賊)을 소멸(燒滅)했으니 천하의 백성들이 장군의 공로를 고맙게 여긴다" 하였다.

장군이 겸손하게 답하기를 "천자(天子)의 홍복(洪福)이며 원수(元帥)의 방략(方略)이지 어찌 소장(小將)의 공(功)이라 할 수 있겠느냐"라고 하였다. 그날 밤 장군은 두 수(首)의 절구(絶句)를 지어 읊기를

객선에 잠 못 이뤄 호가소리 듣노라니	客船無寐聽胡茄
고국은 아득한 만리의 멀고 먼 길	故國茫茫萬里賖
오로지 내 마음 경각간에 달려가	惟有此心頃刻去
玉階(옥계)에 朝賀(조하) 마치고 그리운 내 집에 돌아가리	玉階朝罷又還家
만리에 공 세움 쉬운 일이 아니거늘	萬里成功世所稀
어찌하다 나그네 마음 또다시 긴 한숨인고	客心何事復長唏
이번 걸음 스스로 瀋河役(심하역)과는 다른 것	今行自異瀋河役
죽어 돌아 못 간 김공의 일 부러웁기만 하네	欲羨金公死未歸

6월 24일 흑룡강구(黑龍江口)에서 적(賊)을 섬멸한 후 송가라강구(宋加羅江口)에 돌아왔다. 다음날인 25일 통관(通官)이 와서 대장의 말을 전하기를 "이제 듣건대 적추(賊酋)가 대거하여 쳐들어온다는 말이 있고 북경 정부로부터도 이곳에 머물러서 대기하라는 명령이 있으니 조선영장은 군병을 정돈하여 명춘(明春)까지 이곳에 유주(留住)할 것이며 급히 사람을 본국에 보내서 1년간의 군량을 속히 운반하여 오는 것이 좋을 것"이라 하였다.

적을 격파하고 고국으로 돌아가기를 하루가 여삼추(如三秋)같이 기다리던 장령(將領) 이하 군졸들은 이 말을 듣고 소스라치게 놀랐다. 통관을 통해서 말하기를 "적이 만약 아직 격파되지 않았다면 몇 해 동안이라도, 그리고 일국의 재력이라 하더라도 거절할 도리가 없는 일이지만 이제 적을 섬멸한 오늘에 있어 유진(留陣)할 이유가 무엇이란 말이오?

선척(船隻) 하나가 도주했다 하나 그 배에 탄 적은 화살을 맞고 총을 맞아 수백의 패잔지졸(敗殘之卒)에 불과한데 다시 침입해 온다는 말은 이치에 맞지 않소. 원수(元帥)가 어찌 이러한 정황(情況)을 모른단 말이오. 이는 우리 타국인으로 하여금 유체할 필요가 없는 땅에 유체(留滯)하라는 부당한 처사이니 통관은 잘 전달해 달라"고 하였다.

원수는 이 말을 듣고 대로하여 "조선영장은 대장의 명을 따르지 않겠다는 말인가. 머물고 머물지 않는 것이 어찌 저희들 마음대로 하는 것이냐" 하였다. 통관이 다시 와서 이 말을 전하며 원수가 매우 노하고 있으니 빨리 가서 사과하는 것이 좋겠다고 하였다. 다음날인 26일에 신 장군(申將軍)이 원수(元帥)를 만나 "소장(小將)이 존전(尊前)에 실례(失禮)하여 방금 사과(謝過)하려던 터이나 명년 봄까지 이곳에 유대(留待)하라는 분부는 받아들일 수 없습니다.

통관을 통해서 일일이 상달하였으니 이미 통촉할 줄 알며 허락해 주기를 바란다"고 하니 원수가 말하기를 "영장(領將)은 비록 공을 세웠다 하나 상국(上國)의 명을 어찌 듣지 않으려 하는가"라고 소리를 질렀다. 이에 영장(領將)은 "엄한 책망이 이 같으니 죽을 죄를 지어 용서받기 어려우나 본국의 형편으로 말하면 명령을 받들 수 없는 두 가지 이유가 있습니다.

첫째는 고산대강(高山大江)을 낀 만리 길에 운량(運糧)하는 것만으로도 국력이 거의 다했는데 또다시 운량하라는 명령은 뜻밖의 일로써 비록 명령에 따르려 해도 힘이 반드시 미치지 못할 것이며,

두 번째는 이번 정토(征討)에 참가한 장졸들이 모두 싸움에 이기지 못하면 죽고 이기면 돌아간다는 것을 알고 있었고 그 부모와 처자들도 이번 싸움에 이겼다는 소식을 듣고 밤낮으로 오늘이나 내일이면 돌아오겠지 손꼽아 기다리고 있는데다 이곳 군졸들도 돌아가기를 학수고대(鶴首苦待)하고 있어, 유체(留滯)의 명을 들으면 실망이 이만저만이 아니니 이들을 죽일 수도 없고 죽이지 않으면 반드시 흩어져버릴 것입니다.

이런 까닭에 명년까지 이곳에 유둔(留屯)한다는 것은 불가합니다" 하였으나 원수는 한결같이 고집을 부리며 끝끝내 그 뜻을 굽히지 않았다. 당시 군량을 영고탑까지 운반해 놓은 것을 이곳 송가라강까지 실어올 길이 없어 이미 40일분을 빌려서 먹었고, 묵은 좁쌀이 심지어 썩어서 먹을 수 없을 정도였다.

또한 한 포(包)의 양도 7~8말 또는 5~6말밖에 안되는데다 말도 작아서 원수의 탐욕하고 인색함을 잘 드러내고 있었다. 이러한 정황(情況)하에서 우리나라 장졸(將卒)들은 유대설(留待說)을 듣고 매우 분개하고 또한 근심이 그치지 않았다. 이에 신 장군은 이들을 위무하며 "너무 걱정하지 말라. 내 마땅히 죽음을 걸고 싸울 것이니 머지않아 돌아가게 될 것이다." 28일 낮에 원수가 통관을 시켜 전언(傳言)하기를 "귀국의 운량(運糧)하는 일을 빨리 시행하여 기일을 어기지 말도록 하라" 하였다.

신 장군이 통관에게 말하기를 "만약 원수의 말대로 하면 우리나라는 반드시 지탱하기 어려울 것이다. 차라리 내 한 목숨 바쳐서 우리 조국이 지탱할 수만 있다면 다행이라" 하면서 이 말을 통관이 잘 전해달라고 부탁하였다. 이제까지의 원수의 태도로 보아 아무리 애걸간청해도 소용없을 것을 짐작하고 원수의 막하(幕下)에 있는 애사마(艾士厤)를 통해 원수의 마음을 움직여보려 하였다.

29일 애사마(艾士厤)를 신 장군의 배 안으로 불러들여 주찬(酒饌)을 잘 차려서 접대하고 돌아갈 때 황필(黃筆) 50병(柄), 진묵 50정(丁), 당선자(唐扇子) 일백 병(一百柄), 설면지(雪綿紙) 이십 권(二十卷), 오색화간(五色花簡) 각 백 폭(百幅)을 선물하였다. 그날 밤 애사마(艾士厤)가 다시 신 장군(申將軍)을 찾아왔을 때 "이

듬해 봄까지 유대(留待)하라는 명령과 속히 1년분의 군량(軍糧)을 운반해 오라"는 명령을 상세히 말하자 "만일 원수가 끝까지 이 명령을 고집한다면 나는 장차 죽음으로 대할 뿐이라"고 하였다.

이에 애사마(艾士麻)가 말하기를 "이 일은 나도 익히 알고 있으나 원수의 성품이 워낙 강직, 과감해서 한번 자기 의사를 결정하면 그 어떤 힘으로도 그 마음을 돌리기 어렵다"고 하였다. "무엇보다 왈개(曰介)는 원수(元帥)의 고향인 까닭에 영고탑에 유진(留陣)하는 것은 곧바로 금의환향(錦衣還鄕)이나 다름없어, 적을 격파하고 난 뒤에 북경(北京)으로 돌아가면 그의 봉지(封地)로 가야 하기 때문에 잔적(殘賊)들이 아직 남아 있다는 뜻으로 황제께 주문(奏文)하여 영고탑(寧古塔)에 오래 남아 있을 계획을 하고 있다"는 것이다.

"원수는 웬만한 내 말은 다 들어주나 이 일에 관해서는 좀처럼 그 뜻을 굽히지 않으려 한다"고 하면서 "최후로 부원수(副元帥)의 양해(諒解)를 구하도록 함이 어떠하겠느냐"고 하였다. "부원수(副元帥)는 정대강직(正大剛直)한 사람으로 황후(皇后)의 동생인데다 천자(天子)의 사랑을 받고 있고, 무엇보다 원수가 부원수를 어려워하고 있으니 만일 부원수가 힘을 쓴다면 반드시 원수(元帥)의 명령을 돌이킬도 수 있을 것이라 생각되오. 그러니 내가 부원수(副元帥)와 친히 지내니 서서히 장군(將軍)을 위해 힘쓰겠노라"고 하였다.

이튿날인 7월 초하루 군관(軍官)을 시켜 필묵(筆墨), 선자(扇子), 화간(花簡) 약간을 부원수의 부관(副官)인 김한을가(金翰乙哥)에게 선물로 보냈다. 김은 요동 사람으로 그 선세로부터 글을 잘하고 비록 청인이기는 하나 유아지태(儒雅之態)가 있는 선비였다. 김이 회사(回謝) 겸 문안차 신 장군을 찾아왔기에 그 전날 애사마(艾士麻)에게 부탁한 말을 하였더니 김이 말하기를 "오늘 아침에 원수의 비장(裨將)인 애사마(艾士麻)가 와서 부원수께 말하기를 '이번 싸움에서 승리한 것은 순전히 조선의 힘에 의한 것인데 조선장병들이 적의 내침에 대비하여 이곳에서 머물러야 된다는 말을 듣고 그들이 한사코 반대하니 일이 이렇게 되면 서로 크게 어긋나게 될 것입니다.

이미 공(功)을 세웠는데 어찌 일을 이 지경에 이르게 할 수 있습니까? 저희들은 미천해서 품달하기 어려우니 장군께서도 원수(元帥)와 더불어 이곳에 머무를 것입니까' 하니 부원수가 웃으며 말하기를 '적이 이미 격멸된 후인데 내가 무엇 때문에 이곳에 머물겠는가?' 함에 내가 아뢰기를 '조선장병의 형편이 민망하다고 하더이다'라고 아뢰었다" 하였다. 그러면서 말하기를 "부원수께서는 장군님 입장을 항시 생각하고 계시지 못하니 아무쪼록 장군께서 직접 찾아뵙고 딱한 사정을 고하시면, 저도 조석으로 품달해서 일이 잘되기를 기도(企圖)하겠다"고 하였다.

이에 신 장군이 군복차림으로 부원수를 찾아가 호소하되 "만리길을 떠나 와서 다행히 대국의 성공을 보고 빨리 돌아가 임금과 어버이를 뵈올까 하였는데 머물러 기다리라는 명령을 받으니 실로 뜻밖에 일이라. 회령에서 영고탑까지 군사 한 사람의 일개월 양식 운반비가 20석인데 영고탑에서 송가라강구까지의 리수(里數)가 회령 · 영고탑 간 리수의 3배인즉 그 운반비만도 60석가량 될 것입니다.

아국 군사와 각종 종인(從人)들의 수를 다 합치면 이에 따른 양(量)은 엄청날 것입니다. 이를 일 년치로 계산하면 귀국과 같은 대국에서도 감당키 어려울 터인데 하물며 조선과 같은 소국(小國)이 어찌 이를 감당할 수 있겠습니까? 국가의 존망이 이 한 일에 달려 있는지라 소장(小將)은 차리리 명령불복종죄(命令不服從罪)로 죽을지언정 조국이 망하는 것을 좌시할 수는 없습니다. 엎드려 바라건대 대인(大人)께서 불쌍히 여기시어 보살펴주시기 바랍니다" 하였다.

"이제 영장의 말을 들으니 사람으로 하여금 측은한 마음을 가눌 길 없게 한다. 영장의 진퇴는 나와 함께할 것이니 너무 걱정하지 마라" 하였다. 원수와 부원수 간에는 원래 뜻이 잘 맞지 않았다. 원수는 총사령관으로서 위엄을 갖추려고 무리를 강행하나 부원수는 황후의 지친(至親)으로서 황제의 총애를 받고 있어 원수를 인격적으로 존중하지 않았다.

7월 초 2일 밤에 김한을가(金翰乙哥)와 애사마(艾士麻)가 함께 부원수를 찾아보고 말하기를 "기왕 조선군에 긍휼을 베풀 바에는 겨울이 되기 전에 결말을 내는 것이 좋을 것 같다"고 진언하니 부원수도 "너희들의 말이 옳다"고 하면서 "나도 내달에 돌아가게 한다"라고 하면서 즉시 원수의 막사로 들어가 말하기를 "나는 8월 20일경에 돌아가겠소. 그러니 내일 안으로 이곳을 떠나 영고탑으로 돌아가겠다"고 말하였다.

이에 원수가 말하기를 "부원수는 진퇴를 마땅히 나와 함께하여야 할 터인데 나는 머물고 부원수 당신만 먼저 돌아가면 되겠소?" 이에 부원수가 답하기를 "원수가 이곳에 머물러 있으려는 것은 무슨 뜻이오.

단지 영고탑에 머물러 있고 싶은 생각으로 여적(餘賊)이 재침할 것이라는 말을 만들어내고 있으나 이는 만부당(萬不當)한 말이오. 듣건대 원수는 영고탑으로 돌아가고, 나와 영고탑 부장과 조선 영장만이 이곳에 머물러 둔술케 하려 한다면 이는 천자도 행하지 못할 일인데 원수가 어찌 그리할 수 있다는 말이오.

전선(戰船)을 보살피는 일은 영고탑 군병이면 족할 것인데 무엇 때문에 천하의 병을 동원하여 무형의 적을 위해 유대시키려 하는 거요. 적선이 빠져 나간 것도 원수가 재물을 탐하는 마음에서 나온 것으로 만약 적선에 붙은 불을 끄는 행동을 취하지 않았다면 어찌 적을 놓칠 수 있었는가 말이오.

조선 영장의 전공은 백세를 가도 잊지 못할 일인데 적을 파한 뒤에까지 붙들어 두어서 그 장졸들로 하여금 하나같이 수심과 분노로 죽기를 작정하는 마음을 가지게 함은 무슨 까닭이요? 나의 머물고 가는 것이 나한테 달려 있지만 조선병사들은 하루빨리 돌아가게 하라"고 따져 말했다.

원수가 말하기를 "나는 대장이오. 부장으로서 대장의 말을 듣지 않아도 되는가? 조선병사의 거류(去留)문제는 부장과 상관이 없는 일인데 부장이 나서, 간섭이 이에 이르니 될 말이오" 하니, 부원수 크게 노하며 "대장이 이치에 맞지 않는 일을 하는데도 내가 그냥 복종하고 아무 말도 하지 말라는 것이오. 천하의 병력을 10년 동안이나 동원한 것은 모두 당신네 왈개족을 곡호(曲護)해 왔기 때문이 아닌가?

이제 다행스럽게도 적을 격파한 후임에도 불구하고 계속해서 왈개족을 수호하려느냐! 게다가 조선병사들이 무슨 죄로 적을 파한 후에도 이역만리 원정에 양식마저 날라다 너희 왈개를 위해 둔술(屯戍)해야 하는가! 이유 없이 많은 병사를 동원한다는 것은 필시 옳지 못한 마음이 있기 때문일 것이다.

내 마땅히 조정에 주문하여 당신을 차한적(車漢賊)과 같은 패라고 알리겠다" 하면서 자리를 박차고 나왔다. 애사마(艾士痲)가 다음날 와서 전하기를 "원수가 부원수의 성냄을 몹시 불편하게 여기고 있다"고 하면서 말하기를 "부원수는 나라의 귀척(貴戚)인데다 천하의 여망이 있는 분인데 이제 혹여 황제께 주달하여

문제를 삼으면 대인에게 크게 불리하지 않을까 염려된다"라고 하니 원수가 눈을 둥그렇게 뜨고 대답 없이 서 있었다고 하였다.

조선군병의 거류문제를 둘러싸고 두 원수가 대립, 양보를 하지 않으니 주변의 참모들은 더욱 곤혹스러워하였다. 애사마(艾士麻)가 한 걸음 더 나아가 이번 전승은 천하가 칭송하고 경축하는데 두 원수께서 공연히 틈을 보이시면 주변 사람 모두가 이상히 여길 것입니다.

여러 사람들이 모두 부원수의 말이 옳다 하니 대인께서 마음을 푸시고 생각을 바꿔 부원수의 의견을 수렴해 주시면 천하 사람들이 원수의 너그러움에 열복(悅服)할 것입니다.

바라건대 부디 잘 생각하십시오. 오직 대인을 위하는 저의 마음을 전할 뿐입니다. 결코 부원수를 위해 하는 말이 아니닙다"라고 함에 원수가 "너의 말에도 일리가 있는 듯하니 깊이 생각해서 처리하겠다"고 하였다. 부원수는 조선장병에게 자못 호의를 가지고 원수에 대해서는 탐욕하고 불합리 부도덕하다고 판단해 이를 시정하기 위해 시종 강편한 태도를 보였다. 7월 5일 부원수는 부관인 김(金)을 신 장군에 보내 전언하기를 "나의 귀기(歸期)는 8월 초로 잡고 있는데 그때 장군과 동진동퇴(同進同退)할 터이니 아무 염려 말고 기다리라" 하였다. 그러는 사이 원수가 부원수와 맞서다가는 자신에게 불리할 것을 깨닫고 생각을 바꿔 부원수에게 전언하기를 "전일에 서로 의견을 달리한 것은 모두 국사(國事)를 위한 하나의 견해이니 깊이 개의할 것 없이 나와 부원수는 돌아가되 조선 영장의 경우는 그냥 이곳에 있게 하겠다"고 하니 부원수가 답하기를 "조선군에게 무슨 죄가 있어 저들을 이곳에 주둔케 한다는 말이오. 이는 천자의 명이 아닌데 원수가 독단으로 타국 사람들을 이역 땅에서 견디기 어려운 일을 하게 하려는 것이오. 무릇 적이 있기 때문에 군병을 동원하는 것이고 혼자 힘으로 토평(討平)하기 어렵기 때문에 원병을 청한 것인데 이제 적을 파했으니 본국 청병도 마땅히 파병(罷兵)해야 할 것인데 하물며 무형의 적 때문에 원병(援兵)으로 온 조선군을 잔류케 한다는 것은 말이 안되오. 다시 잘 생각해서 진퇴를 같이하도록 해달라"고 하였다.

23일 오후에 부원수가 원수의 막사에 찾아가 인사를 나눈 뒤 "북쪽 땅에 추위가 빨리 와서 본고장 사람들도 견디기 어려워 털옷을 입는데 하물며 조선장병들은 홑옷으로 몸을 가리고 강가를 거니는 것을 보니 측은하기 이를 데 없소. 그들은 이번 싸움에서 공을 세우고 우리의 대접은 박한 듯하니 조선장병들을 이곳에 유둔케 한다는 것은 매우 잘못된 것이라 생각되오. 만리타국에서 온 사람들로 주림과 추위가 심한데 자기 나라의 명령도 아닌 부당한 영(令)을 저들이 받아들일 리가 있겠소. 만약 영(令)이 서지 않고 불복한다면 낭패가 아니겠소. 그러니 공을 세운 이들을 곤경에 빠뜨려서는 안될 것이오.

일후에 또다시 원병을 요청할 경우 어느 누가 이 같은 상황을 두고 원병으로 나서겠소. 그리고 달아난 적이 다시 올 염려는 없으니 후환을 염려 말고 하루빨리 돌아가도록 명하는 것이 좋을 것"이라고 간곡하게 조선군의 회환명령(回還命令)을 내리도록 청하였다. 원수(元帥)가 답하기를 "나의 생각은 후환을 방비하자는 염려에서 나온 것인데 장군의 생각이 그렇다면 그 말을 좇지 않을 다른 이유가 있겠소" 하면서 흔쾌히 대작(對酌)을 하였다.

그날 밤으로 대통관(大通官)이 다음과 같은 영(令)을 전달하였다. "당초에는 장군과 더불어 이곳에 머물러 만일의 경우에 대비하려 하였으나 북녘 땅인 이곳은 추위가 일찍 와, 멀리서 온 사람들의 제반 사정과 돌아갈 일을 생각하니 마음속 깊이 측연하게 생각된다. 내일 장군과 함께 영고탑으로 돌아갈 것이니 행장을 정리해서 일찍 출발하도록 하라.

이 한마디 명령에 따라 조선장병의 현지에서의 둔술(屯戌)문제는 없던 것이 되었다. 그간 신유(申瀏) 장군의 결사적인 담판과 끈질긴 노력, 부원수의 동정적이고 우호적인 태도에 힘입음이 컸다. 어디까지나 사리(事理) 정연한 부원수와 고집불통으로 알려진 원수(元帥)와의 대결은 참으로 형언키 어려운 또 하나의 조선군으로서의 싸움이었다.

그해 7월 24일 꼭 한 달 만에 환병하기로 결정이 내려졌다. 25일에 송가라강구(宋加羅江口)를 출발하여 8월 13일 영고탑에 도착해 1일에는 주첩사(奏捷使)가 북경에서 가져온 천자가 장군에게 내린 하사상(下賜賞)을 받고 26일에 두만강변에 도착하였다. 27일에 두만강을 건너 환영(還營)하였다.

이로써 5월 초 2일에 두만강을 건너간 정토군(征討軍)은 114일 만인 8월 26일에 개선귀환(凱旋歸還)하였다. 이상과 같은 내용의 북정일기(北征日記)는 계수(計數)와 기술(記述)에 있어 과장(誇張)된 표현이 없지 않으나 200명이라는 소수(小數)의 군병(軍兵)을 이끌고 이역만리(異域萬里) 타국 땅에서 선전(善戰)한 것은 청사(靑史)에 길이 빛날 업적이다.

그럼에도 불구하고 조선군의 나선정토(羅禪征討)에 관한 중국 측 사료나 러시아의 문헌에 언급됨이 없는 것은 심히 유감스럽기 이를 데 없다. 오히려 적반하장(賊反荷杖) 격인 언급(言及)으로 사실(事實) 자체를 호도(糊塗)하고 있다.

예컨대 하원선(何願船 : 何秋濤라고도 함)의 삭방비승(朔方備乘) 권십(卷十) 변정제서(辨正諸書)의 첫 머리에 변제서소기(辨諸書所記) 조고려병정나선지오(調高麗兵丁羅禪之誤)라는 제하(題下)에 유정섭(兪正燮)의 아라사사집(俄羅斯事輯)이나, 위원(魏源)의 아라사맹빙기(俄羅斯盟聘記)에 말하기를 "아라사 동쪽의 나선(羅禪)이라는 자가 외흥안령을 넘어서 흑룡강 북안(北岸)을 침략해 왔기에 순치(順治) 11년에 군병을 보내서 이를 쫓아냈고 순치 15년에는 고려병(高麗兵)을 뽑아 보내서 이를 쫓았다.

또 몇 번 대신(大臣)을 보내서 독병(督兵)하였으나 모두 병향(兵餉) 보급이 여의치 않아 중도에 돌아왔다. 신(臣) 추도(秋濤)의 저서를 삼가 상고하건대 조선병은 원래 위약(危弱)하다. 아국(我國)의 성경(盛京), 길림(吉林) 일대에는 강력한 군대가 구름같이 많은데 무엇 때문에 속국(屬國)의 병(兵)을 조용(調用)하겠는가?

더욱이 조선과 흑룡강(黑龍江)은 상거(相距)하기 삼 · 사천리(三 · 四千里)가 되니 이들 기록에 조선병을 조용(調用)하였다는 말은 잘못 전한 것이다. 또한 장옥서문집(張玉書文集)을 조사해 보니, 아라사 사람들이 매양 변외(邊外)로부터 흑룡강을 건너서 우리나라를 침범해 왔다. 노찰(老察)은 영고탑과 가깝고 아국의 소피등물(貂皮等物)도 여기에서 많이 취급된다.

순치연간(順治年間)에 이들의 내구(來寇)로 인해 증병(增兵)을 하고자, 정의(廷議)를 거쳐 조선국에 군량을 공급하도록 하였으나 상(上)이 작은 조선국이 능히 대군(大軍)의 군량을 감당할 수 없음을 알고 가긍하게 생각해서 논의를 파(罷)하였다.

이로써 조선군을 조용(調用)하였느니 하는 오전(誤傳)이 생기게 된 이유를 알 수 있다. 살피건대 당시 정의(廷議)에서는 다만 조선국에 군량의 공급을 명령하려 한 것이지 그 병(兵)을 조용(調用)하려고 한 것은 아니었다. 성은(聖恩)이 관대(寬大)해서 군량의 공급을 명령할 것도 중지하였거늘 하물며 제가(諸家)들이 고려병(高麗兵)을 조용(調用)하였다고 운운하는 것은 큰 오해이다"라고 하고 있다.

이렇듯 사실을 왜곡하는 것이 대부분의 중국식 사가(史家)들의 견해일진대 어찌 저들의 기록을 액면 그대로 받아들일수 있겠는가! 다시 한번 반문하건대 갑오년(甲午年) 출정 때도 열흘간의 군향(軍餉)을 우리나라에서 가져 갔고 무술년(戊戌年) 제2차 출정 때도 3개월분의 군량(軍糧)을 영고탑까지 운반해 간 것은 청조(淸朝)의 실록(實錄)이나 우리나라 왕조실록(王朝實錄)에 명확히 실려 있음을 어찌 해석할 수 있으리오?

또한 유능한 우리나라 포수들이 비록 그 수효는 많지 않지만 전투를 전개함에 있어 혁혁(赫赫)한 전과(戰果)를 올린 사실에 대해 애써 이를 외면하려는 것은 춘추필법적(春秋筆法的) 논리의 극치(極致)라 여겨진다.

第4章

一萬里 朝鮮
疆土의 侵縮史

고려국(高麗國)의 척경지(拓境地) 공험진(公嶮鎭)과 명(明)과의 국계(國界)

1

2

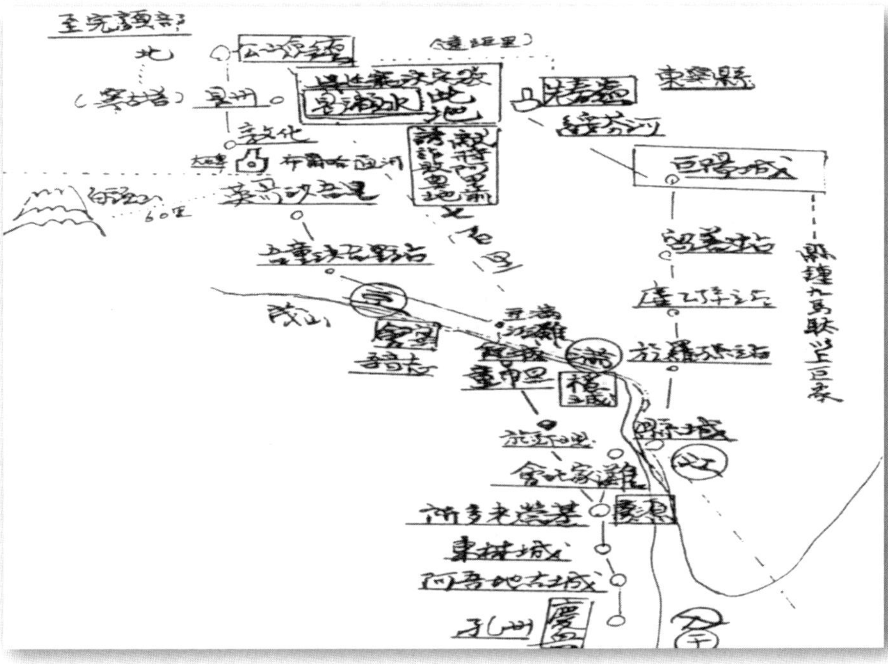

1_공험진과 선춘령 위치도
2_문헌에 의한 공험진 추정도

3

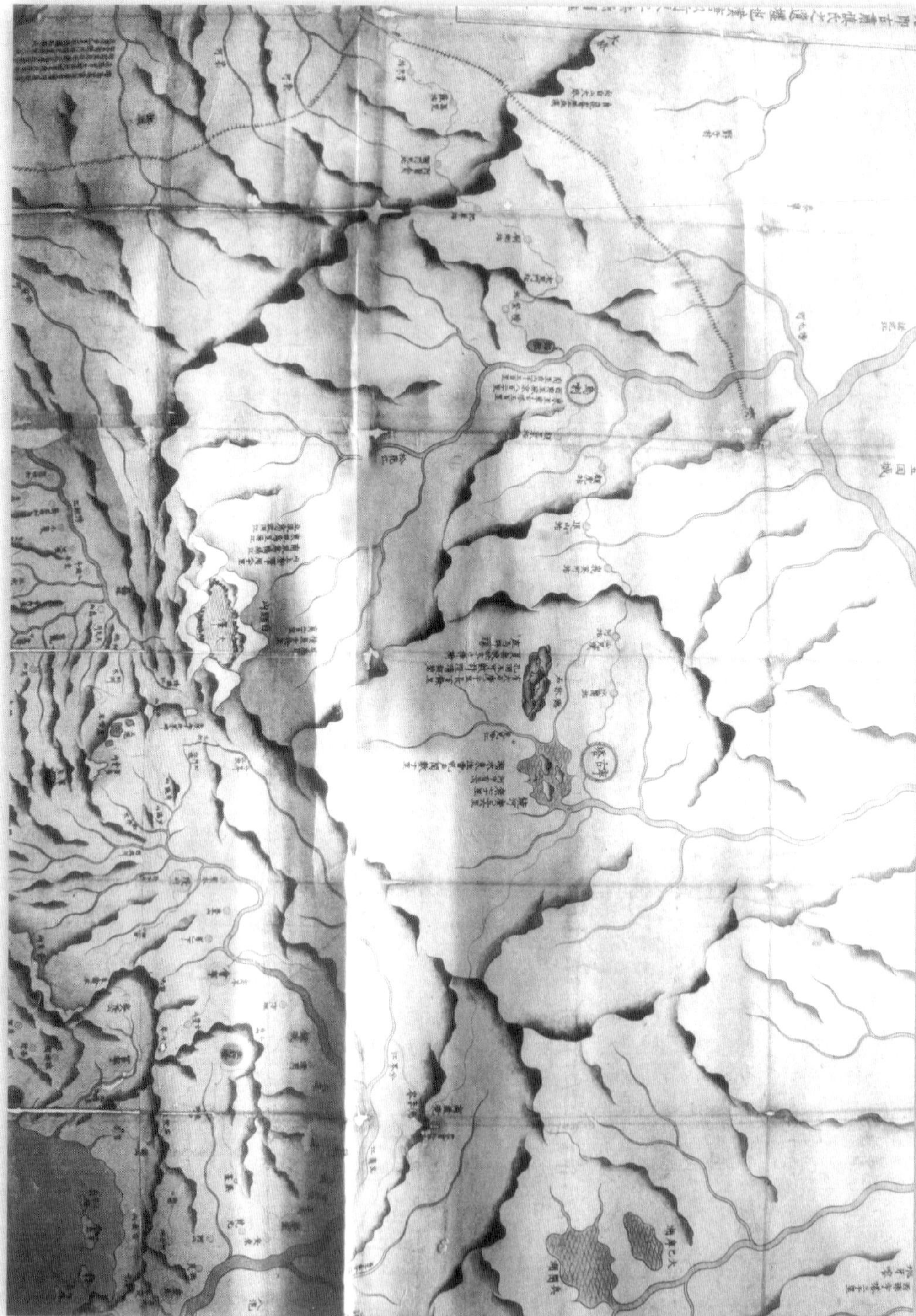

3_영고탑 위치도

4

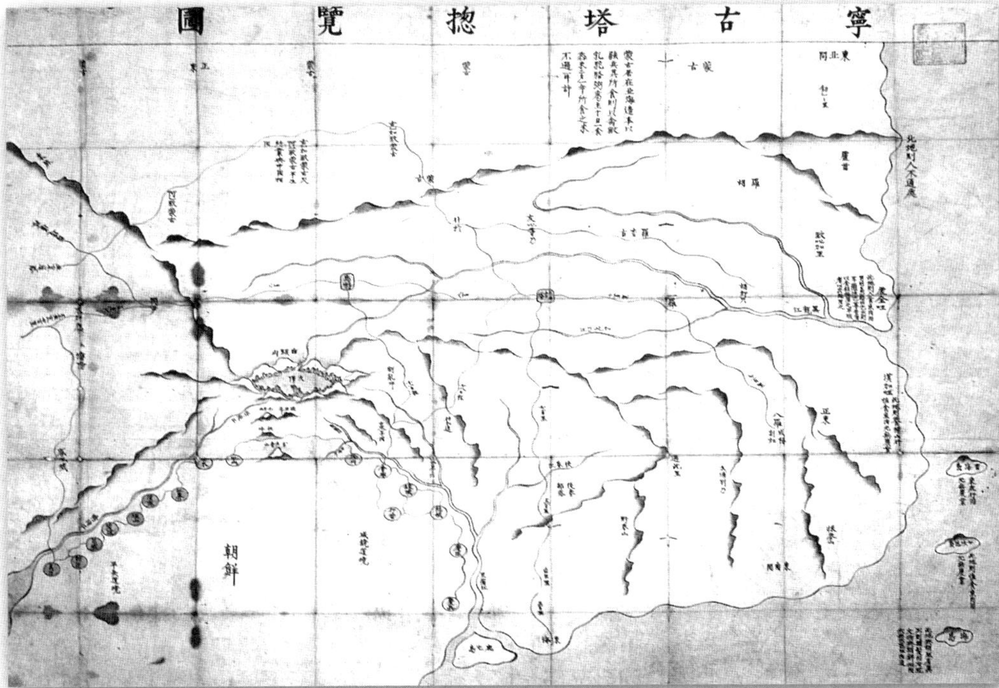

5

4_두만강 7백 리에 위치한 영고탑 인근도

5_소하강변에 위치한 공험진과 선춘령 경계비석 위치도

•第4章•

고려국(高麗國)의 척경지(拓境地) 공험진(公嶮鎭)과 명(明)과의 국계(國界)

1. 두만강 월편(越便) 칠백 리를 포함한 조선의 일만 리 강토(一萬里疆土)

조선 전기만 하여도 우리나라 강토는 1만 리(一萬里)라는 영토의식이 조야(朝野) 간은 물론 당대 지리학자들도 서슴없이 공언(公言)할 정도였다. 조선의 대표적인 역사지리서(歷史地理書)라 할 수 있는 동국여지승람(東國輿地勝覽)에도, 지리학의 대가(大家) 눌재(訥齊) 양성지(梁誠之) 역시 우리나라를 만 리(萬里)의 나라로 보았고, 보진재(葆眞齋) 노사신(盧思愼)은 여지승람(與地勝覽) 전문(箋文)에 우리의 국토는 만 리(萬里)라 하였다. 시서(詩書)는 물론 당대 석학(碩學)으로 명성이 자자하였던 사가정(四佳亭), 서거정(徐居正)은 여지승람 서문(序文)에 고려의 서북지방은 압록강을 못 넘었지만 동북지방은 선춘령(先春嶺)을 경계(境界)로 하여, 고구려의 옛 지역을 더 넘었다고 표현하고 있어 우라나라 영토범위가 만주 일원을 포함해 1만 리(一萬里)라는 의식이 일반화되어 있었다.[1)]

그 같은 의식을 바탕으로 실학(實學)으로 유명한 성호(星湖) 이익(李瀷) 같은 학자도 "연전(年前)에 목극등(穆克登)이 와서 경계를 정할 때 우리 대표로 나갔던 사람은 윤관(尹瓘) 장군이 세운 비(碑)를 가지고 옛날 서희(徐熙)가 거란의 소손

1) 徐居正, 新證東國輿地勝覽, 卷首, 東國輿地勝覽 序文.

녕(蕭遜寧)에게 항쟁(抗爭)하듯 해보았는지 모르겠다"고 하였다.[2)]

이렇듯 우리나라 영토의 범위가 삼천리강토가 아닌 일만 리의 땅이었음을 조선 전기까지만 하여도 의심의 여지없이 조야(朝野)가 공언해 왔거늘 어찌하여 스스로 삼천리 금수강산이니, 22만km^2의 나라니 하는 등의 그릇되고 자학적(自虐的)인 영토관을 갖게 되었는지 깊이 반성하여야 한다.

선결과제로 우리나라 영토가 일만 리의 나라였음을 우선 국내외에 천명하고 잃어버린 땅을 되찾는 노력의 일단을 피력해 나감과 동시에 한국사 속에 올바른 영토관을 투영하는 기술을 선행토록 해야만 한다. 영토문제가 아무리 국가 간에 해결하기 어려운 과제(課題)라 할지라도 역사적 사실에 입각한 영토문제를 간과(看過)하는 어리석음은 자초하지 말아야 한다.

이러한 전제(前提)하에서 우선 고려 때 윤관 장군이 쌓은 구성(九城)의 위치와 공험진(公嶮鎭) 선춘령(先春嶺)상에 세운 비(碑)의 위치에 따른 영토관할 범위를 기술해 보고자 한다.

우리나라 강토가 일만 리(一萬里)라는 영토의식(領土意識)이 어디에 연원(淵源)을 두었는가에 대해 숙고(熟考)해 본다면, 굳이 고구려·발해시대의 강역을 논하지 않더라도 조선왕조 건국 이후 명나라와의 강계구분(疆界區分)을 상고해 볼 필요가 있다.

조선(朝鮮) 태종(太宗) 4년인 1404년(明 成祖 永樂 2年) 계품사(啓稟使) 김섬(金瞻)을 명(明)나라에 보내 만주 동북지역(東北地域)인 공험진(公嶮鎭) 이남(以南)은 예전부터 조선령(朝鮮領)임을 설명하고 이 지역 관할권 협의를 요청하였다.[3)]

협의 요청 시의 논거(論據)로, 고려 때 윤관이 구성(九城)을 쌓아 공험진(公嶮鎭) 이남(以南)은 고려의 영토였는데 고려 말 조휘(趙暉)와 탁청(卓靑) 등이 반란을 일으켜 이 지역을 원(元)나라 쌍성부(雙城府)[4)]에 복속시켰으나 후에 다시 돌려

2) 李瀷, 星湖僿說, 第二卷, 天地門 尹瓘碑條.

3) 朝鮮王朝實錄, 太宗 4年 甲申, 10月 1日 己巳條. 啓稟使 金瞻 齎準請勅書 回自京師 勅書曰 勅朝鮮國王 李諱省 奏言 參散千戶 李亦里不花 等十處人員準請 故勅.

4) 쌍성부(雙城府)는 元나라에서 고려 和州지역에 두었던 관청인데, 고려 고종 45년(1258)에 趙暉, 卓靑 등이 和州 이북의 땅을 들어 몽골에 항복, 설치했으나 공민왕 5년(1356) 柳仁雨를 보내 이를 쳐서 탈환하고 朔方道라 하였다.

받았다고 하여 영토계승에 따른 연고권을 내세웠고, 이 지역 토민들은 일찍부터 조선백성들과 섞여 살며 동화(同化)되었고 조선(朝鮮)을 건국한 선조들의 연고권(緣故權)이 이 땅에 있었음을 고하였다.

이듬해인 태종 5년에는 예문관(藝文館) 대제학(大提學) 이행(李荇)을 명나라에 보내 공험진(公嶮鎭) 이남(以南)을 조선 관할지로 합의하였다. 양국 간의 교섭은 이어져 삼산(三散) 등 10개 처에 살고 있는 여진족의 관할권까지 조선에서 행사해 왔음을 밝힘에 따라 이 사실 또한 명(明)나라가 인정하여 공험진(公嶮鎭) 이남(以南)이 조선의 관할임에 합의를 보았다.[5)]

이후 세종대(世宗代)인 1433년(세종 15년) 임금은 신하(臣下)들에게 이르기를 "고려의 윤관(尹瓘)이 17만 대군(大軍)을 이끌고 여진(女眞)을 소탕하고, 주진(州鎭)을 개척(開拓)해 두었으므로 여진이 지금까지 우리나라의 위엄(威嚴)을 경외(敬畏)하니 그 공(功)이 진실로 적지 아니하다" 하였다.

이어서 함길도절제사(咸吉道節制使)인 김종서(金宗瑞)에 명하기를 "동북경(東北境)을 공험진(公嶮鎭)으로 경계(境界)를 삼았다는 말이 전하여 온 지 오래이다. 그러나 정확하게 어느 곳에 있는지 알지 못한다.

우리나라 땅에서 상고하여 보면 이 진(鎭)은 장백산 북쪽 기슭에 있다고 하나 또한 허실을 알지 못한다. 고려사에 이르기를 윤관(尹瓘)이 공험진에 비를 세워 경계를 삼았다고 하였는데 지금 듣건대 선춘참(先春站)에 윤관이 세운 비(碑)가 있다 하니 본진(本鎭)이 선춘령의 어느 쪽에 있는가?

그리고 비문을 사람을 시켜서 찾아볼 수 있는가? 그 비가 지금은 어떠한가?

만일 길이 험조(險阻)하여 사람을 시키기가 쉽지 않다면 폐단(弊端) 없이 탐지할 방법을 경(卿)이 숙고하여 아뢰라! 또 강(江) 밖에 고성(古城)이 많다고 하는데 그 고성에 어찌 비갈(碑碣)이 없겠는가?

만일 비문(碑文)이 있다면 또한 사람을 시켜 등서(謄書)할 수 있는지 여부(與否)를 아울러 아뢰라. 또 윤관이 여진을 쫓고 구성(九城)을 설치했는데 그 성(城)

---

5) 朝鮮王朝實錄, 太宗 5年 甲申, 5月 16日 庚戌條. 猛哥帖木兒答失等幷管下一百八十餘戶 見居公嶮鎭迤南鏡城地面 把兒孫着和等幷管下五十餘戶 見居公嶮鎭迤南 慶源地面 各各附籍當差 俱係欽蒙準請十處地面 皆在聖祖同仁之內.

이 지금의 어느 성이고 공험진의 어느 쪽에 있으며 상거(相距)는 얼마나 되는지, 듣고 본 것을 아울러 써서 아뢰라! 그리고 길주(吉州)의 위치가 예전의 길주인가? 아니면 고려시대의 길주는 어디인가 조사하여 보고하라" 하였다.[6] 또한 명(明)나라 고황제(高皇帝)가 조선지도를 보고 조서(詔書)하기를 공험진(公嶮鎭) 이남(以南)은 조선의 경계(境界)라고 하였으니 경(卿)들이 참고하여 아뢰라고 하였다.

세종 21년(1439년) 최치운(崔致雲)[7]을 북경으로 보내 공험진(公嶮鎭) 이남(以南)을 조선이 관할해야 할 이유와 명(明)과의 교섭과정을 재확인시키고 있다. 즉 명나라 홍무(洪武) 21년(1388년) 명 태조가 공험진 이북(以北)은 요동(遼東)에 복속(服屬)시키고 공험진 이남 철령(鐵嶺)까지는 그대로 고려에 소속케 하라는 지시가 있었다.

태종 4년인 1404년(明 成祖 永樂 2年) 삼산(三散), 독로올(禿魯兀) 등 10개 처의 여진인만을 초유(招諭)하라는 협의가 있었으며 삼산(三散), 천호(千戶), 영주(英州), 이역리불화(李亦里不花) 등 열 곳 인원(人員)의 복속을 허락한다는 의논이 있었음을 상기시키고 공험진 이남지역 관할과 여진인들의 통치까지 약속받았음을 분명히 하고 이 지역의 관할권을 재확인하였다.

2. 조(朝)·명(明) 양국 간의 국계(國界) 확인과 공험진(公嶮鎭)의 위치 문제(位置問題)

세종실록지리지 기사 가운데 경원도호부조(慶源都護府條)[8]가 실려 있는데 경원(慶源)은 옛 공주(孔州)로 때로 광주(匡州)라고도 하였다. 오랫동안 호인(胡人)

---

6) 世宗實錄, 卷八十六, 世宗 二十一年 八月 初六日 壬午條.

7) 崔致雲(1390년(공양왕 2년)~1440년(세종 22년))은 啓稟使로 명나라에 가서 凡察, 童倉 등의 野人들을 鏡城지역에 영주케 하여 良民으로 지도할 것을 요청하여 허락을 받아서 돌아왔다. 功勞로 밭 500結과 노비 30명의 상을 받았으나 노비는 굳이 사양하고 받지 않았다. 그 후에도 여러 번 사신으로 중국을 왕래하여 외교상 공헌한 바 컸다.

8) 新增東國輿地勝覽, 會寧都護府 古蹟條 在豆滿江北七百里 尹瓘拓地至此 城公嶮鎭 遂立碑於嶺上 刻曰高麗之境 新增東國輿地勝覽 會寧都護府 古蹟條 公嶮鎭註 自高靈鎭渡豆滿江 踰古羅耳 歷吾童站英哥站至蘇下江 江濱有公嶮鎭古墓. 高麗史 尹瓘傳 遂立碑于公嶮鎭以爲界.

에게 점거되어 있었는데 고려의 윤관(尹瓘) 장군이 호인(胡人)들을 몰아내고 공험진(公嶮鎭) 방어사(防禦使)를 두었다. 본조(本朝) 태조(太祖) 7년 무인(戊寅)에 덕릉(德陵)과 안릉(安陵)이 있어 경원도호부(慶源都護府)로 승격시키고 성(城)을 수축 중, 땅을 파다가 인신(印信) 1개를 얻었는데 그 새긴 글 가운데 광주방어지인(匡州防禦之印)이라고 되어 있었다.

태종(太宗) 9년 기축(己丑 : 永樂 7년) 목책(木柵)을 소다로(所多老)의 영기(營基)에 설치하고 부(府)를 옮겼고 태종 10년 경인(庚寅)에 야인들의 난리로 인해 경성군(鏡城郡)으로 합쳐졌다가 태종 17년 정유(丁酉 : 永樂 15년)에 경성(鏡城)과 두롱이현(豆籠耳峴) 이북(以北)의 땅을 떼어서 다시 도호부(都護府)로 삼고 부가참(富家站)에다 목책(木柵)을 세우고 치소(治所)로 삼았다.

또한 공험진(公嶮鎭) · 선춘령(先春嶺)의 위치에 대해서 기록하기를 "수빈강(愁濱江)이 두만강(豆滿江) 북쪽에 있는데 근원(根源)은 백두산 아래 있으며 북쪽으로 흘러 소하강(蘇下江)이 되어 공험진 선춘령을 지나 거양성(巨陽城)에 이르고 동쪽으로 120리를 흘러 수빈강(愁濱江)이 되어 아민(阿敏)에 이르러 바다로 들어간다.

사방(四方) 경계는 동쪽으로 바다에 이르러 20리, 서쪽으로 경성(鏡城), 두롱이현(豆籠耳峴)에 이르러 40리, 남쪽으로 연해(連海), 굴포(屈浦)에 이르기 12리, 북쪽으로 공험진(公嶮鎭)에 이르기 700리, 동북쪽으로 선춘령(先春峴)에 이르기 700여 리, 서북쪽으로 오음회(吾音會)의 석성기(石城基)에 이르기 150리이다"라고 하여 공험진(公嶮鎭)과 선춘령(先春嶺)의 위치에 대해 기록하고 이에 대한 보다 상세한 내용을 다음과 같이 피력하고 있다.

"동림성(東林城)에서 북쪽으로 5리쯤 가면 소다로(所多老)의 영기(營基)가 있고 그 북쪽으로 30리에 회질가탄(會叱家灘)이 있으니 바로 두만강(豆滿江)의 하류이다. 강을 건너 10리 되는 넓은 들 가운데 큰 성(城)이 있으니 곧 현성(縣城)이다. 성 안에 여섯 개의 우물이 있다.

북쪽으로 30리에 허을손참(虛乙孫站)이 있고 그 북쪽으로 60리에 유선참(留善站)이 있으며 동북쪽으로 70리에 토성기(土城基)가 있는데 이것이 거양성(巨陽城)이다.

성(城) 안에 돌기둥 둘이 있으니 예전에 종을 달던 곳이다. 종(鐘)의 높이가

3척(尺), 지름은 4척(尺)이 넘었다. 일찍이 경원(慶源) 사람 유성(庾誠)이란 자가 그 성(城)에 가서 종(鐘)을 부수어 말 9마리에 싣고 왔는데 겨우 10분의 1에 지나지 않았다.

따라갔던 사람 30여 명이 모두 죽었다. 그 나머지 쇠붙이는 풀숲 가운데 버려져 있었으나 누가 감히 가져가지 못하였다. 그 성(城)은 본래 고려 대장(大將) 윤관(尹瓘)이 쌓은 것이다.

거양(巨陽)에서 서쪽으로 60리를 가면 선춘현(先春峴)이니 곧 윤관이 비를 세운 곳이다.

그 비의 네 면에 글이 새겨져 있었으나 호인(胡人)이 그 글자를 깎아버렸는데 뒤에 사람들이 그 밑을 파보았더니 고려지경(高麗之境)이라는 네 글자가 있었다.

선춘현(先春峴)에서 수빈강(愁濱江)을 건너면 옛 성터가 있고 소다로(所多老)에서 북쪽으로 30리를 가면 어거두현(於豆下峴)이 있으며, 그 북쪽으로 60리에 동건리(童巾里)가 있다. 그 북쪽 3리쯤의 두만강탄(豆滿江灘)을 건너서 북쪽으로 90리를 가면 오동(吾童), 사오리참(沙五里站)이 있으며 그 북쪽으로 60리에 하이두은(河伊豆隱)이 있다.

그 북쪽으로 100리가량에 영가(英哥), 사오리참(沙五里站)이 있으며 그 북쪽으로 소하강(蘇下江)가에 공험진(公嶮鎭)이 있으니 곧 윤관(尹瓘)이 설치한 진(鎭)이다. 진(鎭) 남쪽으로 패주(貝州), 탐주(探州)와 인접하여 있고 북쪽으로 견주(堅州)와 접해 있다.

영가(英哥), 사오리참(沙五里站)에서 서쪽으로 60리를 가면 백두산이 있는데 산이 대체로 삼층으로 되어 있고, 꼭대기에 큰 못이 있으니 동쪽으로 흘러 두만강이 되고 북쪽으로 흘러 소하강(蘇下江)이, 남쪽으로 흘러 압록강(鴨綠江)이, 서쪽으로 흘러 흑룡강(黑龍江)이 된다.

윤관 장군의 제2차 여진정벌은 1차 때의 패전을 거울 삼아 1107년(고려 睿宗 2년) 윤(閏) 10월 20일에 서경(西京)을 출발 북진해, 12월 14일 척준경(拓俊京)의 활약으로 첫 전투지인 석성(石城)인 동음성(冬陰城)을 함락시켜 승기를 잡고 길주 이위(伊位)전투에서 대승하였다. 점령지 적경(敵境)에 성(城)을 쌓고 절을 지어 불교를 보급시켜야 한다는 당부는 개전(開戰) 당시부터 입안되어 있었다.

상기 이위(伊位)전투에서 승리한 후, 1107년 12월 진격을 멈추고 여러 장수들을 나누어 점령지 경계(境界)를 확정시켰다. 장군은 일관(日官) 최자호(崔資顥)로 하여금 몽라골(夢羅骨) 고개 아래로 성(城)을 쌓으니 길이 950간(間)으로 영주(英州)라 하였다.

화곶산(火串山) 아래 길이 992間의 성을 쌓고 웅주(雄州)라 하였고 오림금촌(吳林金村)에 길이 774間의 성을 쌓고 복주(福州)라 하고 궁한이촌(弓漢伊村)에 길이 670間의 성을 쌓고 길주(吉州)라 하였다. 예종(睿宗) 3년에는 함주(咸州) 및 공험진(公嶮鎭)에 성(城)을 쌓았다.

윤관(尹瓘) 등이 모든 군부대에 명령하여 성(城) 안의 재목과 기와를 거두어서 9성(九城)을 쌓고 남쪽 지역 백성들을 옮겨다 살게 하였다. 함주(咸州)는 진동군(鎭東軍)이라 하여 1만 3천 호(戶)를, 영주(英州)를 안령군(安嶺軍)이라 하고 각 1만 호(萬戶)를 복주(福州), 길주(吉州), 선주(宜州)에 각각 7천 호(千戶)를 살게 하고 공험(公嶮), 통태(通泰), 평융(平戎) 세 진(鎭)에 각각 5천 호(千戶)를 살게 하였다.

호국인왕(護國仁王), 진동보제(鎭東普濟) 등의 두 사찰(寺刹)을 영주성(英州城) 안에 세웠는데 병마령할(兵馬鈴轄) 임언(林彦)이 영주청벽기(英州廳壁記)에 그 지방이 3백 리로 동은 바다에 이르고 서북은 개마산(盖馬山)에 닿았으며 남쪽은 장주(長州)와 정주(定州)에 접(接)했다. 산천(山川)이 수려(秀麗)하고 토지(土地)가 기름져 가히 우리 백성을 살게 할 만한데 본래 고구려시대에 세워진 고비(古碑)와 유적(遺蹟)이 아직도 남아 있다.[9)]

이상과 같이 공험진(公嶮鎭)과 선춘령(先春嶺)의 위치에 대해 고려사와 고려사 지리지에 부분적으로 전해지고 있지만 오랜 세월이 지난 오늘날의 지리정세(地理情勢)로 비추어볼 때 정확히 공험진(公嶮鎭)과 선춘령(先春嶺)의 위치를 비정(比定)하기란 매우 어려운 일이라 하겠다.

그렇다고 결코 포기할 수 없는 중차대(重且大)한 일이기에 아쉽지만 위에 언급되어 있는 세종실록지리지(世宗實錄地理志)에 의존해 고구(考究)해 나갈 수밖에 없다.

---

9) 高麗史節要, 卷七, 睿宗 2年 12月條; 軍史編纂研究所, 北關遺蹟圖帖에 나타난 拓境立碑, 고려시대 군사전략, 國防部 軍史編纂研究所, 2006, p. 188.

따라서 다음과 같이 경원도호부에서 공험진과 선춘령 간의 리정(里程)에 관한 기록을 검토해 볼 때 상거(相距)하기를 동림성(東林城)과 소다로(所多老) 영기(營基) 간의 위치와 거리를 주목하지 않을 수 없어, 대동지지(大東地志)에 언급되어 있는 동림성 위치에[10] 대해 살펴보고자 한다.

이어서 소다로 영기(營基)에 대해서는 세종실록지리지 함길도 경원도호부조에 태종(太宗) 9년 '소다로영기(所多老營基) 설책이치(設柵以治)'라 하여 목책(木柵)을 여기에 설치하고 부(府)를 옮겼던 적이 있었다 하였다. 세종 15년 임금이 말하기를 '내가 선인(先人)들의 뜻을 이어 경원부를 소다로에 되돌리고 영북진(寧北鎭)을 알목하(斡木河)로 옮긴 뒤 이주(移住)할 백성들을 모아서 충실하게 만들고자 한 바 있다.[11] 당시 소다로 영기가 동리성 북쪽으로부터 5리 거리에 있었으며 이 지역이 수풀로 뒤덮여 있는 상황이었음을 대동지지는 전하고 있다. 동림성(東林城)이 동림산(東林山) 위에 있음은 일본육지측량부(日本陸地測量部)에서 나온 10만분의 1(十萬分之一)의 훈춘지도(琿春地圖)에 두만강 서쪽편에 위치해 있는 것으로 표기되어 있고 행정구역상으로 함경북도 경원군 동림하면 동림리라 하고 있다.[12] 회질가탄(會叱家灘)의 위치는 소다로(所多老) 영기(營基) 북쪽 30리로 두만강 하류로 보는데 이 지점은 경원과 진북 사이의 어느 한 곳에 근접해 있었던 것으로 추정된다. 즉 회질가천(會叱家川)[13]을 건너서 현성(縣城)으로 가는 길이 있는데 진북보(鎭北堡)와 현성(縣城)을 잇는 여울이 바로 회질가탄(會叱家灘)임을 추정케 하며 현성(縣城)[14]이 회질가탄(會叱家灘)에서 5~10리 거리라 할 때 그 위치는 동림(東林)~현성(縣城) 경로 간인 대동여지도(大東輿地圖)상의

10) 大東地志, 卷二十에 咸鏡道十邑 慶源 山水, 東林山東南四十里 有穆宗舊居基城池 東林城在東林山上周五千六百十一尺 內有大井.

11) 世宗實錄, 世宗 十五年, 癸丑 11月28日 庚子, 伊欲紹述先志 復還慶源府 于蘇多老移寧北鎭 于斡木河募民以實之.

12) 日本陸地測量部, 琿春十萬分之一地圖, 1933年(昭和 8年) 5月 25日 發行.

13) 新增東國輿地勝覽, 第五十卷, 慶源都護府 山川 會叱家川, 在府南一里 源出甑山 東流入豆滿江.

14) 上揭書, 古蹟條에 縣城에 대해 "自鎭北堡 渡會叱家川 大野中有土城名曰縣城 城內有六井이라 언급함. 參考文獻 : 高麗史, 高麗史節要, 世宗實錄, 世宗實錄地理志, 新增東國輿地勝覽, 大東地志, 星湖塞說, 北輿要選, 吉州城과 公嶮鎭(尹武炳, 歷史學報, 10號, 1958), 公嶮鎭과 先春嶺碑(金九鎭, 白山學報, 211號, 1976), 尹瓘九城再考(方東仁, 白山學報, 21號, 1976), 尹瓘征略地域考(津田左右吉, 朝鮮歷史地理, 第2, 1920).

고현(古縣)으로 보여진다.'"

이상의 제반 기록을 간추려보면 두만강 700리에 위치한 공험진까지의 노정(路程)은 조선 초기 경원도호부, 동림성(東林城)을 출발하여 북쪽 5리쯤에 소다로영기(所多老營基), 그 북쪽 30리에 어두하현(於豆下峴), 그 북쪽 60리에 동건리(童巾里), 그 북쪽 3리쯤에 두만강탄(豆滿江灘), 그 북쪽 90리쯤에 오동사오리참(吾東沙吾里站), 그 북쪽 60리에 하이두은(河伊豆隱), 그 북쪽 1백 리에 영가사오리참(英哥沙吾里站), 그 북쪽 소하강변(蘇河江邊)에 공험진(公嶮鎭)이 있다고 보아, 그 단서(端緖)로 삼기도 하였다. 따라서 조선시대의 모든 관찬문서와 지도 · 지리지 등이 공험진의 소재를 두만강 이북 700리에 선춘령과 함께 기록, 주기해 옴으로써 우리나라 영토의 범위가 1만 리라 한 논거가 여기에 있었음을 상기할 필요가 있다.

특히 오늘날 간도문제의 핵심서로 받아들여지는 북여요선(北輿要選)을 굳이 거론하지 않아도 공험진의 위치가 두만강 북쪽 700리에 있었음을 의심해서는 안 된다.

요컨대 전래지명(傳來地名)과 지리적 상황(地理的狀況)을 고려할 때 윤관 장군(尹瓘將軍)이 설치한 9성(九城)은 두만강(豆滿江) 건너 북쪽지역으로 이 일대(一帶)의 9성(九城) 가운데 가장 北쪽에 위치해 있던 공험진(公嶮鎭)의 설진(設鎭) 및 선춘령비(先春嶺碑)가 세워졌을 것이라고 하는 조선왕조실록(朝鮮王朝實錄), 고려사(高麗史), 신증동국여지승람(新增東國輿地勝覽) 등의 기록으로 보아 두만강 건너 700리(七百里)로 보고 있음이 확실하다. 다만 오늘날 이 지점을 정확히 밝혀내는 과제(課題)만이 이 시대를 살아가고 있는 우리 후손들에게 남겨져 있을 뿐이다. 거듭 말하거니와 우리나라 영토의 넓이가 1만 리(一萬里)로 본 논거가 바로 여기에 있음을 믿어 의심치 않는다.

第5章

一萬里 朝鮮
疆土의 侵縮史

청(淸)의 봉금정책(封禁政策)과 조선영역의 침축(侵縮)

1

2

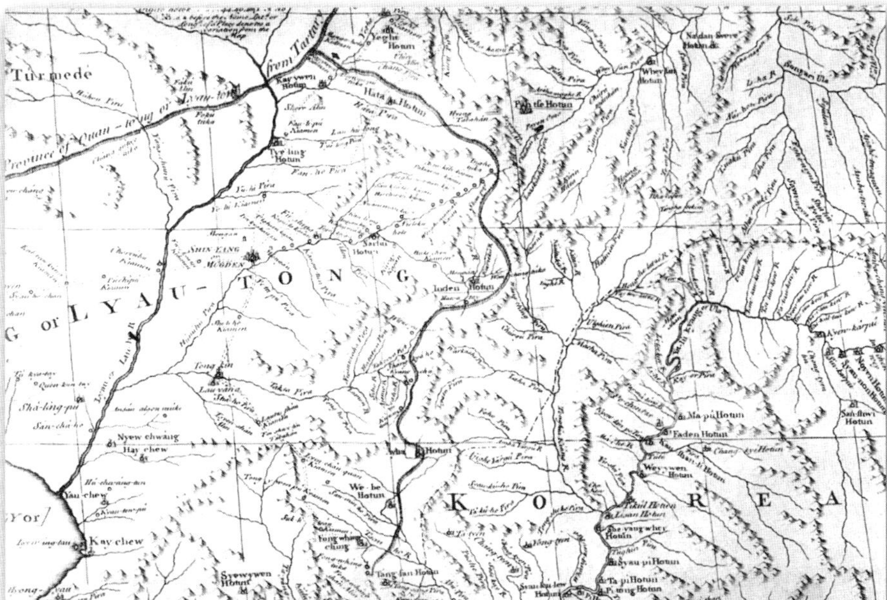

1_봉금지대 영역도
2_청대 우리나라와 만주 경계도

3

3_봉금지대는 본시 조선의 영토

4

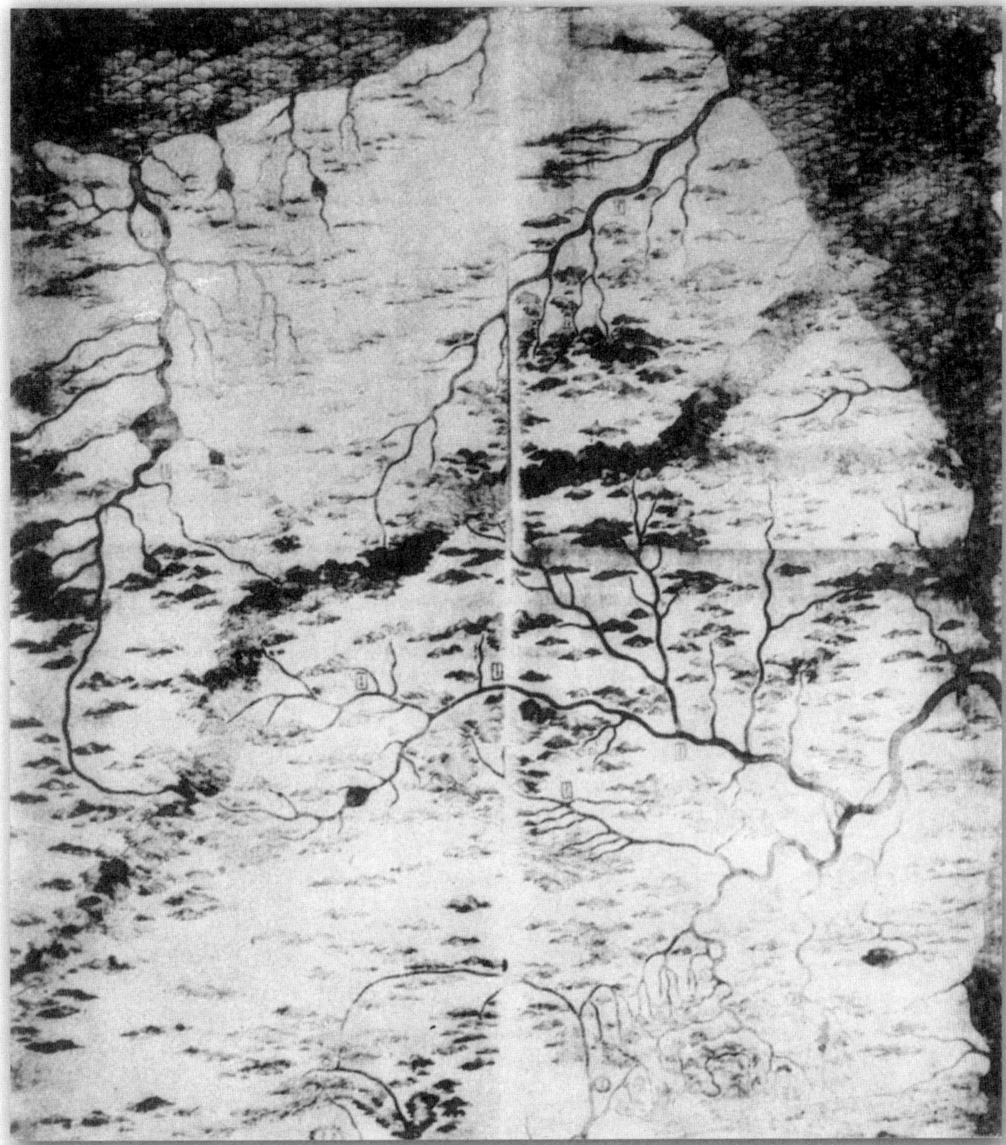

4_청 강희연대의 만주 고지도

5

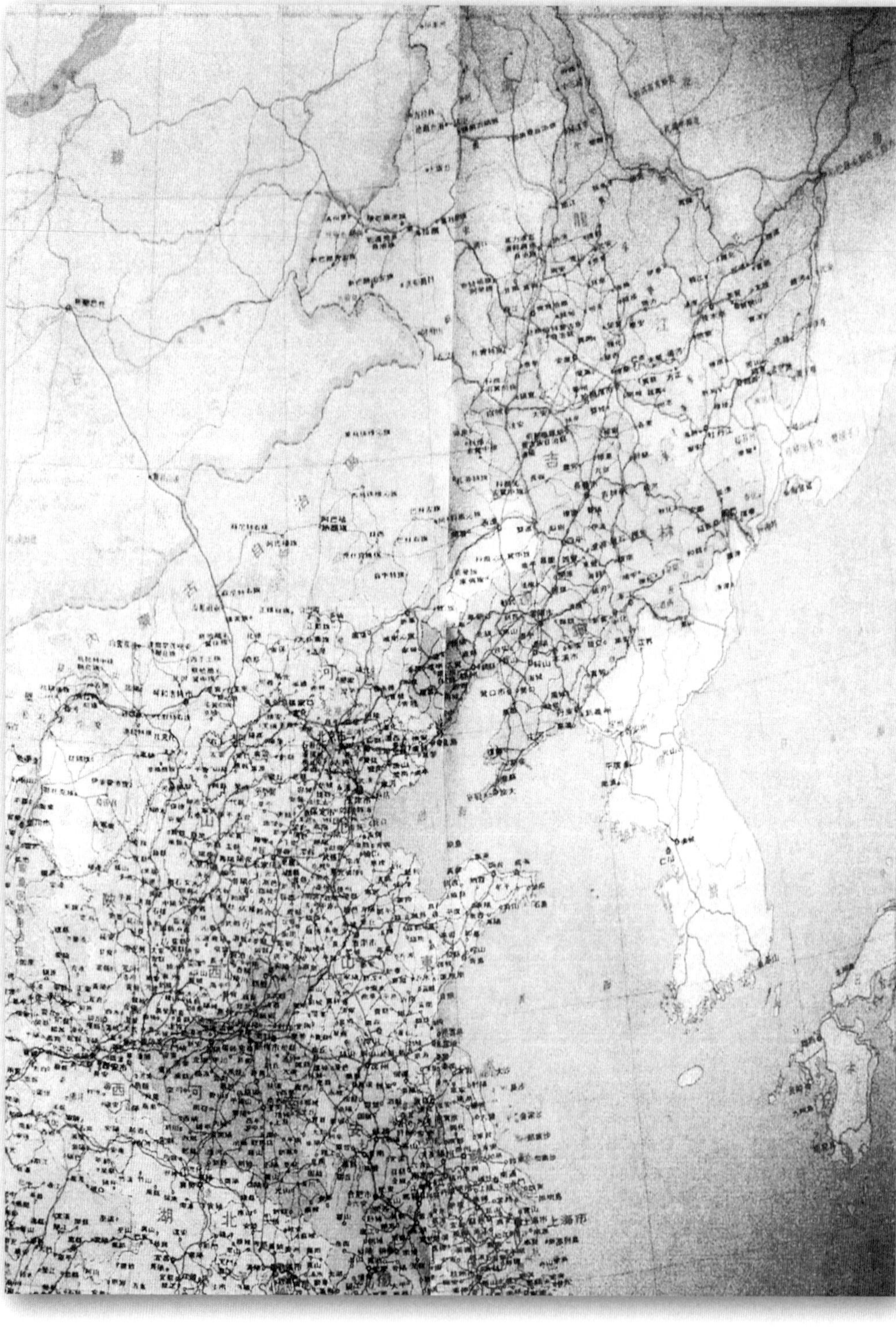

5_오늘날의 만주전도

•第5章•

청(淸)의 봉금정책(封禁政策)과 조선영역의 침축(侵縮)

1. 조선의 북변영역(北邊領域)을 침축(侵縮)케 한 청의 봉금정책(封禁政策)

봉금(封禁)이란 문자 그대로 외인(外人) 및 외부세력(外部勢力)의 진입을 금하는 봉토(封土) 및 지대를 의미하는데, 여기서는 청조발상지(淸朝發祥地)인 만주일대(滿洲一帶)를 보존하고자 하는 의도에서 시행된 정책을 뜻한다.

이 같은 정책은 청대에 처음으로 실시된 것이 아니라 당나라 태종 때, 명나라 영락제(永樂帝), 원(元)나라 세조(世祖)에 이어 청대(淸代)까지 이어져 내려온 정책이다. 그럼에도 불구하고 마치 만리장성(萬里長城)이 진시황(秦始皇)에 의해 축조된 것처럼 잘못 알려진 것과 같은 연유에서 비롯되었다.

만리장성이 전국시대(戰國時代)인 연 · 조(燕 · 趙) 등 여러 나라들이 북적방어(北狄防禦)의 필요성에서 구축(構築)되었고, 이후에도 이들 방어성(防禦城)들을 연접(連接)시켜 오면서 성곽보수(城郭補修)를 해온 것이다. 비록 청대의 봉금정책이 북적방어(北狄防禦)의 필요성과는 다르다 하더라도 기본적으로 종족이동(種族移動)에 제한을 해 온 정책이었는데 강희제 때에 이르러 이 정책이 두드러지게 나타났으며, 이로 인해 조선의 북방영역(北方領域)은 침축(侵縮)되었기 때문이다.

강희제는 청조발상지(淸朝發祥地)를 신성시(神聖視)함에 따라 봉금정책은 가일층 가시화(可視化)되어 갔다. 청조(淸朝)가 요동(遼東)을 차지하고 요서(遼西)를 함락시키면서 점차 승세(勝勢)를 서쪽으로 향해 나아가는 동안, 북극의 곰으로 알려진 러시아인들은 청(淸)나라와는 대조적(對照的)으로 동(東)으로 동(東)으로 침략의 마수(魔手)를 뻗치며 그 영역(領域)을 침략해 왔다.

즉 1587~1638년 사이인 50여 년간에 걸쳐 발해 멸망 이후 무인지대(無人地帶)나 다름없는 시베리아 일대에 연수육로(連水陸路)를 이용, 오스토로크[1])를 설치하고 이를 기반으로 코사크족은 1639년 드디어 오호츠크海에 그 모습을 드러냈다.

그러한 과정에서 아르쿤河, 제야河, 흑룡강 상원지(上源地)는 이들 코사크族의 수렵장화(狩獵場化)되어 이 일대에 거주하는 만주족들로부터 공물(貢物)을 거둬들이는가 하면, 여타의 타구루족이나 소론(索倫)족들은 더 이상 이들의 박해를 감당할 수 없는 지경에 이르렀다.

1682년 강희제는 만주지역 방비에 대한 구상을 위해 북경을 출발, 흥경(興京)을 거쳐 영액변문(英額邊門)에서 대위장(大圍場)[2])을 가로질러 이통주(伊通州) 가도(街道)로 나와 오납(烏拉) 길림(吉林)에 도착하였다. 이러한 여정(旅程)은 외형상(外形上) 태조(太祖) · 태종(太宗)의 두 능(陵)과 흥경에 소재하고 있는 사조릉(四祖陵)을 참배(參拜)하기 위한 것이었으나 실은 러시아인의 침투(浸透) 저지(沮止)를 위한 방략구상(方略構想)에 있었다. 당시 봉금정책(封禁政策)으로 인해 백산 · 흑수(白山 · 黑水) 사이에는 광활한 처녀림(處女林)이 형성되어 대삼림지대(大森林地帶)가 유지되고 있었다. 그러나 청조의 조종발상지((祖宗發祥地)에 대한 숭앙심(崇仰心)과는 상반(相反)되게 러시아인의 침범과 주변 여러 종족들의 잠입이 점차 늘어나 이른바 만주삼보(滿洲三寶)[3])의 남획(濫獲)에 따른 대책강구(對策講究)가 절실하였다.

이 같은 요인이 나선정벌(羅禪征伐)과 국경획정(國境劃定)의 필요성으로 이어졌다.

---

1) OcTpor란 러시아語로 毛皮貢稅를 위해 通行要地에 設置한 柵場을 말한다. 이곳으로 納付된 毛皮類는 嚴格하게 관리되어 야크스도크政廳으로 수송되어 러시아 궁정수요에 충당되고 일부는 외국으로 수출되었다.

2) 大圍場은 皇帝의 狩獵場으로 吉林에 1개처, 奉天에 1개처를 두었는데 1865년대에 奉天의 御獵地는 馬賊과 匪賊들의 山寨가 되고 말았다.

3) 滿洲三寶로 野生人蔘, 貂皮, 眞珠를 일컫는데 때로 遼東三寶(人蔘, 貂皮, 護臘草)나 寧古塔 三寶(人蔘, 烏臘, 貂皮)를 들기도 한다.

1712년(강희 51년) 청 측의 일방적인 주도로 조선과 청국과의 국경을 획정하는 백두산 정계비가 세워지게 된 것도 위와 같은 요인 중 하나였다. 당시 국경획정의 핵심은 서위압록(西爲鴨綠) 동위토문(東爲土門)[4]이었다. 이러한 경계획정(境界劃定)에 있어서 동위토문(東爲土門)이라는 자구해석(字句解釋)에 한 · 청(韓 · 淸) 간에는 상반된 해석을 드러냈다.

즉 피아간(彼我間)에 토문(土門)은 문자 그대로 토문강(土門江)이라는 우리 측 주장에 대해 청 측은 토문은 두만강을 지칭한다는 논리로 맞섬에 토문강의 위치에 따른 상반(相反)된 논쟁(論爭)이 오늘까지 이어지고 있다. 그러한 와중에 언제부터인지 명확지는 않으나 우리나라 강토(疆土)의 범위가 삼천리금수강산(三千里錦繡江山)으로 대칭, 괴변화(怪變化)되고 말았다. 후금(後金)이라 칭하였던 청나라는 원래 여진족이 세운 만주지역의 팔기군(八旗軍)[5]을 주력부대로 하여 명나라를 정복하고 북경으로 천도(遷都) 후 그들의 발상지(發祥地)인 만주(滿洲)로 한인(漢人)을 비롯한 여타 종족의 입식(入植)을 배제(排除)하고자 하였다. 초

4) 西爲鴨綠 東爲土門이란 1712년 5월(朝鮮朝 肅宗 38年, 淸 康熙 51년) 淸의 烏拉摠管 穆克登이 白頭山에 올라 朝淸 兩國間의 國境을 定한다고 하면서 白頭山 東南方 4km 地點에 定界碑를 세웠는데 이 碑文에 西爲 鴨綠 東爲土門 故於分水嶺上 勒石爲記 … 라 새겼다. 1880년(高宗 17년) 淸側은 碑文上의 土門은 豆滿을 뜻한다면서 豆滿江을 國境으로 한다고 强辯하며 間島歸屬問題를 惹起하게 하고 있다.

5) 八旗軍은 淸朝建國에 礎石이 된 軍制로 淸太祖 卽位 前年인 1614~1615年 軍組織統一化로 全軍을 8個軍團으로 나누어 軍의 旗印을 黃白紅藍의 四色으로 하고 그 위에 純色을 正旗, 가장자리를 鑲旗로 하여 四色을 組合, 正黃旗 鑲黃旗라 하였다. 이러한 軍團을 總稱해 八旗 또는 八固山(gusa)이라 하였다. 그 構成은 壯丁 300인을 단위로 하여 이를 니루(牛彔)라 하여 화살(矢)을 의미하였고 다섯 니루를 하나의 쟈란(札蘭 또는 甲滿)이라 하여 隊를 뜻하였다. 다섯 쟈란을 하나의 쿠사로 하고 여기에 에진(額眞 : Ejen)이라는 長을 뜻하는 관직을 두었다. 구산(固山)에진(額眞) 밑에 副長을 두고 左右로 메이렌 에진(梅勒額眞 : meiren ejen)을 두었다. 順治 17년(1600年)에 漢名을 정하고 쿠사 에진을 都統, 그 아래를 副都統 參領 佐領이라 하였다. 三種의 八旗에는 上三旗이 鑲黃, 正黃, 正白을, 下五旗는 鑲白, 正紅, 鑲紅, 正藍, 鑲藍 등이다. 上三旗는 國初이래 親衛軍이고 下五旗는 諸王의 兵士로서 초기에는 八萬가량이었으나 康熙代에는 十二萬으로 늘어났다. 이들의 精銳力은 타의 추종을 불허하였다. 이 制度의 起源은 만주족의 卷狩에 起因된 것으로 보인다. 八旗制 初期에는 滿洲兵을 根幹으로 漢 · 蒙 · 朝鮮人을 包含시켰다가 天總 9년(1635年) 蒙古八旗, 崇德 7년(1642年) 漢軍 八旗를 滿洲八旗에 準하여 創設하였다. 1644년 淸朝가 北京으로 遷都하면서 首都以外의 중요지역에 八旗兵을 주둔시켰다. 이후 禁旅八旗, 駐防八旗의 명칭이 생겨났다. 滿洲族은 八旗軍에 符籍되고 旗人은 世襲하여 그 特權을 누렸다. 中原 平定後 文弱에 흘러 奢侈로 인한 생활상의 어려움으로 인해 이전과 같은 병력을 유지하는 데 막대한 재정적 부담이 되었고 결국 八旗制의 붕괴는 청조쇠망의 한 요인이 되었다.

기 주력부대인 만주군(滿洲軍) 1기(一旗)는 7,500명으로 편성되었는데 이후 팔기(八旗)의 총수가 늘어나 6만 명으로 증원되었다.

그래도 부족되는 병력은 몽골, 조선을 정복해 징병(徵兵)을 통해 보충하였고 북경으로 천도한 후로는 만주로 통하는 길목인 산해관(山海關)[6]을 설치하고 통행 억제수단으로 노표(路標)를 발행해 이를 소지하지 않은 자의 통행을 제한하였다.

노표(路標)에는 본관 직업 행선지(行先地)를 기입하도록 하였다. 노표 아래 칸에는 징세항(徵稅項)을 두었는데 첫 세액(稅額)은 노표 1장에 제전(制錢) 17문(十七文)으로 정하였으나 이 규정은 제대로 이행되지 않았다.

이러한 조처는 청나라 건국 초부터 말기까지 달라지지 않았다. 즉 한인(漢人)들에 대한 만주지역으로의 이입(移入) 제한의 금알법(禁遏法)을 제정, 거주지 이탈을 방지하였다.

이후 계속해서 유조변장(柳條邊牆)을 갖추고 각 변문(邊門)마다 이 제도를 시행케 하였다.

산해관에 천하제일관(天下第一關)이라는 편액이 걸리게 된 연유도 여기에서 비롯되었다.

한인(漢人)들과 달리 몽골인들에 대해서는 순치(順治) 7년에 보다 상세한 규정을 제정하여 시행케 하였다.

외반몽골(外藩蒙古)에는 청나라 리수(里數)로 15정(丁)마다 넓이 10리(十里)에, 종(縱)으로 20리(二十里)의 땅을 주어, 이들이 유목민(遊牧民)으로 청초(青草)한 목초지(牧草地)를 좇아 전전(輾轉)하며 살게 하였다.

이 같은 분지시행(分地施行)은 곧 만주·몽골 간의 경계지(境界地) 획정(劃定)으로 이어졌다.

대체로 만주·몽골 간의 경계는 1.2기로 구분할 수 있는데 1기는 요서(遼西)로 토묵도(土默特) 및 가라친몽골(喀喇沁蒙古)이 그 지계(地界)이고 제2기는 고루친

---

6) 山海關은 漢代에 臨楡縣, 隋代에 遷民縣, 金以後로 遷民鎭이라 改稱되었다. 明代에 山海衛를 둔 이래 산해관으로 불렸다. 1712년 乾隆 2년(1737년) 이래 臨楡縣이라 개칭했으나 일반적으로 산해관이라 통용되었다. 예부터 거란, 여진족 방어의 요지였다. 오늘날 河北省 東北쪽 渤海沿岸에 위치해 있으며, 天下第一關이라 칭하기도 한다.

(科爾沁) 서부와 만주 간의 지계(地界)였다.

우리나라와는 청태조 이래 정묘화약(丁卯和約)을 맺기 이전부터 강계(封疆)문제가 제기되어 왔는데, 1638년대인 청태종(清太宗) 때 남반(欖盤)이라 하는 압록강 하류 지방에서 봉황성(鳳凰城)을 지나 오늘날의 감장(鹻場 : 치엔장)변문(邊門)에 달하는 일선(一線)에 방압공사(防壓工事)를 한 바 있다.

당시 호부(戶部)로 불리는 관아(官衙)의 기록에 따르면 신계(新界)는 구계(舊界)에 비해 각각 50리가 벌려져(展出) 있었다. 이 공사(工事)에 소요된 못(釘椿)과 밧줄(繩索)은 봉황성 한 곳의 것으로는 부족했다[7]는 것으로 보아 구계(舊界)에서도 이 같은 공사가 시행되었던 것으로 보여진다.

1628년(天聰 元年) 조・청(朝・淸) 간에는 강도회맹(江都會盟)[8]이 맺어졌는데 여기에 상호봉강(相互封疆)을 엄수(嚴守)한다는 문구(文句)가 있어 현대와 같은 명확한 경계는 아니더라도 어느 정도의 강계선(疆界線)이 있었던 것으로 여겨진

---

7) 稻葉岩吉, 增訂滿洲發達史, 日本評論社, 1935(昭和 10年), p. 319.
一六三八年代に太宗は欖盤といふ鴨綠江下流の地方から鳳凰城を經, 今の鹻場邊門に達する一線に於て防壓工事を施したことがあった. 當時戶部のいふところを見るに, 新界は舊界に比して各各五十里を展出して居る. 이상과 같이 新・舊界에 대해 기술하고 있으나 구체적인 자료의 출처를 밝혀놓지 않고 있어 유감스럽기 이를데 없다.

8) 江都會盟이란 丙子胡亂을 당하여 이전에 맺은 丁卯和約을 대신해 청과 새로이 맺은 約定으로 내용은 다음과 같다.
1. 君臣의 禮로 대하고 새로운 從屬關係를 맺는다.
2. 명나라 年號를 버리고 명나라와 往來를 끊고 명나라에서 받은 誥命册印을 獻納한다.
3. 왕은 長子 및 次子를 人質로, 大臣은 아들 또는 그 동생을 人質로 한다.
4. 明國에 보내던 例에 준해 貢獻한다.
5. 명나라를 토벌할 경우 出兵에 期日을 어긋나지 않게 한다.
6. 今次 皮島(椵島)를 攻略할 시 兵士와 兵船을 내보낸다.
7. 포로가 鴨綠江 渡江後 本國으로 도망 시 붙잡아 보내고 贖還하려 할 때에는 양국 편의에 따르도록 한다.
8. 兩國臣民의 결혼을 행하도록 한다.
9. 新舊의 城砦修理築造는 청의 승인을 받도록 한다.
10. 一切의 瓦爾哈人을 刷送한다.
11. 일본과의 무역을 허락받되 그 使者를 데리고 오도록 한다.
12. 해마다의 進貢額은 다음과 같이 定한다.
黃金 1百兩, 白金 1千兩, 水牛角弓面 2百副, 豹皮 1百張, 鹿皮 1百張, 茶 1千包, 水獺皮 4百張, 青鼠皮 3百張, 胡椒 10斗, 好腰刀 26把, 順腰刀 20把, 蘇木 2百斤, 好大紙 1千卷, 好小紙 1千5百卷, 五瓜龍席 4領, 各樣花席 40領, 白苧(저)布 2百匹, 各色面紬 2千匹, 各色細麻布 4百匹, 各色細布 1萬匹, 布 1千4百匹, 쌀 1萬包

다. 즉 1631년(朝鮮 仁祖 9年; 淸 天聰 五年) 5월 조선인 열 명과 말 아홉 마리가 청령(淸領)인 프라가토(卜兒哈兎)에서 수렵(狩獵)을 하다가 찰노(札怒)에 쫓긴 바 있다.

이 가운데 네 명의 조선인과 말들은 놓아주어 돌아갔는데, 여섯 명은 달아났다. 9월에는 회배(灰扒)지방에 알삼(乞蔘)을 하다 들킴에 청조(朝淸) 양국인들끼리 싸우다가, 조선인 1명이 살해되었다.

이 밖에 가도(椵島)의 섬사람들이 모문룡(毛文龍)과 같이 관전(寬典)에 와서 알삼(乞蔘)을 하다가 그중 1명이 체포된 일이 있었다. 위에 언급하고 있는 프라가토(卜兒哈兎)지방은 오늘날의 동간도(東間島)지대를, 회배(灰扒)는 휘발하(輝發河)일대를, 관전(寬典)은 관전현(寬典縣)으로 보여진다.

이들 지역은 여진족의 소굴(巢窟)임과 동시에 조선국과의 경역선상(境域線上)에 있어 영역구분(領域區分)이 미정상태(未定狀態)였던 것으로 보여진다. 따라서 양측 간에는 월경(越境)이니, 아니니 하는 논란이 계속되었다. 이 같은 현상은 1628년(天聰 元年) 조 · 청(朝 · 淸) 간에 맺은 강도회맹(江都會盟) 이후에도 시정되지 못하고 지속되어 온듯하다.

고질적인 양국 간의 경계를 짐작케 하는 자료의 하나로 불란서 신부였던 뒤알드의 Description De l'Empire de la Chine라 하는 도판(圖版) 가운데 만주방면의 실측도(實測圖)가 실려 있다. 이에 따르면 두만강외(豆滿江外)에서 녹둔도(鹿屯島)를 포함, 흑산산맥(黑山山脈)에서 보포산(寶鬆山)에 이르기까지, 압록강(鴨綠江) 상류로 들어가는 두도구(頭道溝)에서 십이도구(十二道溝)에 이르는 여러 물줄기와 송화강(松花江) 서대원(西大源)인 제수(諸水)와의 분수령(分水嶺)을 이루는 백두산(일명 長白山)의 지맥(支脈)에서 동가강(佟佳江) 본류인 서쪽방향을 지나 대소고하(大小鼓河)의 수원(水源)에서 압록강과 봉황성 중간에 이르는 선(線)을 도상(圖上)에 긋고 이를 설명하기를 "鳳凰城 東方에는 朝鮮國의 西方 分界標가 있다. 滿洲가 明을 攻擊하기 以前에 朝鮮과 싸워 이를 征服하였다.

이때에 長柵과 朝鮮의 國境 사이에 無人地帶를 두기로 議定하였다."라고 기록하고 있다.

이상은 강희 48년 성조(聖祖 : 康熙帝를 말함)의 명(命)을 받들어 조 · 청(朝 · 淸)

양국(兩國) 국경실측(國境實測)에 종사(從事)하였던 Regis(雷孝思)의 비망록(備忘錄)에서 인용(引用)된 것이다.

실측(實測)에는 당시 북경에 선교사로 와 있던 신부(神父)들인 Regis(雷孝思), Bouvet, Jartoux, Friedeli 등과 Alle Mand를 비롯한 수종자(隨從者)와 이들이 직접 갈 수 없는 먼 지역에는 약간의 측량기술이 있는 청인 몽골인들이 대행하였다.

1716년 삼각측량법(三角測量法)에 의한 측지작업을 끝내고 이를 바탕으로 독일인 신부 Petrus Jartoux(杜德美) 감독하에 각 지역별 지도첩(地圖帖)을 제작, 지도의 원고(原稿)를 정리하여 신부 겸 동양학자인 뒤알드에게 보내졌고 이어서 왕실(王室) 측근인 지리학자 당빌에 의뢰해 약간의 수정을 거쳐 총 42매의 지도가 완성되었는데 이 가운데 31번째의 것이 조선과 관련된 것이다. 이렇게 제작된 지도가 1718년에 강희제에 올려졌고, 지도의 명칭을 황여전람도(皇與全覽圖)[9]라 하였다. 이때에 장책(長柵)과 조선과의 국경(國境) 사이에 무인지대(無人地帶)를 두기로 의정(議定)하였고 이 국경(國境)이 도상점선(圖上點線)으로 표출(表出)된 것이다.

여기서 말하는 무인지대(無人地帶)는 강도회맹(江都會盟)에서 의정(議定)된 것으로 일명 간광지대(間曠地帶)를 말하는 것인데 공한지(空閑地)요 봉금지역(封禁地域)인 것이다. 이러한 간광지대(間曠地帶)는 중립무인지대(中立無人地帶)로 엄격히 말해 당해국가(當該國間)에 소속미정(所屬未定) 상태라 할 수 있다.

간광지대(間曠地帶)의 설정(設定)은 관련국들의 경역(境域)이 정해져 있음을 말하는데 대체로 그 경역(境域)은 외적방어(外敵防禦)가 주된 것으로 만주(滿洲)와 인접국(隣接國)과의 경계구분(境界區分) 시기는 대략 순치(順治) 강희(康熙)연간으로 보여진다.

역대중국의 외인방압(外人防壓) 의미로 획정(劃定)된 경계상(境界上)의 양상

9) 皇與全覽圖는 淸나라 聖祖 때 만들어진 것으로 中國全土에 걸친 최초의 實測地圖이다. 1708년 불란서 선교사 레지스 브뷔에 등이 9년여에 걸쳐 實測해 완성한 것이다. 이후 高宗 때 改訂을 加하였다. 때로는 內府地圖 또는 中外一統輿圖라는 이름으로 간행되었는데 근세기에 이르기까지 제작에 있어 권위를 유지하고 있다. 康熙年間에 原圖를 불란서에 보내 뒤알드의 Description de l'Empire de la Chine의 挿圖로 하였고 당빌에 의해 銅版으로 刻印되면서 俗稱 당빌의 中國全圖라 칭해졌다.

(様相)은 대체로 변장형식(邊牆形式)이었다. 그 양태(樣態)는 다음과 같다.

- 벽산장(劈山牆) : 천혜(天惠)의 지형(地形) 내지 산맥(山脈)을 이용해, 개원(開原) 동북(東北) 및 청하성(淸河城) 등 외변(外邊)이 여기에 해당된다.
- 석장(石牆) : 천연(天然)의 지형(地形)을 이용함은 벽산장(劈山牆)과 같으나 여기에 석조(石造)의 단장(短墻)을 시설(施設)하고 있다. 금주(錦州)의 홍루산(虹螻山) 부근 및 봉황성(鳳凰城) 부근을 예로 들 수 있다.
- 석타장(石垜牆) : 돌을 쌓아 화살(矢石)이 날아와 꽂히도록 높이 쌓은 담벼락이다.
- 산험장(山險牆) : 큰 산맥 또는 험조(險阻)한 장벽(嶂壁)의 시설물로 주로 영원(寧遠)의 서북(西北)일대에 있다.
- 토장(土牆) : 흙을 이용해 두꺼운 벽(壁)을 만든 것인데 요하연변(遼河沿邊)을 둘러싼 광녕(廣寧) 동북(東北)으로 높이 1장(一丈) 2척(二尺)에 달하고 요동(遼東)에는 장척(丈尺)이 넘으며 토장(土牆) 안팎으로 각 1개씩의 호(壕)를 팠다.
- 작목장(柞木牆) : 일종의 목책(木柵)으로 청하성(淸河城) 및 태자하계곡(太子河谿谷)의 변장(邊牆)이 그 예이다.
- 목판장(木板牆) : 목판(木板)으로 만든 장새(障塞)로 청하성(淸河城) 외변(外邊)에 있다.
- 전장(磚牆) : 전(磚)인 벽돌로 쌓은 해성(海城)과 요양(遼陽) 서변(西邊)에 있다.

이상과 같은 변장(邊牆)[10]들은 지역별 · 시기별로 그 형식과 양태(樣態)를 달리하였다. 그리고 이후에 채택된 유조변장(柳條邊牆)은 외면(外面)에 변호(邊壕)를 파는 것과 그 안쪽으로 연(沿)해 토퇴(土堆)를 쌓고 토퇴 위에 유수(柳樹)를

10) 邊牆이란 明代에 國境地帶에 세웠던 牆壁으로 外敵防壓用 土壘이다. 여기에는 柵도 포함된다. 만주 방면과 山海關 北을 향해 義縣 北鎭의 北方, 遼河에서 南下 海城의 西北, 遼河를 건너 開原, 북의 鐵嶺, 撫順, 淸河를 지나 安東 인근의 九連城을 끝으로 하고 있다. 그 構造는 山嶽의 自然地形인 岩石을 바탕으로 하여 진흙 煉瓦로 牆壁을 만들고 平野에는 木柵을 세웠다. 要所要所에 警報를 발하는 墩臺를 세웠는데 이를 邊墩이라 불렀다. 遼河以西는 正統 7년(1442年)부터 着手, 以東은 成化 8년(1472年)頃 始作, 以後 繼續하여 修理해 왔다.

의지해 책(柵)을 세우기도 하였다.

토퇴 높이는 보통 3척에 폭 역시 3척에다 호(壕)의 폭은 5척, 깊이 5척으로 호(壕) 전체는 높이 8척, 폭 8척이며 유수(柳樹)의 간격은 대략 1척 7촌가량이었다.

2. 강행(强行)된 청(淸)의 봉금정책(封禁政策)

청조(淸朝)는 만주일대를 조종(祖宗)의 발상지(發祥地)로 신성숭앙시(神聖崇仰視)해 온은 물론, 만주족 이외의 타 종족이 이 지역에 들어와 살거나 이곳을 배회(徘徊)하며 물산(物産)을 포획 채취해 가는 것을 금하고자 하였다.

그렇게 하려면 외인들의 침출(浸出)을 막아야만 했다. 무엇보다 수적으로 많은 한족(漢族)들의 잠침(潛侵)을 막는 일이 급선무였다. 여진족은 외침을 방어하기 위해 발흥기(勃興期)부터 명나라와 국계(國界)를 엄수하기로 하였다.

즉 청태조실록(淸太祖實錄)에 의하면 오늘날의 개원(開原) 동남에서 청하성(淸河城) 방면으로 둥그렇게 널리 둘러싼 이른바 긍대선(亘帶線)을 그어 만주지역으로의 한인(漢人)들의 잠입(潛入)을 막았다.

여기에 계표(界標)를 세워 월계자(越界者)를 발견 시 청태조(淸太祖)는 국적(國籍)을 불문하고 사죄(死罪)로 다스렸는데 명나라에서는 약조(約條)를 이행치 않았다. 이러한 명(明)의 배신(背信)에 대하여 후에 청태조는 고천칠대한(告天七大恨) 가운데 하나로 꼽을 정도로 분하게 여겼다.

이렇듯 한인(漢人)들의 만주지역 잠입(潛入)을 청태조가 고천칠대한(告天七大恨)의 하나로 여긴 것은 군사상 국방상의 이유에서보다는 경제적 측면이 보다 강했다고 보여진다. 다시 말해 이 지역에서의 인삼사굴(人蔘私掘)을 막아내기 위한 것이다. 즉 야생인삼채굴(野生人蔘採掘)을 통해 얻는 무역상의 수익은 만주지역 유일의 재원이었기 때문이다. 흔히 요동삼보(遼東三寶)라 일컫는 초피(貂皮) 인삼(人蔘), 호렵초(護臘草)가 그것이다. 그런가 하면 영고탑(寧古塔) 사람들 간에는 인삼(人蔘), 오렵(烏臘), 초피(貂皮)를 들고 있기도 하다.

인삼과 초피가 귀하다 함은 수긍되나 호렵초나 오렵을 귀하게 여긴다는 것은 선뜻 이해가 되지 않으나 만주인에게는 일종의 등심초(燈心草)와 같은 이 풀을 채취해 혹독한 추위로 인해 동상(凍傷)에 걸리거나 동상을 예방하기 위해서는 이 풀을 각반(脚絆)처럼 싸매고 그 위에 소가죽으로 조잡하게 만든 신발을 신어야 산야(山野)를 누비며 귀중한 천산물(天産物)을 채취할 수 있었기 때문이다.

그 같은 실례로 만주 봉천(奉天)의 궁전(宮殿)에는 청태조나 태종이 신었던 신과 호렵초(護臘草)가 상당기간 보존되어 왔었다. 위의 삼보(三寶) 가운데 가장 귀히 여기고 값비싼 인삼의 가격은 강희제 50년대에는 황삼(黃蔘) 1량에 5천 문(五千文) 내지 은(銀) 열 냥이었다고 하며 건륭(乾隆) 도광(道光) 연대를 거치면서 그 가격은 10여 배 이상 뛰었다.[11]

여하튼 청이 북경으로 천도(遷都)한 이래 만주에서 얻는 이원(利源)을 외면할 수 없었다. 강희제가 등극한 이듬해인 1663년 산해관(山海關)에서 발급해 오던 만주출입허가를 후에 북경중앙정부의 병부(兵部)에서 발급할 만큼 중시하였던 것도 이 때문이었다.

이처럼 만주방면에서 나오는 인삼뿐만 아니라 천산물(天産物)에 대해 청나라 조정에서는 과민할 정도의 조치를 취하였다. 여기서 잠시 산해관(山海關)이 어떤 곳이며 어떤 역할을 해왔는가를 살펴보기로 하자. 만리장성 최동단(最東端)에 위치해 있는 산해관에는 한때 화돈대(和敦大) 1명, 좌령(佐領) 8명, 효기(驍騎) 8명, 병사(兵士) 364명에다 영평부(永平府) 통판(通判) 1명을 두고 있었다. 과객(過客)을 기찰(譏察)하는데 인삼, 초피의 지참 유무(有無)를 수색하고, 출관자(出關者) 특히 만주방면으로 나가는 기인(旗人)은 반드시 본기(本旗) 고산액진(固山額鎭)으로부터 패자(牌子)를 보내 병부(兵部)에 다다르면 만문표(滿文票)를 지니게 하고 한인(漢人)은 병부에 정청(呈請)하거나 수편(隨便)의 인관아문(印官衙門)으로부터 한문표(漢文票)를 소지해야만 하였다. 산해관(山海關)에 도달하면 기인(旗人)은 화돈대(和敦大) 북아(北衙)로 가서 인명표호(人名票號)인 등록제(登錄濟)에 기당험방(記檔驗放)하고 한인(漢人)은 통판(通判)의 남아(南衙)로 가서 기당험방(記檔驗放)하였다. 중원(中原)으로 들어오려는 진관자(進關者)는 출시(出時)에

---

11) 稻葉岩吉, 增訂滿洲發達史, 日本 : 評論社, 1935(昭和 10年), pp. 327~330.

당안(檔案)인 대장(臺帳)에 기입하고 인삼, 초피의 지참유무를 수검받은 후 등록기호(登錄記號)를 삭제하는 사초방진(査銷放進)하게 하였다. 그리고 기인(旗人)은 북아(北衙)로 즉진(卽進)케 하였다.[12)]

이처럼 산해관에서는 만주방면의 출입을 통제하고 인삼, 초피의 반출에 제약을 가하였다. 즉 인삼채굴권은 만주황실 및 왕궁의 독점에 속하였고 기인(旗人)들마저도 허락되지 않았다. 그렇듯 제약을 가하면 가할수록 일반 한인(漢人)들의 욕망을 자극시켜 산해관을 통해 뇌물을 주고 밀통(密通)하거나 암묵적(暗黙的)인 방법으로 단속을 피해 천진, 산동, 여순구, 압록강 방면의 해안을 따라 상륙한 후 만주지역으로 잠입하였다.

이 밖에 조선인과의 인삼문제도 제기되었다. 백두산록에서 연해주 서부를 달리는 완달산(完達山) 자락을 주로 한 이 지역은 조선과 상접(相接)해 단속이 어려울 뿐만 아니라 인삼채취문제로 조청 양국 간에 분쟁을 유발케 하였다.

성경통지(盛京通志)에 의하면 봉황성에서 개원(開原)에 이르기까지, 서쪽으로는 산해관에 달하는 변장(邊牆) 주위(周圍) 1천9백여 리인데 이를 노변(老邊)이라 하였다. 개원(開原)에서 길림(吉林) 북방으로 이르는 길이 960여 리는 삽류결승(揷柳結繩)해 안팎을 정하고 이를 유조변(柳條邊) 또는 신변(新邊)이라 칭하였다.

인삼산(人蔘山), 채포산(採捕山), 위장(圍場) 등도 각각의 지계(地界)를 두었는데 인삼산인 백두산 동서의 인삼지(人蔘地)는 팔기(八旗)에 분별(分別) 대여(貸與)하고 지계(地界)를 침범하지 못하게 하였다.

채포산(採捕山)도 인삼산과 동일시하였는데 초서(貂鼠), 황호(黃狐), 수달(水獺), 호표(虎豹) 등을 사냥해 채포(採捕)하게 하는 지역으로, 이 또한 팔기(八旗)에 분속(分屬)하게 하였다. 위장(圍場)은 어위(御圍)를 말하는데 황제 순행시(巡幸時) 왕다라속위(王多羅束圍)라 하여 내부직할(內部直轄)에 속하게 하였다.

봉천(奉天)의 팔기(八旗)가 헌상(獻上)할 건육(乾肉)을 만드는 선위(鮮圍)도 있었고 길림 타생우라(打牲烏拉)도 선위(鮮圍)와 같은 규제를 받았다. 해룡(海龍)의 위장(圍場) 둘레는 무려 105리나 되었다.

---

12) 上揭書, p. 329.

이외에도 송화강(松花江)을 채포장(採捕場)으로 하여 주헌(珠軒)이라 하는 59호(戶)가 있었는데 이 주헌(珠軒)은 동주(東珠)를 채수(採收)하는 팔기(八旗)로 강희 연간에 세액(稅額) 528과(五百二十八顆)를 징수(徵收)하기도 하였다.[13] 이처럼 동북만주(東北滿洲)에서 나오는 천산물(天産物)은 귀하고 보물로 여겨지면서 이 지역의 출입을 엄격히 제한, 봉금지역화(封禁地域化)하였다.

여기에다 청태조 태종시대로부터 숭사(崇祀)되어 온 백두산은 강희제 때 이르러 새로이 백두산지신(白頭山之神)으로 애찬각라씨(愛親覺羅氏)의 숭앙을 받게 된 것은 여진족의 발흥에 기인된 것이다.[14] 그러면서도 강희제는 자기 조상들의 발상지(發祥地)를 정확하게 몰랐다.

그의 칙선(勅選)인 황여표(皇與表)에 조종발상지(祖宗發祥地)로 알려진 아타리성(俄朶里城)이 흥경(興京) 동쪽 1,500리(千五百里)에 있다고 하는데 그 사지(四至)는 알 수 없다고 하였다. 이는 청조실록에 선조(先祖)가 아타리(俄朶里)에서 서쪽으로 1,500리 되는 흑도아납(黑圖阿拉 : 興京)으로 옮겼다는 것을 기초로 한 것으로 판단되나 그 소재를 알지 못했다.

따라서 백두산 숭사(崇祀)를 위해 산의 실체를 측도해 이를 청나라 판도(版圖) 내에 두기를 바랐다. 이러한 상황하에서 조선인의 월계문제(越界問題)가 제기되고 인삼사굴(人蔘私掘)과 유민(流民)들의 잠주(潛住) 등등에 관한 사건들로 인해 청나라 조정으로 하여금 과민할 정도의 반응을 일으켰다. 그 결과 강희제는 송화강과 압록강의 수원지(水源池)를 실사(實査)해, 양국의 계지(界址)를 확정하도록 명하였다.

강희(康熙) 16년 내대신(內大臣) 무목눌(武木訥)의 송화강 상원지(上源地) 답사(踏査)를 시작으로 강희 23년 주방협령(駐防協領) 늑출(勒出)이 압록강을 소항(遡航)해 올라가다가 삼도구(三道溝) 부근에서 조선인 수렵자(狩獵者)로부터 총상(銃傷)을 입어 소기의 목적을 달성하지 못하였다.[15]

이후 자질구레한 국경상의 불상사가 끊이지 않음에, 1750년(康熙 50年) 길림(吉

---

13) 前揭書, pp. 333~334.

14) 陸英額, 吉林外記, 卷二, 疆域形謄編 參照.

15) 朝鮮王朝實錄, 肅宗十一年 十一月 二十三日, 十二月 一日條; 盛京通志, 卷十三, 山川 長白山條.

林) 오납총관(烏拉總管) 목극등(穆克登)으로 하여금 국경심정(國境審定)의 명(命)을 내리는데 그 대요는 다음과 같다.

> "짐(朕)은 이전에 능산선화(能算善畵)하는 사람을 보내 동북일대(東北一帶)의 산천지리(山川地理)를 천상(天上)의 도수(度數)에 비춰 추산해 회도(繪圖)로 그려 보니 혼동강(混同江)은 장백산(長白山) 뒤에서 유출(流出)되어 지금의 길림(吉林)인 선창(船廠) 타성오랍(打牲烏拉)에서 동북으로 향해 흘러 흑룡강(黑龍江)에 합수(合水)되어 바다로 들어간다. 이는 모두 중국 땅에 속한다.
> 압록강(鴨綠江)은 장백산에서 동남으로 흘러 서남으로 가는데 봉황성(鳳凰城)과 조선국(朝鮮國) 의주(義州) 사이를 흘러 바다로 들어간다. 압록강 서북은 중국에 속하고 강 동남은 조선에 속한다.
> 이 지역들은 江으로 경계(境界)를 짓는다. 토문강(土門江)은 장백산(長白山) 동변(東邊)에서 흘러 나와 동남(東南)으로 향해 흘러 바다로 들어간다. 토문강(土門江) 서남(西南)은 조선에 속(屬)하고 강(江)의 동북(東北)은 중국 땅에 속한다. 역시 江으로 경계(境界)를 짓는다.
> 이 지역들은 그 구분이 명백하다. 단지 압록강(鴨綠江), 토문강(土門江) 두 강(江) 사이의 땅은 명백하지가 않다.
> 이에 부원(部員) 두 사람을 보내 봉황성에 가서 조선인 이만지사건(李萬枝事件)을[16] 회심(會審)하라.
> 또한 타성오 납총관(打牲烏拉總管) 목극등(穆克登)을 보내니 같이 가라.

이들이 훈지(訓旨)를 청(請)할 때, 밀유(密諭)하기를 조선지방을 사간(查看)하되 조선관리와 함께 강을 따라 올라가라.[17] 중국 땅으로 갈 경우 조선관리와 함께 중국 땅에 있게 하고 중국 땅 험난한 곳을 지나게 될 경우 이들은 조선 땅에

---

16) 肅宗實錄, 卷四十九, 肅宗 三十六年 庚寅 十一月 九日 己亥條.

17) 康熙帝는 初年에 盛京志를 지었고 이것이 淸朝實錄에 올려졌다. 原文은 다음과 같다.
朕前特差能算善畵之人 將東北一帶山川地理 俱照天上度數折算 詳加繪圖視之 混同江自長白山後流出由船廠 打 性烏拉向東北流 會於黑龍江入海 址階係中國地方 鴨綠江自長白山東南流出 向西南而往由鳳凰城 朝鮮國義州兩 間流入於海 鴨綠江西北係中國地方 江之東南係朝鮮地方 以江爲界 土門江西南界朝鮮地方 江之東北係中國地方 亦而江爲界 此處但己明白 但鴨綠江土門江二江之間地方之不明前遣 部員二人往鳳凰城會審朝鮮人李萬枝事 又流出打性烏拉總管穆克登往 此審地方情形庶得明白.

있게 하라. 그렇게 하여 변계(邊界)를 사명(査明)하도록 하라 하였다.

강희 51년 5월 목극등은 상유(上諭)를 받들어 흥경(興京) 동북변문(東北邊門)을 나와 10척의 작은 배를 만들어 타고 압록강 지류인 두도구(頭道溝)로 나와 압록강 본류로 진입(進入)하였다. 강을 거슬러 올라가 후주(厚州) 땅에 도착, 조선의 접반사(接伴使)와 감사(監司)를 만나 혜산(惠山)에 도착, 여기서 배를 버리고 육로로 백두산으로 올랐다. 산정(山頂)으로 오르기를 삼백 리(淸里), 강원(江源)을 찾아 나섰고 산상(山上)의 강원(江源)을 실측(實測), 계비(界碑)를 돌에 새겨 담반(潭畔) 동하(東下) 십 리쯤(十里許)에 세웠다. 계비문(界碑文)에는 '서쪽은 압록강의 본류를, 동쪽은 토문강으로 계(界)로 한다.'[18]라고 하여, 이로써 양국 간의 경계가 그어졌다. 그러나 이후 토문강이 두만강이니 아니니 하는 다툼으로 양국 간에 일치를 보지 못하였고 결국 오늘날 간도 땅 귀속문제로 이어지게 되면서 간도는 미회복지로 남게 되었다.

청나라가 중원(中原)을 차지하면서 우리나라 북변은 영토사 측면에서 희대의 변화와 수난이 이어졌다. 즉 고조선, 고구려, 발해시대의 영토상실을 제외하더라도 명(明)나라 때와의 국계(國界)마저 지키지 못하는 비운을 맞게 된 것이다.

3. 봉금정책(封禁政策) 시행 후의 월경(越境)문제

조선 건국 이후 명나라와의 강계(疆界)는 명 · 청(明 · 淸)이 교체된 이래 조 · 청(朝 · 淸) 간의 경계가 청(淸)의 일방적이고 독단적인 판단에 의해 정해지고 말았다. 그런데 이러한 일방적이고 독단적인 강계획정은 역대왕조 연간별로 월경(越境)문제로, 시비와 처벌이 끊이지 않았다. 이 같은 문제는 조 · 청 양국 간의 국제관계에서뿐만 아니라 변경주민들의 생활상에도 심대한 영향을 미쳤다. 이

18) 白頭山定界碑文은 1712년 5월 15일 總八十三字를 높이 二尺七寸, 넓이 一尺七寸의 돌에 새겼다. 石質은 靑石으로, 탁마(琢磨)해 새김.
大淸烏喇總管穆克登等奉旨査邊至此審視西爲鴨綠東爲土門 故分水嶺上勒石爲記 康熙五十一年 五月十五日 筆帖式 蘇爾昌 通官二哥 朝鮮軍官 李義復 趙台相 差使官 許梁 朴道常 通官 金應瀗 金慶門.

같은 정황을 연대기별로 나열해 보면 다음과 같다.

太宗 6년 4月	도내(道內) 한잡(閑雜)한 땅에 승려가 초막을 치고 여럿이 모여 인삼을 채취하여 가지고 강이 얼면 월강(越江)한다. 원컨대 강계(江界), 니성(泥城), 의주(義州), 선주(宣州), 이북(以北)의 초막(草幕)을 모두 헐어버리고 승려의 출입을 금하도록 하여야 하겠다고 하니 왕이 이를 가납(加納)하되 단 초막(草幕)은 파손(破損)하지 말라 하다.
成宗 19年 12月	요동도군지휘사(遼東郡指揮使)가 봉황성으로부터 받은 보고에 의하면 조선 측 연강(沿江) 주성(州城)의 군사가 강을 넘어와 채포(採捕 : 인삼, 초피(貂皮))함으로써 주민의 생업(生業)과 충돌하고 있다.
宣祖 28年 7月	平安兵使 申礏馳啓 同年 7月 5日 建州衛 胡人 90여 명 滿浦에 來侵하여 人蔘을 멋대로 採取해 갔습니다. 현재 江邊의 軍器는 蕩失되고 軍糧도 耗盡하였고 鎭堡 또한 空虛하니 將來事가 우려됩니다. 臨機處置로 江界府使에 專行케 함이 어떠할까요 하니 王이 허락하다.
宣祖 29年 正月	平安道 渭原에 侵入해 採蔘해 간 胡人들을 索出하여 每名當 소 한 마리, 또는 銀十八兩을 徵收하고 越江罪를 贖量하였다.
宣祖 32年 7月	平安道兵使 李慶濬 馳啓하기를 胡人 十餘名이 洞嶺上에 草幕을 짓고 麻田嶺과 水倒里 等地에서 마구 採蔘하니 痛憤할 일입니다. 軍官으로 하여금 이들을 追跡케 하였으나 草木이 茂盛하여 追跡이 不可能하여 銃擊으로 威脅을 주고 鎭으로 돌아왔습니다 하다.
宣祖 39年 月	中國人이 朔州지방에 殺到하였는데 수효가 50명이나 되며 이들이 採蔘을 하고 民家를 掠奪하였다. 光海君 元年 採蔘華人(漢人) 40여 명이 田子洞地域에 侵入하였다가 逃走하였다. 權官 洪仁成과 領軍 등이 뒤쫓다가 華人에게 맞아 死亡하고 軍兵 여럿이 打傷을 입었다.

仁祖 元年 五月	特進官 李廷臣이 王에게 進言하기를 蔘貢의 弊端이 極甚합니다. 江을 건너 胡地에 들어갔던 者는 거의 돌아오지 못하고 모두 捕殺되었습니다. 이대로 가면 江邊의 士兵 十中八九는 잃게 됩니다 하다.
仁祖 7年 正月	金使 阿之好가 崇政殿에서 接見時 譯官에게 말하기를 兩國이 이미 和議를 맺은 後인데 貴國人이 越犯, 採蔘, 狩獵을 일삼고 이로 인해 많은 人命이 殺害되는 일이 있으니 어찌된 일인가? 함에 都承旨가 입을 다물고 대답을 못하였다.
仁祖 9年 閏11月	金使가 携帶한 國書에 말하기를 我國은 盟約 이래 한번도 越界한 사실이 없는데 貴國人이 자주 越犯하니 王은 留意하시라 하였다.
仁祖 11年 9月	金使, 龍骨大, 伊愁, 姜加太 等 胡人 39인과 말 170여 匹을 이끌고 滿浦 採蔘人을 押還하겠다고 稱하고 義州에 와서 入京 國書를 모하였다.
仁祖 13年 11月	渭原境內인 楸仇非와 碧團 兩堡의 住民 36명이 越江 採蔘하다가 捕虜되어 金으로부터 問責당하게 되자 渭原郡守 許詳, 僉使 李顯基, 萬戶 金進 등 3인을 誅懲하다.
仁祖 13年 12月	金使 馬夫大가 國書를 올렸는데 兩國盟約 이래 貴國 人民이 我境에 入越하여 人命을 害하니 痛嘆할 일이다 하였다.
仁祖 16年 正月	平安道節度使 馳啓에 正月 初二日 差使 龍骨大 城下에 到達함. 檄文을 指示 複寫하게 하였는데 그 內容이 大淸國 寬溫仁 皇帝 朝鮮國에 詔諭함이라 하고, 我邊境에서 採蔘, 圍獵하는 일은 무슨 理由인가 그대로 放置할 수 없다 하였다.
仁祖 17年 6月	渭原住民의 越境採蔘事件으로 인하여 渭原郡守 李球 高山里 僉使 李如覺을 義禁府에 가두어 罰하였다.
仁祖 21年 9月	瀋陽에 人質로 간 王世子 賓客 任絖의 啓에 의하면 龍骨大 및 博氏 등이 世子 앞에 와서 말하기를 江界人들이 上土, 外怪, 梨洞의 세 곳으로부터 大擧 越境 採蔘하다가 淸人에 의해 40여 명이 잡히고 그 밖의 50여 명은 銃과 활을 쏘아

淸人 두 명을 殺傷시켰는데 이 중 36명이 淸人에게 붙잡혔다. 그 가운데 한 명이 江界府使의 傳令牌를 차고 있었다라고 龍骨大 등이 그 牌를 제시하면서 말하기를 이처럼 兵器를 가지고 侵犯한 事實에 대해 어떻게 處理해야 할 것인가라고 詰難하였다. 그리고 이 事件으로 江界府使와 上土, 高山里 僉使 外怪, 梨洞의 두 權官도 處刑되었다.

仁祖 24年 月 — 准戶部의 咨에 寧古塔 所屬 年木 年庫地方에 貴國人 越採 十名이라 云云하다.

顯宗 元年 月 — 前年 12月 平安觀察使 金汝鈺, 同節度使 金微, 江界府使 成以性의 馳啓에 採蔘하지 않고서는 住民이 살아갈 수 없어 我境에서 採蔘할 것을 許하였으나 14인이 慈城에서 筏을 만들어 타고 越境 採蔘하다가 그중 3명이 殺害되었다고 하다.

肅宗 36年 7月 — 渭原人 李萬枝 등 9명이 越境하여 淸人 5명을 撲殺한 事件은 마침내 國境問題로 一躍 擴大되다.

肅宗 40年 月 — 坡州人 郭萬國이 江界에서 越境하여 奉天將軍 巡邊兵에게 逮捕됨.

肅宗 44年 1月 1日 — 義州 潛商 金得達 境界上에서 梟首함.

英祖 3年 5月 5日 — 淸禮部에 移咨하여 邊禁을 申嚴케 할 것을 請하다.

- 때때로 봉황성에서 관병을 출동시켜 청인 범월채삼자들을 수사 체포하려 하면 범월자들이 도리어 관병을 공격하는 등 그 세가 만만치 않았다. 우리나라 백성들이 관병을 따라갔다가 죽은 자가 적지 않았다. -

英祖 5年 月 — 穩城府人 申丁龍 등 7명이 潛越하다가 被促되다. 當該 地方官도 革職處分되다.

英祖 6年 月 — 申丁龍 등을 江邊에 梟示하다.

英祖 8年 6月 25日 — 朴處彬 등 5명이 越江하여 淸人들과 密通商하다 적발되어 義州江邊에 彼誅되었고 7月 7日에는 犯越潛商 李永三도 梟示하다.

英祖 9年 月 — 渭原潛商 金尙萬 등 梟示 · 淸人 13명 潛越來憂하다.

英祖 9年 7月 28日　平安道 高山里 兵房軍官 金昌溫이 鳥銃을 携帶하고 蔘夫 20여명을 帶同 越境하여 淸人들이 캔 人蔘을 掠奪했다고 하여 이를 審問 斷罪하도록 하였다.

英祖 10年 4月　高山里鎭民 金世丁 等 28명이 潛越하여 淸人 9명을 毆殺하고 人蔘 1斤十兩을 掠取하였다. 같은 해 4월 29일 청국에서 압송된 犯越者 徐貴江을 邊境에 梟示하다. 英祖 10年 5月 1日 穩城府 犯越人 金水京 등 4인을 나란히 境上에서 梟示.

英祖 10年 8月 1日　淸國人 湯成 등이 우리나라 국경을 사사로이 넘어와 쌀을 私取하고 포병을 포박 拉致하다가 우리 측 관병에게 붙잡혀 압송된 일이 있다. 이에 淸國禮部에서 조사하여 처단한 顚末의 回示가 왔다. 왕은 平壤監司 朴師守의 狀請으로 淸人들을 잡 은 우리 측 모든 사람들에게 賞을 내리게 하였다.

英祖 10年 8月 20日　犯越地方의 守令이었던 江界府使 金浚, 高山里 僉使 李泰祥을 死刑에서 減刑하여 섬으로 유배하였다.

英祖 12年 月 日　前記 高山里鎭民 金世丁 等 3명을 斬하고 金貴同 등 16인을 免死爲奴하고 徐云必 등 9명은 各各 杖 一百, 高山里僉使 江界府使 流三千里하다.

英祖 15年 月 日　穩城 鍾城人 十數名이 逃入淸國 投附淸國奸民이 되다.

英祖 16年 9月 6日　關西 백성 20여 명이 犯越하여 淸兵에게 붙잡힌 사건이 일어났다. 이에 平安監司 徐宗玉 兵使 張泰紹를 罷免토록 하였다.

英祖 16年 9月　江界府 八板洞 住民(男 18명 女 3명)이 作夥越去採蔘하다 被促於淸國人.

英祖 17年 月　山城人 25명이 年荒饑饉으로 因하여 土門江 凍氷時 越去 奉天衙門으로 解送하였다가, 朝鮮國 領時憲書人 回國使에 順付還國하다.

英祖 22年 月　胡人 460여 명이 銃槍을 지니고 배 45척에 분승 鴨綠江을 거슬러 올라와 朝鮮領으로 潛入하였다.

英祖 26年 月　柔遠鎭士兵 金仁述 등 7명이 越江하여 淸人 5명을 打殺하였다. 이들 7인 가운데 主犯 從犯의 差異가 있음에도 越境行

	兇한 罪로 全員 擬斬하고 妻子는 爲奴하고 家産籍沒하다. 觀察使와 節度使는 革職하고 穩城府使도 革職에 流二千里, 柔遠僉使는 物故당함.
英祖 32年 月	寧古塔將軍은 朝鮮越境人 韓尙林 李桂新 등을 朝鮮國 領時憲書員에 託하여 回送함.
	이 해에 鍾城府民 趙自永 등 7인이 越江하여 淸人 2명을 斧鎌으로 撲刺殺하였다. 이에 趙自永 등 7인은 立斬, 妻子爲奴하고 이들의 家産은 籍沒하였고 地方官은 革職시킨 후에 流三千里에 처하였다.
英祖 34年 月	淸國鳳凰城人 劉自成이 私行採蔘한 關係로 被罰당하고 巡邏官兵도 査明參處하다.
英祖 37年 月	三水府 乫坡鎭民 金順丁 等 7인이 越入上國界하여 入山採蔘함에 全員 立斬하고 地方 官은 革職後, 流三千里에 處하였다. 같은 해 江界府民 朴厚贊 등 十人이 因行獵, 越入淸國, 其後 13次나 緩結하여 免死하다.
純祖 5年 月	崔宗大 등 6인이 越境, 頭道黃溝 二道溝 陽岔地方 行獵함에 依律處勘.
純祖 17年 月	吉林地方 犯越人 徐鏡一 冒越禁境한 지 4년 만에 被獲, 江邊에 梟示되고 觀察使 以下 地方官은 革職당하다.
純祖 17年 11月 10日	淸國에서 押送해 온 犯越者 金致礪를 義州境上에 梟示.
純祖 27年 12月 15日	茂山府民 延必元, 朴才昌 등 2명 捕鹿失路함에 境上에 梟示警衆, 地方官은 革職.
純祖 28年 3月 15日	甲山府 犯越罪人 張豪京을 梟首하다.
純宗 32年 月	甲山府人 張高麗 深入禁境 採蔘捕牲하다가 被逮後 梟示되고, 地方官은 革職.
哲宗 5年 8月 3日	鳳凰城에서 義州府로 押送된 三水府 犯越罪人 張添吉 處梟首, 地方官 勘罪.
哲宗 8年 9月 6日	犯越罪人 金益壽를 鍾城府에 移送後 梟首, 地方官도 斷罪함.
哲宗11年 8月 27日	博川人 明德成, 義州人 鄭允化等 犯越 淸甲軍을 毆殺 依律誅

	殺하였다.
	이에 盛京禮部 咨文에 의하여 엄중 수사, 兩人을 체포, 사형에 처하고 觀察使와 兵使는 革職, 府尹과 僉使 定配.
高宗 元年 5月 15日	咸鏡道觀察使 李裕元으로부터 犯越人 金鳴順 崔壽學을 慶興江頭에 梟首하였음을 上啓해 옴.
高宗 3年 月	慶源府 阿山鎭居民 尹才官 等 男女 75口 越江逃去.
高宗 4年 月	中國人數百名 渡江搶掠 復有匪類 過三洞山邊 何名慶等 私越開墾 奉天汪淸門 六道河 等處.
高宗 6年 12月 10日	西水羅에서 前 慶興府使 李鼎鎬 前西水羅 權官 朴受英을 梟首하다. 이들은 國境을 넘어온 러시아인들을 傍助하고 物品과 돈을 掠取했기 때문임.

以上은 太宗實錄 成宗實錄 宣祖實錄 光海君日記 仁祖實錄 英祖實錄 純祖實錄 哲宗實錄 高宗實錄 日省錄 備邊司謄錄 瀋陽日記 同文彙考 通門館志 增補文獻備考 亂中雜錄 白頭山定界碑(條田治策 著) 등등을 參照 任意 拔萃한 것임.

4. 붕괴(崩壞)된 청(淸)의 봉금정책(封禁政策)

네르친스크조약 체결 후 청조(淸朝)는 만주 전역에 군정(軍政)을 펼치면서 봉천(奉天 : 지금의 요녕성(遼寧省)), 길림(吉林), 흑룡강(黑龍江) 3개 성(省)에 장군(將軍)을 배치하고 한인(漢人)출신을 배제한 만주인 중심의 팔기군(八旗軍)을 주찰(駐紮)시켰다. 이는 봉금(封禁)[19]의 중요성 때문이었다. 청조(淸朝)가 강희(康

19) 滿州封禁이라고 할 정도로 封禁은 滿洲地域의 滿洲族 以外의 種族流入禁止를 뜻하는데 淸朝가 北京으로 遷都한 以來 이 地域을 神聖視하고자 行政上 特別軍政機構를 두고 漢族의 流入을 막아 滿洲의 固有性을 지켜내고자 하였다. 무엇보다 滿洲三寶라는 野生人蔘, 貂皮, 稀貴 藥草와 眞珠의 採取를 금지시키고자 하였다. 康熙帝는 同王 7년인 1668년 遼東招民開墾例를 停止시키고 乾隆 5년인 1740년 漢人移住禁止令을, 1749년 上記 令의 實效性을 强化토록 하였다. 乾隆末年인 1790년대 吉林, 西隣, 蒙古王公이 流民을 招致, 開墾을 着手함에 中國本土民이 混亂에 빠졌고, 漢人들은 이 方面으로 轉入하였다. 嘉慶末年 1820년대에는 雙城堡가 開拓됨에 封禁制는 사실상 實效性이 喪失되었고 以後 吉林 東南部를 비롯한 鴨綠江, 豆滿江, 黑龍江 流域 등 여러 地域이

熙) 옹정(擁正) 건륭(乾隆)시대를 거치면서 청조(淸朝)의 국위(國威)는 전성기를 맞는듯했으나 과대한 팔기군(八旗軍)의 유지관리비(維持管理費)는 해가 갈수록 증대해 운영에 어려움이 지대하였다.

예컨대 청조가 북경으로 천도할 시 수도(首都)와 그 외곽(外廓)에 배치된 주둔병(駐屯兵)의 봉급 및 기타 유지비가 8만 냥(八萬兩)이었으나 강희제 때에는 12만 냥(十二萬兩)으로 늘어났다. 이러한 재정적 부담은 팔기(八旗)의 호구(戶口) 증가에다 천도(遷都) 당시 종실(宗室)의 수(數)가 2천 명에 불과했는데 도광(道光) 말년(1850年)에는 3만 명이 넘어섰다. 천도(遷都) 당시에는 명나라의 멸망으로 이들의 황실(皇室) 및 공신(功臣)들의 근경(近京) 500리의 봉지(封地)를 몰수하여 분급(分給)함으로써 유지관리에 어려움이 없었다.

여기서 수도권 500리 이내로 한정한 것은 팔기군(八旗軍)의 거주를 제한하여 통제를 꾀하고자 함에 있었고, 다음으로 만주인과 한인(漢人)들을 격리(隔離)하여 분쟁의 소지(素地)를 없애려 함에 있었다.

무엇보다 수도권(首都圈) 방위를 염두에 두고 있었다. 그러면서도 만주출신 팔기군(八旗軍)에 대해 구역 이외의 이전(移轉)을 금지하고 영리사업(營利事業)을 못하게 하였을 뿐만 아니라, 분급(分給)한 토지의 매매(賣買)를 못하게 하고 한인(漢人)들과의 통혼(通婚)을 막았다.[20] 이 가운데 문제가 되는 것은 분급(分給)된 토지의 경작(耕作)이었다.

건륭(乾隆) 2년(1737년) 어사(御使) 사혁덕(舒赫德)은 팔기개간변지(八旗開墾邊地)에 관한 의견서(意見書)를 제출하여 이들로 하여금 변지를 개간하여 경작하게 하도록 권장하였으나 만주인들은 원래 농경(農耕)에 미숙(未熟)해 성과를 거두지 못하였다.

그러니 자연히 이 토지들을 한인(漢人)들에게 소작(小作)을 줄 수밖에 없었고 그 같은 실정이 상당기간 유지되어 오는 가운데 봉금(封禁)의 주된 기능인 변장제도(邊牆制度)는 점차 낙후(落後) 황폐화(荒廢化)되어 갔다. 따라서 변장(邊牆)에

잇따라 開放 · 開拓되어 나가면서 이 制度는 有名無實해졌다.

20) 稻葉岩吉, 增訂滿洲發達史, 日本 : 評論社, 1935(昭和 10年), pp. 348~353.

의해 규제되었던 봉금지대의 진출(進出)이 부지불식간(不知不識間)에 확대로 이어졌다.

특히 네르친스크조약 체결 이후 만주 일원의 삼보(三寶)에 대한 관심이 고조된데다 이 일대가 기름진 농토라고 알려졌기 때문이다. 이제까지 출입이 어려웠던 봉금지대의 왕래가 편리한 역참(驛站)이 생겨나 이 지역의 통행이 이전보다 훨씬 편리해졌다.

건륭(乾隆) 6년 호부시랑(戶部侍郎) 양시정(梁詩正)의 팔기둔종지소(八旗屯種之疏)에 의하면 해마다 춘추(春秋) 2기에 호부수입(戶部收入)을 계산해 보면 많게는 은(銀) 7~8만 냥(七八百萬兩), 적게는 4~5백만 냥(四五百萬兩)에 지나지 않는데 경중각항(京中各項) 지초(支銷) 합계(合計)는 1천2백만 냥(千二百萬兩)에 달해 지출이 훨씬 많다고 하였다.

호부수입(戶部收入)의 대부분은 대체로 팔기군(八旗軍) 군량미(軍糧米) 비용(費用)으로 지출되는 것인데 각 성별(省別) 녹기병향(綠旗兵餉)이 날로 증가하고 있고[21], 이러한 현상은 해마다 반복되고 있으니 이에 대한 방책으로 팔기분견(八旗分遣)을 통해 팔기이간(八旗移墾)을 해야 한다고 하였다. 이러한 양시정(梁詩正)의 팔기둔종지소(八旗屯種之疏)가 있은 지 3년 후인 건륭(乾隆) 9년(1744년) 경영팔기(京營八旗) 소속 산정(散丁) 3천 명을 길림(吉林)에 위치한 납림(拉林)과 아늑초객(阿勒楚喀) 두 곳으로 차송(差送)하였다. 이들은 자발적이 아니라 조정(朝廷)의 강요에 의해 하는 수 없이 처자식은 북경에 그대로 두고 둔전지(屯田地)로 떠났다. 위의 두 곳은 비교적 토양이 좋고 송화강(松花江)의 수운(水運)이용이 편리했기 때문이다. 그러나 이 같은 이주정책은 몇 년 안 가서 실패하고 이른바 기둔정책(旗屯定策)은 성과를 거두지 못하고 쇠미해지면서 대부분의 팔기(八旗)들은 둔전지를 떠나 북경으로 귀환하고 말았다. 여기에다 건륭(乾隆) 말년부터 가경(嘉慶)연간에 걸쳐 백련교(白蓮教)의 반란[22]이 일어나 이들을 진압하기 위해 만

21) 稻葉岩吉, 增訂滿洲發達史, 日本 : 評論社, 1935(昭和 10年), pp. 362~363.

22) 白蓮教 反亂은 嘉慶연간인 1796~1804년 사이에 일어났다. 도화선은 奸臣 和珅의 專橫에 따른 惡政에 起因되었다. 후베이, 쓰촨, 산시 등 3개 省이 경계를 접한 산악지대는 清初 이래 華中 華南의 인구조밀지역에서 이주해 온 백성이 많고 잡곡 생산과 목재, 광산업으로 번창하던 이 고장이 악정에 시달리게 되자 蜂起가 일어났다. 이에 清廷은 10여 년간에 걸쳐 무력진압으로 난을

주지역에 나가 있는 팔기군들을 초모(招募)해 토벌에 나서지 않을 수 없었다. 1805년을 전후해 민란은 겨우 평정되었으나 여전히 팔기군의 생계책은 문제가 되었다. 1812년 가경제(嘉慶帝 : 仁宗)는 부준(富俊)[23]의 납림시간장정(拉林試墾章程)을 받아들여 길림의 어렵금지(御獵禁地)와 납림하류(拉林河流域)의 가경지(可耕地) 그리고 성경(盛京)의 양식목하(養息牧河)의 목초지(牧草地), 대릉하(大凌河)의 목장을 답사해 납림(拉林) 동북의 땅인 세칭 쌍룡자(雙城子) 일대의 2만 5천여(二萬五千餘) 향(晌)[24]에 달하는 8백여 정보, 아늑초객(阿勒楚喀) 동쪽 45리(淸里)가 옥토(沃土)로 밝혀져 중앙정부가 이 지역을 유의하게 되었다. 쌍성자는 쌍성보(雙城堡)라 명명되어 좌우중(左右中) 3대둔(三大屯)으로 길림지방으로부터 1천 명의 기인(旗人)을 수용해 시간(試墾)하고자 하였다. 그러나 착수한 해부터 둔전도망(屯丁逃亡)이 잇따랐다. 이후 쌍성보에 북경기인(北京旗人) 3천 호를 수용한다는 계획을 세우고 해마다 200호씩을 옮기기로 하고 호부(戶部)로 하여금 매호에 치장은(治裝銀) 30냥, 그 밖에 각 본기(本旗)로부터 첩은(貼銀) 15냥, 거마(車馬) 일체는 관급(官給)하도록 하였다. 현지에 기인(旗人)들이 도착하면 네 간(四間)의 가옥을 주도록 하였다. 토지는 숙지(熟地) 20향(晌 : 80町步가 약간 넘게)을 분급하였다.

도광(道光) 2년 안토중천(安土重遷)을 바라는 이주(移住)희망자가 28호, 이듬해에 31호, 그 다음해에 53호, 그리고 도광(道光) 5년에 77호가 이주 정착하였다. 그럼에도 불구하고 기간(旣墾)된 숙지(熟地)는 놀랍게도 3만 1천1백여 향(晌 : 一千町步 이상)이나 되었다는데 이는 농경(農耕)에 익숙한 한인(漢人)들의 점간(占墾)에 의한 것이다.

무엇보다 타 지역 한인(漢人)들보다 산동출신자들은 근면성, 탐욕, 경작에 따른 인내성이 남방인인 복건(福建) 광동인(廣東人)들과는 비교가 되지 않았다. 여기에다 지리적 근접성으로 인해 일찍부터 만주지역을 낙토로 여겨온 이들은 이

평정하였으나 淸朝는 백련교 반란을 진압하는 동안 만성적인 재정난에 허덕이면서 쇠퇴일로의 길을 걷게 되었다.

23) 富俊은 蒙古出身으로 嘉慶 9年(1814년) 吉林將軍으로 赴任하여 拉林試墾章程에 제출해 1816년 開墾에 着手하게 하였다. 그는 당시 吉林 盛京 黑龍江의 歷官을 지냈다.

24) 一晌은 六畝; 6尺 四方을 步, 百步를 畝, 秦後에 2,400步. 畝, 現代의 100m²가 1畝이다.

곳을 종신(終身) 정착지로 여겼기 때문이다.

여기에다 압록강유역에 울창한 삼림벌채에 따른 이득과 사금채취지역인 조릉(祖陵)이 있는 흥경(興京) 계운산(啓運山) 용강지맥(龍崗支脈) 1백여 리(淸里)와 봉금된 30여 리(淸里)에는 마적들이 준동하여 봉금은 지켜지지 않고 있어 이들의 활동에 정부의 간섭은 제한되어 있어 징세(徵稅)에 어려움이 컸다.

이른바 동삼주(東三州)로 알려진 청주(靑州), 등주(登州), 내주(萊州)인들의 근면성 그리고 기민성은 유달랐는데 이들 지역출신 주민들과 병사(兵士) 역시 청조(淸朝)가 흥기함에 가장 먼저 집단적으로 투항할 정도로 시리(時利)에 매우 민감한 사람들이었다.

청조(淸朝)는 가경제(嘉慶帝) 이래 지속되고 있는 재정적 결핍(缺乏)으로 민심은 날로 이반되고, 장발적(長髮賊)의 반란이 겹치면서 더 이상 만주봉금에 대한 조처를 기대할 수 없게 되었다. 여기에다 중국 내륙에 밀어닥친 재해(災害)로 인한 기근(饑饉)으로 수많은 유민(流民)들마저 발생하였다. 중국에서의 유민(流民)은 일명 유구(流寇)라 칭할 정도로 적도(賊盜)로 쉽사리 변함을 청정(淸廷)은 익히 알고 있었으나 대처할 방법을 강구하지 못하였다.

따라서 이들 유민(流民)들의 향방은 미지(未地)라는 호기심과 금기시(禁忌視)되어 온 만주일원의 삼보(三寶)와 옥토경작(沃土耕作)에 따른 기대감 등이 복합적으로 작용해 산해관(山海關)을 통한 육로뿐만이 아니라 해상(海上)을 통해 요동(遼東)으로 상륙하면서 심지어는 대오(隊伍)를 지어 봉금지대로 유입(流入)해 들어왔다.

결과적으로 기인들에게 분급되었던 토지는 어느새 한인(漢人)들의 손에 넘어가 사간지(私墾地)의 발생과 함께 소작권(小作權)을 행사하기에 이르렀다. 이러한 정황은 이미 도광(道光) 7~8년대(1827~8년대)에 들어서면서 산해관을 나와 동만주(東滿洲)로 유입된 수가 무려 5천 명에 육박하였던 데서도 알 수 있다.

1867년(同治 六年)에 이르면 서양문물의 수용과 함께 대외적으로 친화정책을 쓰면서 사실상 봉금지대에서 공한지대(空閑地帶)를 한인간지(漢人墾地)로 개방(開放)하게 되는데 이들의 개간열기(開墾熱氣)는 지방관청의 세수증대(稅收增大)로 이어졌다. 길림의 오상보(五常堡) 개방으로 50만 묘(五十萬畝)의 숙지(熟地)를 얻게 되었고, 1869년에는 성경장군(盛京將軍)이 좌보귀(左寶貴) 등에 장량(丈量)을 명해 새로이 숙지(熟地) 180만 3천여 묘(一百八十萬三千餘畝)를 얻을 수 있었다.

예컨대 흑룡강성(黑龍江省)의 연간 군사비가 37만 냥인데 1853(咸豊 3年)~1887년(光緖 13年)까지 34년 동안 군비의 결손액(缺損額)이 270여 만 냥이 되었다. 이러한 상황하에서 청정(淸廷)은 하르빈 대안(對岸)의 호란(呼蘭)평야가 흑룡강 제1의 온난지요 비옥한 땅 개간으로 10여 만 냥의 조세징수(租稅徵收)로 결손상태의 군비를 보충할 수 있음을 깨닫고 이전까지의 만주지역의 봉금정책에서 개방정책으로 선회(旋回)하게 되었다.

개간(開墾)의 물결은 1860년 영불연합군(英佛聯合軍)의 북경진입으로 공친왕(恭親王)의 열하(熱河) 피신(避身)에 따라 조정의 기강(紀綱)은 해이(解弛)해지고 민심은 동요되는 가운데 정부의 공신력(公信力)은 땅에 떨어져 그 어떠한 명령도 준행되지 않음에 봉금의 영(令)도 설 수 없게 된 것이다.

1861년대에 들어서면서 길림성 쌍성보와 납림(拉林)의 처녀지(處女地)가 개방되고 이어서 서란하(舒蘭河) 유역, 길림 서부 일대로 유민들이 몰려들고 청인들은 훈강(渾江)유역의 무성한 삼림을 벌목하여 유벌(流筏)까지 하였다. 1864년대에는 이아문하(伊兒們河) 전체 유역을, 1865년대에 마적단(馬賊團)과 비적(匪賊)들의 산채(山寨)가 된 봉천위장지(奉天圍場地) 안에 둥지를 틀고 있는 가운데 숱한 유민들이 들어가 멋대로 개간을 하였고 심지어 휘발하 유역에는 대단위의 개척농장이 세워질 정도였다. 1866년대에는 뭇 비적(匪賊)들의 소굴(巢窟)인 화피전자(樺皮甸子)가 개간되었고, 1867년(同治 6年)에는 봉금지대였던 공한지(空閑地)가 일반 한인(漢人)들에게 개방 · 개간하게 됨으로써 무려 250년이라는 장구한 기간에 걸쳐 유지되어 온 봉금정책(封禁政策)은 막(幕)을 내리게 되었다.[25] 이어서 이듬해인 1868년에는 만주 봉금지 가운데 핵심지인 어렵위장(御獵圍場)이 개방되고 말았다. 어렵지(御獵地) 가운데서도 가장 큰 곳이 길림(吉林)과 봉천(奉天)의 어렵지(御獵地)였는데 말이 개방이지 실제로는 봉금 핵심지대인 이곳에 이미 수많은 유민들이 몰려들어 개간은 이미 이루어지고 있었다.

25) 李漢基, 韓國의 領土, 서울대학교출판부, 1996, p. 319.

따라서 봉천과 기림위장(吉林圍場)의 야생통로(野生通路)는 이미 오래전에 차단되어 어렵지로서의 기능은 상실되고 있었다. 1869년과 1870년 두 해에 걸친 희유의 혹독한 흉년은 길림 봉금지 대안(對岸)인 우리나라 함경도(咸鏡道) 주민들이 무시무시한 월경죄(越境罪)를 마다하지 않고 월강(越江)하여 새로운 정착지(定着地)를 찾아 나설 수밖에 없었다.

월강범월(越江犯越)이 아무리 지엄하다 하더라도 남부여대(男負女戴)하여 도강(渡江)만이 살 길이라 믿고 고향땅을 떠난 것이다. 이전 같으면 극형(極刑)으로 다스려졌으나 이미 그 수효가 엄청난데다 단속(團束)에 한계(限界)가 있을 수밖에 없어, 우리나라 조정(朝廷)에서도 교서(敎書)를 내려 이들을 안집위무(安集慰撫)할 것을 당해 관아(官衙)에 명하였다.

고종(高宗) 13년인 1876년 7월 어전회의(御前會議)에서는 월자환래칙(越者還來則) 부득불용이권도(不得不用以權道) 초래안집(招來安集) 이도회보(以圖懷保)라 하여 위무안거(慰撫安居)케 할 것을 결의(決議)하였다.[26] 그 후 월범도강(犯越渡江)한 유민들의 초래안집(招來安集)을 도모(圖謀)하는 동시에 변금(邊禁)을 완화(緩和)하여 월경경작(越境耕作)을 공인(公認), 지권(地券)을 발급하고 토지대장(土地臺帳)을 만들어 과세(課稅)하도록 하였다.[27] 이러한 정세하에서 청조(淸朝)는 1881년 7월 봉금정책(封禁政策)이 가장 오랜 기간 지속되어 온 길림성 동남부 일대마저 개방하면서 그해 9월 토문강 동북안(東北岸) 일대인 길림성 동남부의 황지(荒地)도 초민(招民)개간에 착수하였다. 이를 위해 청조(淸朝)는 훈춘(琿春)에 초간국(招墾局)을 설치하고 구령(舊令)을 전폐(全廢)시키면서 한민(韓民)의 이주는 배가(倍加)되고 1886년 광서(光緖) 16년에는 월간국(越墾局)을 무간국(撫墾局)으로 하고 한인(韓人)들의 이주(移住)는 해란하(海蘭河) 이남(以南)으로 한정시켰는데, 약삭빠른 한인(漢人)들은 황지개간으로 얻은 드넓은 땅을 이주한인(移住韓人)들을 소작인(小作人)으로 고용, 토지를 대부(貸付)하여 부(富)를 축적하기도 하였다.

여기에다 이제까지 금지되었던 조·로(朝·露) 간에 통상(通商)이 열려 경흥(慶

26) 高宗 十三年 丙子, 七月 十三日條.

27) 同文彙考, 高宗十三年 丙子 八月十日, 同十二月 十一日; 高宗實錄, 卷十三, 高宗十三年 八月十三日 十二月十一日.

興)에 호시장(互市場)이 서게 됨에 길림성(吉林省)에서는 길한통상장정(吉韓通商章程)을 체결하고 화룡욕(和龍峪 : 大摺子) 광제욕(光霽峪 : 鍾城間島.下泉坪) 서보강(西步江 : 施培江 卽 頭道溝) 3개처를 상부지(商埠地)로 지정하고 양국은 경계(境界)를 허물고 개방(開放)하였다.[28)]

길림성(吉林省)이 지역별 개간사무(開墾事務)를 시작하면서 가간토지(可墾土地)를 조사(調査)케 한바 수많은 조선인이 2천여 향(二千餘晌)의 토지를 개간하고 함경도관찰사로부터 지권발급(地券發給)을 받고 지적(地籍)을 작성, 경작(耕作)에 종사하고 있음을 알게 되었다.

이에 관해 명안(銘安) 오대징(吳大澂)이 청나라 조정에 보고하여 처분을 청함으로써 이후 민족사적 일대사건인 간도귀속문제(間島歸屬問題)를 야기(惹起)케 하였다. 이즈음 한인(韓人)들의 호구(戶口)는 급증해 5만여 호에 30만의 인구로 불어났다. 그런가 하면 조선국(朝鮮國)의 간광지(間曠地)인 공한지대(空閑地帶)에 대해서도 청 측이 일방적으로 압록강(鴨綠江) 두만강(豆滿江)을 경계(境界)로 한 영토침탈(領土侵奪)을 감행(敢行)하면서 실효성 없는 동육변문(東六邊門)과 잡륜(卡倫)이라는 검문소(檢問所)를 설치하고 봉금지역(封禁境域)은 명분을 잃게 하였다. 동조변장(東條邊牆)을 보수해 요처(要處)마다 대보(台堡)를 두었는데 대(台)는 사방을 전망(展望)하게 하고 보(堡)는 행인을 취체(取締)하는 곳으로 주치(州治) 현치(縣治) 성하(城下) 20리에 시설물을 설치하여 20리대(里台)라 하고 30리보(里堡)라 하였다.[29)]

근세기까지 십리보(十里堡), 사십리대(四十里台)라는 지명이 남아 있었던 것은 이에 연유된 것이다. 대관(台官) 밑에는 몇 명의 도와(圖窪)를 배치해 감시해 왔는데, 이때의 도와(圖窪)들은 마상(馬上)에서 2~3리 밖을 관측(觀測)하였다. 예컨대 압록강(鴨綠江) 방면에는 잡륜(卡倫)이 신 · 구(新 · 舊)를 합쳐 24개소나 있었다.

통순(統巡)이라고 하는 관병(官兵)을 두 팀으로 나누어 6개월마다 교대, 파견하고 춘추 두 계절에 각지를 순시하였다. 범금사월자(犯禁私越者)를 적발할 시 범

28) 牛丸潤亮 · 村田懋麿 共編, 最近間嶋事情, 1927(昭和 2年), pp. 63, 67.

29) 吉林通志, 更番候望之所曰台 國語謂之喀倫 俗稱 卡路, 滿語圖窪哨望之謂 切讀成一字乃台.

인은 방축(放逐)하고 가옥(家屋)은 불태우고 전지(田地)는 몰수(沒收)하였다.

1848년(憲宗 14년 : 道光 28년)의 경우 각 성(城)의 성수위(城守衛) 협령(協領) 방수위(防守衛) 등을 파견해 가일층 엄하게 통순(統巡)하게 하였다. 압록강 연안(沿岸)에 백마랑초(白馬浪哨), 노호초(老虎哨), 임토초(林土哨), 태평초(太平哨), 소전초(蘇甸哨) 등등의 지명은 당시 이 같은 감시순찰초소(監視巡察哨所)에서 기인(起因)된 지명(地名)들로 잡륜(卡倫)의 자취를 간직한 곳이라 하겠다.

동육변문(東六邊門) 이외에 21개처의 잡륜(卡倫)을 설치하고 변내(邊內)에 3개처의 잡륜을 두고 해마다 4월 초하루에 관병을 보내 도처(到處)를 순찰(巡察)하고 교대하게 하였다. 잡륜(卡倫)은 일명 가륜이라 불렀는데 총 24개소의 잡륜처(卡倫處)와 배치된 관병 및 영최병(領催兵) 수(數)는 다음과 같다.

邊外總巡[30]

小黃溝卡倫	官兵 2인	領崔兵 25명	三道浪頭卡倫	官兵 2인	領崔兵 30명
中江卡倫	官兵 1인	領崔兵 20명	大江口卡倫	官兵 1인	領崔兵 20명
*古河口卡倫	官兵 1인	領崔兵 15명	大雅爾河卡倫	官兵 1인	領崔兵 10명
總巡頭道江卡倫	官兵 2인	領崔兵 35명	六道河卡倫	官兵 1인	領崔兵 20명
曠洞溝卡倫	官兵 1인	領崔兵 10명	紅石拉子卡倫	官兵 1인	領崔兵 15명
大羅圈溝卡倫	官兵 2인	領崔兵 12명	哈爾敏阿卡倫	官兵 2인	領崔兵 12명
碗口卡倫	官兵 2인	領崔兵 12명	輝發霍吞卡倫	官兵 2인	領崔兵 12명
總巡帽爾山卡倫	官兵 2인	領崔兵 20명	楊木林子卡倫	官兵 1인	領崔兵 20명
楡樹林子卡倫	官兵 1인	領崔兵 20명	古城卡倫	官兵 1인	領崔兵 20명
小三道溝卡倫	官兵 1인	領崔兵 20명	拉子溝卡倫	官兵 1인	金坑駐札 15명
頂山拐卡倫	官兵 1인	領崔兵 10명	邊內佛小島子卡倫	官兵 1인	領崔兵 10명
三道浪頭溝堵禦木排卡倫	—	—	—	官兵 1인	領崔兵 20명
那爾渾畢拉昂阿卡倫	—	—	—	官兵 2인	領崔兵 12명

* "古"는 原設 卡倫이었으나 光緖初年에 이르러 24개처의 卡倫은 帽爾山과 中江頭道溝 2곳만 남겨두고 나머지는 철폐하였다(盛京典制備考 參照).

30) 牛丸潤亮・村田懋麿 共編, 最近間嶋事情, 1927(昭和 2年), pp. 63~64.

第6章

一萬里 朝鮮
疆土의 侵縮史

청·러(清·露) 간에 체결된 북경조약(北京條約)의 여파(餘波)

1

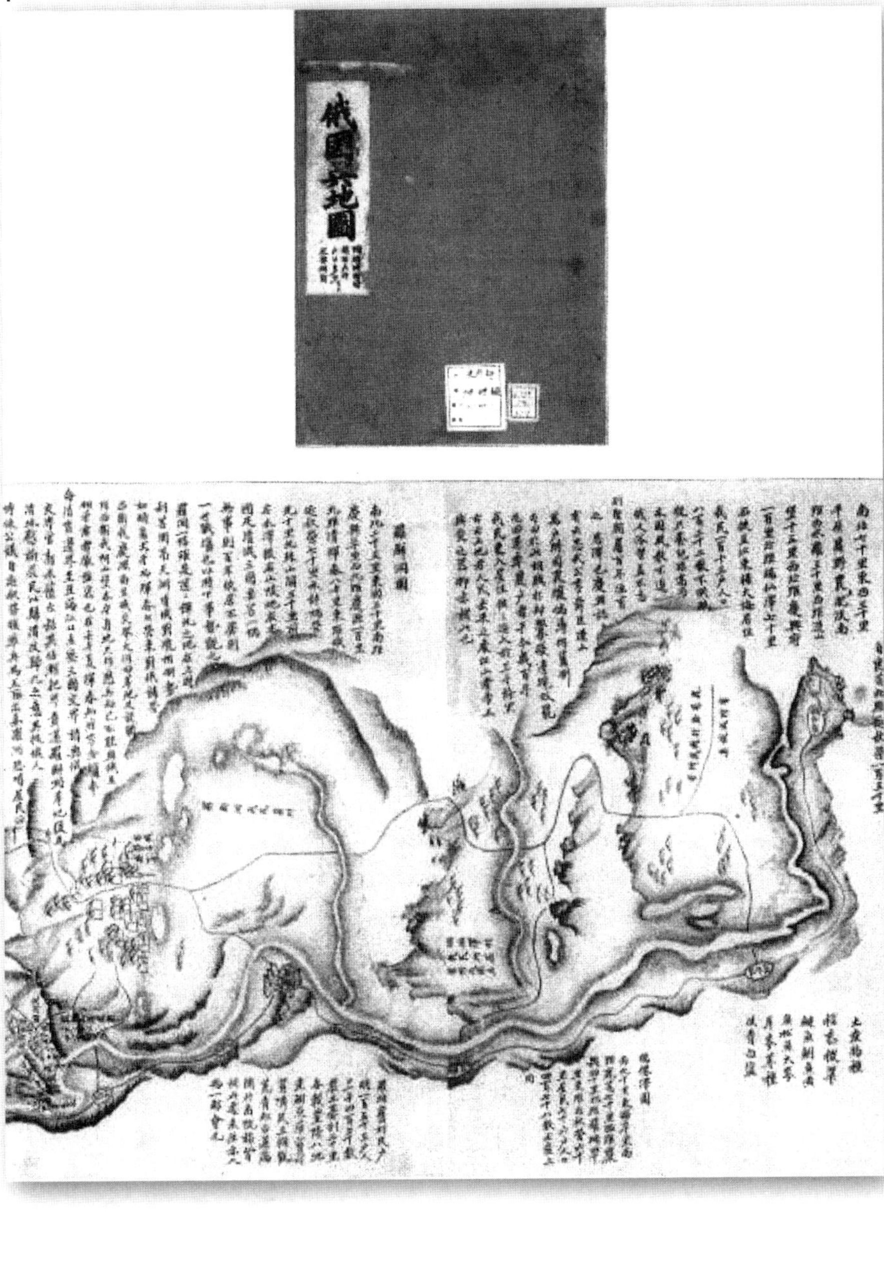

1_아국여지도 표지와 녹둔도 주변 약도

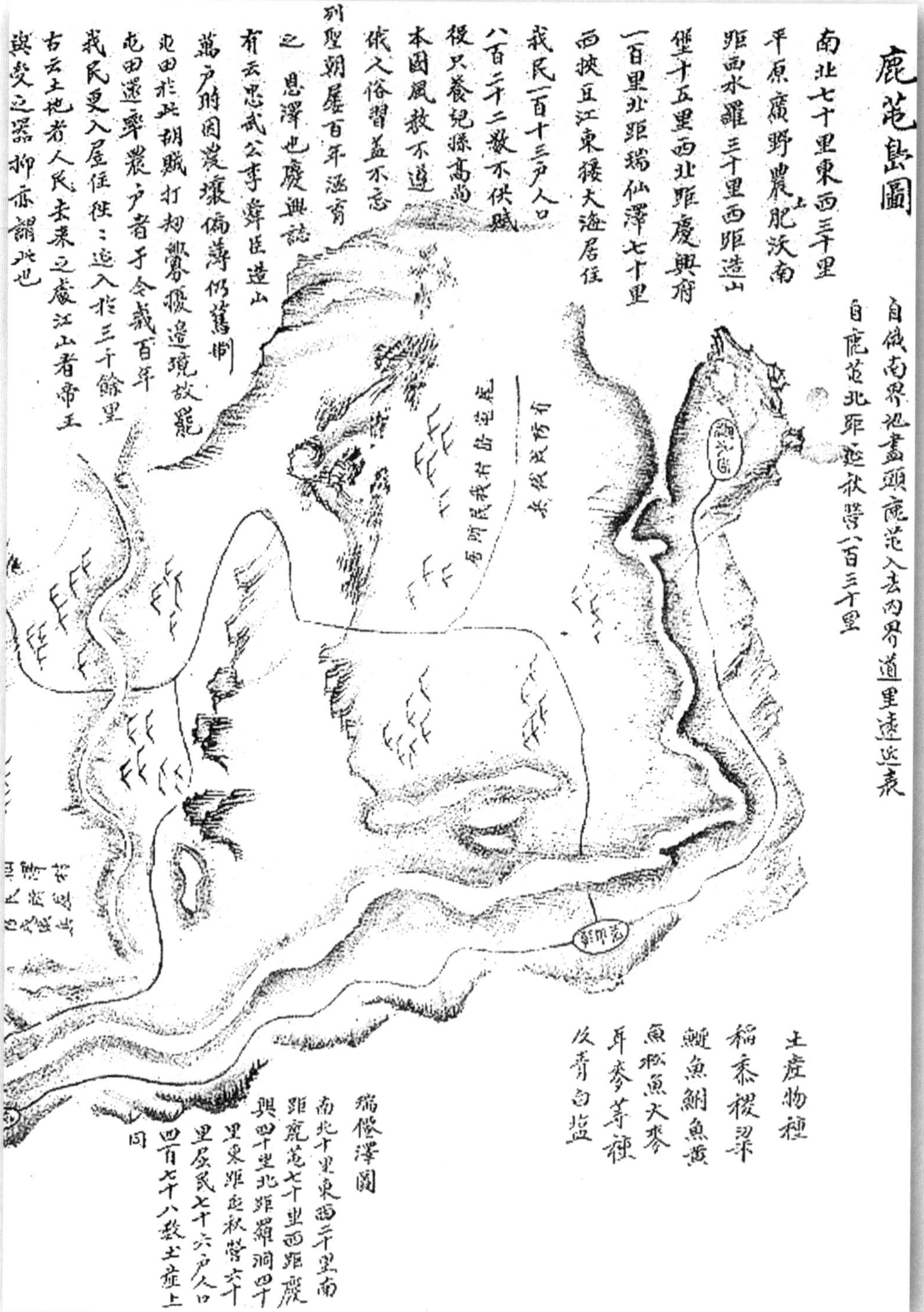
鹿芚島圖
南北七十里東西三十里
平原廣野農上肥沃南
距西水羅三十里西距造山
堡十五里西北距慶興府
一百里北距瑞仙澤七十里
西挾豆江東接大海居住
我民一百十三戶人口
八百二十二數不供賦
役只養兒孫高尚
本國風教不遵
依之俗習益不忘
列聖朝屢百年涵育
之 恩澤也慶興誌
有云忠武公李舜臣造山
萬戶時因農壞偏薄仍舊制
屯田於此胡賊打却擄掠邊境故罷
屯田還畢農戶者于今數百年
我民更入屋住住迄入於三千餘里
古云土地者人民去來之處江山者帝王
與受之器抑亦謂此也
自俄南界沿盡頭鹿芚入去內界道里遠近表
自鹿芚北距延秋營八百三十里
土産物種
稻黍稷粱
鰱魚鯽魚鯊
魚松魚大麥
耳麥蕎麥
反青白塩
瑞僊澤圖
南北十里東西二十里南
距鹿芚七十里西距慶
興四十里北距羅洞四十
里東距延秋營六十
里居民七十六戶人口
四百七十八數土産上
同

2_녹둔도 도(圖)

3

俄興地圖目錄

鹿苑島 戶一百十三 人口八百二十二

瑞憶澤 戶七十六 人口四百七十八

羅鮮洞 戶一百五十三 人口一千四百千

設加山 戶二十二 人口一百四十五

大河田 戶五十二 人口三百五十七

小河田 戶二十四 人口一百七十二

珠河 戶六十三 人口四百三十八

耶道前 戶九十七 人口六百三十九

蘆秋 戶二百三十七 人口一千六百二十三

蓮湖 戶七十八 人口四百九十三

老帝洞 戶四十三 人口二百六十三

芝塘 戶五十二 人口三百四十三

芝新壚 戶二百三十八 人口一千六百六十五

瑞桂洞 戶二十三 人口一百六十二

平山洞 戶二十三 人口一百一十八

渓天口 戶八十三 人口五百七十二

方實羅 戶十二 人口六十三

芽芝味 戶一百十三 人口七百六十二

棠芝味 戶二十三 人口二百十六

沈雨河 戶四十七 人口三百一十三

馬有河 戶五十七 人口三百六十二

伊府河 戶四十二 人口二百八十二

都稗河 戶七 人口五十二

秋豐三社

河口 戶二百二十九 人口一千五百六十九

大城 戶二百七十四 人口二千八百二十七

大堤岩廻 戶二百三十七 人口二千六百七十三

薇城 戶三十八 人口二百六十三

清界吹三 戶二十七 人口二百三十五 着胡服

沙木里 人口九百八十六 戶一百四十七 地在於黑龍江東北自許設

地方絕遠不能窮出 圖本身在手市織人 為究室地點入處從 於此

湖然至東北距一千三百里居民 着洋服不尚我國風教守道 俄人俗習

共通民村二十九所 二千六百四十戶

人總 二萬三百十三口

3_녹둔도 지도목록

4

5

4_중 · 러 간의 동부 국경선
5_오늘날의 국경표석

6

6_풀밭 속에 묻혔던 표석(위)과 초기에 세워졌던 토자패(아래)

7

7_중국과 러시아 간의 동북국경도

•第6章•

청 · 러(淸 · 露) 간에 체결된 북경조약(北京條約)의 여파(餘波)

1. 북방 3각 국경지대(國境地帶)를 형성케 한 베이징조약

동아시아 사상 최대의 사건이라 할 수 있는 '北京條約'이 체결되면서 그 충격의 여파(餘波)에 가장 민감(敏感)하여야 할 우리나라는 당시 국제정세에 어두워 이에 관한 정보원(情報源)을 적기(適期)에 접(接)할 수 없었다.

뿐만 아니라 중화사상(中華思想)에 맹몰(盲沒)되어 청(淸)의 위세(威勢)와 조공체제(朝貢體制)에 젖어서 그 밖의 대외관계(對外關係)에 대해서는 무지(無知)할 정도였다.

역사상 일대사건이라 할 수 있는 변화가 중원천지(中原天地)에서 일어나고 있었음에도 불구하고 이에 따른 대비(對備)나 대응책(對應策)을 전혀 강구(講究)하지 못하고 있었다. 무엇보다 우리나라 북방영역(北方領域)의 잠침(潛侵)과 아울러 동북지대(東北地帶)에 위치한 조상전래(祖上傳來)의 고유영토(固有領土)이며 국경방어상(國境防禦上)으로나 전략적(戰略的)으로 매우 중요시되던 녹둔도(鹿屯島) 땅이 러시아 영토로 둔갑(遁甲)되는 상황에 관해 전혀 알지 못하였다.

러시아에 관한 정보 역시 나선정벌(羅禪征伐)에 따른 출정자(出征者)의 귀국보고에 그쳤고 여타는 북경사행(北京使行)들을 통해서 전해지는 정보가 전부였다. 러시아 측이 우랄산맥을 넘어 동진해 온 세력들을 앞세워 시베리아 대륙을 횡단해 태평양연안으로 마수(魔手)의 손길을 뻗친 이후, 1858년 4월 16일 청나라 흑룡강 장군 역산(奕山)과 러시아의 동부시베리아 총독 므라비요흐 사이에 체결된 이른바 아이쿤조약(愛琿條約)에서 흑룡강 이북의 전토(全土)가 러시아령으로, 우수리강 이동(以東)의 연해주 땅이 양국의 공동관리지역이 되었었다.

그런데 불과 2년이 지난 시점에서 청 · 러 간에 맺은 북경조약(北京條約)[1]에서는 공동관리지역(共同管理地域)이 아니라 완전히 러시아영토(領土)로 귀속(歸屬)되고 만 것이다.

이러한 경계구획(境界區劃)은 우수리강(烏蘇里江) 하구(河口)에서 남쪽으로 흥개호(興凱湖)까지는 우수리강과 송아찰하(松阿察河)로 국경을 삼고, 송아찰하 수원(水源)에서 국경선은 흥개호를 곧바로 가로질러 백릉하(白棱河)에 이르렀다.

다음으로 백릉 하구로부터 산령(山嶺)을 따라 포이도 하구(布爾圖河口)에 이르며, 다시 포이도 하구에서 훈춘하(琿春河)와 바다 사이의 산령(山嶺)을 따라 두만강구(豆滿江口)에 이르는데 국경선과 두만강이 만나는 지점인 하구(河口)로부터 20里[2]로 하였다.

영국군 1만 8천여 명과 프랑스군 7천여 명이 연합하여 북경점령이라는 대승리를 거뒀지만 영토라고는 영국이 구룡(九龍)이라는 섬을 차지하는 데 그쳤으나 러시아는 단 한 명의 병사도 움직이지 않고 광활한 영토를 얻게 된 것이다.

그뿐만 아니다. 이 조약으로 인해 중국 측의 이 지역에 관한 지리적 무지(無知)로 인해 만주지역이 바다를 상실하게 됨으로써 지정학상(地政學上) 내륙으로 전락되었다.[3]

더욱 놀라운 일은 이제까지 조선과 청이라는 양국 간의 관계가 러시아와도 접속(接境)하게 되면서 우리나라는 본의 아니게 북방삼각국경지대(北方三角國境地帶)를 이루게 된 것이다.

---

1) 淸露間에 締結된 北京條約 第1條에 沿海州地域의 러시아 割讓에 따른 東部國境線 關聯內容은 다음과 같다.
自烏蘇里河口以南 上至興凱湖 兩國以烏蘇里及松阿察河二河 作爲交界 自松阿察河之源 兩國交界逾興凱湖 直至 白棱河 順山嶺至瑚布圖河口 再由瑚布圖河口 順琿春河及海中間之嶺 至圖們江口 兩國交界與圖們江之會處 及該 江口 相距不過二十里.

2) 20里는 淸里로 러시아어로 20Versta라 하는데 1Versta를 1.0668km로 볼 때 정확한 거리 측정은 못 된다.

3) W.A. Douglas Jackson, The Russo-Chinese Borderlands, D. Van Nostrand Company, 1968, p. 139.

즉 북경조약 제1조로 인해 한 · 러(韓 · 露) 국경이 형성되었기 때문이다. 이처럼 엄청난 변화를 우리나라 조정에서는 전혀 모르고 있었던 것이다. 이듬해 8월 1일 청 · 러(淸 · 露) 양국 관헌(兩國官憲)이 두만강 연안(沿岸)에 나타나 강하류 남단(南端) 끝자락의 국경표석작업에 대한 심각성을 절감하지 못한 채 간과(看過)되고 말았다.

이로써 북경조약에 의해 형성된 국경선은 우수리강에서 흥개호까지는 하천국경선인 까닭에 하천을 기준으로 해서 양국 간에 별다른 문제가 없으나 흥개호로부터 두만강구에 이르기까지는 육상(陸上)의 국경선이어서 현지답사를 통하지 않고는 쉽사리 타결을 볼 수가 없어 양국의 전권(全權)들이 이듬해인 1861년(咸豊 11년) 3월 안에 우수리강 하구에서 만나 실지답사로 국경선을 획정하기로 약정하였다.

이에 청나라 조정에서는 1880년 11월 19일자로 창양시랑(倉揚侍郞) 성기(成琦)를 전권(全權)으로 임명하고 길림장군 경순(景淳)과 협의해서 세부국경선을 획정하기로 하였다. 이에 창양시랑(倉揚侍郞) 성기(成琦)는 명에 따라 그해 4월 29일 회담장인 흥개호에 도착하고 러시아 측 전권인 카쟈브케비치는 5월 4일 현지에 도착하여 5월 11일부터 국경회담을 시작하여 10일 후인 5월 21일에 일명 흥개호계약(興凱湖界約)으로 알려진 중아감분동계약기(中俄勘分東界約記)를 체결, 조인(調印)하였다.

이렇게 하여 원조약(原條約)인 북경조약을 보충하는 조약으로 하고 부속문서인 오소리강지해교계기문(烏蘇里江至海交界記文)을 교환함으로써 동부국경선이 구체적으로 확정되었다. 구체적이라 하나 이는 어디까지나 문서상이고, 현장에서의 명확한 자연지형물에 의한 활용은 되지 못하고 애매모호한 산령(山嶺) 등을 중심으로 한 정계(定界)였다.

그 같은 연유는 수분하유역(綏芬河流域)이나 훈춘방면(琿春方面)의 교통로를 제외한다면 대부분의 지역이 양국인의 접촉이 거의 없다시피 한 산악지인 까닭에 양측은 별다른 이의 없이 합의를 보았기 때문이다. 따라서 조약에 의한 계표작업도 굳이 험준한 산악지대를 따라 오르내리며 작업을 하기가 어려워 국경선상의 요지라 할 수 있는 양국민들의 접촉지대 중심으로 계표를 세워 군관민들의 주의를 환기시키는 데 주안점을 두었다.

그리하여 교계상(交界上)에 명시한 표석은 우수리강의 합류점에서 두만강구에 이르는 쪽은 지명(地名) 대신 러시아어 자모인 E~У의 16자를 기입하기로 하였다. 5월 20일 흥개호 서북안(西北岸)에 위치한 포이도하구(布爾圖河口)에 청 측은 좌령(佐領) 왜화(倭和), 방어(防禦) 소충하(蘇沖阿), 러시아 측은 터빈 등이 K(喀)패(牌)를, 6월 12일에는 청 측 삼성부도통(三姓副都統) 부니양하(富尼揚阿)와 러시아 측 기첸크가 우수리강 하구에 야(耶 : И)자패(字牌)를 세웠고 나머지 여섯 개의 국경패(國境牌)는 러시아 측의 터빈 대위(大尉)가 전담하고 청 측은 좌령(佐領) 길륵도감(吉勒圖勘), 좌령(佐領) 서림(瑞林), 효기교(驍騎校) 영안(永安) 등이 참여하였으나 좌령(佐領) 길륵도감(吉勒圖勘)이 아편중독으로 7월 14일 낙오한 후로는 영안(永安)이 담당하였다.[4]

위에 관한 사항을 좀 더 구체적으로 언급한다면 아무르강과 우수리강의 합류점을 기선점(起線點)으로 한 곳에 E(耶)字를, 쑹가챠河 유출구(流出口)에 И(亦), 백릉 하구(白棱河口)에 K(喀), 백릉하원(白棱河源)은 П(拉), 횡산회처(橫山會處)는 H(那), 수분하호(綏芬河瑚)와 포이도하(布爾圖河) 회류점(回流點)에는 O(倭), 포이도하(布爾圖河)에는 П(帕)字를, 그리고 두만강 상류 20리 지점에는 T(土)字의 패(牌)를 세우기로 하였다.

처음에는 계패(界牌)를 목패(木牌)로 하고 청 측면 상단(上端)에 O자패(字牌)를 쓰고 하단(下段)에 계패설치(界牌設置)의 취지와 주거왕래(住居往來)에 관해 모두 28자의 한자(漢字)로 된 내용문을 지편(紙片)에 옮겨 유액(油液)을 발라 부패(腐敗)하지 않도록 붙여 놓았다.

러시아 측면 상부(上部)에는 쌍두(雙頭)인 독수리(鷲) 소인(燒印)을 찍은 다음 청 측 패문(牌文)과 같은 내용의 지편(紙片)을 첩부(貼付)하였다.

계패작업(界牌作業)은 양국위원회(兩國委員會)의 입회하(立會下)에 회의지(會議地)에서 가까운 순위(順位)에 따라 K(喀) П(拉) 패(牌)를 세우고 북쪽으로 E(耶) И(亦) 자패(字牌)를, 나머지는 양국위원(兩國委員)들의 위임(委任)을 받아 당해지

4) 增田忠雄, 滿洲國境問題, 日本 : 中央公論社, 1941년(昭和 16年), pp. 106~107.

역 지방관원(地方官員)들이 세워나갔다. 즉 남쪽으로는 H(那), O(倭), П(帕), T(土) 자패(字牌)를 청 측의 효기교(驍騎校) 영안(永安)과 러시아 측 돌핀이 주도하여 순차적으로 세워 나갔다. 이러한 계패작업(界牌作業)은 약 3개월간에 걸쳐 이루어졌다. 이로써 아이쿤조약(愛琿條約)에서 공동관리지역(共同管理地域)으로 되어있던 우수리강 이동(以東)의 연해주(沿海州) 땅은 공동관리(共同管理)가 아닌 러시아령(領)으로 귀속(歸屬)되고 말았다.[5] 보다 구체적인 계선(界線)은 1861년 흥개호계약에서 러시아 측의 강편한 주장에 밀려 백릉하(白棱河)를 포이도하(布爾圖河)로 인정, 흥개호 전체와 그 서남안의 중요지를 어이없게 상실(喪失)하고 만 것이다. 이러한 결과는 국경계패작업 중에서도 러시아 측 터빈 대위(大尉)에게 청 측이 주도권을 빼앗겨 러시아 측 자의대로 국경계패작업을 진행하였기 때문으로 보고 있다. 이에 대해 이후 중국 측 사료(史料)에는 토자비가 조약상에 규정된 두만강 하구에서 20리 지점보다 배나 올라온 46里(露里 22里)에 부당하게 세워진 것이라 비난하고 있다.[6]

2. 두만강 대안(對岸)에 세워진 '土字' 국경패(國境牌)와 경흥부사(慶興府使)의 첩정(牒呈)

우리나라 두만강 대안(對岸) 훈춘(琿春) 인접지점에 세워진 T(土)자패(字牌) 설립 당시 상황이 1861년 7월 30일 망덕봉(望德峰) 봉수대(烽燧臺)에서 봉수장(烽燧長)의 발견으로 경흥부사(慶興府使) 이석영(李錫永)에게 보고됨으로써 조정(朝廷)으로 전해지게 되었는데 원문(原文)을 여기에 옮겨보면 아래와 같다.

5) 拙稿, 韓露國境形成의 背景과 鹿屯島 喪失, 白山學報, 第26號(1981. 3), pp. 161~162.

6) 趙中孚, 清季中俄東三省界務交涉, 臺北 : 民國 59年 第三章 第二節 中央研究院 近代史研究所, 參照.

北兵 尹守鳳啓 七月三十日成貼 慶興府使 李錫永牒呈[7)]

望德烽燧長 金大興馳告 內江越邊草林之中 騎馬胡人來到 下馬設其依幕云 盖此望德烽燧 卽府衙之後峴 故率各班諸人 而登峰頭詳察 則柳林間沙邱之上 向我地設立白色依幕 出入者似不過十數人 而服色段 或白或黑或赤 其中一二人 出江邊 脫衣服入水沐浴後 還着服巾之際 府使與衆人 同時詳察 其人形服色 則非類於大國人 肖似於今年五月日造山鎭來泊 異樣小船所騎之人服色者 馬四段 或白或黑或黃者 出沒於深林之間 故未能詳細 似不過十餘匹 彼地彼人往來 容或無怪 事不當牒報 而衆目所覩 終日所覩 小無淸人之形 而似是異樣船人矣 異樣船之人 騎馬來到 不無疑

貳之理 辰時來到 終日逗遛仍爲止宿於此者 極涉訝惑 又況未知下陸於何處 而平蕪草沒 若是忽來者 尤極殊常 其在重邊固圉之道 不可尋常看過 故玆以摭實牒報 而當問情之不暇 而旣在彼地 且無舟楫 猝難探情 故別加嚴飭 瞭察看守 初二日成貼 同府使馳報 又率各班諸人等而登後峴望見彼地 則深草之中 騎馬之人 已到依幕處 解鞍放馬者人爲十五六名 馬爲二十餘匹 而新來者 與昨日留宿之人 互有拜揖之狀 有頃有五人出到江邊 高聲呼曰 通辭有乎 今此江水 自我邊至彼邊 不過一鏃之間 而可辨人形人語 故聽其言觀其象 則非若昨日所覩之人也

而上懸玉鷺及貂尾 上着黑三升揮里亇 下着黑三升拔長股 足着牛皮月玉 腰帶粧刀一箇 烟竹一箇 火金等屬 果爲大國人 我人輩互相喧傳 故裯人中抄問 開市年年往來之人 則答以爲此人 卽琿

春副通官也 己未庚申兩年 會源市邑來到者分明云云 故其中以略知胡語者 使之委問

---

7) 撰者未詳의 編年體史錄인 哲宗記事, 9, 8月條이다. 總十一卷에 附錄을 합해 十二册이다. 哲宗元年인 己酉(1849년) 七月부터 癸亥(1863년) 十二月까지로 稗林 己百卷之 五十三에서 六十四에도 수록되어 있다. 本記事의 訛傳變形된 咸鏡監司 趙得林의 1861년 9月의 狀啓라 하여 龍湖閑錄에는 辛酉九月 北伯狀啓 而以大斯羅國〈如眞種類〉在於六鎭界 地形如布匹樣 直抵瀋陽界三十里 自古强盛而至汗時微衰 其地盡 爲淸有 至道光時 始得强盛 盡復舊地 而莫可禁矣 忽於去月初 四五十名 各騎駿馬 越江到六鎭 謂以此是渠國舊地 則今可還推云云 而堅立標石而歸 其後更來 又深入而立標 其志必取六鎭乃已 而又未知奏求無已 方此係慮云耳.
풀이하면 '신유년 9월 북백(함경감사를 지칭)이 장계를 올리기를 대아라사라국이 6진 경계에 있는데 지형은 피륙처럼 되어 심양경계까지는 직선으로 30리가 됩니다. 옛날에는 강성했으나 汗 이후 쇠미해져 청국 땅이 되었습니다. 道光年間(1820~1850년)에 再起하여 옛 땅을 찾고자 하는데 막아내기가 어렵습니다. 지난달 초에 돌연 4,50명이 말을 타고 강을 건너 육진 땅에 와서 이곳이 자기들의 옛 땅이니 이제 되찾겠다고 하면서 표석을 세우고 돌아갔습니다. 이후 또다시 깊숙이 들어와서 입표를 하였고 그 뜻이 육진의 땅을 반드시 되찾겠다는 생각인데 마치 秦나라처럼 욕심이 많은 것 같아 우려됩니다.'이다.

異國船之泊於何處 則彼人答云 泊於東海邊 又使委問 異國船中 安有馬匹之理 則彼人答云 異國船中 果在馬匹 而下陸乘來云云 於斯之間 因其江越邊渠類之所 招還收來書 欲爲越去 故懇請暫留 謄出厥書 而詳察其紙 則此果唐草紙 紙之廣長及字樣大小 模依移本上送.

應是彼地大國之人 以此處初無通辭答之 則其中一人 持白紙出現曰 我是琿春之人 勿慮也 欲渡 旣無舟楫之通 且無越境之法意 則不可招來 故不爲應答者 治爲數三之時 則渠輩聚柴作槎 而一人乘槎 來泊我邊 故府使下往江邊 飭其將卒等 使不得登岸 出給一張白紙 故不得已披見 則其爲書意 與俄羅斯國分界之書也 本府旣無通辭 故以書問曰 此書見我國之人 有何意也 彼人答書曰 與你國無事 且曰 日後他國人順江上行不許行 此書見地方官 次書問 設幕在人 果何國人也 彼人答書曰 俄羅斯國人 此書問觀其此書 今番之行 以定界而來耶 彼人答書曰 不許他人行走 不許他國人近界 書問汝是汝國何官耶 彼人答書曰 我是琿春驍騎校伯 寧古塔驍騎校永 此書問 界牌則欲立於何邊也 彼答書曰 立海邊 次書問 然則來此何意耶 彼人答書曰 他國人不知路來此 次書問 然則他國人昨日來此 而今日不去 何也 彼人答書曰 今日回去 次書問 汝去夜宿於何處 而今纔追後來耶 彼人答書曰 我們從後遷來 次書問 今日與他國人同去 而向何處耶 彼人答書曰 上往海島 次書問 今來琿春人馬幾許 俄羅斯國人馬幾許 彼人答書曰 琿春人十六名 馬二十一匹 外國人十三名 馬十四匹 次書問 汝姓名雖耶 彼人答書曰 而卽伯興 是如歷歷書之 詳察來人之服色 則頭着亇兀羅

위의 글을 알기 쉽게 풀이하면 북병사 윤수봉이 장계를 올리기를 칠월 삼십일자 경흥부사 이석영의 보고에 “망덕봉 봉화대의 봉수장 김대흥이 달려와서 강 건너 우거진 수풀 속에 말을 타고 온 오랑캐들이 말에서 내려 천막을 친다고 합니다. 망덕봉화는 경흥부 관아 바로 뒷산이라 부사가 관속들과 같이 산봉우리로 올라가 자세히 살펴본즉 버드나무숲 사이의 모래 언덕 위로부터 우리 쪽을 향해서 하얀 천막이 쳐져 있고 드나드는 사람은 십여 명이 못 되는 듯하였습니다. 옷 색깔은 희거나 까맣고 간혹 붉은 빛깔도 눈에 띄었습니다. 그 가운데 한두 명이 강변으로 나와 옷을 벗고 목욕을 한 다음 다시 옷을 입고 있을 즈음 부사는 동반한 무리들과 함께 자세히 살펴본즉 그 모습이 청국인과는 달랐습니다. 의복

색깔로 보아 지난 5월에 조산진에 배를 타고 온 이양선원들과 흡사하였습니다. 이들이 타고 온 말들은 흰말, 검정말, 누런 말 등 10마리인 듯합니다. 저들 땅에 저들이 오고 가는 것은 이상할 것이 없어 아뢰올 필요가 없으나 여러 사람들이 온종일 살펴보았으나 전혀 청인들 모습과는 같지 않고 전에 이양선을 타고 왔던 자들의 모습과 흡사했습니다. 이양선인이 말을 타고 왔으니 어찌 의심치 않을 수 있겠습니까? 아침 7~9시 사이인 진시에 나타나서 하루 종일 머물다가 숙식을 하고 있으니 어찌 의심하지 않을 수 있겠습니까. 저들이 어느 곳에서 와서 배를 내려 이곳에 왔는지 그리고 허허 벌판을 드나드는지 수상하기 이를 데 없습니다. 나라의 변방을 지키는 막중한 소임을 맡은 소관(小官)으로서 그냥 지나칠 수 없어 보고드립니다. 이들을 문정(問情)할 수도 없을 뿐만 아니라 더욱이 강 건너 저쪽 땅에 있는데다 배도 없어 어쩔 수 없이 관속들로 하여금 계속해서 동정을 살피게 하고 있습니다.

초이튿날 보고에 의하면 부사는 예하 관속들을 대동하고 뒷산에 올라가 강 건너 저편 풀숲 속을 바라보고 있노라니 말을 탄 자들이 천막이 있는 곳으로 와서 안장을 내리고 말을 놓아주고 있는데 사람 수는 열대여섯 명에, 말은 스무 마리나 되어 보였습니다. 새로 온 자들은 먼저 와서 머물고 있던 자들과 수인사를 한 다음 이들 가운데 다섯명이 강가로 와서 '통사가 있는가'라고 외쳤습니다. 여기 두만강물은 너비가 화살이 날아가 닿을 정도로 가까워 말소리를 구분할 수 있습니다. 강가로 온 이들의 생김새나 말소리는 어제 보던 자들이 아니고 청인들이 분명하였습니다. '이곳에는 통사가 없다'고 하니 그중 한 명이 백지를 들고 내보이면서 '나는 훈춘(琿春)사람이니 걱정마시오'라고 하면서 배가 없어 강을 건널 수 없고 법상 국경을 넘나들 수 없는즉 불러들일 수도 없어 대답을 못 하고 있은즉 몇 시간이 지난 후 뗏목을 만들어 타고 한 사람이 우리 쪽으로 왔습니다. 부사인 내가 곧 강가로 가서 장졸(將卒)로 하여금 상륙을 못 하게 하자 백지 한 장을 내보였습니다. 할 수 없이 펼쳐본즉 아라사와 정계하는 글이었습니다. 본부에 원래 통사가 없으므로 필담으로 묻기를 '이 글을 우리에게 보이는 까닭이 뭐요' 한즉 그가 역시 필담으로 '당신 나라와는 아무 상관없소'라고 말하고 다시 말하기를 '이후에 다른 나라 사람들이 두만강을 거슬러 올라오면 못 오게 하시오. 그래서 이 글을 지방관에게 보이는 것이오.' 하였습니다. 이에 묻기를 '천막을 치고 있는 자들은 어느 나라 사람들이오?' 물은즉 답하기를 '아라사 사람들이오.' 하였습니다. 또 묻기를 '내가 이 글을 읽어보니 이번 행차는 정계 때문에 온 것 같은데'라고 한즉 그가 또 답하기를 '타국 사람들은 강으로 올라오지 못하게 하시오. 그들을 조선 땅에 근접 못 하도록 하시오'라고 하였습니다. 이에 또 묻기를 '당신은, 벼슬지위는?' 한즉 '나는 훈춘의 효기교(驍騎校)인 백(伯)이오. 영고탑(寧古塔) 효기교 영(永)이오'라고 함에 '정계비는 어디에 세우시오?' 물은즉 '바닷가에 세운다'고 하였습니다. '그렇다면 어째서 이곳까지 왔소?' 한즉 '저사람들이 길을 잘 몰라서 이곳까지 오게 되었소.' '그렇다면 어제 와서 오늘도 안 돌아가니 무슨 까닭이오?' 대답이 '오늘 돌아간다'고 하였습니다. '당신은 어젯밤에 어디에 머물렀기에 이제야 뒤늦게 왔소' 한즉 '우리들은 저들의 뒤를 따라왔소. 오늘은 저사람들과 함께 가오.' '어디로 가오?' '해도(海島)로 가오.' '지금 온 훈춘 인마는 얼마나 되오. 아라사인들의 인마는 얼마나 되오.' 한즉 그가 답하기를 '훈춘에서 온 사람은 열여섯 명이고 말은 스물한 필 타국인은 열세 명 말 열 마리오'라고 하였습니다. 다시 또 묻기를 '그대 성함은 무엇이오' 또렷하게 '백흥(伯興)'이라고 썼습니다. 다시 한번 이 사람의 복색을 살펴본즉 머리에 마올라(亇兀羅)를 썼는데 위에 해오라기 털인 옥로(玉鷺)와 초피(貂皮)를 달았고 윗옷은 감정 휘리마(揮里亇)를 입었고 아래는 검은 발장고(拔長股)를, 발에는 우피(牛皮)로 된 월옥(月玉)을 신었습니다. 허리에는 장도 한 자루와 담뱃대 하나에 부싯돌 등을 차고 있었는데 청인이 틀림없었습니다. 우리 측 사람들이 떠들썩하기에 물었더니 해마다 개시(開市)에 다니는 자로 이자가 바로 훈춘의 부통관이라는 것입니다. 기미, 경신 두 해에 회령과 경원 두 개시에 다녀간 적이 있다는 것입니다. 이에 호어(胡語)를 약간 아는 자에게 이국선(異國船)이 어디에 정박하고 있는가를 물은즉 그가 답하기를 '동해변에 정박하고 있다'고 하였습니다. 또 묻기를 '배 안에 어떻게 마필을 실을 수 있겠소' 한즉 그가 답하기를 '그 배 안에는 마필을 실을 수 있소. 배에서 내려 말을 타고 온 것'이라고 하였습니다. 그러는 동안 강 저편의 패거리들이 부르므로 보여주었던 문서를 도로 집어넣고 강을 건너가려고 하므로 조금만 더 지체해 달라고 간청하고 그 서류를 등사하였습니다. 그 종

이를 자세히 본즉 당초지이며 종이의 너비 길이와 글자의 크고 작기를 그대로 본떠서 위에 올리는 바입니다.”

3. 경흥부사(慶興府使)의 첩정(牒呈)과 철종기사(哲宗記事)에 관하여

철종기사(哲宗記事)라는 제명(題名)의 찬자미상(撰者未詳)의 편년체사록(編年體史錄)은 총 11권(總十一卷)에 부록을 합해 12책(十二册)이다. 철종원년(哲宗元年)인 기유(己酉 : 1849年) 7월에서부터 계해(癸亥 : 1863년) 12월까지로 패림(稗林) 기(己) 백권지(百卷之) 五十三에서 六十四에도 수록되어 있다.

기술내용을 간추려 중요사항을 요약해 보면 1861년 7월 30일이라는 시점을 명기하고 있으며 이틀 동안의 기사로 합철(合綴)로 되어 있는데 이방인에 대한 첫 목격인상(目擊印象)에 이전에 조산진(造山鎭)에 내박하였던 이양선(異樣船) 승선자(乘船者)와 같다고 하여 당시 이전에도 두만강 하류변에 이양선의 출입이 있었음을 전해주고 있다.

강을 경계로 국법(國法)에 월강금지(越江禁止)를 하고 있는 실정과 강을 경계로 한 당시의 거리가 화살이 가 닿을 정도로 가까워 상대편 말소리를 구분할 수 있었음을 알 수 있다. 관아(官衙)에 통항선(通航船)이나 통관(通官)이 없는 상황에서 필담(筆談)을 주고받는 가운데 이들의 목적이 아라사와의 정계사(定界事)임을 알게 되었는데 강 건너 가까운 거리에서 일어나고 있는 정황에 대해 청인(淸人)의 말이 “당신네 나라와는 아무 상관이 없소(與你國事無)”라 하였는데 이는 청측이 토문강(土門江) 국경설(國境說)을 전적(全的)으로 도외시(度外視)하고 있었음을 알 수 있다. 무엇보다 ‘정계표시(定界標示)를 어디에다 하는가’라고 물으니 ‘바닷가에 세운다’고 하는가 하면, 이곳까지 저들이 오게 된 이유를 ‘길을 잘 몰라서’라고 함으로써 이 지역의 지리적 지식이 부족했음을 드러내고 있다.

그런가 하면 자못 와전(訛傳) 변용(變容)되고 있기는 하나 철종기사(哲宗記事)를 저본(底本)으로 한 듯한 함경감사(咸鏡監司)의 장계(狀啓)라 하여 용호간록(龍湖間錄)에도 수록되어 있어 관련사료의 영성성(靈星性)을 메워주고 있다. 기사는 한로국경형성의 배경을 살피는 데 있어 중요한 내용일 뿐만 아니라 당시 계패(界牌) 건립에 따른 디테일한 면을 전해주고 있어 그 의의를 높여주고 있다.

왜냐하면 1861년 양력(陽曆) 6월 16일(露曆 28일)字로 된 러시아 외교문서(外交文書) 가운데 우수리 국경위원회(國境委員會)의 문서와 일치하고 있기 때문이다. 당시 청 측 백흥(伯興)이 이석영(李錫永)에게 보여준 여아라사국분계지서(與俄羅斯國分界之書)는 흥개호계약문서(興凱湖契約文書)인 중아감분동계기(中俄勘分東界記)와 그 부속문건(附屬文件)인 오소리강지해교계기문(烏蘇里江之海交界記文)으로 보이는데 이것은 현지관헌(現地官憲)들이 집무상(執務上) 휴대(携帶)하고 있던 문건(文件)으로 보인다.

이렇듯 중요한 내용을 얼마나 짧은 시간 내에 전부 베꼈는지 또는 그 일부만 필사(筆寫)했는지는 알 수 없으나 분명히 필사된 부분은 첩정(牒呈)한 내용상 동봉(同封)되었을 것으로 보이는데 그 소재는 밝혀지지 않아 의문점을 던져주고 있다. 청 측의 토자패설립상황(土字碑設立狀況)을 개략적이나마 알려주고 있는 길림장군 경순(景淳)의 상주보고서(上奏報告書)가 있는데 여기에 효기교(驍騎校) 영안(永安) 운기위정주련함품보(雲騎尉丁柱聯銜稟報)라 하여 "도문강구응설계패(圖們江口應設界牌) 기우팔월초일일(己于八月初一日) 회동아추도륵빈(會同俄酋圖勒濱) 재해강구이십리허(在該江口二十里許) 준조정식건립(遵照定式建立)" 하였음을 밝히고 있다.

그런데 여기에 재론되고 있는 부분으로 1861년 국경획정 시에 청 측 위원들은 북경조약에 의거하여 국경은 두만강 하구에서 20리 올라온 곳이어야 한다고 주장하였으나 러시아 측 대표인 전기 늑빈(勒濱 : Turbin)은 청 측 위원들의 요구를 무시하고 최하단(最下端) 국경패(國境碑)를 두만강 하구에서 22리(露里임) 떨어진 조선성진(朝鮮城鎭) 변량촌(邊梁村) 건너편에 세웠다고 하였다. 그렇다면 여기서 말하는 변량촌(邊梁村)이 어디를 두고 말하는 것인가를 살펴보지 않을 수 없다.

변량촌(邊梁村)은 경흥부(慶興府)를 지칭하는 것으로 이곳을 중국 측 자료에는 왕왕이 편험성(偏臉城)으로 표기, 와전(訛傳)된 지명(地名)인 것이다. 토자패(土字碑)가 세워진 위치에 대해 경흥부지(慶興府誌)에 "경흥 건너편 무인지경(無人地境)에 조그마한 둔덕이 있는데 이름을 사초봉(莎草峯)이라 한다. 경흥부 동편으로부터 강 건너 5리 지점이다. 부관아(府官衙) 뒤의 망덕봉에 오르면 확연하게 보인다. 사초봉(莎草峯)과 훈춘(琿春) 간 거리는 100리쯤 되리라.(慶興越便 無人之境 有小阜 名莎草峯者 在府東隔五里之地 登府後望德峯 可以瞭望 莎草峯之距琿春 似當爲百里許)"하고 있다.

위 기사 가운데 몇 가지 아쉬운 점 및 의문점을 나름대로 간추려보면 다음과 같다.

① 계패측욕입어하변야(界牌則欲立於何邊也) 피답서왈(彼答書曰) 입해변(立海邊)이라든가 이향하처야(而向何處耶) 피인답서왈(彼人答書曰) 상왕해도(上往海島)라 하여 해도(海島)가 문자 그대로 해도(海島)라는 섬 이름이 있었는지 막연히 러시아인들이 동해변으로 배를 타고 와서 내린 위치를 말한것인지 아니면 사초봉(莎草峯)이 자리하고 있던 곳이 섬이었는지 의문시된다.

② 출급일장백지(出給一張白紙) 고부득기피견(故不得已披見) 칙기위서의(則其爲書意) 여아라사국분계지서야(與俄羅斯國分界之書也)라 백지 1장을 들어 보이는데 살펴보니 아라사와의 정계(定界)에 관한 글이라 하였고 인기강월변거류지소(因其江越邊渠類之所) 초환수래서(招還收來書) 욕위월거(欲爲越去) 고간청잠류(故懇請暫留) 등출궐서(謄出厥書) 이상찰기지(而詳察其紙) 칙차과당초지(則此果唐草紙) 지지광장급자양대소(紙之廣長及字樣大小) 모의이본상송(模依移本上送)으로 끝을 맺고 있다.
강 건너편 무리들이 돌아올 것을 재촉함에, 잠시 좀 더 머물러주기를 간청하고 문서 내용을 베끼며 지형(紙型)과 자양(字樣)을 살핀즉 지질(紙質)은 당초지(唐草紙)였고 문서의 넓이나 길이 및 글자 모양의 크고 작음을 그대로 본떴고 상대편의 복색(服色)과 지니고 있는 물품에 대해서는 비교적 상세히 언급을 하고 있으나 정작 등서문(謄書文) 내용에 대해서는 언급이 없어 아쉬움을 떨쳐버릴 수 없다.

③ 초사어금년오월일조산진래박(肖似於今年五月日造山鎭來泊)이라 하여 당시 이양선(異樣船)의 우리나라 해안접근상황(海岸接近狀況)은 조정(朝廷)의 중대관심사였는데 당시의 관련기록에서 이 같은 사실을 발견할 수 없음은

치보자(馳報者)의 착오(錯誤)일 가능성을 배제할 수 없다. 겸해서 바닷가에 이양선(異樣船)이 정박(碇泊)해 있다고 하였는데 정박지(碇泊地)를 구체적으로 언급하지 않아, 이 배의 기착지(寄着地)에 대해 의문점을 남겨주고 있다.

④ 접촉한 인물인 백흥(伯興)이 훈춘(琿春)의 부통관(副通官)이라 하면서도 끝끝내 필담(筆談)을 통해 문답(問答)을 한 것으로 보아 등장한 인물들의 직위(職位) 내지 신분(身分)이 불분명하지 않았나 생각된다.

⑤ 우수리 국경문서(國境文書)에는 정계지점(定界地點)이 두만강 하구(河口) 20리라고 되어 있으나 실제는 배 이상의 거리에 세워졌고, 여니국무사(與你國無事) 차왈(且曰) 일후타국인순강상행불허행(日後他國人順江上行不許行) 불허타인행주(不許他人行走) 불허타국인근계(不許他國人近界)라는 글귀는 국제법상으로 보아 이해가 되지 않는 언급이다.

이상과 같은 의문이나 미심쩍은 내용이 제기되고 있기는 하나 본 첩정(牒呈)을 통해 비로소 전통적으로 조청(朝淸) 양국 간의 국경이 3국 간의 국경선 설정 변화에 따른 역사적 사건의 단초를 역사적 기록으로 남기고 있다는 점에서 결코 도외시할 수 없는 귀중한 사료임은 명백하다.

4. 훈춘계약(琿春界約)과 동부국경선상(東部國境線上)의 계표(界標)

1876년(光緖 2년) 9월 청국과 러시아 두 나라 지방관의 공동조사가 흥개호계약에 따라 국경을 획정한 이후 15년 만에 다시 이루어졌다. 조사결과는 처음 세웠던 계패(界牌) 가운데 온전한 것은 하나도 없었다.

두 나라 계패(界牌)건립위원들의 조사보고에 따라 부패해 썩은 목패(木牌)를 교체하기 위한 작업을 광서(光緖) 3년(1877년) 6월에서 8월 말까지 청 측은 영고탑(寧古塔), 삼성(三姓), 훈춘(琿春) 등 세 지방관(地方官)과 러시아 측 대표인 마취닌과 회합(會合)한 후 삼성(三姓)의 부도통(副都統) 장린(長麟)은 야자패(耶字牌)를 영고탑(寧古塔) 부도통(副都統) 쌍수(雙壽)는 역자패(亦字牌)를 비롯하여 객(喀),

납(拉), 나(那), 왜(倭), 파패(帕牌)를, 훈춘협령(琿春協領) 눌목금(訥穆錦)은 토자패(土字牌)를 훼손된 원위치(原位置)에 이전 것과 같은 양식(樣式)에 따라 세웠다.

다시 세운 여덟 개의 목패(木牌)들은 우수리 강안(江岸)과 동부육지국경(東部陸地國境)의 북단(北端)인 백릉하(白稜河) 부근에, 청국과 러시아 간의 교통요지(交通要地)인 수분하 연안(綏芬河沿岸)에 두 개씩 세우고 동부국경(東部國境)의 종단(終端)인 두만강 하류 연안(沿岸)에는 한 개의 패(牌)를 세웠는데 이후 양국 간의 접촉이 확대됨에 따라 적지 않은 문제점이 발생하였다. 동부국경(東部國境) 가운데서도 남쪽방면의 국경(國境)을 획정(劃定)하는 데 어려움이 많았다.[8)]

이 같은 사실을 입증이나 하듯 이 방면에서의 러시아 측에 의한 불법행위가 광서(光緖) 5~6년간에 잇달아 일어났고 연이어 동부국경 각처에서 월경침입사건(越境侵入事件)이 잦아지면서 청국거류민(淸國居留民)의 학대(虐待)사건이 빈발(頻發)하여졌다. 이에 청나라 측에서는 오대징(吳大澂)[9)]을 길림독변(吉林督辨)으로 임명하고 국경문제에 대처(對處)하도록 하였다. 1880년(光緖 6년) 오대징(吳大懲)은 관할(管轄) 변경지대(邊境地帶)를 순찰(巡察)하고 나서 동부국경지대(東部國境地帶) 전반에 걸쳐 국경정비책(國境整備策)을 강구(講究)하게 되었다. 남쪽의 훈춘(琿春)[10)]에서 북방의 밀산(密山)에 이르기까지 역도(驛道)를 정비개설(整備開設)하고 정변군(靖邊軍)을 주둔(駐屯)시키는가 하면 국경지대 연변(沿邊)으로 이주민(移住民)들을 초치(招致)하여 개간(開墾)하도록 하였다. 이로써 청나라의

---

8) 平竹傳三, 蘇聯極東國境線, 櫻木書房, 1941, pp. 51~52.

9) 吳大澂(1835(道光 15)~1902(光緖 28)은 淸末期 政治家謙學者 蘇州出身 字 止敬 또는 淸卿 號 恒軒 1868年(同治 7年) 進士로 官界에 나아가 國境問題로 청 측 대표가 되어 러시아와 회담하였는가 하면 湖南巡撫로 활약하였다. 1884년(光緖 10年) 11月 李鴻章 휘하의 회판북양사의(會辨北洋事宜)로 갑신정변에 따른 수습을 위해 淸兵 500명을 이끌고 馬山浦에 上陸, 上京해 漢城條約 체결 회담장에 난입해 말썽을 일으켰다. 당시 淸廷의 實勢였던 이홍장에게 韓淸間의 電線架設을 건의하여 1885년 6월 인천·의주 간의 전선가설을 위한 한청전선조약을 맺도록 하였다. 金石學者, 蒐集家로도 이름을 남겼으며 저서로 恒軒所見所藏吉金錄, 說文古籒補, 十五卷, 古玉圖攷 等이 있다. 篆書에도 造詣가 있었다.

10) 琿春은 오늘날 길림성 연변조선족자치주에 속한 현으로 옛 지명을 大八屯이라 하였다. 두만강 지류인 紅旗河 또는 琿春河라 하는 西岸에 위치해 있다. 金代에 오고리부, 명대에 琿春衛 密札衛를 두었다. 淸初에 일반인의 이주를 금지하였다. 우리나라·청국·러시아와의 국경이 가까워 물자교류가 많았다. 1881년(光緖 7년) 琿春副都統을 두었으며 이듬해 琿春府로 개칭하였다.

실질적인 지배권(支配權)을 국경마찰지대(國境摩擦地帶)에까지 확대해 나갔다.

이러한 조처는 러시아인의 월경(越境)을 방어(防禦)하는 동시에 이들의 침입(侵入)을 적극적으로 억제(抑制)하는 성과를 기대할 수 있었다. 이 같은 조처 후 자연히 양국 간에 미묘한 대립(對立), 갈등(葛藤)관계를 유발(誘發)하게 하였다.

1882년(光緒 8년) 말에는 그 여파가 흑정자(黑頂子)[11] 지방에서 두만강 연안(沿岸)으로까지 파생(派生)되었다. 러시군은 국경지대의 군사요충지(軍事要衝地)에 군주둔시설(軍駐屯施設)을 갖추고 국경선상(國境線上)에서의 위법성(違法性)에 개의(介意)치 않았다.

이러한 러시아 측의 자세(姿勢)에 대해 훈춘부도통(琿春副都統) 의극당아(依克唐阿)는 엄중항의를 하였으나 아무런 반응조차 보이지 않고 있다가 광서(光緒) 9년 봄 훈춘(琿春)에서 흑정자(黑頂子) 불법점령(不法占領)에 관한 회의를 개최키로 하였는데 마지못해 러시아 측은 일단 동의를 해왔다. 그러나 회의 당일 러시아 대표는 나타나지도 않는 등 오만방자(傲慢放恣)한 태도로 인해 영고탑(寧古塔) 부도통(副都統) 쌍수(雙壽)의 입장을 난처하게 하였다.

그렇지만 쌍수(雙壽)는 굴욕을 참고 이듬해인 1885年(光緒 11년) 봄 국경획정준비회의(國境劃定準備會議) 개최지를 러시아 측에 제의하고 지난해의 수모를 두 번 다시 당하지 않기 위하여 이번에는 러시아 땅인 횡도하(橫道河) 감시소 근처로 들어가 세 차례에 걸친 회의와 현지공동조사(現地共同調査)를 하였다.

이 조사를 통해 러시아측은 장령자(長嶺子)에서 토자목패(土字木牌) 건립지인 사초봉(沙草峯)까지의 조사는 응했으나 그 이남지역인 두만강 대안(對岸)의 조사는 거절함으로써 조약상 토자패(土字牌) 설립 위치에 따른 차이나 오자패(烏字牌) 설립지 문제에 대해서는 논의조차 못하고 양측 간의 견해차이만을 확인하였을 뿐 여타의 분규(紛糾)에 대해서는 타협의 실마리를 찾지 못하였다.

이러한 양국 간의 갈등을 해소하기 위하여 1885년(光緒 11년) 말 러시아 측은 이

---

11) 분쟁지역인 헤이샤쯔다오(黑瞎子島)는 과거 흑정자(黑頂子)라고도 불렀던 섬이다. 이러한 섬 절반에 해당하는 174km²를 중국에 반환키로 약속한 이곳은 푸위안縣(撫遠縣) 관하로 면적은 홍콩의 약 3분의 1인 327km²로 북위 48도 17분 동경 134도 24분에 자리하고 있다. 우수리강과 헤이룽장(黑龍江)성과 만나는 지점과 가까워 양국 주민 간 오랜 기간에 걸친 접촉으로 분쟁이 끊이지 않았던 곳이며 이른바 중국에서 가장 먼저 해가 뜨는 곳이다.

전의 마취니 대신에 파라노흐를 대표로 하여 청 측과의 국경획정회의를 열기로 통고해 옴에 청 측도 오대징(吳大澂)을 대표로, 부대표(副代表)로 현지 사정에 정통한 훈춘부도통(琿春副都統) 의극당아(依克唐阿)로 하여금 회의를 열기로 동의하였다.

회의장소로는 흑정자(黑頂子)에서 가까운 노우기에후스크(岩作河)로 정하고 주의제(主議題)는 흑정자에서의 러시아인의 불법행위의 시정(是正)과 두만강 변계(邊界)의 국지적(局地的) 경계획정문제(境界劃定問題)로 한정하였다. 이듬해인 1886년(光緖 12년) 4월 22일 첫 회담이 러시아령인 위의 노우기에후스크(岩作河)에서 열렸다.

이 회담에서 우리나라와 관계되는 함풍(咸豊) 11년(1861년)에 세운 토자패(土字牌)의 위치와 두만강구의 오자패(烏字牌)에 대한 논의를 통해 러시아 측 측도(測度)에 따라 제도(製圖)된 4만분의 1(四萬分之一)의 지도(1884년 : 광서 10년 製作)에 의거, 토자목패(土字木牌)의 원립지(原立地)가 두만강구에서 45청리(淸里)에 위치한 사초봉(沙草峯)에 있음을 확인하고 흥개호계약설명서상(興凱湖界約說明書上)의 30청리(淸里)와 다름이 밝혀져 나흘 후인 4월 22일 제2차 회의에서 조문상(條文上)에 합치(合致)되는 위치에 토자석패(土字石牌)를 세우기로 합의하였다.

이 밖에 E(耶), I(亦) K(喀) П(拉) H(那) O(倭) 帕(Ц)의 7개의 목패(木牌)를 석패(石碑)로 바꾸고 기존의 계표(界標)가 없던 지역에는 새로이 석패(石牌)를 세우기로 하고 북쪽의 П(拉)과 H(那) 사이에 M(瑪) 자패(字牌)를, 남쪽은 帕(Ц) 土(T)字間에 П(拉), C(薩) 두 개의 석패(石牌)를 더 세우기로 하였다.

다음달 5월 6일에는 훈춘(琿春)에서 제3차 회의를 열고 토자석패의 건립과 새로이 세 개의 석패(石牌)를 증설하고 이 밖에 일곱 개의 목패(木牌)를 석패(石牌)로 바꾸는 안건(案件)에 합의하였다. 쟁점(爭點)이었던 러시아군의 흑정자(黑頂子)로부터의 철수도 결정을 보았다.

5월 20일에는 사초봉(沙草峯) 남쪽 10여 리 지점에 길이 7척(尺)가량의 화강암석(花崗巖石)에 '土字牌 光緖 十二年 四月 立'이라 새겨 세웠고 러시아 측에는 '土'字 대신에 'T'字를 기입하였다.

5월 24일에 제4차 회의를 가졌으나 H(那) O(倭)字 석패건립문제(石牌建立問題)와 토자패(土字牌)가 세워진 두만강 하류지역에서의 청국선박(淸國船舶)의 항해(航海)문제는 추후로 미루고 합의된 사항만을 가지고 8개 조항으로 된 훈춘계약

(琿春界約)을 중 · 러 · 만문(中 · 露 · 滿文)으로 작성하였다.[12)]

수없이 많은 난제(難題)를 안고 있는 청러 간의 동부지역 국경문제를 불과 1개월 만에 끝냈는데는 청 측 대표인 오대징(吳大澂)의 공명심(功名心)과 무관치 않다. 오대징은 회담대표로 임지(任地)로 출발하기에 앞서 회의의 원만한 타결을 바라고 이를 기념하기 위해 동주(銅柱)에 명문(銘文)을 미리 전자(篆字)하도록[13)] 그해 2月 봉천기기국(奉天機器局)에 제작을 의뢰할 정도로 공명심에 들떠 있었다.

오대징(吳大澂)을 대표로 한 훈춘계약(琿春界約) 체결 당시인 1885년(光緖 11년) 우리나라에서는 고종임금으로부터 북경조약을 체결하면서 저들의 지리적 무지로 인해 두만강 하류에 위치한 녹둔도가 러시아령으로 잘못 편입된 것을 바로잡아 줄 것을 청 측에 요구하였으나 이 같은 요청은 회의안건에 상정조차 하지 않고 묵살, 논의조차 하지 않았다.

이후 훈춘계약에 의해 세워진 동부국경상의 계표상황을 1914년 중국관헌에 의해 조사하였는데 계패(界牌)로 된 것이 8개인데 이들은 토자패(土字牌)를 비롯하여 살(薩) 납(啦) 박(拍) 나(那) 마(瑪) 납(拉) 객(喀) 자패(字牌) 등이고 이 밖에 각 호표(號標)가 26개였다.

그리고 이들 계표(界標)는 훈춘현(琿春縣), 동녕현(東寧縣), 밀산현(密山縣) 등 3개 현(縣)에 밀집되어 있었다. 이 가운데 조사 당시까지 실물이 존속해 있는 계표(界標)는 총 13개이고 멸실되어 없어진 것이 20개에, 존속 여부를 확인하기 어려워 불명으로 판명된 것이 2개처였다. 계패(界牌) 가운데는 마패(瑪牌)와 납패(拉牌)만이 없어지고 나머지 6개는 상존해 있었다. 호표(號標)로 표시된 계표(界標) 가운데는 一 二 四 十八 十九 二十 호표(號標) 등 6개만이 존속되어 있었고 여타는 없어진 상태였다. 이들 계표는 하나같이 산령(山嶺)이나 하구(河口) 또는 수원(水源)에 세워져 있으며 위의 3개 현(縣)은 양국인의 접촉이 잦은 곳이었기 때문에 비교적 조밀하게 계표가 세워졌었다. 이 같은 계표현황(界標現況)을 도표로 나타내면 다음과 같다.

---

12) 增田忠雄, 滿洲國境問題, 中央公論社, 1927, pp. 110~120.

13) 光緖 十二年 四月 都察院在副都御使 吳大澂 琿春副都統 依克唐阿奉 命會勘中俄邊界 旣竣事立此銅標銘曰 疆域 有界國有維此柱可立不可移.

東部國境線上의 界標狀況(1914年 現在)

界標名	存	否	所在地點	
土 字 牌	有		琿春縣	臥峰山 西北山麓
第 一 號標	有		琿春縣	楊 館 坪
第 二 號標	有		琿春縣	來崗嘴
第 三 號標		無	琿春縣	巴爾什山
第 四 號標	有		琿春縣	七道泡子 東嶺
第 五 號標		無	琿春縣	文道泡子 東嶺
第 六 號標		無	琿春縣	五道子 東嶺
第 七 號標		無	琿春縣	火廠子溝 南嶺
第 八 號標		無	琿春縣	三道河子 南嶺
第 九 號標		無	琿春縣	佛 多 石 嶺
第 十 號標		無	琿春縣	烟筒摺(접)子西溝嶺
第十一號標		無	琿春縣	葫蘆別南 溝嶺
第十二號標		無	琿春縣	南 別 利 溝嶺
第十三號標		無	琿春縣	西 北 溝嶺
第十四號標		無	琿春縣	秋 子 營 溝嶺
第十五號標		無	琿春縣	北 溝嶺
薩 字 牌	有		琿春縣	阿 吉 密嶺
第十六號標		無	琿春縣	梨 樹 溝嶺
납 자 패	有		琿春縣	分 水 嶺
帕 字 牌	有		東寧縣	老 松 嶺
倭 字 牌	有		東寧縣	瑚布圖河 西北
第十七號標		無	東寧縣	八道河子 高山嶺
第十八號標	有		東寧縣	公 司 嶺 東側
第十九號標	有		東寧縣	平 崗 山
第二十號標	有		東寧縣	平 山 嶺
那 字 牌	有		東寧縣	橫 山 會 處
第二十一號標		無	東寧縣	穆 陵
第二十二號標		不 明	密山縣	小西阿河 水源
第二十三號標		不 明	密山縣	Kamenoisika河 水源
瑪 字 牌		無	密山縣	老 虎 山 平崗
第二十四號標		無	密山縣	瑪 字 牌 東北方
第二十五號標		無	密山縣	圖 立 河 水源
拉 字 牌		無	密山縣	白 稜 河 水源
第二十六號標		無	密山縣	白 稜 河 河岸
喀 字 牌	有		密山縣	白 稜 河 北岸河口[14]

14) 平竹傳三, 蘇聯極東國境線 櫻木書房, 1927, pp. 57~60; 拙著, 韓國의 國境硏究, 同和出版公社, 1981, p. 102.

第7章

一萬里 朝鮮
疆土의 侵縮史

변경민(邊境民)의 이주(移住)와 개간 정착(開墾定着)

1

2

1 · 2_최초의 논경지 개간 및 타작 모습

3

4

3 · 4_최초의 농지 개간 및 추수 후 모습

5

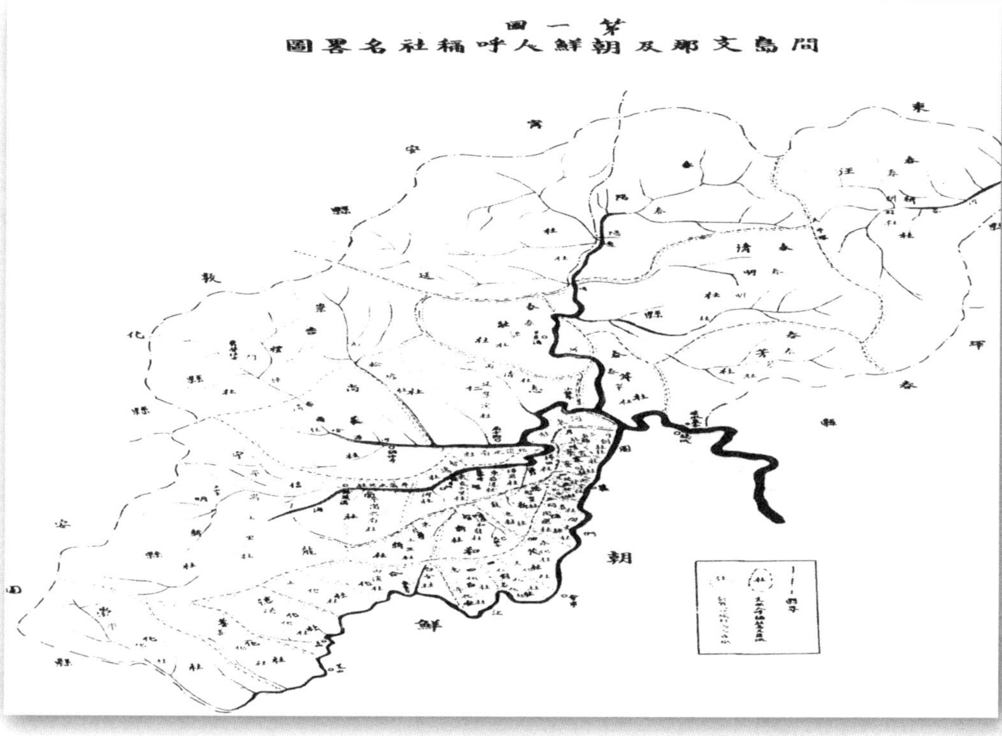

6

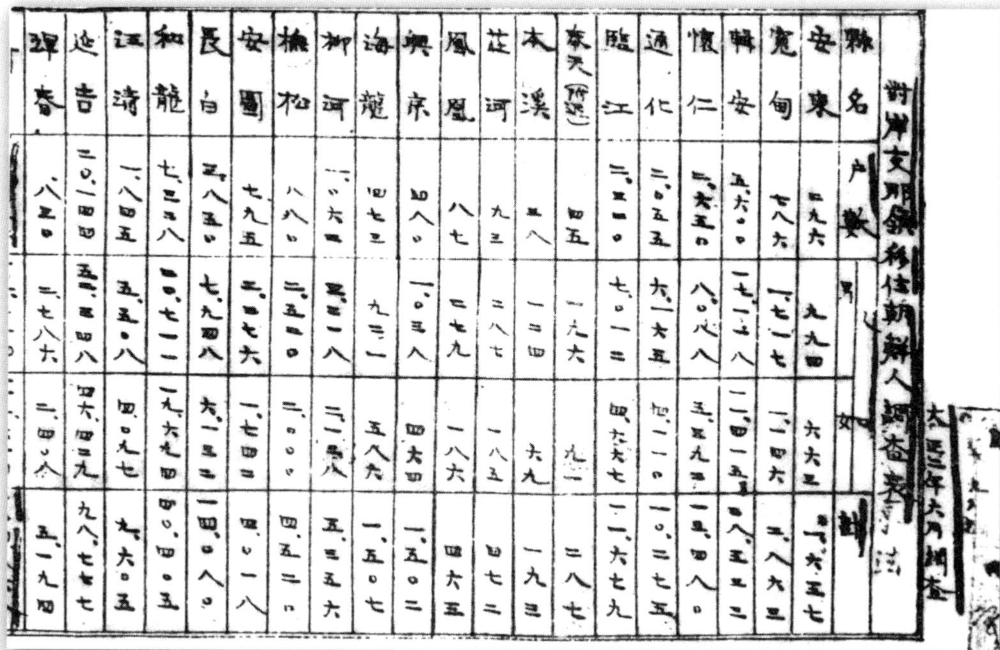

對岸支那領移住朝鮮人調查表

大正三年六月調查

縣名	戶數	男	女	計
安東	二九六	九九四	六六三	一、六五七
寬甸	七八六	一、七一七	一、一四六	二、八六三
輯安	五、六〇〇	一七、一[illegible]八	一二、四一五	二八、五五二
懷仁	二、六五〇	八、〇八八	五、五九三	一三、四八〇
通化	二、〇五五	六、一六五	四、一一〇	一〇、二七五
臨江	二、三一〇	七、〇一二	四、六六七	一一、六七九
奉天(附近)	四五	一九六	九一	二八七
本溪	三八	一二四	六九	一九三
莊河	九三	二八七	一八五	四七二
鳳凰	八七	二七九	一八六	四六五
興京	四八〇	一、〇三八	四六四	一、五〇二
海龍	四七三	九三一	五八六	一、五〇七
柳河	一、〇六三	三、三一八	二、一[illegible]八	五、三五六
撫松	八八〇	二、五三〇	二、〇〇〇	四、五三〇
安圖	七九五	二、三七六	一、七四二	四、一一八
長白	三、八五〇	七、九四八	六、一三二	一四、〇八〇
和龍	七、三三八	二〇、七一一	一九、六九四	四〇、四〇五
汪清	一、八四五	五、五〇八	四、〇九七	九、六〇五
延吉	二〇、一四四	五二、三四八	四六、四二九	九八、七七七
琿春	一、八三〇	二、七八六	二、四〇八	五、一九四

5_간도지역 조선인 호칭 사명약도
6_압록강대안 청 측 지역 조선인 호구 및 인구 도표

•第7章•

변경민(邊境民)의 이주(移住)와 개간정착(開墾定着)

1. 월변한인(越邊韓人)의 개간지(開墾地)와 정착민(定着民)

오대징(吳大澂)을 대표로 한 1885년(光緖 11년) 훈춘계약(琿春界約) 체결 당시, 조선과 러시아는 통상(通商)을 하려고 경흥(慶興)에 호시장(互市場)을 개설하고자 함에 청국 길림성은 길한통상장정(吉韓通商章程)을 체결하고 화룡욕(和龍峪) 대습자(大摺子), 광제욕(光霽峪) (종성간도 하천평(鍾城間島 下泉坪), 서보강(西步江), 시배강(施培江 一名 두도구 頭道溝) 세 곳을 상부지(商埠地)로 지정하고 이 지역의 국경을 철회하고 공공연(公共然)하게 개방(開放)하였는가 하면, 월간국(越墾局)을 설치하고 월금(越禁) 위주의 구령(舊令)을 전폐(全廢)하였다.

이 같은 조처로 변경민(邊境民)의 이주(移住)는 종전에 비해 배가하였다. 이에 1890년(光緖 16年) 월간국(越墾局)이 무간국(撫墾局)으로 바뀌고 이주민을 해란하(海蘭河) 이남으로 거주하게 하였다.

이후 점차로 청인들은 이주한인(移住韓人)들을 소작인으로 고용, 토지를 대부(貸付)하는가 하면 개간(開墾)은 보다 빠르게 진척(進陟)되어 무산(茂山)에서 종성외자(鍾城崴子)로까지, 강빈(江濱) 옥토(沃土) 200리 사이를 장량(丈量)해 이주민(移住民)들에게 개방(開放)하였다.

이로써 월변한인(越邊韓人)의 호구(戶口)는 격증해 청인들 수에 비해 엄청나게 늘어났다.

이에 청에서는 자국민의 보호와 원활한 행정을 위해 광서(光緖 28년 : 1902)년 연길청(延吉廳)을 설치하고, 길강군 4영(吉强軍四營)을 주둔(駐屯)케 하였다.

당시 이민(移民)의 총계는 대략 5만여 호 30만 명에 달하였다고 길림지리기요(吉林地理紀要)는 기록하고 있다. 회령간도의 경우 강 연안을 따라 50~60리, 횡폭(橫幅) 10리 사이에 거주하는 한인부락(韓人部落)은 9개 사(社)가 있었는데 백운사(白雲社)를 비롯해 백학사(白鶴社), 대천사(對川社), 백옥사(白玉社), 영관사(英關社), 대양사(對楊社), 무덕사(茂德社), 대월사(對越社), 무공사(茂功社) 등이다.

종성간도(鍾城間島)에는 다음과 같은 12개 사(社)가 있었다.

月朗社 四百三十二戶	霽霞社 五百五十六戶	霽晴社 四百八十二戶
光德社 三百七十二戶	光宗社 五百二戶	光昭社 四百八十四戶
光風社 三百二十四戶	光華社 四百三十三戶	開文社 二百八十四戶
開運社 四百二十二戶	開泰社 五百七十六戶	開花社 三百四十二戶

1890년대에 들어와서 북변(北邊)의 강 건너 이주자는 격증되어 이들 이주자의 보호가 절박해짐에 따라 평안북도 관찰사는 정부의 명을 기다리지 않고 압록강 우안(右岸) 일대의 이주지(移住地)를 28개 면으로 구획(區劃)해 그 소관(所管)을 강계(江界), 초산(楚山), 자성(慈城), 후창(厚昌) 등 4개 군(郡)에 분속시켰다.

그 후 면(面)의 폐합(廢合)을 단행, 1889년(고종 26년) 강계군에 11개 면, 자성군에 4개 면, 벽동군(碧潼郡)에 2개 면, 초산군에 7개 면 등 도합 24개 면으로 나누어 관장하게 하였다.

1897년(光武 2년) 서상무(徐相懋)를 서변계관리사(西邊界管理使)로 임명하고 서북변계(西北邊界) 일대의 변경한인보호(邊境韓人保護)에 나섰다. 통화현(通化縣)에 팔도면(八道面)을 비롯한 11개 면을, 회인현(懷仁縣)에 수상면(水上面)을 비롯해 3개 면, 흥경부(興京府)의 왕청면(汪淸面) 외 1개 면으로 분할, 이 지방의 행정사무를 관장케 하였다.

당시 이주민은 대략 8,722戶, 3만 7천 명으로 추산되었다. 이후 관내에 향약(鄕約)을 설치하고 의정부(議政府) 참찬(參贊) 이용태(李容泰)를 향약장(鄕約長)으로,

서상무(徐相懋)를 부향약장(副鄕約長)으로 겸무케 하고 이완구(李完求)를 파원(派員)으로 임명하였다.

융희(隆熙) 원년(元年)인 1909년에 향약을 폐하고 자치제도를 시행하도록 하였는데, 이때에 이르러 연강(沿江) 각 진(鎭)의 첨사(僉使)들은 매년 백로절기(白露節氣)인 음력 8월을 전후해 한 달가량 관하 백성들로 하여금 땔감을 강 건너에서 해오는 것을 허용하였다.

이들은 강 건너 땅이 매우 비옥함을 보고 가족을 대동하고 그곳에 농사를 짓고 살았는데 1890년 당시 서북경략사(西北經略使) 어윤중(魚允中)의 찰변보고(察邊報告)에 따르면 이주자는 계속 늘어나 집안현(輯安縣)에만 1천여 호(一千餘戶)에 달하였다고 한다.[1]

1905년 집안현(輯安縣) 태평구(太平溝)에 두었던 향약소(鄕約所)를 이듬해에 유술림자(楡樹林子)로 옮겼는데 한인이주자(韓人移住者)들은 자치제를 공포하고 다음과 같은 규약을 만들고 공동생활의 기본법으로 삼았다. 자치제(自治制) 절목(節目)은 다음과 같다.

一. 面長衣料 分春秋兩季而每季三百二十兩

一. 面差雇錢 分春秋兩季而每季三十兩

一. 面長一面代表也 爲面務來往旅費面民負擔

一. 以小淩長者 丈三十度

一. 不法行爲者 依面會議懲罰

一. 揮酒雜技無視節目者面懲戒

一. 窩主各自洞禁而發見戶首隱匿之時難面重罰

一. 不問老小不睦隣里者杖三十度逐出境外

面首 面長 頭首 戶首 各 署名 印[2]

---

1) 1898年 高宗 35年(光武 2年) 戊戌 基準.

2) 牛丸潤亮 · 村田懋麿 共編, 最近間嶋事情, 1927(昭和 2年), pp. 72~73.

2. 압록강 방면 월변(越邊) 한인이주(韓人移住) 면수(面數)와 호구(戶口) (1903年 光武 7年 5月 調査基準)

三水對岸 (長白府 및 臨江縣)	新別面	292戶	男 537	女 117	–
	大陳面	367戶	男 941	女 855	(大同面이라고도 함)
	江別面	340戶	男 702	女 662	(江州面이라고도 함)
慈城郡對岸(臨江縣)	間島面	354戶	男 733人	女 681人	–
	龍城面	360戶	男 856人	女 827人	–
	八道面	315戶	男 747人	女 725人	(八道溝附近)
	帽兒山面	433戶	男 870人	女 839人	(帽兒山附近)
	七道面	336	717	645	(七道溝附近)
	流青面	–	–	–	(七道河子)
	葦沙面	–	–	–	(葦沙河)
	祥和面	–	–	–	(三道溝)
厚昌郡對岸(臨江縣)	千金面	308	586	665	(七道溝附近)
厚昌郡對岸(臨江縣)	九道面	254	531	514	(九道溝附近)
江界郡對岸(輯安縣)	大篁面	352	797	788	(大篁溝老岑附近) 初期255戶或 大荒面으로 標記됨)
	小篁面	328	658	639	(通溝附近) 初期 142戶
	九龍面	333	795	778	(麻線溝附近) 初期 110戶
	泰平面	377	904	869	(太平溝附近) 初期 165戶
	新上面	236	765	114	(新開河附近) 初期 174戶 (大青溝門子)
	新下面	193	673	617	(冷水泉河), 初期 138戶
	福江面	–	–	–	(江甸子) –
	芦青面	–	–	–	(拉古河) –
渭原郡對岸(輯安縣)	楡樹面	404	955	926	(楡樹林子附近) 初期 216戶
江界郡對岸(通化縣)	福江面	295	587	579	(江甸子) 初期 195戶
	蘆淸面	316	746	765	通化省附近 初期 208戶
	八道江面	–	–	–	八道江附近 初期 35戶
興 京 廳	新兵堡面	63	–	–	新兵堡(興京) 初期 63戶
楚山郡對岸(恆人縣)	蓮上面	270	802	726	二股流
	橫島面	334	768	673	橫道川
	五龍面	173	562	496	
	雲上面	363	856	809	外岔河 下流

	雲下面	–	–	–	
	央島面	417	998	945	
碧潼郡對岸(寬甸縣)	蓮下面	253	518	640	雙岔河
	雲下面	363	617	568	外岔河 上流
昌城郡對岸(寬甸縣)	九山面	294	880	859	馬鹿淘門
朔州郡對岸(寬甸縣)	水上面	360	1138	1071	
	水下面	411	797	715	
義州郡對岸(安東縣)	老頭面	416	732	685	

주 : 計 6,357戶, 32個面에 男 23,937, 女 21,656(1戶當 4人으로 추정할 때 대략 2만 5千4百28名으로 보인다.)[3]

위의 移住 居住者 및 家戶數를 1902년 間島地域의 몇몇 面別 單位 調査內容은 다음과 같다.

面區分	人口數	男	女	家戶數	面區分	人口數	男	女	家戶數
帽兒山面	357	207	150	103	間島面	283	167	116	117
九道面	618	389	229	245	八道面	489	311	178	247
七道面	497	310	187	141	新別面	135	87	48	45
龍城面	1352	834	519	380	大同面	481	297	184	142[4]

3) 牛丸潤亮 · 村田懋麿 共編, 最近間嶋事情, 1903年(光武 7年 5月 調査基準), 朝鮮及朝鮮人出版社, 1927, pp. 80~82.

4) 管理邊民事務 徐相懋가 光武 六年(1902년 壬寅 十二月 日)에 作成된 邊界戶籍案을 發掘한 資料를 토대로 하여 抽出, 著者가 任意대로 拔萃한 것이다.

3. 두만강 방면 월변(越邊) 한인이주민(韓人移住民) 및 연도별 정황(情況)

1861年	60戶 308名 227데샤진(1데샤진 : 3304.9坪 10924.88평방미터 1.0924ha)
1863年	13戶 포시에트區 노코로쯔토灣 海岸 住居 耕作
1867~1869年	680戶 3,321名 3,192데샤진 耕作 포시에트區 南部로 와서 綏芬河沿岸 轉住 4個部落 形成 1871年 25戶 130名 우에르히니우수리區 208데샤진 占墾
1871年	러시아정부 行政命令에 따라 포시에트區에 移住者가 4千名에 달하였다.[5]
1872年	46戶 201名 蘇城 및 라즈토리노헤區 173데샤진 占墾
1882年	10,137名 포시에트 南部 10個村落 形成
1892年	歸化移住者 12,940名 未歸化 36,242名
1902年	歸化者 16,440名 未歸化 16,270名
1908年	歸化 16,190名 未歸化 29,207名
1924年	朝鮮總督府 朝鮮人의 시베리아 地域 移住民 調査統計[6]

沿海州(프리모스크)	17,100戶 12萬名	薩哈連(사할린)	880戶	4,412名
黑龍江(아무르)	6,000戶 3萬名	後貝加爾(하바로프)	4,000戶	2萬名
이르크츠	1,000戶 5千名			

1914年 豆滿江 對岸 移住者에 대한 日帝의 管轄區域別 警備監察 調査統計資料

茂山對岸地方

安圖縣 尊道社	120戶 500人	和龍縣 崇光社	284戶 1,378人
和龍縣 宣化社	479戶 2,535人〈163町步〉	和龍縣 德化社	854戶 4,072人〈865町2步〉
和龍縣 上化社	265戶 1,016人〈430町1步〉		

會寧對 岸인 和龍縣地方各 社別 狀況

山溪社	590戶 3,478人〈424町步〉	白金社	162戶 1,105人〈137町8步〉
平化社	210戶 1,029人〈446町5步〉	忠化社	122戶 595人〈953町步〉
泰化社	90戶 368人〈915町步〉	敬化社	300戶 1261人
人化社	113戶 486人〈699町7步〉	文化社	230戶 943人〈431町1步〉
永化社	220戶 927人〈736町3步〉		

5) 1871년도 통계 가운데 103戶 431名은 사마루가江 건너 프라코에치엔스쿠에서 露里로 547里나 되는 黑龍江州 루프라코스라 우엔스이에 村落을 만들게 하였는데 移住費 1만 6,576루블을 러시아 정부가 부담하였다. 1家族當 100데샤진의 땅을 주고 20年間 세금을 면제, 농업에 종사케 하였다.

6) 1924년 朝鮮總督府 朝鮮人의 시베리아 地域 移住民 調査統計이다.

鍾城對 岸인 和龍縣地方各 社別 狀況

光宗社	360戶 1,780人	光照社	198戶 955人
光風社	234戶 1,194人〈213町2步〉	霽霞社	516戶 2,380人〈632町7步〉
霽晴社	321戶 1,695人〈142町6步〉	光德社	312戶 1,640人〈1143町1步〉
開泰社	428戶 2,240人〈954町7步〉	開運社	349戶 1,725人〈491町1步〉
開文社	367戶 1,881人〈804町7步〉	月明社	234戶 1,133人〈38町1步〉

慶源對岸地方各 社別 狀況

志新社(和龍縣)	240戶 1,440人	志仁社(汪淸縣)	241戶 1,291人
春華社(汪淸縣)	401戶 2,070人	春芳社(汪淸縣)	167戶 836人
德化社(琿春縣)	153戶 1,328人	用灣子社(琿春縣)	1戶 10人
興仁社(琿春縣)	340戶 1,700人	勇和社(琿春縣)	1200戶 6,000人
琿春社(琿春縣)	132戶 673人	山河田社(琿春縣)	30戶 178人
河口社(琿春縣)	69戶 386人		

慶興對岸地方各 社別 狀況

會峰面(琿春縣)	337戶 1,656人	敦仁社(琿春縣)	1戶 409人
回龍峰社(琿春縣)	158戶 1,000人	蘆洞社(琿春縣)	117戶 637人
大河田社(琿春縣)	282戶 1,768人	臥峰面(琿春縣)	65戶 480人
**鹿島面(琿春縣)	300戶 1,978人	香山面(琿春縣)	147戶 1,260人[7]

** 표는 러시아 땅으로 점거된 지역이며 〈00町 0步〉는 위의 책, pp. 773~775에서 참조한 것으로, 開墾된 땅의 總面積은 穩城間島 2,800町步에 琿春地方은 1,270町 8步였다. 1町은 약 3千坪이며 99.17ha이다. 步 역시 周尺으로 여섯 자 平方을 나타낸다.

7) 韓國史料硏究所 編, 朝鮮統治史料 第九卷, 宗高書房, 1972, pp. 913~917.

4. 한 · 청 대안처(對岸處)의 지명(地名) 대비(1910년)

惠山鎭 管內

韓國側	淸國側	韓國側	淸國側
江山峯	二十三道溝	樺田里 下流	十九道溝
惠山鎭	長白府	新城里	金化鎭 十七 十六溝間
地應里	乾溝子 十五道溝	羅暖堡	光房子
羅暖堡 下流	景和鄕	新乫坡鎭	十三道溝
麻田里	背蔭汀	蓮 坪	十二道溝
竹下里	蛤螞川	葡 坪	八道溝
富山洞	八道溝 約2千m 下流	富興里 上流	自皮溝 六道溝 上流
富興里 下流	化皮甸子 六道溝	上章里	獨台
上章航	四道溝		

高山鎭 管內

韓國側	淸國側	韓國側	淸國側
	上羊魚頭		外察溝門子
	渾江口		輯安縣
	輯安縣南路(帽甸子)		輯安縣北路(馬蟻河)
	楡樹林子		寬甸縣 太平哨
	寬甸縣 下漏河		石柱子
	小浦石河		長甸河口
	寬甸縣 寬甸		

中江鎭 管內

韓國側	淸國側	韓國側	淸國側
	早 栗		葦沙河
	照陽里		糧寶甸子
滿浦鎭 上流 約十里	羊魚頭	–	帽兒山 臨江縣

第8章

一萬里 朝鮮
疆土의 侵縮史

두만강 하류에 위치한 녹둔도(鹿屯島)의 상실(喪失)

1

2

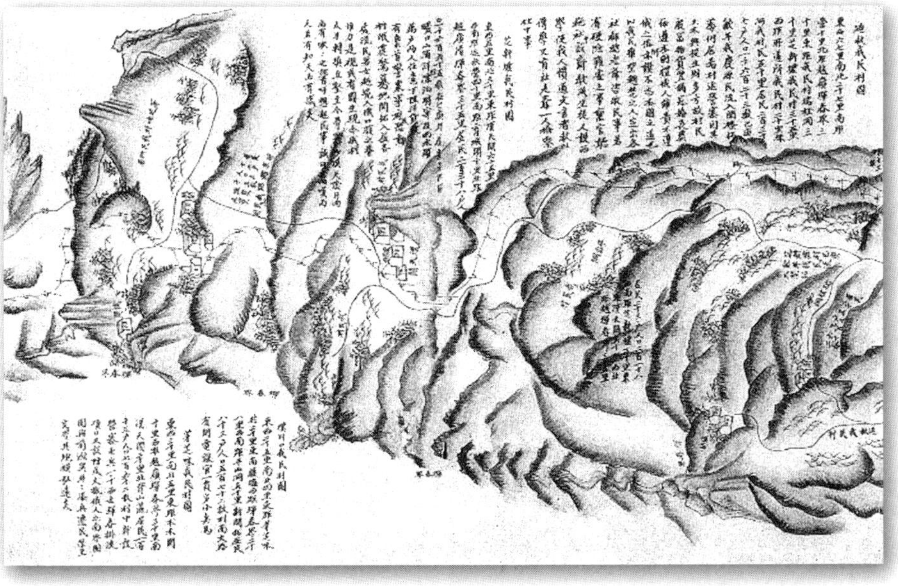

1_녹둔도에 속한 한인촌 지도

2_훈춘계역 이전까지 거주했던 녹둔도 촌락

3

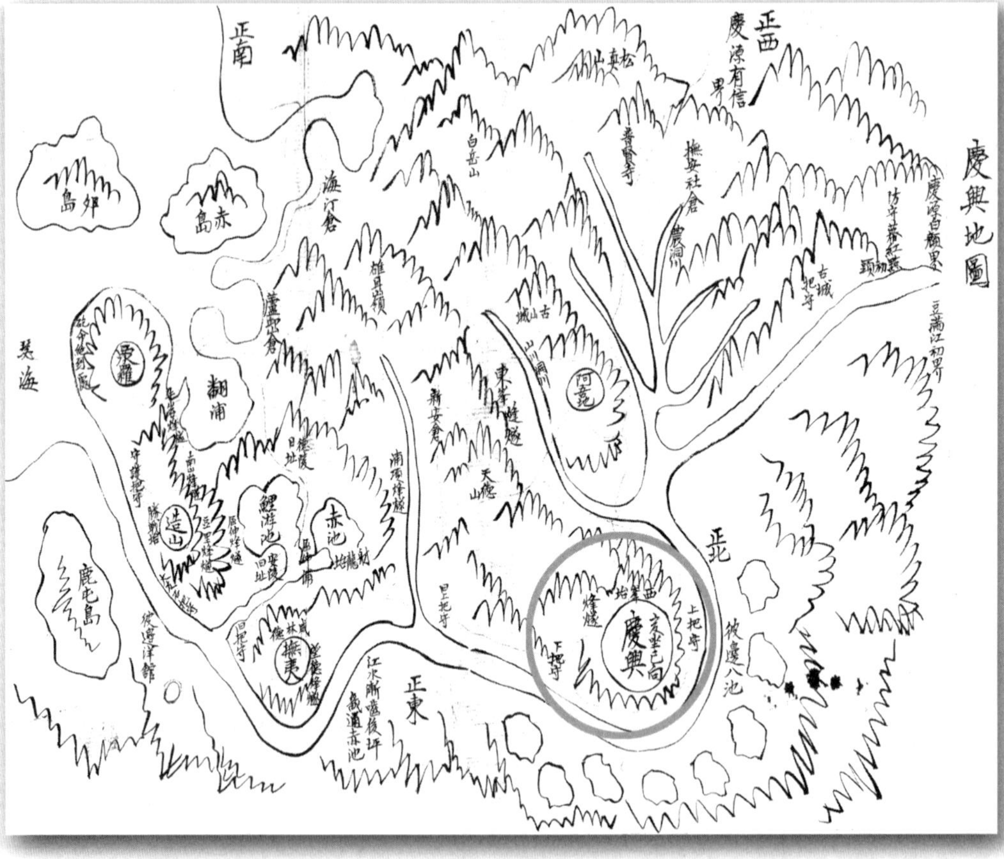

3_녹둔도 건너편 망덕봉 위치도

•第8章•

두만강 하류에 위치한 녹둔도(鹿屯島)의 상실(喪失)

1. 두만강 입해처(入海處)의 녹둔도(鹿屯島)

나라와 나라 사이에는 국경선(國境線)으로 영토한계를 정하고 있다. 이러한 국경선은 곧바로 평화와 전운(戰雲)의 예고지(豫告地)이기도 하다. 국경선의 변천은 관련국은 물론 주변국에도 정치, 경제, 사회 전반에 걸쳐 지대한 영향을 미친다. 특히 우리나라의 경우는 그 여파(餘波)가 유다르다. 1860년 영불연합군(英佛聯合軍)은 하늘 아래 스스로 중심국이라 자처하던 청조(淸朝)의 수도(首都)인 북경(北京)을 함락시킴에 주변국(周邊國)을 경악(驚愕)케 하였다. 특히 우리나라의 경우 그 충격(衝擊)은 심하였다. 이러한 때에 북극(北極)의 곰으로 표현되던 러시아가 교묘하게 청나라가 위기에 처한 틈을 타, 이전부터 추구해 오던 동진정책(東進政策)을 노골화하면서 전래적인 조선과 청국 간의 접경선이 조 · 청 · 러(朝 · 淸 · 露) 3국 간의 국경선을 변형시켜 놓고 말았다. 이른바 북방삼각국경선(北方三角國境線)을 형성(形成)케 하였다. 북방국경선의 변천은 단순한 계선적(界線的) 변화를 떠나서 조상전래(祖上傳來)의 전통적(傳統的) 고유(固有)의 영토(領土)요 북변방어(北邊防禦)의 요새지(要塞地)인 녹둔도 땅을 상실케 하는 비극적 운명을 초래하고 말았다.

영맹잔각악귀라찰(寧猛殘刻惡鬼羅刹)이라 청사(淸史)에 기록될 정도로 잔악(殘

惡)한 이들이 시베리아 연해주(沿海州) 일대를 차지하고 말았다.[1] 더욱 해괴(駭怪)한 것은 청·러(淸·露) 두 나라가 제삼국인 우리나라 영토를 불법부당(不法不當)하게 차지하면서도 이를 사전(事前)은 물론 사후(事後)에도 전혀 아랑곳하지 않고 저들 자의(恣意)대로 처리하고 말았다는 점이다. 그러면 이렇듯 어이없게 빼앗기게 된 녹둔도 땅은 어떠한 곳인가에 대해 살펴보지 않을 수 없다.

이 땅은 아득한 옛날 우리의 조상들인 숙신(肅愼), 읍루(挹婁), 옥저(沃沮), 부여(夫餘), 고구려(高句麗), 발해(渤海), 고려(高麗), 여진족(女眞族)들이 흥망성쇠(興亡盛衰)해 온 고장으로 조선왕조가 들어서고 육진(六鎭)이 개척(開拓)되는 가운데 변방방어(邊方防禦)의 전초기지(前哨基地)로 경략(經略)되어 온 곳이다.

무엇보다 경흥부(慶興府) 관내(管內) 조산보(造山堡)와는 10리지척지간(十里咫尺之間)으로 국경방술지(國境防戌地)로 오랫동안 자리 잡아 오고 있었던 곳이다. 이 섬을 사서(史書)에는 일명 사차마(沙次亇), 사침마沙沉麻), 사차내(沙次乃)로 기술하고 있는데 한결같이 모래 사(沙) 자(字)를 쓰고 있어 모래가 많이 쌓여 있는 고장임을 짐작하게 한다.

경흥읍지(慶興邑誌)에는 녹둔도(鹿屯島) 일명(一名) 사침마(沙沉麻) 재부동칠십리(在府東七十里) 두만강입해처(豆滿江入海處)라 함으로써 녹둔도가 사침마(沙沉麻)였음을 알 수 있고 세종실록지리지(世宗實錄地理志)에는 사차내도(沙次乃島)라 기록하고 있다.

이러한 녹둔도(鹿屯島)는 여진어인 사차(沙次), 사심(沙沉), 사심마(沙沉磨)로 불렸던 듯하다. 동국여지승람(東國輿地勝覽)에는 녹둔도농보(鹿屯島農堡) 도일명(島一名) 사차마도(沙次磨島) 재부남56리(在府南五十六里) 토축주1천2백47척(土築周一千二百四十七尺) 고6척(高六尺) 두만강입해처(豆滿江入海處) 거조산20리(距造山二十里) 유병선조산만호소관(有兵船造山萬戶所管) 하칙본포수군분술우차(夏則本浦水軍分戌于此)라 하였다.

경흥도호부읍지(慶興都護府邑誌)의 녹둔도보조(鹿屯島堡條)에 도일명(島一名) 사침마(沙沉麻) 재부남40리(在府南四十里) 두만강입해처(豆滿江入海處) 거조산보

1) 稻葉岩吉, 滿洲史－ロシアアの黑龍江流域進出－, 平凡社, 1940, p. 40.

30리(距造山堡三十里)라 하는가 하면 아국여지도(俄國輿地圖)에는 거서수라30리(距西水羅三十里) 서거조산보15리(西距造山堡十五里) 북거경흥부100리(北距慶興府一百里) 서선택70리(瑞仙澤七十里) 서협두만강동접대해처(西挾豆滿江東接大海處)라 하였고 그 섬의 범위를 남북 70리, 동서 30리 평원광야(平原廣野) 농토비옥(農土肥沃)이라 하고 있다.

이 밖에 조선개화사(朝鮮開化史)라는 저서(著書) 속에 녹둔도의 위치는 두만강 강구(江口)의 삼각주(三角洲)인 녹도(鹿島) 또는 녹둔도(鹿屯島)라 부르는 섬이 있는데 경흥부(慶興府)에서 동남(東南)으로 70리, 조산보(造山堡)에서 10여 리, 노령(露領) 포시예트(Posiet)에서 90리, 연추(烟秋)까지는 100리, 노청국경선(露淸國境線)으로부터 12, 3정(町)이라 하고 있다.[2)]

이처럼 전적(典籍)의 출처(出處) 및 위치(位置)에 따라 다소간의 차이를 드러내고 있기는 하나 녹둔도(鹿屯島)가 역대(歷代) 조선왕조(朝鮮王朝)에서 한결같이 지속적(持續的)인 관리(管理)와 관심(關心)을 기울여왔음을 알게 하고 있다.

예컨대 성종(成宗) 17년 2월 무술조(戊戌條), 중종(中宗) 5년 3월 경신조(庚申條), 중종(中宗) 37년 5월 신축조(辛丑條), 선조(宣祖) 16년 12月 계미조(癸未條), 선조(宣祖) 17년 正月 임진조(壬辰條), 선조(宣祖) 20년 10월 기미조(己未條), 동왕(同王) 동년(同年) 12월 경인조(庚寅條), 동왕(同王) 21년 정월, 6월, 7월과 철종(哲宗)~고종 연간(高宗年間)에 이르기까지 무수히 산견(散見)된다.

1945년 광복전후기(光復前後期)까지만 하여도 행정관할구역상(行政管轄區域上) 함경북도(咸鏡北道) 경흥군(慶興郡) 노서면(蘆西面) 조산동(造山洞) 소재(所在) 마을 한가운데 나지막한 구릉(丘陵)을 등지고 조그마한 성벽(城壁)이 남아 있었고 그 옆에 조산보만호(造山堡萬戶)로 있었던 이순신 장군(李舜臣將軍)의 업적을 기리는 비갈(碑碣)이 있었는데 이곳으로부터 불과 10리 거리에 위치해 있던 섬이 바로 녹둔도 땅이다. 육진(六鎭)이 개척되면서 변방방어(邊方防禦)의 전초기지(前哨基地)로 경략(經略)되어 왔음이 세종실록지리지(世宗實錄地理志) 경흥조(慶興條)에 잘 나타나 있다. 즉 경흥관내(慶興管內)에 두 곳의 관방소(關防所)가 있었는데 무이보

---

2) 恒屋盛服, 朝鮮開化史(全), 1904, p. 136.

(撫夷堡)와 조산보(造山堡)로 각 보(堡)마다 방수(防守) 방어(防禦)의 임무(任務)를 맡아왔다. 녹둔도(鹿屯島)는 조산보관할구역(造山堡管轄區域)에 속하여 있었다.

특히 관방(關防)문제와 관련해 조선의 왕 세조(世祖)는 1455년(世祖 元年) 함길도(咸吉道) 도절제사(都節制使)인 양정(楊汀)에게 밀유(密諭)하기를 녹둔도의 농민들이 농사일을 할 때에 야인들의 침탈이 우려되니 엄히 방비하라 하였다.[3)]

세조 원년(元年) 이후 실록에 나타난 녹둔도관계기사(鹿屯島關係記事)는 성종(成宗) 때 영안도(永安道) 경차관(敬差官)으로 다녀온 홍문관(弘文館) 전한(典翰)인 정성근(鄭誠謹)의 보고 가운데[4)] 조산보의 군민들이 녹둔도 드나들기를 꺼려하고 있습니다. 섬에 그대로 머물러 살기를 바라지만 무시(無時)로 출몰하는 야인들의 침입과 예측하기 어려운 강상(江上)의 범람으로 인해 상주(常住)하지도 못한다고 합니다. 여기에다 이 섬의 흙은 차지지가 않아 상설방비(常設防備)를 위한 토성(土城)을 쌓을 수 없으며 거주(居住)할 집을 짓고자 하여도 바람벽을 쌓을 수 없을 정도라고 합니다.

그러니 조산보(造山堡) 소속의 보군(堡軍)들로 하여금 춘경추귀(春耕秋歸) 시에 내왕하는 농민들을 보호하고 야인(野人)들의 북변침로(北邊侵路)를 막아내는 기지로 활용할 수밖에 없는 실정임을 아뢰고 있다. 당시의 좌의정(左議政) 유순정(柳順汀)[5)]은 비록 그곳 토질(土質)이 토성(土城)을 축조(築造)하기에 마땅치 않더

---

3) 楊汀(?~1466(世祖 12年))은 世祖가 登極하기 以前인 首陽大君으로 있을 때 韓明澮의 추천으로 麾下에 들어가 活動하였다. 世祖 登極後 靖亂功臣으로 淸原君에 被封되어 平安道 節度使로 임명되었다. 임기만료로 돌아옴에 功臣으로 장기간 외지에 나가 있게 한 것을 민망하게 여겨 위로의 잔치를 베풀었다. 그때 임금께 아뢰기를 오랫동안 왕위에 계셨으니 이제 물러나 편히 여생을 즐기시는 것이 어떠하시겠느냐는 뜻을 아뢰었다. 이에 세조는 승지를 불러 그 뜻을 말하고 왕위를 세자에게 물려주려 하니 승지는 한사코 이에 불응하였다. 이러한 분위기 속에서 신숙주가 죽음을 무릅쓰고 말려 위기를 무마시켰으나 대간들이 양정이 말을 함부로 하였다는 규탄을 받아 처형되었다. 密諭關聯 記事는 朝鮮王朝實錄, 世祖元年 乙亥 八月條 造山口子鹿屯島農民布野時骨等乘船潛入搶掠可慮 密諭鎭將及萬戶嚴加備御.

4) 鄭誠謹(?~1504(연산군 10년))은 1474년(성종 5년) 문과에 급제 벼슬이 승지 직제학에 이르렀다. 사신으로 대마도에 가니 島主가 土産物을 주므로 일행들이 받은 것을 전부 出發에 앞서 賓使편에 도로 島主에 보냈다. 燕山君 때 甲子士禍에 몰려 被殺되었다. 中宗이 卽位하여 吏曹判書로 追增하고 마을에 旌門을 세워 忠節을 表彰하고 廣州 龜巖書院에 配享하였다.

5) 柳順汀(1459(세조 5~1512(중종 7))은 文臣이면서도 활을 잘 쏘아 武人 가운데서도 그와 견줄 자가 없을 정도였다. 成宗 18년 進士로 別試文科 壯元及第 弘文館典籍으로 除授 1491년 咸鏡道評事로 都元帥 許琮의 幕僚가 된 뒤 平安道評事 歷任. 燕山君 때 野人問題에 對策을 進言, 義州牧使가

라도 상비보(常備堡)를 둘 것을 상주(上奏)하였는가 하면 지중추부사(知中樞府事) 안윤덕(安潤德)[6])도 그의 비변대책(備邊對策) 말미(末尾)에 녹둔도 방술(防戍)에 대해 언급하고 있다.

선조(宣祖) 때에 이르러서는 녹둔도 둔전문제(屯田問題)가 보다 본격적으로 논의되어 둔전(屯田)이 실시되었다. 그러나 여진인(女眞人) 시전부호(時錢部胡)의 대거 침입으로 공전(空前)의 대참화(大慘禍)를 입기도 하였다.

이때 이일(李鎰) 장군이[7]) 반격에 돌입, 접전을 벌여 토벌하였고 임진왜란의 명장 이순신 장군이 위에 언급한 바와 같이 한때 조산보만호로 부임하여 수차에 걸쳐 야인들의 침입을 막아냈고 이들을 추격해 적지 않은 전과(戰果)를 올린 바 있다.

이를 기리기 위해 후에 조산보 성터 동문(東門) 밖에 승전봉(勝戰峯)이라는 봉우리 명칭과 함께 전승비(戰勝碑)가 세워지기도 하였다.[8]) 선조조(宣祖朝)에 둔전(屯田)이 시행(施行)되었다가 철폐(撤廢)된 이래 한동안 기록상(記錄上)에 나타나지 않고 있다가 고종(高宗) 20년인 1882년 1월 북방변계(北方邊界) 상황에 따른 논의와 대응책이 제기되면서 어윤중(魚允中)을 서북경략사(西北經略使)로 명해 실상을 조사해 보고토록 하였다.

어윤중(魚允中)[9])이 입시(入侍), 출발하기에 앞서 고종은 "녹둔도가 본시(本是) 우리

되어 압록강 연안의 野人征伐 때 都元帥의 從事官으로 敵情探知에 큰 功을 세웠다. 아울러 軍資確保와 城郭修築 등 軍備强化에 힘썼다. 1506년 吏曹判書로써 中宗反正에 가담 靖國功臣 一等에 책록되었다. 兵曹判書가 되어 領經筵使를 겸하였다. 平安道 麟山江界에 屯田을 설치, 軍資를 강화하였고 이어 左議政으로 1510년 庚午倭變이 일어나자 都體察使가 되어 현지로 出動, 三浦의 난을 평정하고 각 포의 備倭方略을 마련하는 등 邊方防禦와 內治에 기여한 바 크다.

6) 安潤德(1457(세조 3)~1535(중종 30))은 1483년(성종 14년) 문과에 급제 연산군 때 都承旨로 있었으나 왕명을 어기어 김제로 귀양갔다. 중종 때 기용되어 1510년(중종 5년) 三浦倭亂時 兵曹判書로서 副元帥가 되어 난을 평정하였다. 이후 刑曹判書를 거쳐 平壤監司로 있으면서 檀君 箕子의 祠堂을 수리하고 1535년(중종 30년)에 은퇴하였다.

7) 李鎰(1538(중종 33)~1601(선조 34))은 1558년(명종 13년) 무과에 급제 선조 16년(1583년) 野人 尼湯介가 亂을 일으켜 慶源을 함락시키자 慶源府使로 임명되어 敵을 물리쳤고 이듬해 再侵해 온 수많은 尼湯介의 무리를 섬멸하였다. 壬辰亂 때 先鋒將으로 平壤 收復에 參戰하였고 돌아와 武勇大將으로 서울 防衛에 힘썼다.

8) 咸北大觀, 正文社, 1967年, p. 283.

9) 魚允中(1848(헌종 14)~1896(고종 33년))의 號는 一齋. 1871년(고종 8년) 문과에 급제하여 승지, 참판을 지냈다. 일본에 가서 文物制度를 시찰하고 돌아왔다. 西北經略使가 되어 淸·露와 우리나라 간의 邊境問題로 힘쓴 바 있다. 東學亂 때 宣撫使로 파견된 바 있고 1895년(고종 32년) 度支

나라 땅이었는데 이번에 그곳에 가서 그 지역을 살펴보고 되찾을 수 있겠는지"라고 하문(下問)하자, 어윤중이 답하기를 "이 섬은 오늘날 중국의 훈춘계(琿春界)와 상접해 있는데다 두만강 사이에 놓여 있어 쉽게 귀정(歸正)할 수 없는 것으로 사료(思料)된다" 하였다.

그해 10월 어윤중이 임무를 마치고 돌아오자 하문(下問)하는 가운데 "녹둔도 정형(情形)이 어떠하던가?"라고 함에 "녹둔도는 본시(本是) 우리나라 땅인데 신(臣)이 조산(造山)에 가서 그 지형(地形)을 살펴보니 섬 동쪽으로 모래가 쌓여 강 건너편으로 연계(連繫)되어 있고 이 섬에 거주하고 있는 사람들도 모두 아국인(俄國人)으로 타국인(他國人)은 없었다"고 아뢰었다.[10)]

이처럼 국왕(國王)의 관심이 지대한 가운데 훈춘계약(琿春界約) 시 청 측 감계대표(勘界代表)인 오대징(吳大澂)에게 아이훈조약(愛琿條約) 체결 시 청 측 대표였던 역산(奕山)의 시베리아 연해주(沿海州) 일대의 지리적 상황의 무지(無知)로 인해, 잘못 획정된 국경선 때문에 녹둔도가 러시아령(領)으로 귀속된 데 대해 재감시(再勘時) 바로잡아 달라고 요청하였다.

그러나 오대징(吳大澂)은 이러한 요청을 무시하고 회감(會勘) 때에도 언급조차 하지 않음으로 인해 반환논의의 기회를 잃어버리고 말았다.[11)]

비록 이제는 연해주지역에 육속된 모래땅이지만 1860년 영불연합군에 의해 북경정부의 파천(播遷)은 동양제국(東洋諸國)을 비롯해 세계정세의 변화무상(變化無常)함을 실감케 하는 가운데 러시아의 동진정책(東進政策)과 이를 저지(沮止)하려는 영국을 비롯한 열강제국(列强諸國) 간의 첨예(尖銳)한 대립 속에 영국이 1885년 4월 15일 돌연 우리나라 남해안(南海岸)에 위치한 거문도(巨文島)를 불시(不時)에 점령하였다.

점령기간이 무려 2년이나 되는데 그 목적이 러시아의 남하(南下)를 저지하는데 있다고 하였다. 이러한 정세(情勢)하에 녹둔도에 관한 영·러·일·청(英·露·日·清) 등의 관심은 고조(高潮)되면서 러시아는 녹둔도 일원(一圓)을 이미 군사기지로 요새화하였고 영국은 거문도를 러시아의 남하를 억제하기 위한 전초군

部大臣으로 있었다. 고향으로 피신 중 용인에서 붙잡혀 죽임을 당하였다.

10) 從政年表(三), 高宗 二十年 癸未 十月十八日條.

11) 恒屋盛服, 朝鮮開化史(全), 1904, p. 136.

사기지화(前哨軍事基地化)하려 하였다.[12]

2. 녹둔도(鹿屯島)에 관한 영・일・청(英・日・淸) 간의 첩보전(諜報戰)

변화무상한 국제관계 속에서 청국(淸國)은 조선에 대한 기득권(旣得權)을 놓치지 않으려 안간힘을 쓰고 신흥일본국(新興日本國)은 자국(自國)의 안전과 한반도를 둘러싼 열강들의 이해와 맞물리면서 치열한 첩보전(諜報戰)을 전개(展開)하였다. 이러한 정황(情況)을 극명(克明)하게 엿볼 수 있는 자료(資料)가 무려 4년여간(886~1890년)에 걸친 보고문건(報告文件)인데 이른바 녹둔도관계잡건(鹿屯島關係雜件)이라는 문서철(文書綴)로 분류된 것이 일본 외무성 산하 외교사료관(外交史料館)에 수장(收藏)되어 있다.[13]

그 개요(槪要)를 옮겨보면 다음과 같다.

(一) 朝鮮政府 鹿屯島ヲ淸國, 讓與ノ風說.

(二) 鹿屯島開港ニ關シ久水領事代理 咸鏡道巡廻ノ件.

(三) 鹿屯島露國ニテ占領ニ關スル件 등 總 154面으로 되어 있다.

第一編이라 할 수 있는 (一) 朝鮮政府 鹿屯島ヲ淸國 讓與ノ風說에는 세 件의 機密報告書로 鹿屯島의 淸國占領與否眞相을 調査해 보고한 내용으로 엮어져 있다.

第二編에 해당되는 'ガシュケウイシチ]開港一件關係, 久水領事代理咸鏡道 巡廻ノ件'에는 1886년 10월 26일부터 1887년 7월 16일까지 근 10개월에 걸쳐 총 11건에 달하는 보고서가 들어 있다. 즉 녹둔도(鹿屯島)를 둘러싼 인접지역(隣接地域) 순항보고(巡港報告)로 당시 우리나라 동북변경(東北邊境)의 국경도시(國境都市)인 경흥(慶興), 경원(慶源), 회령(會寧) 등지에서의 교역상황(交易狀況) 등을 상세(詳

---

12) 拙著, 韓國邊境史硏究, 法經出版社, 1989, p. 236.

13) 1970年傾 數次에 걸쳐 저자는 鹿屯島 關聯 硏究를 위해 關聯文件을 蒐集하고자 日本, 中國, 러시아를 방문하였고 沿海州 一圓을 踏査한 바 있다. 本文件은 이러한 渦中에서 日本外務省 傘下 外交史料館을 몇 차례 訪問한 끝에 어렵게 찾아낸 文書로 우리나라 最初의 公開資料이다.

細)히 기록하고 있다. 특히 수출입(輸出入) 품목(品目), 수량(數量), 원가(原價), 세금액(稅金額) 등으로 구분하여 기록되고 있다.

핵심상황(核心狀況)인 녹둔도 정황을 탐문(探問)하기 위해 경흥부(慶興府)의 위치(位置), 부내(府內)의 호수(戶數) 및 인가(人家) 그리고 러시아인들의 왕래(往來), 이곳의 행정상황(行政狀況), 육진(六鎭)의 방어상태(防禦狀態), 두만강의 유로양상(流路樣相) 등등, 특히 경흥감리(慶興監理)와 러시아 관리(官吏) 간의 접촉여부(接觸與否) 등을 수록하고 있어 당시 한러외교(韓露外交)의 한 면을 엿보게 하고 있다.

제3편(第三編)이라 할 수 있는 '鹿屯島露國ニテ占領ニ關スル件' 등 이외에 무려 10여 건의 문건과 부속지도(附屬地圖)가 있어 녹둔도 연구에 귀중한 자료가 되고 있다.

보고문건을 종류별로 살펴보면 제135호에는 일본 외무대신 청목(靑木 : 아오키)이 서울에 있는 근등(近藤 : 곤도)에게 러시아의 녹둔도(鹿屯島) 점령(占領) 소문(所聞)의 사실여부(事實與否)와 점유방법(占有方法)은 어떠한지를 전문(電文)으로 타전(打電)해 옴에 근등(近藤)은 곧바로 이곳 서울에서는 그 같은 소문을 들을 수 없고 다만 청(淸)의 원세개(袁世凱)의 말을 빌리건대 러시아가 청러속약(淸露續約 : Russo-Chinese Additional Convention) 제1조에 의해 녹둔도를 점유(占有)한 지 이미 수년(數年)이 경과(經過)되었다는 보고문(報告文) 164號로 밝히고 있다. 이후 청목대신(靑木大臣)이 경질(更迭)되고 대외외무대신(大隈外務大臣)이 등장(登場)하면서 녹둔도 정황에 대해 좀 더 구체적인 훈령(訓令)이 보고(報告) 제44호와 45호로 응신(應信)되는데 제46號에 '俄國鹿屯島ヲ占領シ人民該島移住之件'에 관한 보고가 들어 있다.

제53호에는 '鹿屯島ノ位置ニ關スル上申'이 1890년(明治 23년) 6월 2일자로 보고되고, 녹둔도 위치를 나타내는 부속지도(附屬地圖)를 첨부(添附)하고 있다.

기밀 제63호 문서에는 '鹿島占據ニ關スル 風說'에 대한 報告가 같은 해 6월 16일자로 전해지고 기밀 제65호에는 '鹿屯島ニ關スル 川上書記生回信'이라 한 보고문이 실려 있다.

그리고 청러 간(淸露間)에 맺은 통상약장류찬(通商約章類纂) 권23(卷二十三) 제13안(第十三案)을 기재(記載)한 보고내용이 들어 있다. 기밀 제7호인 浪速艦航海報

告文과 동 제14호로 浪速艦乘組 川上書記生의 鹿屯島調査報告文 등이 수록되어 있다.

제8호에는 러시아가 녹둔도(鹿屯島) 이외에 또 다른 지역도 점거(占據)하리라는 보고내용도 들어 있다. 제71호의 녹둔도 위치에 관한 보고는 1890년 7월 10일자로 타전(打電)된 내용이고 제76호에는 이제까지 보고된 내용보다 가일층 상세한 보고내용이 부속지도(附屬地圖)와 함께 1890년 7월 15일자로 일본 외무성에 보고되고, 이어서 동년(同年) 7월과 8월에 기밀제 5호, 9호, 31호가 연이어 녹둔도에 관한 정황을 보고하고 있다.

이상과 같은 녹둔도에 관한 제반 보고문은 국내외의 그 어떤 문건보다 풍부한 내용을 담고 있어 녹둔도 관련 연구자료로 매우 유용한 것으로 평가된다. 아쉬운 점은 녹둔도의 면적이나 거주민의 수효 및 가구수 기타 지역과의 거리, 러시아 주둔병의 숫자가 보고문건마다 약간의 차이를 나타내고 있다는 점이다.

무엇보다 녹둔도 관련 정보를 가장 많이 담고 있는 아국여지도(俄國輿地圖)[14]와도 많은 상위점(相違點)을 드러내고 있다. 이처럼 관련내용이 상위한 것은 현지(現地)의 접근(接近)이 불가능한데다 보고자에 따라 수집한 정보원(情報源)의 차이에서 불가피하게 제기된 것이라 여겨진다.

특히 우리나라 고종황제(高宗皇帝)의 밀명(密命)을 받고 해삼위(海蔘威 : 블라디보스토크)로 파송(派送)되었던 김용원(金鏞元) · 신선욱(申先郁) 등이 작제(作製)하였을 것으로 보이는 이 지도 속의 부정확한 설명을 보더라도 녹둔도를 점령한 러시아는 이 지역의 자유로운 출입을 제한, 엄격한 통제(統制)를 가함으로써 정확한 소스(Source)를 접하기 어려웠던 것으로 여겨진다.

14) 俄國輿地圖는 十一節 二十三面 折帖裝 形式에 天然色으로 彩色되어 있다. 첫 面 地圖의 目錄에 附淸俄形情, 關防兵將, 戶多山俄民, 交界相談 등 4개 項目과 地圖餘白에 製圖者가 踏査한 地域의 形勢, 民家 戶數 등이 附記되어있고, 여기에 韓人들이 居住하고 있는 29個地域의 家口數와 人口數를 밝히고, 1884년(高宗 21年 : 光緖 10年) 12月初 親軍前營使 韓圭稷의 手下 前營領官 權東洙, 金鏞元을 海蔘威로 密派할 즈음 五衛將 金光勳과 申先郁을 수행하고 沿海州 一帶의 軍施設과 僑胞들의 實狀을 調査함과 同時에 鹿屯島 地形을 製圖해 오도록 하였다.

「鹿屯島關係雜件」 文書綴에 收錄된 主要關聯 事項

(日本外務省 外交史料館 所藏)

年月日	文書番號	報告者	家口	人口數	距里	面積	其他特異事項
1886年 11月15日	機密第百五十八號	杉村濬	–	–	–	–	韓露通商之後朝鮮露側에鹿屯島返還要請
1890年 5月29日	機密第四十六號	近藤眞鋤					1870年傾露人移住始作繼續 鹿屯島返還要함
1890年 6月2日	機密第五十三號	近藤眞鋤	二三十戶				美國人 스토리 프리레그 두만강巡廻 地圖添附
1890年 6月29日	機密第八號	岩拍廷九			慶興에서 露領 烟秋까지 70里		–
1890년 7月1日	機密第七十號	近藤眞鋤			慶興~烟秋까지 70里		烟秋에 露官吏 出張 執務
1890年 7月4日	機密第十四號	立田革	三十戶	露兵 9名	慶興까지 百里	周圍八丁	두만강對岸上部 70里淸領 下流 30里露領 1870年傾移住始 섬의 返還要請함
1890年 7月12日	機密第三號	二橋謙	–	露歸化 7.80名 露兵 7.8名			英新聞 露 鹿屯島 占領 報道 Weber에 鹿屯島 返還要請
1890年 7月15日	機密第九號	久水三郎	朝鮮人 140餘戶 露兵 7名		慶興 70里 撫夷堡 40里 造山堡와 5.60間 淸露國境과 12.3町 烟秋까지 100里	南北 20里 東西 20里	慶興監理事務金禹 鉉 鹿屯島 露에 返還要求했음. 證言 後聞 不明. 포시예트 露兵 千名駐屯 2.30年前陸續.慶興에서 來往耕作人 往來嚴禁. 商用 旅券發給함
1890年 7月15日	機密第七十號	近藤眞鋤	–	住居人 朝鮮形 衣服着用	포시예트 90里 烟秋 100里		섬平地. 烟秋露 步兵2千, 砲兵 3백 명 코미살駐
1890年 7月15日	機密第七十二號	近藤眞鋤			慶興東南 70里 撫夷堡 40里 造山堡 境界 5.60間		住居耕作 數十年前 萬戶撤廢
1890年 7月15日	機密第七十六號	久水三郎		140餘戶 7.80名	造山門 10里		露退役兵 7名 巡廻 勤務
1890年	機密第十號	久水三郎	–	–	慶興 70里		旅券發給手數料 韓錢百文 鹿屯島 江幅最廣三丁最 挾一丁下流二三 個處 支流廣幅一 丁挾四五間
1890年	機密第十五號	川上立一郎		50餘戶 露兵 9名	周圍 20里		慶興監理 金禹鉉 證言

第9章

一萬里 朝鮮
疆土의 侵縮史

19세기 이래 국경하천상(國境河川上)의 변화(變化)

1

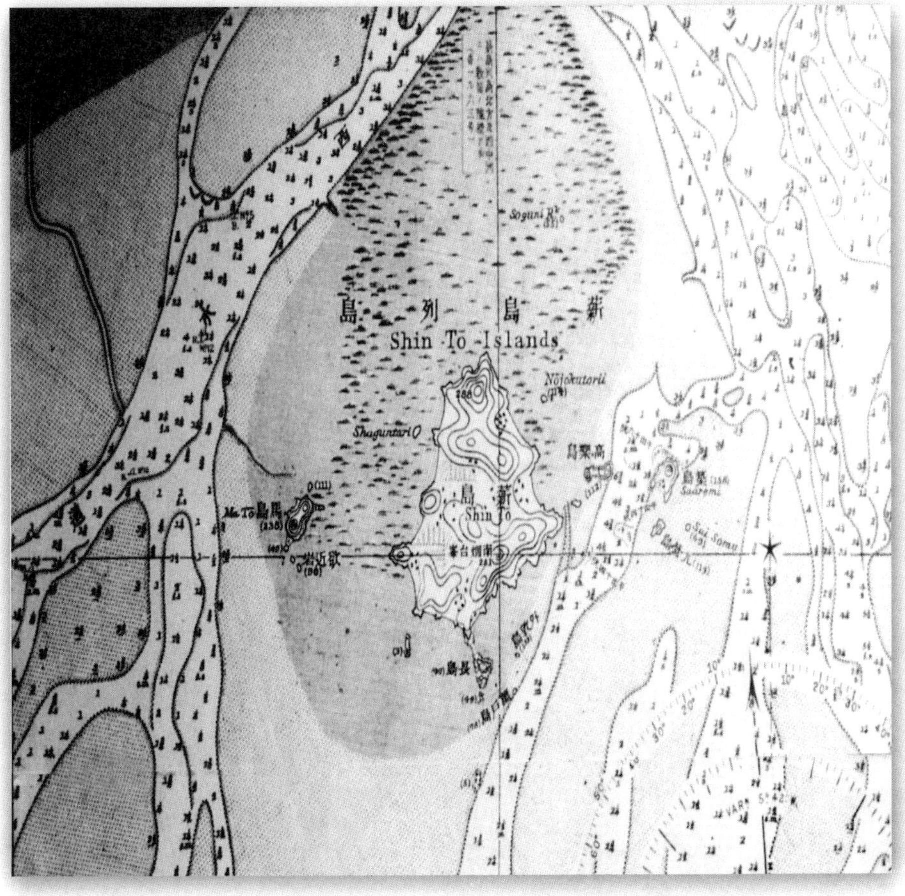

1_신도열도 주변도

2

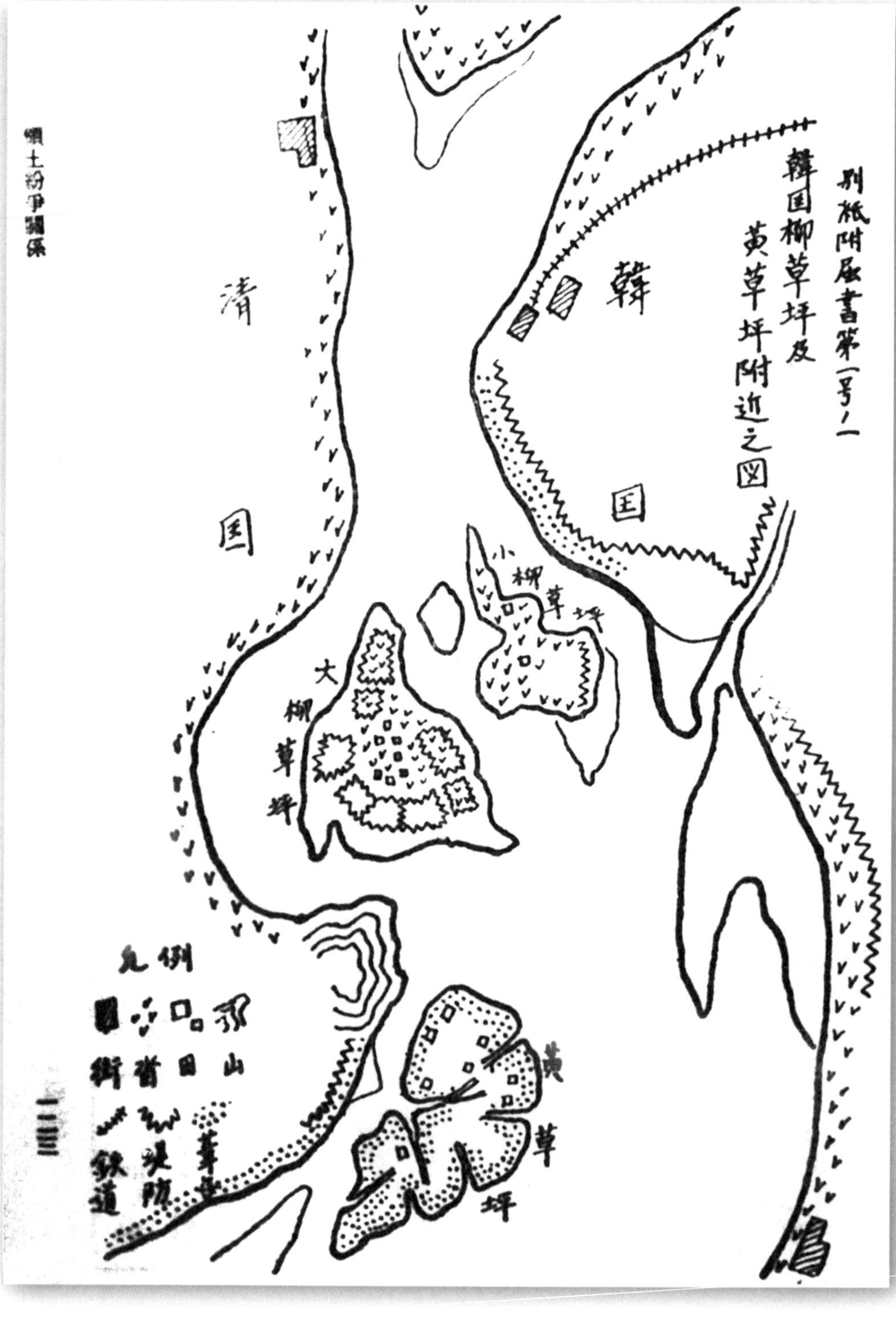

2_황초평 인근도

3

第五圖 多獅島附近平面圖

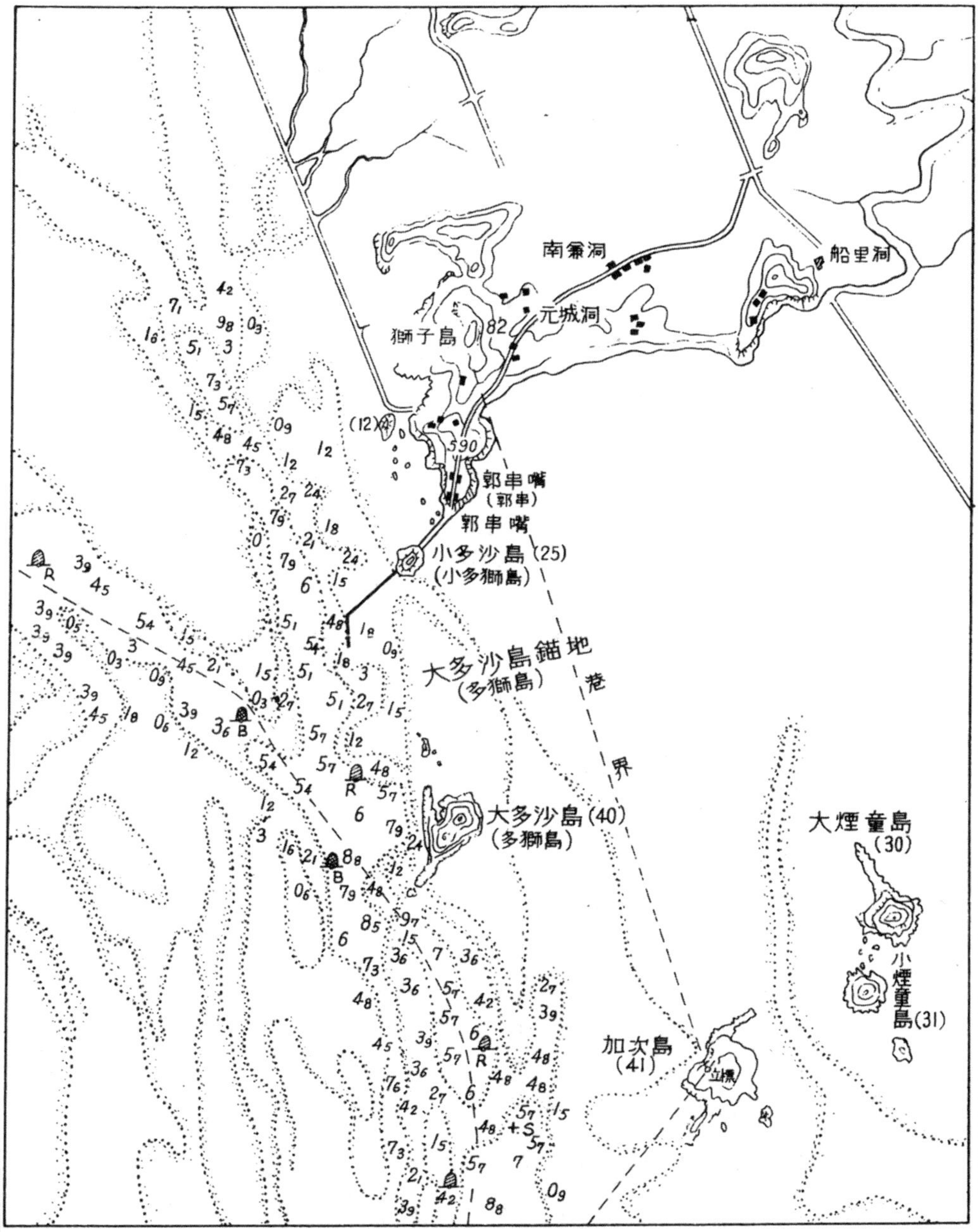

縮尺 72.857分之一

4 KM 3 2 1 0 500m 1000m

3_다사도 부근 평면도

4

4_위화도 주변도

5

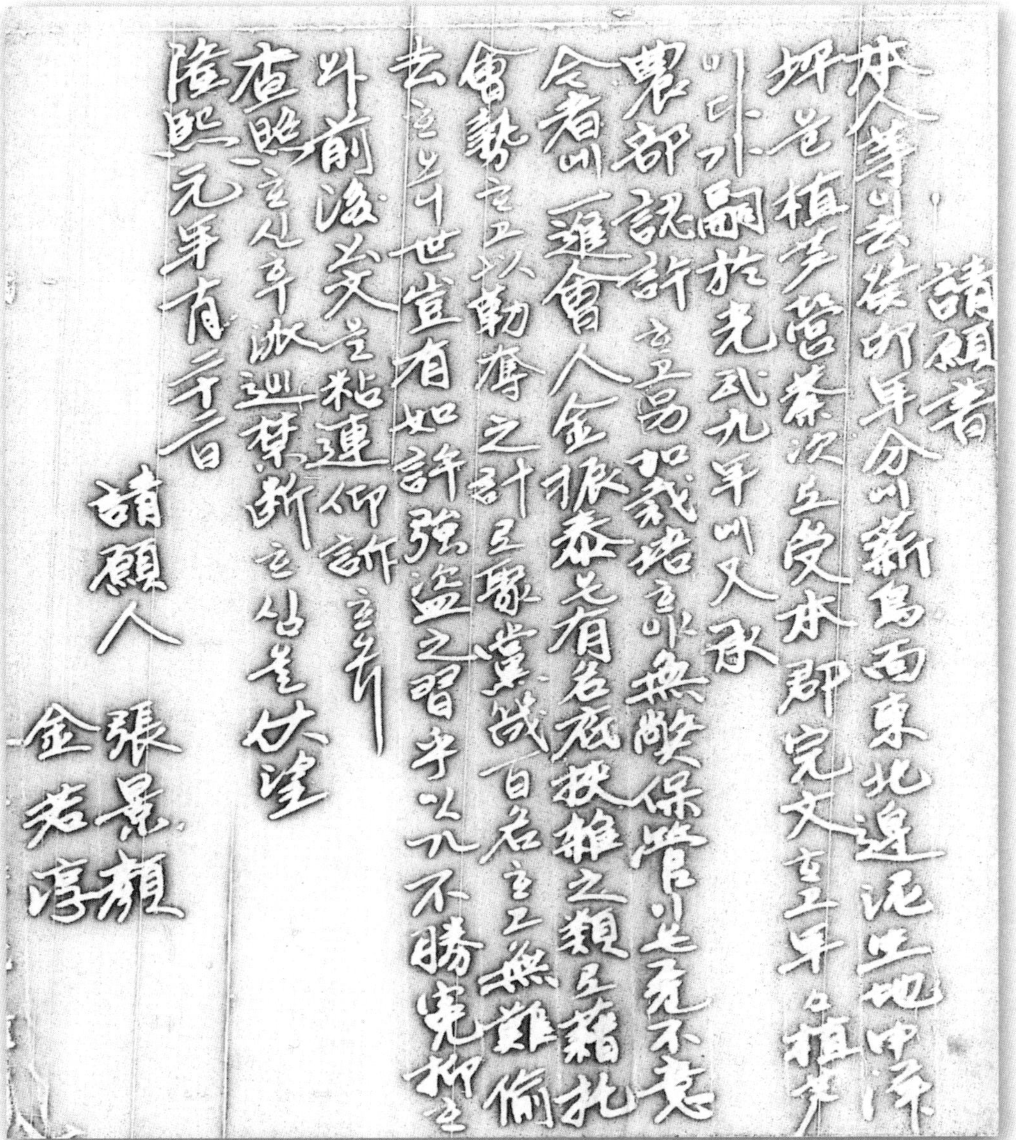

請願書

矣人等이 去癸卯年分에 新島面東北邊泥生地中洋坪을 植芦營業次로 受本郡完文ᄒᆞ고 年年植芦ᄒᆞ다가 嗣於光武九年에 又承農部認許ᄒᆞ고 另加栽培ᄒᆞ와 無欸保管이온바 不意今者에 一進會人金振泰가 有名無實之類로 藉托會勢ᄒᆞ고 以勒奪之計로 聚黨幾百名ᄒᆞ고 無難偷去ᄒᆞ오니 世豈有如許強盜之習乎아 不勝冤抑ᄒᆞ와 此前後文을 粘連仰訴ᄒᆞ오니 査照ᄒᆞ신 後 派巡禁斷ᄒᆞ심을 伏望

隆熙元年 十月 二十日

請願人 張景顔

金若淳

5_장경안의 개간 청원서

•第9章•

19세기 이래 국경 하천상(國境河川上)의 변화(變化)

1. 압록강 유역의 변천 개황

가) 신도열도(薪島列島)

우리나라 최대(最大) 최장(最長)의 국경하천(國境河川)인 압록강은 민족사의 애환(哀歡)을 끊임없이 실어 나르고 있는 강이다. 이러한 강(江) 하구에는 강사(江史)의 증인이나 되듯이 여러 섬들이 포진해 있다. 이들 섬들을 총칭해 오래전부터 신도열도(薪島列島)라 불러왔다. 다도해(多島海)와 군도(群島)가 바다위에 불규칙하게 모여 있는 크고 작은 섬들을 말하는 데 반해, 열도(列島)는 여러 개의 섬들이 마치 일렬로 줄을 세운 듯한 모양새의 형태를 일컫는데 신도열도가 여기에 해당된다.

신도열도(薪島列島)에는 크고 작은 섬들과 이와 병렬(竝列)해 여러 개의 사주(沙洲)들이 줄지어 있는데, 강 하구에 위치한 여러 섬들을 포괄해 신도열도라 칭하며 이 가운데 가장 큰 섬인 신도(薪島)의 명칭을 따서 신도열도(薪島列島)라 칭한다.[1] 행정구역상 평안북도 용천군 신도면에 속해 있던 섬들이다. 가장 큰 섬인 신도(薪島)는 용암포 남서방향으로 17km, 압록강 하구로부터 약 12km 떨어져 있다. 한때 장자도(獐子島)라 불렀는데, 청안(淸岸)에서는 약 15리가량, 대동

1) 拙著, 韓國邊境史硏究, 法經出版社, 1989, p. 117.

구(大東溝) 동쪽인 한안(韓岸)에서는 약 30리 거리에 위치해 있다. 섬을 왕래하는 데는 중국 쪽에서는 편주(片舟)로도 용이하나 우리나라 내륙인 용천 쪽에서의 왕래는 배편이 아니고는 어려운 거리이다. 이 섬의 면적은 대략 동서(東西)로 17정보(町步), 남북(南北)으로 25정보(町步)[2)]가량 된다고 하는데 보다 정확하게는 6.77km^2며, 해안선 길이는 15km로 보고 있다.[3)] 이 섬은 지난날 육지가 침수되어 형성된 섬으로 주변에는 신도에 비해 훨씬 작은 섬들과 사주(沙洲)와 갯벌이 펼쳐져 있다. 섬 곳곳에는 곶(串)들이 돌출해 있고 서부와 남부에는 산지가 바다에 접해 있어 해식애(海蝕崖)가 많다. 강상류로부터 계속 밀려 내려오는 토사와 홍수로 갯벌이 늘어났다 사라졌다 하면서 자연히 섬 주위의 넓이에도 영향을 미쳐 왔다. 그러한 가운데서도 비교적 영향을 덜 받는 전답(田畓)과 잡종지(雜種地)는 대략 360여 정보(餘町步)에 달하고 섬 남북쪽으로 500만 평의 사주(沙洲)가 생겨나 갈대밭을 형성하고 있었다. 이 섬은 압록강으로부터 흘러들어온 토사(土砂)와 퇴적물(堆積物)로 수심이 얕아 주변에는 수많은 고기떼들이 철따라 몰려드는데 이는 강물인 담수(淡水)와 해수가 교차, 혼입되면서 어장(漁場)으로서의 입지조건이 좋아 한때는 서해상의 출어선들로 성황을 이루기도 한 곳이었다.

섬 북부에 상상봉(上上峰)이, 섬의 중앙부라 할 수 있는 동주동(東洲洞)에는 높이 90m의 삼각봉(三角峯)을 중심으로 산지(山地)이며 서부쪽은 비교적 평탄한 지형을 이루고 있는데 이는 서안(西岸)의 깊숙한 만입(灣入)을 막았기 때문이다.

주요 농산물로는 옥수수(黍), 수수(稷), 콩, 팥, 밀 등과 약간의 미곡이 산출되는데, 산간미개지(山間未開地)가 260정보(町步)가량 된다.

200여 년 전에는 300호가 넘었으나 일제의 조선침략 직후인 1906년경에는 대폭 줄어들어 190家戶에, 인구 820(남 400, 여 420)명에 불과하였다.[4)] 광복 직후 행정구역관할이 평안남도 용천군 신도면에 속하면서 2,572명의 주민이 살고 있었다.

1678년(숙종 4년) 미곶(彌串)에 진(鎭)을 설치하였다가 1807년(純祖 7년)에 이

2) 1町은 60間으로 360尺에 해당되며 m로는 109.1m이다. 일반적으로 町步로 표기하는데 町과 步는 단위를 달리한다. 步는 周尺으로 여섯 자를 말한다.

3) 한국정신문화원 편, 한국민족문화대백과사전, 13권, 1991, pp. 702~703.

4) 金正柱 編, 朝鮮統治史料, 第九卷(領土紛爭關係 薪島), 韓國史料研究所, 宗高書房, 1972, pp. 113~114.

곳 신도로 진을 옮겼는데 바람이 잔잔하면 섬으로 나가 진을 치고 강풍(强風)이 일면 물러나 미곶으로 물러나왔다고 한다.

이 섬에는 이전부터 중국인들의 밀입국이 자심하였다. 1530년(중종 25년)에는 요동인(遼東人)이 암암리에 잠입해 옴에 명나라 도민(逃民) 60명과 이들의 지참물을 포획해 추방하기도 하였다.

청나라 시기인 건륭(乾隆)~가경(嘉慶) 연간에 청인(淸人) 해적들이 서입(鼠入)해 살생폭행(殺生暴行)을 저지름에 당시 조선 국왕은 청국정부와 협의 후, 장자도(獐子島)에 대하여 청국정부의 비도(匪徒)들이 월계(越界)하여 섬에 잠입한 사실을 고시(告示)하고, 이 섬이 조선령임을 알렸다.[5)]

당시에 고시된 고시문(告示文)과 공문(公文)은 폭 1척 5촌, 길이 4척 판목(版木)에 새겨 도보(島寶)가 되었는데 이 판목(版木)은 동부동(東部洞) 여만청(呂萬淸) 집(家)에 걸려 있었다.[6)] 이후 압록강 유역 내 도서 및 사주는 청국령이 아닌 수백 년간 조선령(朝鮮領)으로 간주되어 왔고 한인(韓人)들이 경작 가능한 섬에서는 거주하며 활동해 왔다.

이후 대전회통 형전(大典會通刑典)에 나타난 바와 같이 우리나라 서북연안 변경지를 넘어 채삼, 밭갈이, 수렵하는 주모자와 종범들 역시 모두 경계상(境上)에서 참(斬)하며 월경(越境)하여 작목(斫木)하는 자도 채삼자(採蔘者)들을 다스리는 율(律)에 따르도록 한다고 하여 월경작태를 엄중하게 경계관리하도록 하였다.[7)]

신도(薪島)는 서해상의 긴요한 국경방술지로 자리매김해 왔던 곳이다. 행정구역상 평안북도 용천군 의주군 소관으로 이 주변 갈대밭(葭地)은 조선정부 소유

---

5) 薪島一圓은 韓國領이라는 嘉慶帝의 勅諭.
禮部盛京爲嚴加禁緝 以靖邊界事 盛京高麗溝地方 相距該國轄址密邇 誠恐奸民越擾不時 加察期惟邊隘 肅淸而該國卡 隘 亦甚嚴密因偸 斫木植匪徒潛集 牟利近日鼠入獐子島 潛伏運木函 應拿辨免致 滋擾經該國 協同搜拿洵屬 認眞出力 大皇帝深加嘉許 解到餘犯蔡法 劉靑山二名 歸案辨理陸續弋獲 刻己訊明首從覆奏結案 併將失察之 文武各官分別治罪 仍立善後章程 永除籍弊 此番懲創之後 再無作奸犯法之人 嗣後該國守土官吏倘如遇 一二不法民人偸越入時 擒拿送交內地 究處以仰副 嘉慶 八年 月 日.

6) 金正柱 編, 朝鮮統治史料, 第九卷(領土紛爭關係 薪島), 韓國史料硏究所, 宗高書房, 1972, p. 114.

7) 大典會通, 刑典, 이 책은 大典通編 이후의 事實을 補充하여 만든 책으로 1865년(고종 2년) 名臣 趙斗淳 등이 편집한 조선시대 500년간의 全法令이 수록되어 있는 六卷 五册으로 되어 있는 治道로 당대 最高의 律令書이다. 刑典편에 '西北沿邊越採蔘佃獵者首從皆境上斬犯越斫木者依採蔘律論'이라는 律令이 나타나 있다.

로 선희궁(宣禧宮) 소관이었다. 그럼에도 불구하고 청 측은 가경제(嘉慶帝)의 칙유(勅諭)가 발한 지 90여 년이 지난 이즈음 압록강(鴨綠江)의 흐름이 크게 변화된 현재 그 근거는 박약한 것이라고 하며 이의(異議)를 제기하면서 이 땅의 귀속여부에 대해 논란을 야기시켰다.

그러나 신도일원(薪島一圓)은 청의 가경제(嘉慶帝)의 칙유(勅諭)를 굳이 거론치 않더라도 1872년(高宗 9년) 해상경비를 강화하기 위한 조치로 포군(砲軍)을 신설함에 그 유지비의 일부를 충당하기 위해 이곳 경작민으로부터 소작료를 징수하였고 징수대상 구역 범위는 북은 암초(岩礁)가 보이는 데까지로, 남은 신도, 동은 용천군의 두모포(豆毛浦), 서쪽으로는 괘강구(掛綱溝)까지로 하였다. 이로써 조선 말기까지 이 지역 일대의 영토관리에 따른 한계선을 분명하게 정하였다. 그러나 청나라 동변도(東邊道)에서 의주부윤에게 괘강구(掛綱溝) 밖에서 산출되는 갈대 생산지 갯벌은 압록강상(鴨綠江上) 중앙에 있는 것으로 청국관할에 속한즉 한국인들의 이곳으로부터의 갈대 채취를 엄금해 달라는 요청이 있어 이를 마지못해 신도진(薪島鎭)에 이첩(移牒), 조사하게 하였다.

조사결과 괘강구외(掛綱溝外) 갈대 생장지는 신도진 관할 황초평에 해당되는 것으로 고종 9년의 포군설치 시 삼군부(三軍部)의 절목(節目)을 살핀즉 신도진(薪島鎭) 포군청(砲軍廳)에서 관할(管轄)하기 8, 9년이 지난 이 시기에 청 측의 요구는 부당하다고 결론을 내렸으나 이 건(件)을 종결짓는 데만 수년이 걸렸다.

1895년 신도진이 철폐되면서 압록강구의 경비가 해이해짐에 따라 청인 왕수산(王壽山)이 이곳의 갈을 마구 베어감으로써 이를 방지하고자 하였으나 청인들의 항거가 있음에 광무 2년(1898년) 궁내부(宮內府) 내장원(內藏院)에서 사검위원(査檢委員)을 파견하여 퇴거케 하였다. 3년 후인 1902년 우리나라 조정의 외무대신이 청국정부에 왕수산(王壽山) 등의 갈 벌채 금지는 물론 이에 따른 손해보상을 요구하였으나 응하지 않아 장기간에 걸쳐 외교문제가 되었다.

이변은 지난날 신도를 중심으로 한 신도면이 1967년 10월 신도군으로 격상되고 부속되어 있던 여러 섬들과 갯벌이 개간되면서 물막이 제방들이 축조되어 새로운 명칭들이 생겨났다는 점이다. 1952년 신도면 동주리와 남주리를 합쳐 신도노동자구로 하였다가 1967년 10월에 신도군을 발족시키면서 용천군 서석리 일부와 신도노동자구를 분리해 신도읍과 비단섬노동자구를 내왔다. 1969년에 신도 면소재지 동주동을 읍으로 하고 군 행정의 중심지로 삼았고 용천군의 서석리 일부와 신서리 신도노동자구를 두었다가 이를 분리하여 신도읍을 비단섬노동자구에 합치고 비단섬노동자구와 신서리를 용천군으로 이관시켰다.

1988년 용천군 비단섬노동자구, 황금평리, 서석리 일부를 떼내 신도군을 부활시켰고 기존의 읍소재지를 용천군 서석리 일부와 신도노동자구를 분리해 신도읍으로 하였다. 용천군에서 떼낸 서석리 일부를 서호노동자구로 하였다.

신도읍 관할지에는 여러 개의 무인도들이 흩어져 있는데 이전에는 무명(無名)의 섬이었는데 현재의 신도읍 동쪽 학교마을에서 건너다 보이는 섬이라 하여 건넌섬이라 하였으며 건넌섬과 나란히 서 있는 3개의 섬 가운데 중간에 자리하고 있는 섬은 가운데섬이라 하였다.

위의 세 개 섬 가운데 끝쪽이라 하여 마자막섬이라 하고, 싸리나무가 무성하다 하여 싸리섬, 사자모양의 형상인 사자섬, 남강 건너의 마을섬, 박처럼 둥글게 생겼다 하여 박수섬, 섬 모양이 납작하다 하여 납작섬, 돌이 많다 하여 붙인 돌섬 등등 보는 이의 형상에 따라 붙여진 섬의 명칭들로 긴섬, 조개섬, 코끼리섬, 뾰족섬, 개구리섬, 두꺼비섬, 구룡섬 등등이 있는데 과거에는 명칭이 없었던 것들이다.

신도읍 관할지로 우리나라 최서단에 위치해 있는 말안장 형태의 마안도가 여기에 속해 있는데 소마안도(小馬鞍島)는 신도읍 서쪽으로 자리하고 있다. 신도열도 일대를 신도군으로 변칭하면서 군내에는 황금평리, 서호노동자구, 비단섬노동자구를 두고 있다.

이 가운데 이전에 없던 새로운 명칭의 하나로 꼽히는 비단섬노동자구는 갈밭을 조성해 비단원료를 생산하는 곳이라 하여 비단섬이라 하였는데 일부 중국 측 지도에는 주단도(綢緞島)라 표기하고 있으나 신도를 일컫는 변칭이다.

예스러운 자태를 간직하고 있는 명칭으로는 신도 첨사(僉使)가 와서 쌓았다는 성안마을, 국경방비를 위한 봉화를 올리기 위해 연대(煙臺)를 설치해 왔던 연대산의 연두봉, 섬 북서쪽으로부터 두 줄기로 갈라져 흐르는 압록강의 소지류 중 하나이며 중국과의 경계를 짓는 압록강 폭이 좁혀져 흐르는 소록강이라는 강명(江名)도 있다.

동양무담이라 하여 옛날 무관들의 양성, 비용을 충당하던 논을 일컫는 곳도 있어 국경방비의 고장이었음을 짐작케 하고 있으며 나루터로는 의주나루마을이 있어 오늘날도 그 기능이 유지, 활용되고 있다.8)

나) 황초평(黃草坪)이라 불렸던 황금평(黃金坪)

황초평(黃草坪)은 용암포 상류에 위치해 있는데 청안(淸岸)에서 보면 안민산(安民山) 맞은편에 있는 사주(沙洲)이다. 우리나라 연안(沿岸)에서는 약 17町(1854.7m), 청 측으로부터는 약 8町(872.8m)으로 중국 대동구(大東溝)로부터 약 5리쯤 거리에 위치해 있다. 동서가 약 25町(2,827.5m), 남북이 약 22町(2,400.2m)에, 면적은 1,830町步(1만 8천畝, 19만 9천653m^2)로 서남부의 사주(沙洲)를 소황초평(小黃草坪)이라 하는데 넓이는 17만 4천960평이고 갈 수확은 8천 속(1,200원), 동북부에 위치한 사주(沙洲)인 대황초평(大黃草坪)은 1,166만 4천 평에 갈 채취량은 20만 속(3만 원)가량 되었다. 순수 갈밭 총 면적은 무려 547만 4,802평에 달하였다. 상류 부분은 지세(地勢)가 다소 높고 하류는 낮은데, 하류 쪽으로 갯벌이 점차 확장되어 가는 형세이다. 이 일대는 거친 풀만이 우거진 갯벌이 들판으로 변한 가운데 1914년경 마을이 들어서면서 황초동(黃草洞)이라 불렀다. 이곳은 한때 한국황실(韓國皇室)의 목장지(牧場地)로 정해졌었다. 그 후인 1907년대에 들어서면서 대대적인 개간설계(開墾設計)를 세워 제방을 쌓고, 도로를 내고자 계획한 바 있었으나 실현되지는 못하였다.9)

이러한 곳이 오늘날 황금평(黃金坪)으로 알려지고 있는 곳으로 통칭 황초평(黃草坪)으로 불리어 왔다. 이 섬 자체의 면적은 대략 1천4, 5백 정보 내지 2천 정보로 보고 있는데 1900년대 초만 하여도 연간 갈 수확에 따른 징수금이 2만 냥가량 되었다. 이러한 갈대 수확을 탐내 1892년 청인 왕수산(王壽山) 등이 이곳의 갈대를 부식(扶植)시켜 수확을 거두어감에, 이곳의 원 경작자인 용천군민인 장세영(張世英)이 용천감리(龍川監理)에게 다음과 같이 청인들의 부당한 갈 수확을

8) 북한 어문편집부, 고장이름사전 평안북도, 과학백과사전종합출판사, 2001, pp. 125, 127.

9) 金正柱 編, 朝鮮統治史料, 第九卷(領土紛爭關係 薪島), 韓國史料研究所, 宗高書房, 1972, pp. 51, 109.

호소함으로써 한청 양국 간에 영유권문제로 비화되었던 곳이다.[10)]

照會 第二號

大韓龍川監理魚允迪爲照會 事照得龍川郡居張景顔 稟稱本郡鎭西面斗流浦越邊海中有一泥生處名曰申澤坪 本人以植蘆爲業之計 光武七年得本郡許可 同九年又得農商工部許可業經植蘆矣 不意本年五月間淸國安子山居淸人孫鴻賓使該國人李盛林到申澤坪暗地植蘆云 故卽往面詰則噫 彼孫姓又以荷杖之習淩辱 本人終無撤銷之意 乞卽交涉退送一以免疆土冒占之弊 一以保本人實業之地等 情據此査本國人張景顔之旣得權果係門確不容他人橫侵況該申澤坪 乃是本國領土 此次淸國人孫鴻賓何敢冒據隣疆恣意植蘆 此不可不築底防範免致 再擾爲此相應備文照會

貴理事廳煩査照移照淸國官憲嚴飭 孫鴻嬪傳勿生意須至照會者

光武十年 八月十三日

황초평이 어디에 귀속되느냐 하는 문제는 곧바로 신의주 하류의 수로관할권 문제로 이어짐으로써 국경·영토관할문제로 비화(飛火)·쟁점화되기에 이르렀다.

국토 양단 이후인 1952년 북 측은 대대적인 행정구역 개편을 시도하면서 평안북도 용천군 신도면 노평리 황초리 농화리 병호리를 합쳐 신도면 서쪽의 지역이라는 방위개념을 적용하여 신서리(薪西里)라 하다가, 10년 후인 1963년 신서리 일부를 신도리로 하고, 1967년에 신도군 신도리로, 1969년에 다시 용천군으로 환원시켰다가 1982년부터 황초평 일대를 황금평리라 하였다.

황금평리에 대해 보다 자세히 언급해 보면 이 지역은 개간으로 인해 그 범위가 넓어짐에 따라 광복 직후인 1949년 里의 일부를 떼내, 갈을 생산하는 노동자들이 살고 있다 하여 노평리, 농사가 비교적 잘 되는 곳이라 하여 농화리라 명명하고 황금평리에서 분리시켰다가 이후 또다시 신서리에 합쳤다.

개간으로 물막음을 하기 위해 제방(堤防)을 쌓으면서 북제방, 남제방, 대간선제방 등의 여러 제방 명칭이 생겨났고 제방 밑 마을을 병호리라 하였는데 이는 제방을 쌓은 모양이 마치 군대가 적을 막는 것과 같이 생겼다 하여 붙여진 명칭이다.

---

10) 金正柱 編, 朝鮮統治史料, 第九卷(領土紛爭關係 薪島), 韓國史料硏究所, 宗高書房, 1972, p. 26.

병호리는 1952년 용천군 신서리에 흡수되어 없어졌다. 1949년 용천군 신도면 노평리 농화리 병호리 등 3개 리가 황초리로부터 분리되었다가 1952년 신서리에 통합되었다.

1963년에는 신서리 일부가 신도리로 편입되어 오다가 1967년에 신도군 관할하에, 1969년에는 용천군에 속하였다. 1982년 용천군 신서리를 개편하여 황금평리라 하였다가 1988년 신도군 황금평리가 되어 오늘에 이르고 있다.

오늘날 황금평리가 소속되어 있는 신도군에는 신도읍을 비롯하여 서호노동자구와 비단섬노동자구 등의 2개 노동자구에 里로는 황금평리가 유일하다.

위의 비단섬노동자 구역은 지난날 신도(薪島) 일대를 포괄하는 구역으로 여기에 신도(薪島)의 중심처이던 동주리 남주리 성안마을 봉수터가 있던 연두봉 등이 속해 있다.[11]

이러한 신도(薪島)지역의 갯벌이던 황초평(黃草坪)이 황금평으로 불리면서 이 일대를 중심으로 오늘날 북·중합작개발 착공식과 인프라 확충 차원에서 신압록강대교 건설이 착공 중이다.

지난 2002년 신의주 특구화계획 시에도 황금평 일대의 개발계획이 포함되어 있었으나 초대 특구행정장관인 양빈(楊斌)을 탈세혐의로 구속해 흐지부지된 데다, 중국 측의 소극적인 태도로 무산된 바 있다.

이 계획이 무산된 이면에는 당초 중국이 지분 100%를 투자하기로 했는데 북측이 그 대가로 50년간의 임대료를 일시불인 현금으로 요구하면서 견해차이가 있어 실행되지 못한 사연이 있다.

이러한 상황을 타개하기 위해 북 측은 중국과 획기적인 경제협력계약을 체결하여, 평안북도 신의주의 황금평과 함경북도 나선지역 두 곳의 부지 면적 486km^2를 중국 측이 개발·이용할 수 있게 협력 중인데 이는 여의도 면적의 57배에 달하는 넓이이다.

나선지역의 경우 나진, 선봉을 합쳐 2010년 특별시로 승격, 중앙정부가 직접 관리하고 있고, 압록강 하구에 위치한 황금평은 신의주 주변 일대의 유수한 곡

---

11) 북한 어문편집부, 고장이름사전 평안북도, 과학백과사전종합출판사, 2001, pp. 126~127.

창지대로 최근에 공개된 "조중라선경제무역지대와 황금평경제지대 공동개발 계획 요강"에 의하면 북한 · 중국은 나선과 황금평 지역공동개발 · 관리에 대한 협정을 체결하고 후속작업에 박차를 가하고 있다.

2011년 5월 29일 합작개발 착공식이 열린 황금평지대는 16km²의 부지에 정보, 관광문화, 현대시설, 농업, 경공업 등 5대 산업을 중점발전시켜 지식밀집형 신흥경제구역으로 건설키로 했다.

황금평과 신의주를 잇는 여객 화물부두를 건설하고 지역 내 그물망 도로도 구축해, 황금평과 단동시 구간에 2개의 출입도로를 건설하는 내용도 포함되어 있어 황금평과 신의주를 잇는 여객, 화물, 부두의 신설도 갖추게 될 전망이다.

산업기반시설에 필수불가결한 전력도 지난해부터 시작된 80만kw의 수풍발전소의 개 · 보수 작업이 끝나면 앞으로 이 지역에 풍부한 전력도 공급될 것으로 내다보고 있다. 계획대로라면 단둥 린강산업단지와 연계해 황금평 개발로 완전한 자유시장경제 시스템이 이들 지역에 도입될 전망이다.[12)]

다) 영유권 갈등에 놓였던 신택평(申澤坪)

신도에 붙어 있는 갯벌로 신택평(申澤坪 : 일명 信倜坪)이라는 갈대밭이 있는데 중국 측에서는 이 갈대밭을 옥강석(玉石崗)이라 하고 있다. 1868년(고종 5년) 대원군 집정 시에는 신도열도를 중심으로 포군(砲軍 10명) 양성을 위해 갈 세수(稅收)를 징수해 소요비용을 충당해 왔고 1895년(고종 32, 明治 28) 4월 군제개편 시 기존의 진역제(鎭驛制)를 폐지하면서 이 일대를 용천군에서 관할하게 하였다.

신척평(信倜坪)이라 부르게 된 연유는 지금으로부터 100여 년 전 용천군 진곶동에 살던 이정주(李正柱)의 증조부(曾祖父) 이신척(李信倜)이 현지 군수의 허가를 받아 고기잡이터로 이용하면서 그의 이름을 붙여 신척평(信倜坪)이라 한 데서 비롯되었다.

이 신척평이 주목을 받게 된 것은 1867년 대홍수로 인해 압록강이 범람하면서 황초평과 신택평 사이에 수로가 생겨나고 이후 3년여간 간조(干潮) 때만 되면 주변

---

12) 중앙일보, 2011년 5월 26일(목), 4~5면, "북중경협 황금평 나선특구".

이 갯벌화되면서 이곳에 갈대가 무수하게 자라났는데 이러한 갈대의 수확을 둘러싸고 청 측과의 다툼이 벌어짐으로써 문제가 확대되었기 때문이다. 1903년 청(淸)의 안동현(安東縣) 안자산(安子山)에 거주하는 손홍빈(孫鴻賓)이 이 땅 5천여 무(千餘畝)에 달하는 지역에 갈대 부식(付植)을 위한 공사(工事)를 하고 계속해서 상당액의 예산을 들여(淸貨 1만 7천 원) 이 일대를 개발하고자 함에 같은 해 용천군에 살던 장종식(張宗植)이 그의 아들 장경안(張景顔) 명의로 갈 부식 허가원을 당해 군수에 제출, 1903년(光武 7년) 12월 10일에 승인을 받았다. 청원서(請願書) 내용과 허가서(許可書)인 완문(完文) 그리고 이에 따른 인허규칙(認許規則)은 다음과 같다.[13)]

北下面居 張景顔

本郡鎭西面 新興境 斗流浦邊海中 申澤坪泥生處에 可爲植芦而 無人主管故로 矣身이 明春植芦를 爲計이오나 或恐他人之窺覘하와 玆敢仰訴하오니 洞燭하신 후 定標成文以給하시와 以杜後日侵漁之弊를 伏望 光武 七年 十二月 日 四標 東斗流浦 南 薪도 西北大海原 郡守 閣下

完文

北下面民 張景顔訟狀을 接准한즉 內槪鎭西面 新興里 斗流浦邊海 申澤坪泥生處에 可爲植芦而 此是無人主管故로 及先明春에 矣身이 植芦爲計而 定標成文以給하야 依杜日後他人窺覘之弊事等因온즉 該坪이 旣在海中하고 亦無其主하니 生民要産을 寧不遵施리요 四標를 註明于左하야 完文成給하니 依此永久施行이 宜當事 癸卯 十二月 十日 郡守

左開 四標段은 東斗流浦 南 薪도 西北大海原 該郡完文이 旣係的確이니 依願許施이되 依左開另飭할事

十二月 二十八日 地方官

左開
認許規則

一. 該地段與認許狀을 外國人에게 典當及權賣치 못할事

---

13) 北下面居 張景顔의 請願書 및 完文.

一. 認許後 一週年內 植芦치 아니면 該認狀을 自歸廢紙할事
一. 認許狀을 本國人에게 轉給하는 境遇에는 本部에 請願하야 認許를 得한 後 施行할事
一. 上項諸條에 犯하면 本認狀은 勿施하고 該犯人은 當勘重律할事

이상과 같이 신택평은 용천군민 장경안(張景顔)에게 개간권이 주어짐으로써 신택평을 둘러싼 영유권문제는 일단락되었다. 전통적으로 압록강 강상도서(江床島嶼)는 한국령이 된 지 오래이다.[14)]

라) 유초평(柳草坪)

위의 신택평과 불가분의 관계에 있던 압록강 하류상의 황금평 위쪽에 자리한 유초평(柳草坪) 역시 남북 두 개의 주(洲)로 나뉘어 있는데 남방의 것이 크고 북방의 것이 작다. 조수(潮水)가 밀려오면 두 곳은 서로 떨어져 있게 되어 있는데 남방의 사주(沙洲)를 대유초평(大柳草坪), 북방의 작은 사주(沙洲)를 소유초평(小柳草坪)이라 한다.

대유초평(大柳草坪)은 황금평 못지않게 일찍부터 한인(韓人)들이 거주하면서 경작해 왔으나 소유초평(小柳草坪)은 물길에 막혀 왕래가 불편해 방기(放棄)해 왔는데 언제부터인가 청인들이 강을 건너와 갈밭을 이루면서, 보다 경작하기 좋은 섬 한 귀퉁이의 한인(韓人)들 경작지마저 자기네 땅이라고 하면서 청국 봉천장군(奉川將軍)이 발행한 지권(地券)인 당조(塘照)를 보이면서, 지권면(地券面)에 81묘여(畝餘)를 청인(淸人) 조정선(趙廷選) 등외의 소유라 하는가 하면, 1897년(광서(光緖) 23년) 2월 이후로는 점차 그 범위를 확대해 갈밭 범위를 480여 무(餘畝)의 넓이로 늘렸다.

이렇게 된 연유는 본시 이 땅이 토사(土砂)가 축적된 강상도서(江床島嶼)로 그

14) 金正柱 編, 朝鮮統治史料, 第九巻(領土紛爭關係 薪島), 韓國史料研究所, 宗高書房, 1972, p. 69.
"(四)鴨綠江下流ニ於ケル國境問題, 鴨綠江ニ淸韓ノ國境ハ江ノ中心ヲ以テ境界トスル普通ノ慣例ニ反對スル特殊ノ歷史ヲ有シ江中ニ於ケル 島嶼及沙洲ハ古來韓國ノ領域ト認メラレ居レリ."

지반이 대유초평(大柳草坪)처럼 단단하지 못해 거처(居處) 마련이 어려워 한동안 비워둔 것을 계기로 언제부터인가 청인들이 8백여 속(百餘束)의 갈대를 베어가면서 이 땅을 저들의 땅인 양하였다.

그러나 분명히 이곳은 일찍부터 의주군 광성면 상호동(象箎洞)이라 불려온 고장이고, 조선조 종정원(宗正院)에 속해 있던 국유지였다. 그리고 이곳에서 산출되는 물산은 종정원이 의주진위대에 배속된 장병의 관리유지비 일부로 사용하도록 해왔다.

그리고 이 섬의 직접 관리는 원주민인 한세유(韓世愈)가 해왔으나, 1869년(高宗 6년 : 同治 8년) 8월 청국 무관(武官) 마준(馬俊)이란 자가 이 땅에 대해 경작료로 쌀 52斗를 징수해 간 바 있으나 그 부당성이 드러나 돌려받은 바 있기도 하다.

1877년(광서(光緖) 3년) 안동현(安東縣) 소재 모묘(某廟)의 승(僧) 복립(福立)이라는 자가 갈을 베어가고자 동현(同縣)에 청함에 지현(知縣)인 왕만년(王萬年)으로부터 문빙(文憑)을 교부받고자 하였으나 뜻을 이루지 못하였고, 1889년(광서(光緖) 15年) 7月에는 청인들이 사사(私事)로이 이곳을 드나들므로, 통사(通事) 임순화(林舜和)로 하여금 당시의 안동지현(安東知縣) 장모(張某)가 이 섬에 출입을 금지하도록 고시(告示)하였다. 이 모두가 소유초평(小柳草坪)이 한국령임을 반증하는 것이었다.

그러나 청 측은 이 사주(沙洲) 전체가 청령(淸領)이며 대유초평(大柳草坪)에도 한인(韓人)들이 불법적으로 들어와 살고 있고 소유초평(小柳草坪)은 당해지방 장군이 발급한 지권(地券)이 있어 청인인 조정선(趙廷選), 장세영(張世英) 외에 수명의 소유라 하고 이들 현지 소유주들이 광서 23년 당시 영도태(榮道台)에 토지의 장량(丈量)과 지권 교부를 요청, 발급을 받았고 이듬해 봉천장군(將軍)으로부터 교부개정을 한 이래 이 땅에 갈을 키워왔는데 한인(韓人)들이 먼저 들어와 갈식부(植付)를 하였으니 이는 청인의 땅을 침입한 것이라 하였다.

이 사안(事案)에 관해 1902년(光武 6년 : 光緖 28년) 2월 의주군수(義州郡守)로부터 안동지현(安東知縣)에 보낸 조회서(照會書)에 소유초평(小柳草坪)을 북유초평(北柳草坪)으로 표기하면서 이 땅은 원래 조선 땅인데 청인들이 점거하고 있으니 돌려달라고 하였다.

이에 안동지현(安東知縣)은 북유초평(北柳草坪)은 청령(淸領)으로 이미 발급된 지권(地券)도 있다고 하면서 의주군수(義州郡守)의 주장을 받아들이지 않았다. 이후 현지 쌍방의 관리가 교체되고 양측 주장이 맞선 가운데 1905년(광서 31년) 4월 한인(韓人)들이 청인들의 갈대 60속(束)을 불지르고 그 땅에 작물을 심었다.

그리고 동년 8월에는 갈을 베기 시작함에 청 측 안동지현(安東知縣)의 만류로 주춤했다가 다음달인 9월 한국 관리 신모(申某)가 주민 20여 명과 함께 갈을 베어왔다. 이 일에 대해 안동지현(安東知縣)은 북경(北京)의 외무부(外務部)로 이 사안을 이첩(移牒)한 후 이후 청인들의 북유초평(北柳草坪)의 소유논란은 수그러들고 한인들의 경작은 유지되어 왔다.

이와 같은 전후사정(前後事情)에 관해서는 광무(光武 : 1902년) 6년 4월 5일자의 대한제국(大韓帝國) 외부대신(外部大臣) 조회문(照會文)[15] 가운데 잘 나타나 있다. 이와 관련된 제반 문건인 안경하(安景夏) 청원서[16]와 이에 반발하는 청인들의 청원서와[17], 분규(紛糾)에 따른 해법을 제시, 타결한 평안북도 관찰사 명의(名義)와 조처(措處)[18][19]들은 주(註) 18), 19)의 내용과 같다.

---

15) 光武 六年 四月 五日字 大韓帝國 外部大臣 照會文.
大韓帝國 外部大臣臨時署理錬道院總裁兪箕煥爲照會事義州龍川等地蘆草坪一事前准 貴照會奉天將軍咨復謂王壽山等係呈領新淤荒灘栽種蘆葦執有照據完納正稅竝越界收割等因在案玆接內藏院文開談地係本國牧場公土永定 皇室所有基址每個年蘆草稅金完二萬兩乃有王壽山等潛越收割以致缺稅殊爲駭惋疆域各殊界限分明雖欲籍托荒灘 種蘆執據完稅其於辭不達理

16) 安景夏 請願書.
平安北道 龍川郡 龍巖前鴨綠江下流에 有如掌小島 故로 將植木僞計는 不可任意擅便 故로玆以請願하오니 查照하신 後特爲認許하시와 國稅를 收納하시고 民業을 發達케 하심을 伏望함.
光武十年 五月 日 請願人 平安北道 龍川郡居 安景夏
農商工部大臣 閣下

17) 光緖 三十四年 二月 十七日字 淸人들의 請願書.
立字居同德塘三十六戶葦承 大韓國平安北道觀察使 允將甛水溝子淤泥灘一處 韓人稱黃草坪之葦草仍歸三十六戶按年收割以度養命爲此三十六戶 由明年起每年捐稅二千元交納平安北道觀察使衙門 查收十年後韓國政府將黃草坪開墾 或另有用地皮之時 需用若干任憑用去三十六戶 並無違頁立字之後倘有兩國爭奪葦草有日淸官長官吏究辨 恐口無憑立此字據爲證.
孫 敬本 *外 三十五人 花押
光緖 三十四年 二月 十七日.

마) 위화도(威化島)

① 역사성을 계승하고 있는 위화도(威化島)

압록강 하류 중턱 강상(江床)에 오늘날 행정구역상 의주군 상단리와 하단리에 해당되는 이곳이 역사적으로 유명한 위화도(威化島)이다. 압록강안에 크고 작은 수많은 사주(沙洲)형태의 섬들이 있지만 이 섬만큼 역사적으로 두더러진 섬은 찾아보기 어렵다. 이 섬이 유명해진 것은 무엇보다 고려 말 이성계의 위화도회군(威化島回軍)이라는 사실 때문이다.

압록강을 중심으로 쟁탈전을 벌이고 흥망성쇠한 나라들이 한둘이 아니지만 고려 말 옛 조선의 땅을 수복하려던 원대한 뜻이 물거품이 된 데는 바로 이성계가 당시 대군을 거느리고 요동 땅 수복길에 나섰다가 바로 이곳에서 회군을 결심하고 고려조정을 향해 군사쿠데타를 일으켰기 때문이다.

이후 다시는 북방고토 수복의 길은 열리지 못했다. 1388년(고려 우왕 14년) 신흥국인 명나라가 철령위(鐵嶺衛)를 설치하고 철령 이북의 땅을 요동도사(遼東都司) 관할하에 두겠다고 통고해 옴에 고려정부는 대경실색하여 요동정벌에 나섰다.

---

18) 平安北道 觀察使.

上項黃草坪葦草稅金을 每年二千圓으로 約定하여 交納于本觀察道이되 期限은 十年間으로 爲定하고 納限은 兩次爲하여 每年陰二月一日一千圓 陰三月一日一千圓式交納之意로立旨하였은즉 稅金交納之期限은 不可時日違反하여 以遵定約之本意이되 若或違限則此證約이 歸之無效리니 以此十分遵守하여 專無一毫錯誤할 意로 如是爲證事.

隆熙 二年 四月 八日 平安北道 觀察使

大韓國 平安北道觀察道에서 管轄하는 龍川府所在 黃草坪葦草를 淸國同德에 居하는 淸人 林恒春등 三十六名이 立旨할 事件으로 連名請願이 有한바 不得己 認許하고 捐稅二千圓으로 約定하여 交納于本道로 하되 期限은 兩次로 爲約하여 每年陰二月一日一千圓 陰三月一日一千圓式交納之意로 立旨爲證事

隆熙 二年 四月 八日 平安北道 觀察使 柳 赫魯 上承認

立字據代表 淸國人 林恒春 吳新源 靳虎臣 弓鶴亭 蔡泉山 爲

同德塘三十六戶葦據承 大韓國平安北道觀察使 允將甛水溝子淤泥灘一處 韓人稱黃草坪之葦草 仍歸三十六戶 由明年起每年捐稅二千元交納平安北道觀察使衙門 交款分爲兩期首期二月初一日交付一千元二期三月初一日交付一千元倘該三十六戶至期施缺不交等情爲淸國代表人是間若有別國人等要納捐稅 再行攪擾覇佔有新義州理事廳理事官及平安北道觀察使 代爲彈壓恐口無憑立此字據爲證.

光緒 三十四年 二月 十七日 吳新源 弓鶴亭 林恒春 靳虎臣 蔡泉山 等人 花押

19) 金正柱 編, 朝鮮統治史料, 第九卷(領土紛爭關係 薪島), 韓國史料研究所, 宗高書房, 1972, pp. 26, 207~210.

당시 이성계는 대신(大臣) 벼슬인 수문하시중(守門下侍中)에 있으면서 요동정벌에 대한 반대의견을 개진하였는데 이른바 사불가론(四不可論)으로 "작은 나라가 큰 나라를 거스르는 일은 옳지 않으며, 여름철에 군사를 일으키는 것은 부적당할 뿐 아니라 요동을 공격하는 틈을 타서 왜구가 창궐할 염려가 있고, 무덥고 비가 많이 오는 여름철은 활의 아교가 녹아 풀어지고, 병사들이 전염병에 걸릴 염려가 있다"고 하여 반대하였다.

그러나 우왕은 최영을 팔도도통사(八道都統使)로 임명하고 조민수(曺敏修)를 좌군도통사에, 이성계를 우군도통사로 삼아 좌우군 3만 8,830명과 겸군(傔軍) 1만 1,600명, 말 2만 1,682필을 이끌고 출정을 독려하였다.

위화도에 고려군이 도착한 때가 여름이라 큰 비를 만나 압록강을 건너기 어렵게 되자 이성계는 요동정벌 포기를 간청하였다. 그러나 그의 요청은 묵살되었고, 거듭 진군(進軍)을 독려하자 결국 이성계는 회군을 결심하고 개경으로 돌아와 우왕을 폐위시키고 역성혁명을 단행하였다.[20)]

이처럼 한국사에 드문 획기적 사건을 연출한 장소가 바로 위화도이다.

위화도는 조선조 때 위화방으로 있다가 면제(面制)가 시행되면서 위화면이 되었고, 1944년 상주인구가 6,935명이나 되었다. 이 섬은 압록강 하류에 발달한 삼각주인 6개 도서 가운데 가장 큰 섬이다.

하중도(河中島)이므로 지대가 낮은 평지인데다 땅이 기름지고 점토질이므로 농사에 적당해 주민들 대부분이 농사에 전념해 옥수수, 콩, 대마 등을 생산하였는데 옥수수는 품질이 뛰어나 가공식품의 원료로 인기가 높았다. 수산물로는 뱅어, 황복, 숭어, 잉어 등이 많이 잡혔는데 뱅어와 황복은 위화도를 대표하는 명산물로 소문이 자자하였다.

유적으로 하단동에 이성계의 위화도 회군을 기념하기 위해 주둔지에 세운 왕당(王堂)이 있었는데 주민들은 광복 이전까지만 하여도 매년 음력 6월 25일 이곳에 모여 홍수의 피해를 막아달라고 기원하는 제를 올렸다.

---

20) 李相佰, 李朝建國의 硏究, 乙酉文化史, 1949; 朴天植, 戊辰回軍功臣의 册封顚末과 性格, 全北史學 3, 1979 參照.

이 섬은 하단(下端), 상단(上端) 등의 2개리를 두고 있었으며 면소재지는 하단에 위치해 있었는데, 오늘날에는 평안북도 신의주시 상단리(上端里)와 하단리(下端里)로 행정구역화되어 있다.[21)]

상단리에는 고려시기의 집자리에서 발굴된 유적과 유물들이 주목을 끌고 있다. 1959년 4월에 발굴, 정리한 면적은 대략 240m²(15m×16m) 정도이며 부드러운 황색 모래층인 표토의 두께는 60~70cm가량으로, 그 밑에 20~30cm 두께의 검은 부식토층인 문화층이 깔려 있었고, 문화층에는 크기가 다른 돌들, 깨진 기와조각들을 비롯해 여러 유물들이 섞여 있었다. 집자리에서 드러난 것은 7줄의 구둘골이 발견되었는데 이 골은 서북쪽에서 동남쪽으로 길게 놓여 있었다. 골 안에는 검은 재와 불에 그을린 흙이 덮여 있었고 골들의 너비와 골과 골 끝 사이는 대략 20~30cm 내외의 간격에다 길이는 4m 내외이다. 이 골들을 포괄하는 범위는 4m×3m 정도이나, 본래는 훨씬 더 넓었을 것으로 여겨진다.

정연한 돌 시설들은 보이지 않았으며 골들 사이와 골 안에서 기와조각, 쇠부스러기, 그물추 등의 유물이 섞여 있었고, 아궁이로 보이는 홈 부분에서 깨진 사기 2점과 동전이 나왔다. 홈 동북쪽 부분에서는 조개껍질 무지가 나왔는데 그 속에서 송곳 한 점과 심하게 산화된 쇳조각인 배못, 꺾쇠, 활촉, 낫, 창, 동전, 청동으로 만든 숟가락, 부러진 조각 그물추, 숫돌 등이 나왔고, 위의 시설물과 좀 떨어진 곳에서는 40cm 미만의 막돌들을 직경 50cm 정도 범위로 둥글넓적하게 돌려 쌓은 시설물이 있었다.

시설물 동남쪽 끝부분에서는 동전 4점, 쇠활촉, 쇠문고리 등이 출토되었다. 그 밖에 병, 자기, 옹기, 낚시, 그물추, 동전 등도 나왔다. 발굴시설물 가운데서 나온 유물은 총 300여 점이 되나 대부분 그물추와 산화가 심해 형체를 판별하기 힘든 쇳조각들이었다.

쇠로 만든 것으로는 활과 활촉, 낫, 못, 꺾쇠, 문고리, 낚시 등이며 그 밖에 동전, 숟가락, 여러 종류의 그릇, 청색구슬, 송곳, 숫돌, 기와조각들도 나왔다. 단 한 점인 창끌의 경우 날 폭이 비교적 넓고 뿌리가 달려 있었는데 창끝의 길이는

21) 북한 어문편집부, 고장이름사전 평안북도, 과학백과사전종합출판사, 2001, pp. 36~37.

14.5cm이며 뿌리의 길이는 6.5cm나 된다. 날의 너비는 3.5cm로 단면은 렌즈형인데 두께는 3mm 정도이고 뿌리의 단면은 장방형이다.

3점의 칼 가운데 2점은 작은 칼로 모두 부러진 것이며 1점은 긴 칼이다. 그것 역시 부러진 칼 끝부분인데 남은 것의 길이는 24cm이고 날 너비는 1.8cm로 날 폭이 좁고 긴 칼 형태로 등은 곧고 끝은 뾰족하며 날 부분이 휘어졌는데 몹시 닳았다. 활촉 8점도 나왔는데 산화되어 형체를 확인하기 어려웠다. 이것들은 날 부분 모양에 따라 끌날형, 도끼날형, 송곳날형, 넓은 활날형 등 네 가지 형태의 것들이다.

끌날형 활촉은 한 점뿐인데 끝부분이 네모나고 뿌리부분의 단면은 둥글다. 전체 길이는 11cm이고 뿌리부분의 길이는 3cm 정도이다. 도끼날형 활촉을 역시 한 점뿐이다. 날부분이 부채처럼 둥글게 펴진 데서 붙인 이름이나 다소 다르게 생긴 것도 있다. 날 가운데가 오므라들고 마치 이등변삼각형의 밑변을 오목하게 거꾸로 놓은 듯한 모양새이다. 오므라든 부분 역시 뿌리 끝부분까지의 길이는 3cm 정도이다.

송곳날형 활촉은 모두 3점으로 산화가 심해 단면 형태를 알 수없으나 대체로 긴 송곳 형태이다. 길이는 8~15cm이다. 넓은 창날형의 활촉은 모두 3점으로 날 부분이 버들잎보다 좀 넓게 생겼고, 단면은 원형 혹은 렌즈형이다. 크기는 날 너비 1.7cm 미만, 길이 10cm 미만의 것들이다. 활촉 바깥 뿌리부분의 타면은 원형이거나 방형이며 뿌리부분의 길이가 조금씩 다르며 뿌리가 2중으로 된 것도 있다. 이상과 같은 활촉은 삼국시대나 발해 때도 흔히 있었던 것으로 고려조까지 계승되어 왔음을 알 수 있다.

형태가 온전한 낫 한 자루도 나왔는데 날 폭이 몹시 넓고 날 끝부분은 몹시 굽은 것으로 왼손잡이다. 낫의 양 끝 사이 길이는 26cm이며 날 폭의 너비는 5cm이다. 목부분이 도툭한데 일반적으로 낫은 자루에 맞추는 뿌리를 길게 만드나 이 낫은 목부분의 끝면에 도툭한 귀를 만들었다. 끝부분의 바깥부분을 더 넓게 만들고 한번 곱싸 넘기려는 듯이 휘어서 도드라지게 하여 자루에 맞추게 하였다. 이와 비슷한 형태의 것이 평안북도 용천군 용연리에서도 발굴된 바 있다.

청동제품으로는 숟가락, 머리꽂이 비슷한 것, 동전 등도 나왔다. 동전은 11~12

세기에 쓰였던 연호가 표시되어 있었고, 5개체 분의 숟가락 가운데 어느 정도 복원이 가능한 것은 1점으로 앞 뒤 끝부분이 조금씩 부러져 나간 것으로 앞 끝부분은 어린이 숟가락 비슷하게 타원형을 이루었고 뒤에는 꼭지가 달렸다.

가운데 부분의 단면은 대체로 정사각형이나 꼭지부분은 나사틀개 형태이다. 꼭지부분은 활처럼 몹시 뒤로 휘어졌는데 숟가락의 남은 부분은 20.5cm이다. 흙을 빚어서 만든 그물추도 있었는데 모두 불에 구워서 만든 것으로 100여 점이나 나왔다. 이것들은 둥근 나무토막을 잘라서 두 끝부분에 홈을 판 것같이 보였다. 크기가 각각 다른데 대체로 2.3~3.5cm이며 직경은 0.8~1.3cm이다.

큰 것은 몇 점 되지 않으나 형태상 작은 것과 비슷한데 굳이 차이점을 든다면 두 면을 약간 평평하게 만들고 거기에 가로 홈을 내고 있다는 점이다. 끝부분도 작은 것과 같이 홈을 한 바퀴 두른 것이 아니라 외부만 칼로 베낸 듯한데 한쪽 끝부분이 조금씩 부러진 것으로 그 길이는 대체로 4.5cm 정도이며 직경은 2.5cm 정도이다. 유물 가운데 단연 돋보이는 것은 도자기류인데 유감스럽게도 하나같이 깨진 것들로 본래의 형태를 알아볼 수 있는 것은 단 3점뿐이다.

도기류(陶器類)로는 병 종류의 것으로 유약을 바르고 돌림판을 쓰고 있다. 복원할 수 있는 대상물의 경우 제조원료로 가는 모래를 섞어 만들었으며 색깔은 회백색, 검푸른색, 갈색, 적갈색을 띠고 있다. 깨진 주둥이부분은 목부분에 귀가 달린 것으로 귀는 2~3개 달리거나 없는 것도 있다. 이 가운데 복원할 수 있는 것으로 주둥이 직경 5.5cm, 밑굽의 직경 6cm, 높이는 33cm의 것을 들 수 있다. 도기의 바깥부분뿐만 아니라 안에도 유약을 바른 것이 있는데 어떤 것은 안에는 바르지 않고 돌림판을 돌린 자리가 줄을 이루고 있다. 자기는 색깔에 따라 청자, 흑자로 구분할 수 있는데 흑자는 약간 푸른빛을 띠고 있다. 깨진 것들 가운데 청자 1점, 흑자 1점만이 복원이 가능해 원래의 형태를 살펴볼 수 있다.

청자는 비단 청색 한 가지만이 아니며 청록색, 연한 청록색, 청회색, 청색 등 다양한 색깔의 사발종류인데 돌린 굽이다. 두께는 4~6mm이며 바탕이 희고 맑으며 질이 굳어 두드리면 쇳소리가 난다. 원래의 형태를 알 수 있는 청록색 자기로 입구 직경 20cm, 밑굽 직경 6cm, 높이 7cm의 것도 있다.

그릇 바깥 부분에 무늬가 있고 바탕흙에 굵개로 참대순 모양의 무늬를 긁어서 장식하고 유약을 바른 후 구워낸 이른바 유하장식(釉下裝飾)을 한 것도 나왔다. 대부분이 깨져 무늬 전체 모양을 알 수 없으나 은근하면서도 째인 무늬로 보아 아름다운 그릇 모양이었던 듯하다. 넓은 사발 모양의 흑자는 입구 직경이 31cm, 밑굽의 직경 9cm, 높이 13cm이고, 그릇 두께는 7mm이다. 그릇 안부분의 벽과 바닥에 세로 붓으로 그은 듯한 무늬로 띠장식을 하였다. 주둥이 가에서부터 그은 무늬로 흘러내린 끝부분이 붓 끝같이 되었고 그릇 바닥 주위로 돌아가면서 약간 비뚤게 그린 것 같은 무늬장식법을 썼다. 무늬는 유약을 바른 후에 장식하였다. 이렇게 장식한 무늬 하나하나가 나타낸 자연미에 약간 청색미를 띠는 흑색바탕에 불그스레한 금빛무늬로 두른 모습은 그릇이 깊어 보이기도 하고 빛나는 감도 준다. 장식품으로는 길이 1.5cm, 직경 0.5cm 미만의 원통형의 자그마한 청색 옥구슬을 비롯하여 여타의 장식품 조각도 몇 점 나왔다. 그 밖의 유물로는 무더기로 나온 기와조각들이다. 산산이 부서진 기왓장은 모두 회색의 기와로 무늬는 수키와 끝부분에 평형으로 세 줄 긋고 그 사이사이에 비뚤게 꾹꾹 누른 무늬와 산의 윤곽을 여러 번 반복하여 물결모양으로 한 것들이다.

위에서 살펴본 바와 같이 유물들이 고려시기 또는 그 이전의 것들로 보여진다. 자기(磁器)들의 예로 보아 그 모두가 고려시대의 청자 및 흑자들이다. 색깔, 형태, 무늬, 장식 등 어느 하나도 고려시대의 것과 다름이 없다. 어떤 것들은 질적으로나 색깔 면에서 오히려 우수한 작품에 속하는 것으로 보여진다. 귀가 달리거나 달리지 않은 형태의 병도 고려 때 것임을 알 수 있다. 활촉 또한 고려 내지 그 이전 시기의 유형으로 판단된다. 끝날형과 송곳날형의 활촉은 그 형태가 매우 다양할 뿐만 아니라 알려진 자료도 상당히 많은 편이다.

예컨대 장성리 고구려 돌각담 무덤떼에서 나온 것과 같으며 그 밖의 것도 삼국시대의 유물에서 흔히 볼 수 있는 형태의 것들이다. 무엇보다 발해의 수도에서 출토된 다양한 형태의 부류도 모두 동일한 유형의 것들이다.

11~12세기의 것으로 보이는 동전에 표기된 연대는 집자리와 발굴된 여타의 유물들이 고려시기의 것임을 입증케 하는 것들이다. 위화도 주변에는 자그마한 섬들이 여럿 있는데 그중 일부는 경작지로 이용되면서 유사시에 변경방술에 임하였던 것으로 보인다.

유적지는 고려 때 변경지대의 섬인 위화도에 사람들이 살면서 변경수호에 일익을 담당하였던 집자리요, 그들이 사용하였던 유물임을 확인케 하고 있는데 이는 압록강변이 고구려, 발해시기를 이어 고려, 조선의 영토로 계승되어 왔음을 입증해 주고 있고, 왕당터 역시 변경 유적지로 보존되어야 할 귀중한 문화재임을 전해주고 있어 시사하는 바 크다.

② 압록강과 두만강 관련, 제반 도서(島嶼)와 교량 제방(堤防) 상황

島嶼의 명칭과 넓이 및 둘레

管轄所在	島嶼名	面積	周圍	最高點	管轄所在	島嶼名	面積	周圍	最高點
平北道		km²	m	m	平北道		km²	m	m
龍川郡	迎門崗	3.58	9,000	10.0	龍川郡	細島	0.048	600	32.0
薪島面	露積島	0.064	14.500	31.0	薪島面	丁足岩	0.064	1,000	5.0
	艾島	0.064	600	35.0		達島	0.032	700	34.0
	獅子島	0.032	600	38.0		草介島	0.032	500	32.0
	水島	0.16	1,500	28.0		臥島	0.032	500	32.0
	末島	0.14	600	38.0	外上面	蟬島	0.48	3,000	45.3
	薪島	6.77	15,000	91.9	府羅面	大多獅島	0.21	2,600	40.1
	羊島	0.14	500	31.0		小多獅島	0.05	700	25.0
	馬鞍島	0.3	2,300	75.0		大煙章島	0.16	1,500	29.5
	長島	0.032	500	28		小煙章島	0.11	1,000	31.0
	丑島	0.21	2,200	–		門泊島	0.016	500	18.0

鴨綠江沿岸島嶼 居住住民 關聯狀況

所在地	島嶼名	居住民 戶數	其他事項
平北道 義州郡 固城面 薪島洞	荏島	235名 39戶	鴨綠江鐵橋 上流 十里 안팎에 位置해 있으며 威化島와 古城面 麻田洞과 細下洞 사이에 있다.
上同	薪島	530名 90戶	義州 西南方向 25里에 位置, 把守 二幕이 있었음. 북한에서는 오늘날 비단섬이라 칭함.
平北道 龍川郡 揚西面 見一洞	東泰坪	150名 40戶	一名 揚新坪이라 함. 面積 95餘町步임. 金泰煥이 植蘆함에 東은 東國人과 이름자를 따서 東泰坪이라 불렀다.
平北道 龍川郡 龍川面 長串洞	迎門崗	一時中國人居住	草生地로 滿潮時 水沒되었다가 점차 蘆生地化함. 淸人과 所有權 다툼 있었음.
平北道 龍川郡 薪島面 南州洞	馬島	7名2戶	中國과의 國境要地로 軍幕을 두고 烽燧臺를 運營 警備한 곳임. 일명 馬鞍島라 함. 薪島 西方 10里 干潮時 通行 可能. 面積은 東西 三町, 南北 四町가량 됨.
平北道 龍川郡 薪島面 東州洞	丑島	8名 2戶	面積은 東西 二町, 南北 三町 때로 築島라고도 씀.
平北道 義州郡 水鎭面 石溪洞	九里島	700名 150戶	把守幕 두고 對岸 警備함. 沿岸一面이 沙礫地로 地盤이 낮아 增水 시 沙礫地 大部分이 侵水됨.
平北道 義州郡 州內面 於赤洞	於赤島	990餘名 123戶	中宗 3年(1508年) 關防地로 重視되다가 이후 開墾됨. 6개의 把守幕을 두고 있었다. 防島와 합쳐져 하나의 섬이 됨.
平北道 義州郡 水鎭面 水口洞	水口島	30名 5戶	200여 년 전 義州人 李天慶 최초 개간. 孫子 李潤榮 耕作時 大洪水로 太半이 流失, 7년 후 再開墾됨.
平北道 義州郡 水鎭面 石溪洞	官馬島	30名 7戶	官馬의 飼料를 調達한 데서 따온 이름으로 龍灣誌에 小九里島라 함.
平北道 義州郡 水鎭面 石溪洞	小官馬島	無人島 面積 3萬坪	官馬島의 所有者인 金松竹과 徐奉年이 開墾, 漸次 耕作地가 됨.
平北道 義州郡 州內面 於赤洞	幕沙島	30명 7戶	於赤島의 一部로 大洪水 때 相當 部分 流失되었음.
平北道 義州郡 州內面 西湖洞	點同島	2350名 353戶	中國使臣이 鴨綠江에 도달하는 길목 세 갈래길 중 하나로 이용됨. 把守 五幕에 江中 및 對岸警備處였음.
平北道 義州郡 廣坪面 靑水洞	長島	無常住	淸人들 開墾으로 淸人部落 書堂 所有였다. 후에 義州郡民의 所有가 됨.

鴨綠江上의 橋梁 및 堤防 狀況

鐵橋			人道橋			
區間	길이	使用與否	區間	길이	幅	使用與否
신의주-단동	920m	使用	신의주교	920m	6m	使用
			회령교	400m	〃	〃
남양-도문	400m	使用	남양교	500m	〃	〃
			혜산교	148m	9m	〃
만포-집안	590m	使用	중강교	500m	6m	不使用
			온성교	750m	6m	〃
삼봉-개둔산	330m	不使用	훈개교	500m	6m	〃
			새별교	600m	6m	〃
청수-상하구	520m	不使用	은덕교	600m	7m	〃 22)

北 · 中間의 人道橋

橋梁 및 堤防	北韓側 位置	中國側 位置
(中朝友誼橋)	평북 신의주시 방적동	요령성 단동시 진흥
청성단교	평북 삭주군 청성로동자구	요령성 단동시 관수자치현 장전진 하구
상하구-청수철교	평북 삭주군 청성로동자구	요령성 단동시 관수자치현 장전진
집안-만포철교	자강도 만포시 만포읍	길림성 집안시 유림
임강-중강 인도교	자강도 중강군 중덕리	길림성 백산시 임강현 임강
팔도구-두지나루	량강도 김형직군 순창리	길림성 백산시 임강현 팔도구
장백-혜산 인도교	량강도 혜산시 혜산동	길림성 백산시 장백현 장백
21도구-보천교	량강도 보천군 보천읍	길림성 백산시 장백현 21도구
호산제방	평북 의주군 의주읍	요령성 단동시 관적자치현 호산향 호산
태평만제방	평북 삭주군 옥강리	요령성 단동시 관적자치현 태평만전
위원제방	자강도 위원군 위원읍	길림성 집안시 유림
운봉댐	자강도 자성군 운봉로동자구	길림성 집안시 청석진
수풍댐	평북 삭주군 수풍로동자구	요령성 단동시 관전자치현 장전진 납고초23)

22) 北韓硏究所 編, 北中國境橋梁狀況, 北韓, 1993. 7, p. 219

23) 現代コリア, 1997年 10月號, 內外通信 綜合版, 第22輯, 1997年 第63號, pp. 163~164 參照.

1

2

1_두만강 하류 유역도
2_두만강 최하류에 세워진 북 · 러 친선관

3

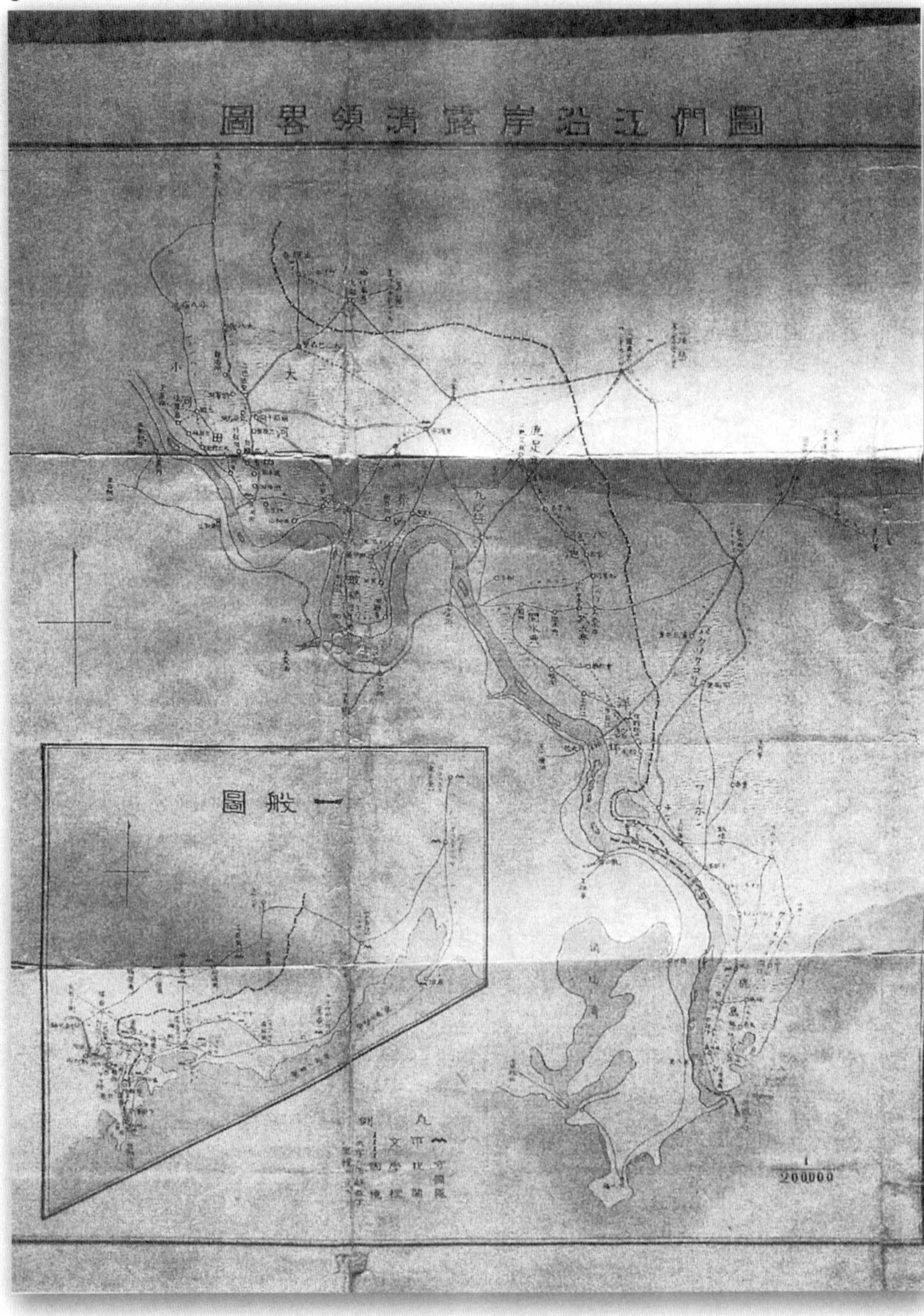

3_두만강 연안 청·러 국경도

4

4_두만강 하류 북 · 러 경계도

2. 두만강(豆滿江) 유역(流域)의 변화(變化)

가) 두만강의 유로(流路)

두만강의 발원지는 백두산 동남 측 대연지봉 동편에 위치한 해발 1,930m 북록(北麓)이다. 유로(流路)의 길이에 대해서는 출처(出處)마다 달리하고 있는데 북 측은 547.8km로[24] 보고 있으며, 중국 측은 480km로[25] 보고 있다. 유역면적은 41,242km^2로 이 가운데 북 측 유역의 면적은 32,920km^2이다.[26]

주요지류는 석을수(石乙水)와 홍단수(紅湍水)가 서두수(西頭水)와 합류해 무산(茂山) 근처의 연면수(延面水)와 두 갈래로 흐르다가 성천수(成川水)를 만나 두만강 중류(中流)를 지나게 되는데 회령천(會寧川)이 두만강과 합류하는 지점에서의 6km 상류에는 볼하천(浦乙河川)이 함경산맥에서 발원하여 회령천과 합류한다.

이 지역은 두만강 중류지방에서는 가장 넓고 비옥한 평야를 이루고 있는가 하면 팔을수(八乙水), 오룡천(五龍川) 등과 합류하면서 유로가 북쪽으로 흐르다가 온성(穩城)방향에 이르러서는 남동방향으로 돌아 나오며 다시 용당(龍堂) 나루터 근처에서의 흐름은 급전(急轉)되어 동해로 흘러 들어간다.

이러한 두만강은 우리나라 하천 가운데 유로의 경사도가 가장 심하고 길이는 세 번째로 길며 유역면적의 넓이는 다섯 번째로 넓다.[27]

두만강을 상 · 중 · 하류(上 · 中 · 下流)로 구분하면 상류는 연면수(延面水)까지이며 중류는 만주 쪽에서 흘러나오는 해란하(海蘭河) 부근까지이고, 그 이하는 하류로 나눈다. 상류는 지류가 여러 갈래로 얽혀 있으나 중류와 하류는 분지류(分支流)가 거의 없는 상태이다.

두만강 유로의 기복(起伏)이 가장 심한 곳은 홍단수(紅湍水)와 본류가 합류되는 지점, 그리고 회령군과 무산군의 경계지점 끝으로 만주 쪽에서 흘러나오는 해란하 합류점 유역이다.

---

24) 사회과학원 역사편찬연구소, 력사사전 1, 사회과학원출판사, 1972, p. 552.

25) 中國 吉林省, 自然保護, 吉林省 自然保護管理局, 1978, p. 57.

26) 姜錫宇, 韓國地理, 새글사, 1957, p. 168.

27) 한국정신문화원 편, 한국민족문화대백과사전, 7권, 1991, p. 405.

유로를 따라 지역 간의 거리를 개괄해 보면 발원지(發源地)에서 농사동(農事洞) 부근까지를 200리, 농사동에서 회령까지 410여 리, 회령에서 온성까지를 230여 리, 온성에서 하구(河口)인 토리(土里) 부근까지를 360리로 보고 있어 속칭 1,300 리라 하고 있다.

하천 폭과 수심을 개괄하면 농사동 부근은 하폭이 5~6간(間), 수심은 2~3척(尺), 삼하면(三下面)에서는 하폭 70~80m, 수심 2~3척, 무산 근방은 하폭 60~100m, 최고 수심 8~9척, 온성 인근에서는 하폭 290m, 수심 3m, 신아산(新阿山)에서는 하상 폭 600m, 수심 10척이다.

경흥 근방은 하상폭이 가장 넓은 곳이 800m, 가장 좁은 곳은 600m에 수심이 가장 깊은 곳이 13척, 가장 낮은 곳은 6척이다.

최하류인 토리(土里) 부근에서는 최대하폭 600m, 최소하폭 500m, 수심은 최대 15~12척, 유속(流速)은 급류지가 초당(秒當) 3척 8촌, 가장 완만(緩慢)한 곳은 2척 4촌이다.[28)]

삼하면(三下面)에서부터의 심한 급류(急流)는 뗏목을 내려보내기가 어려울 지경이며 하류로 내려가면 갈수록 유속은 온성 부근에서 완만해지는데 여기서부터 하안(河岸)의 굴곡은 심한 편이다.

수심(水深) 또한 고르지 않아, 깊거나 갑자기 얕아져 곳곳에 사주(沙州)가 생기고 갈수기(渴水期)에는 걸어서 강을 건널 수도 있으며 결빙기(結氷期)에는 우마차(牛馬車)의 통행도 가능하다. 강 연안(沿岸)을 건너다니게끔 곳곳에 간이교량(簡易橋梁)과 나루터가 있어 1915년에만 해도 삼하면 대안(對岸)에 9개소, 농사동(農事洞) 대안에 13곳의 교량이 가설되어 있었다.

나루터는 삼하면에서 두만강 하구에 이르기까지 무려 104개소나 되었다.[29)]

---

28) 咸鏡北道道誌編纂委員會, 咸鏡北道誌, 同委員會刊, 1970, pp. 23~25.

29) 朝鮮總督府 編, 國境視察復命書, 1915. 4, 圖們江沿岸地方中 下流編 參照.

두만강상의 橋梁 및 堤防

橋梁 및 堤防	北韓側 位置	中國側 位置
숭선-삼장 人道橋	량강도 대홍단군 흥암로동자구	길림성 연변자치주 화룡현 숭선
로과-남평 人道橋	함북 무산군 독소리	길림성 연변자치주 화룡현 로과
덕화-무산 人道橋	함북 무산군 칠성리	길림성 연변자치주 화룡현 덕화진 남평
삼합-회령 人道橋	함경북도 회령시	길림성 연변자치주 용정시 삼합진
개산툰-삼봉 人道橋	함북 온성군 삼봉로동자구	길림성 연변자치주 용정시 개산둔
도문-남양 人道橋	함북 온성군 남양로동자구	길림성 연변자치주 도문시
양수-온성 人道橋	함북 온성군 고성리	길림성 연변자치주 도문시 양수진
사타자-새별군 人道橋	함북 새별군 류달리	길림성 연변자치주 훈춘시 사타자
권하-사해 人道橋	함북 선봉군 사해리	길림성 연변자치주 훈춘시 포은동
쌍목봉로 제방	량강도 삼지연군 신무성로동자구	길림성 연변자치주 안도현 백산자연보호구
백금-계하나루	함북 회령시 계하리	길림성 연변자치주 용정시 백금
부유-유선교	함북 회령시 유선동	길림성 연변자치주 용정시 부유

나) 두만강(豆滿江) 하류지대(下流地帶)에서의 북한과 러시아의 국경(國境)문제

북 측과 러시아의 국경은 북한정권이 수립되기 이전 대한제국 당시의 국경선을 이어받아 일제강점기로 이어져 온 국경선을 유지해 왔다. 대체로 당시의 강(江)의 경계(境界)는 북한, 중국, 러시아 3국의 땅이 교차하는 지점으로부터 두만강 중심부에 위치한 점에서 남쪽 하구방향 약 1km 지점에 있는 강의 중심부를 따라 이어지고 다시 남쪽방향으로 휘어져 강 주류(主流)로 이어졌다.

강 주류의 중심인 철교 서단(西端)으로부터 약 1.4km 되는 동남(東南), 철교(鐵橋) 동단(東端)으로부터 약 1.5km 떨어진 곳에서 남방으로 전환하여 강 주류의 중심 위치인 동남방향 약 2.5km, 서북방 약 3.3km 되는 지점에 달하는데 국경선은 강 주류 중심을 따라 서남방으로 진행하여 1.2km, 그리고 강 중심을 따라 남방으로 이어지면서 러시아 측 무명(無名)의 사주(沙洲) 1개와 북한 측 사주(沙

洲) 1개를 사이를 두고 국경을 가르고 있다.[30)]

북한, 러시아가 두만강 17.5km에 달하는 국경선을 전면적으로 재획정하는 작업에 착수한 것은 그동안 지형변경에 따른 새로운 국경획정 원칙을 반영한 새로운 조약안을 검토하기 위한 것이다. 이는 1990년 옛 소련과 북한이 조소국경조약을 체결한 이후 18년 만이다.

2000~2003년까지 국경공동점검위원회를 구성해 1990년 두만강에 세워놓았던 국경표지 유지 실태와 지형 변경에 대한 실사를 해왔다. 실사결과 지난 10여 년간에 걸쳐 두만강의 범람으로 수로(水路)가 크게 바뀌었으며 국경표지도 상당수 유실된 것으로 밝혀졌다.

1990년 하상(河床) 중간으로 설정하였던 국경선이 더는 유지되기 어렵다는 것이다. 연해주정부가 러시아 쪽 강변에 제방을 쌓은 2004년 당시 1980년대에 비해 수로가 최대 250m까지 이동한 곳도 있다는 것이다.

이에 러사아 측은 1990년 국경획정 원칙은 유지하되 수로변경에 따른 국경선 변경을 도입하는 조약안을 새로이 마련하였다고 한다. 2004년 홍수 당시 수로 변경으로 영유권이 바뀔 수 있는 영토를 합하면 양국에 걸쳐 최소한 30km²에 이를 것으로 추정되고 있다. 이는 독도 면적(0.8157km²)의 약 160배에 달한다.[31)]

북한과 옛 소련은 1985년 4월 국경협정을 체결한 이후 1986~1990년 두만강 일대 22개 지점에 국경표시를 해 놓은 적이 있다. 두만강의 총 길이 521km 가운데 북·러 국경하천상의 길이 17.5km, 강 양쪽 특정 지점에 철패(鐵牌)를 1개씩 박아두었다. 그리고 강어귀에는 야간에 항해하는 선박들이 식별할 수 있도록 발광물체(發光物體)도 설치하였다.

1990년 9월 국경설정 의정서에 서명 후 2만 5천분의 1의 축적지도(縮積地圖)상에 국경선을 그었고 해도상(海圖上)에는 10만분의 1에 두만강 입구에서 동해로 뻗어나간 가상(假想)의 국경을 표시하였다. 이러한 국경선 표시는 해마다 범람하는 홍수기(洪水期)마다 반복되어 수로가 크게 뒤바뀌었다.

---

30) 拙著, 韓國國境史硏究, 法經出版社, 1992, p. 180.

31) 동아일보, 2008년 8월 7일(목).

2008년 7월 4일의 경우 수위(水位)가 5~7m 올라가 모래밭과 하상(河床)이 계속 이동하고 있는 실정이다. 이 때문에 강상(江上)의 지형 변화로 물길이 지난 1990년도에 표시한 지점을 벗어나 북한 측과 러시아는 지난 2000년에 외교부와 국방부 국경수비대 관계자가 참여해 합동위원회를 개최하고 3년간에 걸쳐 검증 작업에 들어갔다.

조사결과 종전의 경계표시가 물속으로 깊이 잠기거나 경계선 역할을 하던 하상이 강변으로 튀어나와 관목(灌木)숲으로 뒤덮이기도 하였다. 2003년 6월에는 핫싼동물보호구역에 강 물길이 넘쳐, 20헥타르(약 6만 평)가 침수되기도 하였다. 2004년 러시아 정부는 연방정부 예산으로 녹둔도 외곽을 포함한 러시아 쪽 강변에 길이 12,995km의 제방을 쌓아 자국 영토의 유실을 막는 한편 국경조약 개정 작업에 적극 나섰다. 러시아 측의 국경재획정 작업은 1990년 옛 소련과 북한 측이 체결한 당시의 선례에 따라 시행되었다.

러시아 쪽 제방공사가 거의 마무리된 상태에서 추진되는 국경재획정은 북한 쪽으로 침식된 부분이 그대로 국경이 될 가능성이 높아 보인다. 1990년 당시 두만강 국경하천지대에서의 16개 섬의 총 넓이는 4.2km²인데 앞으로 하류지점에 새로 생기는 퇴적층의 귀속여부도 주목되는 대목이다. 두만강 하류지역의 이른바 북방삼각국경지대인 핫싼, 남양, 뚜먼, 훈춘 일대에서의 경계구분은 매우 민감한 지대인데 특히 핫싼역과 두만강역을 잇는 우정의 다리 서쪽 100m 구간에서 3국의 국경이 만나는데 3국은 어느 지점을 국경선 기준으로 잡느냐가 변수로 작용하고 있다.

러시아, 북한은 양자조약에 따라 두만강 하상 중간선을 경계로 삼고자 하는 반면에 중국은 각국에 접한 강 너비에 비례해 경계선을 그어야 한다고 하고 있기 때문이다. 이 100m 구간은 경계미확징 구간으로 최근까지 타결을 보지 못하고 있는 상태이다.

이상은 1957년 10월 14일 평양에서 조인하고, 1957년 12월 14일 효력을 발생케 한 국경문제 조정에 관한 협약과 1985년 북한, 러시아 간의 국경획정에 관한 조약에 반영되어 있었고 1990년 9월 평양에서 조 · 러 국경설정 의정서 및 국경질서에 관한 조약에 서명함으로써 효력을 발생케 하였다.

다) 두만강(豆滿江) 유역(流域)의 개발계획

투먼(圖們)에서 훈춘(琿春)으로 이어지는 62.7km 길이의 도로인 밀강촌(密江村) 앞 개울 근처는 예전에는 상상도 할 수 없었던 고가용 고속도로 기둥이 줄줄이 세워져 있다. 2003년부터 착공된 투먼~훈춘 고속도로인 지린성 성도(省都)인 장춘(長春)과 훈춘을 잇는 길이 482km짜리 고속도의 한 구간이다.

2010년 초부터 이 도로를 통해 중국 동북 중심부에서 두만강을 거쳐 동해로 나가는 물류통로가 되고 있다. 고속도로 바로 옆에 러시아로 향하는 철로가 기세 좋게 뻗어 있다. 1990년대 초에 건설된 이 철로는 국경을 넘어 러시아 땅인 카미쇼바야(Kameishovaya)로 이어진 뒤 시베리아 횡단철도(TSR)와 연결되고 있다.

한동안 지지부진하던 두만강개발계획도 이러한 교통망 시설이 갖춰짐으로써 그 명분을 되찾을 수 있게 되었다. 1992년 유엔개발계획(UNDP)이 국제적인 자유무역지대로 개발하는 계획을 세웠으나 관련당사국들의 소극적인 자세와 정세 악화로 당초 계획대로 성과를 거두지 못하였다. 그러면서도 중국은 이 일대의 경기부양을 위해 낙후한 지역개발을 끈기있게 추진해 오고 있다.

러시아는 2012년 블라디보스도크 APEC(아시아태평양경제협력체) 회의를 앞두고 극동지역 개발에 주력함으로써 앞으로의 기대치를 높이고 있다. 러시아는 블라디보스도크 APEC회의에 대비해 지난 2008년 300억 달러 규모의 극동지역 개발계획을 추진해 왔다. 이러한 양상은 중국의 동진정책이 오일머니를 축적하고 있는 러시아의 남진정책과 맞닥뜨리면서 갈등을 빚고 있기도 하다.

러시아는 1억 달러를 투자해 북한 나진항 컨테이너 터미널을 건설하기로 지난 2008년 4월에 합의를 하였고 러시아 철도공사(RZD)와 북한 나진항은 각각 70%와 30%의 지분으로 컨테이너 합작회사를 설립하였다. 이어서 송전선 연결에도 합의하였으며 러시아 철도공사(RZD)는 나진~핫싼 간의 철도현대화사업을 추진하고 있다. 이 54km 철도 구간의 소요비용은 30억 달러 이상일 것으로 추산한 바 있다.

이후 핫싼~나진항을 잇는 50km 구간의 철로 보수공사를 추진하였고 나진항 3호부두 개발권도 갖게 되었다. 2009년 2월에는 연해주 의회 대표가 정부대표단을 이끌고 중국 지린성을 방문해 양국 간의 도로 철도망 개통을, 그리고 동시베리아 송유관이 이 지역을 거쳐 중국 본토로 들어가게 하였다.

러시아의 드넓은 연해주 땅에 인구는 고작 700만 명에 불과해 극동개발이 절실한 상황이어서 중국 측이 자본을 대고 러시아가 항만을 제공하는 형태의 협력관계가 두만강 일대 개발의 새로운 동력(動力)이 되고 있다.

라) 두만강(豆滿江) 유역(流域)의 북 · 중 관계

무엇보다 중국정부는 국가발전개혁위원회와 상무부, 재정부, 과기부 등 5개 부처로 구성된 두만강 개발 전담기구를 통하여 두만강구역합작개발계획을 내놓고 있는 실정이다.

이 계획안에 의하면 북한과 러시아의 항구를 빌려 동해로 나가는 출해권을 확보하고 이를 기반으로 동북지역에 한국과 일본, 홍콩 등지의 외국기업을 대거 유치한다는 전략을 구상하고 있다. 훈춘에서 동해까지의 거리는 불과 20여km이지만 중국은 러시아와 북한 국경에 의해 직접 동해로 나가는 길이 막혀 있다.

그런 까닭에 이 일대에 2,860억 위안(약 54조 원)을 들여 인프라를 정비하고자 하는 것이다. 이러한 계획안이 아니더라도 이미 중국은 북한의 나진항을 조차(租借)하여 상당기간 활용계획을 세우고 있다. 2006년부터 중국은 수십억 달러를 들여 나선시 원정리에서 나진항까지 이어지는 48km 구간의 도로를 건설하였다. 이는 훈춘시와 취안허(圈河)를 잇는 37km 구간인데 4차로 포장 고속도로이다.

두만강에 접한 나선 특별시 원정리와 동해 쪽의 나선시 나진항을 잇는 53km 구간의 도로포장 확장공사는 2011년 4월 28일 공사가 시작되어 훈춘시 취안허, 원정리, 나진항 93km의 포장도로가 연결돼 중국의 동해출구가 열리게 된다.

이 사업은 중국 지린성 정부의 지원을 받은 훈춘시 동린(東林)경제무역유한회사, 랴오닝(遼寧)성의 지원을 받는 창리(創力)그룹 등 3개사가 참여해 자본과 설비를 투입하고 있다. 이러한 공사를 위해 취안허(圈河)세관을 거쳐 북 측 땅인 원정리로 물자가 넘어가고 있다. 중국 본토로부터 나진항을 연결해 태평양 쪽 물류출구를 확보하려는 노력은 무역경제전쟁의 일환으로까지 생각해 볼 수 있다.

나진항 50년 개발사용권을 확보하고 있는 중국은 나진항 3호부두를 확대하는 한편 나선시 시내에 5km² 규모의 보세가공지구 및 공단 건설을 완료하였다. 이 같은 계획은 창춘~훈춘 사이를 잇는 고속도로의 준공과 함께 앞으로 이 구간에 고속철도를 건설하기 위한 항공측량작업도 상당부분 진척시키고 있는 실정이다.

이른바 창지투(長春 吉林 圖們) 개발프로젝트계획 중의 일환인 것이다. 창지투개발사업은 오는 2020년까지 창춘, 지린 및 옌볜자치주의 투먼 일대 약 7만 3천km² (남한 면적의 73%)를 동북아지역의 물류 공업 전진기지로 개발하고자 하는 전략사업이다. 이 일대의 인구는 1,090만 명이나 된다.

이미 조차(租借)한 나진항의 활용도를 높이기 위해 훈춘, 나진항을 잇는 68km에 달하는 고속도로와 북한 중국을 잇는 국제교량을 중국 측 비용 부담으로 새로이 건설하고 대형 항공여객기가 이착륙할 수 있도록 기존의 옌지공항 대신 신공항 건설도 계획하고 있다.

계획안에 따르면 나선지역에는 기초시설, 공업단지, 물류망, 관광개발, 건설을 중점으로 하고 원자재공업, 정비공업, 첨단기술공업, 경공업, 서비스업, 현대고효율농업 등 6대산업을 공동발전시키고 나진, 선봉, 웅상, 굴포에 이르는 연해(沿海) 복도식 산업대를 형성한다는 것이다.

장기적으로는 중국 옌볜과 북한 나선, 청진, 칠보산, 금강산, 러시아 블라디보스토크, 사할린, 일본 니가타, 삿포로, 남한의 속초, 부산을 잇는 관광경제권을 형성한다는 계획도 수립하고 있다

무엇보다 중국은 두만강 인근의 중소도시인 옌지와 룽징(龍井), 투먼 등의 지역 행정체계의 개편작업도 진행 중이다. 위의 3개 중소도시를 인구 120만 명 규모의 도시로 통합해 외부 인구가 유입될 수 있도록 기반 조성을 획책하고 있다.

뿐만이 아니다. 강 건너 함경북도 무산군 소재의 철광석 매장지는 북한 최대의 광산지인 동시에 아시아 제일의 철광석 매장지인데 이 지역의 광물 확보를 위해 지린성 옌볜조선족자치주 화룽(和龍)에서 난핑(南坪)에 이르는 41.68km에 달하는 철도연장공사를 11억 9천만 위안(약 2천억 원)을 투입해 금년(2011년) 내 끝낼 것을 목표로 하고 있다.

이 철도의 종착역이 될 난핑(南坪)은 연간 60만 톤 규모의 철광분 가루를 생산해 내는 선광(選鑛)공장이 자리하고 있는 곳이다. 이러한 난핑(南坪)은 아시아 최

대 노천(露天) 철광석 산지로 유명한 무산광산지와 가장 가까운 두만강변의 중국 땅이다.

무산군 일대의 철광석 추정 매장량은 30억 톤이 넘고 채굴 가능 매장량만도 13억 톤에 달한다고 한다. 이른바 창지투(長吉圖)개발프로젝트는 동북삼성진흥전략(東北三省振興戰略)의 목표달성을 위해, 동해진출(東海進出) 루트 확보가 절실한 현안(懸案)이다.

과거는 물론 오늘날에도 동해로 나가는 길을 뚫기 위해서는 겨울에도 얼지 않는 소위 부동항(不凍港)인 나진항(羅津港) 이용이 유일한 대안(代案)이었다. 이에 중국 측은 자국의 기업으로 하여금 2009년 나진항 1호 부두사용권(埠頭使用權)을 10년간 임대하기로 하였지만 일제강점기에 지은 시설이 몹시 노후한데다 비포장도로이므로 신속한 물류처리를 위한 출입국, 세관 등의 원시스템이 갖추어지지 않아 제기능을 하지 못했다.

그러나 향후 중국 동북 3성에서 나진항을 통해 중국 남부로 물자를 이송할 경우, 다롄항보다 톤당 10달러의 비용을 절감할 수 있다. 훈춘~다롄의 거리가 1,300km나 되지만 훈춘~나진항 사이는 93km에 불과하다. 북한 무산세관과 허룽(和龍)시 난핑(南坪)세관과의 거리는 50m 거리로 그야말로 지척지간(咫尺之間)이다. 이렇듯 손을 내밀면 닿을 듯한 거리에서 무산광산에서 채굴한 철광석과 무연탄이 부단히 중국 내로 실려나가고 있다.

지구촌 자원 블랙홀로 불리는 중국 측은 매장량 45억 톤(가채굴 매장량 22억 톤)으로 추정되는 무산광산을 비롯해 보천광산, 풍산광산, 삼평광산 등에도 눈독을 들이고 있어 우리 민족 고유영토 내의 자원고갈을 심화시키고 있다.

마) 두만강 너머 중 · 러 국경지대에서의 화해(和解)

견원지간(犬猿之間)이었던 중러(中露) 양국관계는 국제사회에서 영원한 적대국은 없다는 말이 실감날 정도로 화해무드에 젖어 있다. 중국과 가장 긴 국경선을 맞대고 있는 러시아와의 국경분쟁을 흔쾌히 종결짓는 성과를 거두고 있기 때문이다.

즉 중국 측 양제츠(楊潔篪) 외교부장과 세르게이 라브로프 러시아 외무장관은 중국 베이징에서 중 · 러 동부국경선(東部國境線) 서술(敍述) 협의서(協議書)에 서명(署名)함으로써 오랜 기간 양국 간의 갈등을 빚어왔던 동부지역국경선(東部地域國境線) 획정(劃定)에 대한 최종 합의를 이끌어냈다.

이로써 무려 4,300km에 달하는 양국 국경선 전체를 잇는 굵은 선이 확정되었다. 40년 이상 국경선 일부를 두고 분쟁을 벌여온 과제를 1991년 5월 처음 접촉을 시도해 두 나라가 합동으로 국경선을 탐측한 후인 2004년 러시아가 양국 간 분쟁지역인 헤이샤쯔다오(黑瞎子島) 절반에 해당하는 174km²를 중국에 반환키로 약속한 것이다.

이듬해에는 동쪽 도서(島嶼)지역 등 나머지 분쟁지역에 대한 공동탐사작업에 착수해 그 이듬해인 지난달에 끝냈다. 양국은 화해무드를 위해 2006년 러시아에서의 중국의 해, 2007년 중국에서의 러시아 해를 선언하고 친밀한 관계를 맺는 한편 군사합동훈련까지 펼치는 등 준동맹적인 노력을 기울이고 있다.

양국 간 분쟁지역인 헤이샤쯔다오(黑瞎子島) 절반에 해당하는 174km²를 중국에 반환키로 약속한 이곳은 푸위안縣(撫遠縣)의 섬으로 면적은 홍콩의 약 3분의 1인 327km²로 북위 48도 17분, 동경 134도 24분에 자리하고 있다.

우수리강과 헤이룽장(黑龍江)성과 만나는 지점과 가까워 양국 주민의 오랜 기간에 걸친 접촉으로 인한 분쟁이 끊이지 않았던 곳이며 이른바 중국에서 가장 먼저 해가 뜨는 곳이다. 중국 헤이룽장성(黑龍江省)에는 쑤이펀허(綏芬河) 둥닝(東寧) 퉁장(同江) 만저우리(滿洲里) 헤이후(黑河) 후린(虎林) 등 러시아와의 변경무역도시가 많다.

이 가운데 연해주지역과 접한 쑤이펀허(綏芬河)를 거쳐 훈춘시를 잇는 황금통로가 2009년 11월 초에 개통되었고 이 도로와 노선이 비슷한 철도 역시 2014년 완공 예정이다. 변경무역은 놀라울 정도로 성장해 헤이룽장성(黑龍江省)의 대러시아 무역 가운데 쑤이펀허(綏芬河)가 30%라는 높은 비중을 차지하고 있다.

예컨대 연해주와의 무역액이 1997년의 경우 415만 달러에서 2007년 46억 3천만 달러인데 10년간이라는 기간임을 고려하더라도 1천 배 이상 늘어난 것이다. 이렇게 볼 때 쑤이펀허(綏芬河)는 청나라 말기 러시아에 빼앗긴 연해주를 중국의 경제 영향권으로 다시 흡수해 동진(東進)을 위한 교두보(橋頭堡)로 떠오르게 하고 있다.

쑤이펀허(綏芬河)를 찾는 러시아인 상당수는 연해주까지 물건을 들어다 주고 돈을 받는 포모가이카(심부름꾼)로, 한 사람이 무관세로 중국에서 연해주로 반입할 수 있는 화물이 35kg(2007년까지는 50kg)인데 연해주 수입상(輸入商)들이 포모가이카를 통해 물건을 반입하고 있다.

이들 수입상 대부분은 연해주에 진출한 중국상인들로 이 지역 경제가 중국영향권으로 잠식되고 있음을 말해주고 있다. 포모가이카로 한번 오가면 최고 4천 루블(약 15만 원)을 벌 수 있다. 쑤이펀허와 연해주를 오가는 러시아인은 하루 두 차례 왕복하는 기차로 1,400~1,500명, 버스로 3~4천 명에 달한다.

연해주 재래시장을 점하고 있는 중국산 제품은 이들 포모가이카들이 들고 나가는 하루 평균 5천 명 이상에 의해 운반되는 비공식 수출품들이다. 연해주 물가는 중국보다 2~3배 높아 중국산 덕분에 서민생활은 괜찮지만 중국인 노동자들에게는 위협이 되고 있기도 하다.

중국 동북 3성 인구만 1억 3천만 명이 넘지만 연해주는 한반도 면적과 대등하나 인구는 200여만 명에 불과하다. 연해주 당국이 중국인 진출을 억제하는 조치를 잇달아 내놓는 것도 이 때문이다. 2009년부터는 러시아로 오는 중국인들의 비자를 3개월, 6개월, 1년 등으로 나누어 발급하고 있다. 1년 비자도 전후반 180일 중 각각 90일은 중국에 머물도록 하고 있다. 2007년 4월부터는 중국인이 운영하는 가게라도 중국인이 직접판매원으로 일하지 못하도록 제재를 가하고 있다.[32]

32) 중앙일보, 2011년 6월 6일(월), 6면, "중국 동해 출구 뚫린다."

第10章

一萬里 朝鮮
疆土의 侵縮史

일만리 강토(疆土)가 삼천리강산으로 침축(侵縮)된 영역(領域)들

1

2

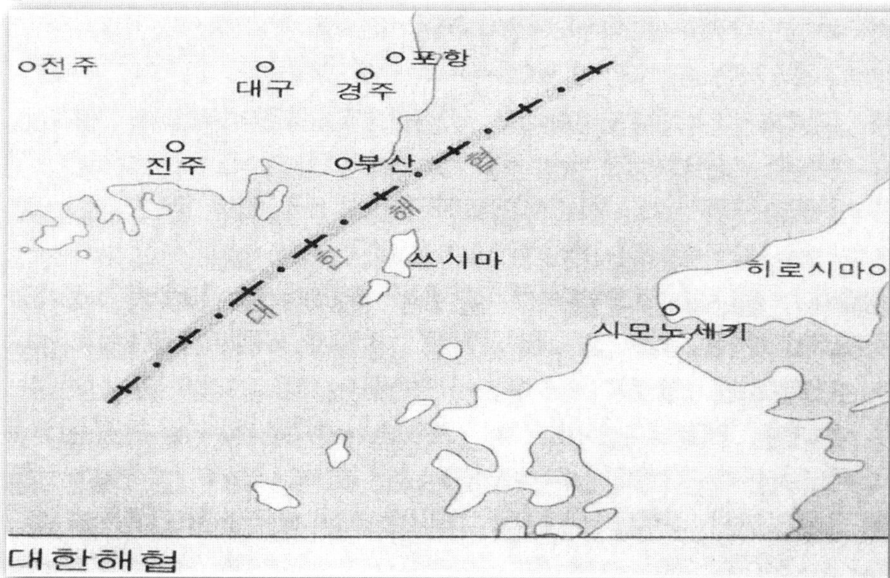

1_대마도항 전경
2_대한해협도

3

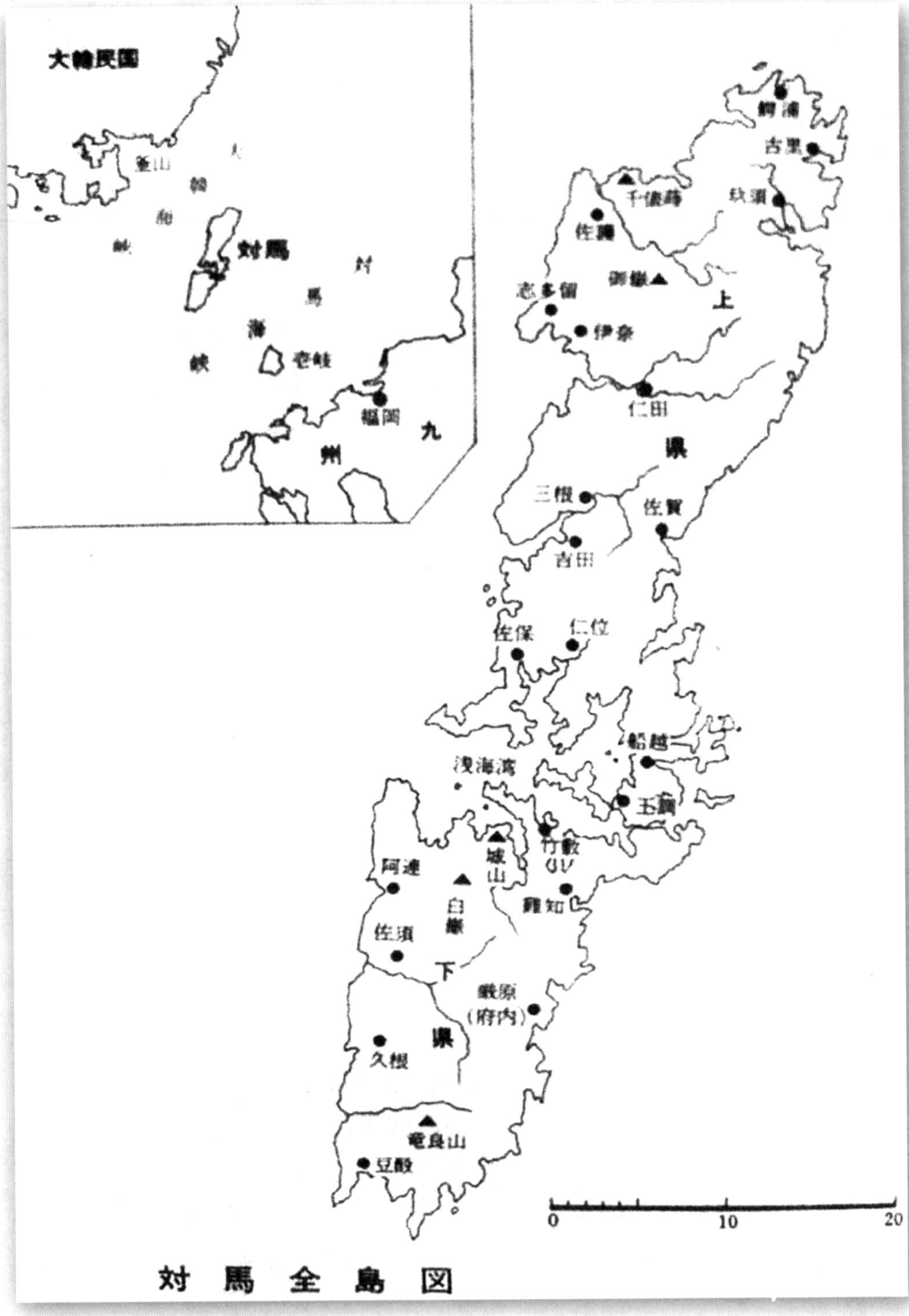

大韓民国
釜山
対馬
壱岐
福岡
九
州
鰐浦
千俵蒔
佐護
御嶽
志多留
伊奈
上
仁田
県
三根
佐賀
吉田
佐保
仁位
船越
浅海湾
玉調
竹敷
城山
阿連
白嶽
佐須
鶏知
下
厳原（府内）
県
久根
竜良山
豆酘
0
10
20
対 馬 全 島 図

3_대마도 전도

•第10章•

일만 리 강토(疆土)가 삼천리강산으로 침축(侵縮)된 영역(領域)들

1. 수복(收復)되어야 할 대마도(對馬島)

가) 광복 직후 제기되었던 대마도 환원론(還元論)

1948년 1월 25일자 서울신문에는 "대마도는 본시 조선영토"라는 제목하의 기사가 실렸는데 내용인즉 과도정부 입법의원회의(立法議員會議)에 허간용(許侃龍) 의원이 "대마도는 본시 우리의 영토이니 대일강화회의(對日講和會議) 시에 반환 요구를 해야 한다"라는 취지의 기사였다.

당시는 미 군정기로, 과도정부 입법의원 60명이 동의, 서명 날인하는 등 전폭적인 지지를 받은 바 있었다. 입법의원회의에서 이처럼 뜨거웠던 영토의식은 남북분단의 상처와 뒤이어 발발한 6.25전쟁, 휴전 이후 냉전체제 속에서 극심한 남북한의 대립, 급변하는 내외정세로 인해 대마도 영유권 논의는 뒷전으로 밀려나고 말았다.

이후 한일 양국 간의 국교정상화를 위한 회담 중 독도문제가 제기되는 가운데 대마도문제가 간헐적으로 뜻있는 인사 간에 논의되어 오다가, 일본 측의 독도영유권 주장이 점차로 노골화되는 와중에서 반사적으로 대마도문제 역시 부상하기 시작하였다.

이렇듯 대마도 영속문제는 우리 민족 내면 깊숙이 민족 고토로서 자리매김해 오면서 한일문제가 대두될 때마다 부상되곤 하였다. 이러한 사실을 감안하면서 차제에 대마도의 지리적 인접성과 함께 역사성 그리고 그 땅에 남아 있는 지울 수 없는 우리 민족의 유풍(遺風)과 생활사 및 역사적 산물을 통해 민족의 고토의식을 회고해 보지 않을 수 없게 하고 있다.

나) 대마도의 지리적 개황

해 맑은 날 부산 태종대에서 시선을 바다 저 멀리로 돌리면 주변의 여타 도서와 마찬가지로 바다 한가운데 떠 있는 한 폭의 그림과 같은 풍경화가 들어온다. 이 섬이 바로 대마도이다. 이러한 대마도의 면적은 709km²로 일본 해안에서 3번째 큰 섬으로 꼽힌다.

이 섬은 제주도의 10분의 4 정도이고, 거제도보다는 약간 넓은 편이다. 섬에는 높이 200~300m의 산들이 대부분 해안선까지 뻗쳐 있다. 섬 전체 면적의 90%가 산지이며 평지라야 평야를 이룰 만한 논 밭은 되지 못한다. 산간 계곡의 흐름에 따라 논 밭때기를 얼마간 부칠 정도이다.

1975년에 개통한 대마항공의 활주로는 대마도 내에서 가장 넓은 평지이다. 이 활주로는 인위적으로 주변의 야산들을 깎아 정리했기 때문이다. 이러한 대마도의 지세에 대해 기원 3세기의 기록인 중국의 삼국지(三國志) 위지(魏志) 동이전(東夷傳) 왜인전(倭人傳)에 언급하기를 "땅의 형세를 보면 길은 겨우 새가 기어다니고, 사슴이 걸어다닐 정도로 좁다"라 하였다. 토질 또한 매우 척박해 농사로 연명할 수 없어 생계를 주로 어업에 의존하고 때때로 해상로를 이용해 교역으로 꾸려 나간다고 하였다.

이러한 대마도는 우리나라 남단으로부터 1백여 리가 좀 넘는 거리로 50여km 가량이며 일본 구주(九州)로부터는 400리가 좀 못 되는 거리인 150여km 떨어져 있다. 이 같은 지리적 여건으로 인해 2차 대전 이전까지만 해도 대마도 주민들 간에 응급을 요하는 환자나 출산에 어려움을 겪을 때, 혹은 긴급한 물자조달을 위해서는 으레 일본 본토를 제쳐 두고 곧바로 부산으로 달려와 위급을 면하고 생필품을 조달해 갔다. 그런 까닭에 대마도 주민들은 국적은 비록 일본인이나 생활권은 어디까지나 우리나라 남해안의 여타 도서주민들처럼 경상도 지역을 생활권으로 여겨왔다.

대마도의 해안은 리아스식해안으로 그 경관이 매우 빼어나다. 해안선의 총 길이는 945km에 남북 72km, 동서 16km에 섬에는 해발 518.2m의 백악산(白岳山), 375.5m의 원견산(遠見山), 328.6m의 홍엽산(紅葉山) 등 섬 전체가 산세로 뒤덮여 있다. 대마도는 두 개의 섬이 연이어져 있는데 섬 주변에는 10여 개의 암초가 가로놓여 있다.

행정관할상으로 일본 나가사키현에 속하며 남쪽의 지대를 하현(下縣)이라 하고 북쪽을 상현(上縣)이라 한다. 우리나라 남해안과 가장 가까운 곳이 상현인데 이곳에 어악산(御岳山)이 있고 이 산 밑으로 높고 낮은 산들이 사방으로 흩어져 있으며 산자락 밑으로 계곡물이 모여 좌호천(佐護川)을 형성하면서 계곡 좌우로 약간의 평지를 이루고 있다.

상현 북단에 위치한 와니우라(일명 : 화조진)항은 예전부터 우리나라와 직항하던 항구였다. 와니우라에서 서남쪽으로 약간 떨어져 있는 좌수나포(佐須拿浦)는 근세에 들어와 대마도주가 대륙교통의 시발지로 개척한 항구이다. 도주(島主)의 거소(居所)였던 이즈하라는 섬의 중앙지로 대마도 행정의 중심지요, 대마해협상의 중요항이기도 하다.

대마도 내의 주 농작물은 고구마이며 이 밖에 극소량의 쌀, 밀, 콩 등을 심기는 하나 명맥을 유지하는 수준이다. 해안가는 리아스식해안 특유의 경관에다 바닷결이 부드러워 진주, 도미의 산지로 인기가 높다. 산이 많은 관계로 목재가 흔하며 특히 땔감으로 숯을 많이 구워낸다.

인구는 1950년대 말까지만 해도 7만에 달하던 것이 1955년 말에 6만 7천140명으로 감소하기 시작, 해마다 줄어들고 있다. 가구수는 1만 3천157호가 되나 잔류주민은 대부분 노약자, 어린이, 부녀자로 젊은층은 내지(內地)로 떠나가는 추세이다.

한때 화전이 성해 숯을 많이 구워 화전을 이루었는데 현지에서는 이 화전을 목정소(木庭所)라 지칭하고 있다.

다) 역사적으로 본 대마도

대마도라는 명칭의 기록이 최초로 등장되는 문헌으로는 위에 언급한 바 있는 삼국지 위지 동이전(三國誌 魏志 東夷傳)이다. 이후로 우리나라 삼국사기와 일본서기 등에 나타나고 있어 그 지명의 유구성 내지 국제사회에서의 이 섬에 대한 인지도(認知度)는 높았던 것으로 보인다. 대마도라는 명칭 이외에 널리 사용되지는 않았으나 도사마(都斯麻), 집도(集島), 대해국(對海國) 등으로 기록되어 왔다. 이상과 같이 문자상의 상이(相異)한 자형(字形)에도 불구하고 발음은 한결같이 쓰시마로 불려져왔다. 이러한 대마도가 우리나라에서 어떻게 관할되고 또한 인식해 왔는가를 역사적 측면에서 간략하게 살펴보고자 한다.

삼국사기 권3 신라본기 실성이사금(實聖尼師今) 7년에 왕은 대마도에 영(營)을 설치하고 병기(兵器)와 군량을 저축하여 우리를 습격하려고 한다는 말을 듣고 그들이 움직이기 이전에 우리가 먼저 장병을 뽑아 격파하자고 하였다. 이러한 사실에 대해 조선시대에 편찬된 증보문헌비고에 기록하기를 "호공(狐公)이라는 사람이 대마도인으로 신라에 벼슬하였음을 볼 때, 당시 대마도가 우리 땅이었음을 알 수 있으나 어느 시기에 저들의 땅이 되었는지 알 수 없다고 하고 이어서 만일 대마도가 본래부터 왜인의 땅이었다면 그곳에 영(營)을 설치한 것을 신라가 기록하지 않았을 것이다"라고 하였다.

고려시대에는 상인들의 교역과 표류민 송환이 있었는데 중기에는 토산물 진헌(進獻)이 빈번하였다. 즉 고려사 권25(고려 원종 4년 4월) 기록에 따르면 대마도와 통교한 이래 해마다 상례로 진봉(進奉)하였는데 한번에 배 두 척을 넘지 못하게 하였다. 만일 다른 배가 일을 빙자하여 외람되어 우리의 연안에 나타나 소란을 일으킬 때에는 저들 스스로가 엄하게 처벌하고 금지할 것을 약정(定約)하였다.

이후 공민왕 17년 7월에는 대마도 만호(萬戶)가 사자(使者)를 보내 특산물을 진상하였고, 그해 윤 칠월 고려에서는 이하생(李夏生)을 대마도에 보낸 바 있다. 이해 11월에는 대마도 만호 숭종경(崇宗慶)이 사자(使者)를 보내 조공하였는데 왕은 종경(宗慶)에게 쌀 1천 석을 하사하였다.

여기에서 말하는 숭종경은 대마도주 종경무(宗慶茂)를 말하는데 유의할 점은 고려정부는 대마도주에게 만호라는 벼슬을 내림으로써 수직왜인화(受職倭人化)가 이루어졌음을 확인케 하고 있다는 사실이다. 고려사에 의하면 고려 선종(宣宗) 2년(1085) 이래, 대마도주를 대마도구당관(對馬島勾當官)으로 불렀다고 하는데 이러한 사례로는 제주도의 성주(星主)를 탐라구당사(耽羅勾當使)로 일기도주(一岐島主)를 일기도구당관(一岐島勾當官)이라 명명하고 있어 구당관직(勾當官職)은 고려시대 변방지역 내지 수상교통의 요충지를 관할하는 행정책임자를 지칭하는 관직명으로 보여진다.

이렇게 볼 때 탐라, 대마도, 일기도가 고려의 변방지역으로서 그곳 도주(島主)를 행정의 책임자로 보고 이들 도주(島主)에게 고려정부가 구당사(勾當使) 또는 구당관(勾當官)이라는 명칭을 부여한 것으로 보여진다. 좀 더 부연하면 위에 든 3개의 섬을 고려국은 속령(屬領)으로 인식해 왔던 것이다.

조선시대 초기 및 전기에도 고려 후기와 마찬가지로 대마도에 대한 조선정부의 인식은 지속되었다. 대마도로부터의 왕래가 빈번해짐에 따라 대마도주에게 제반 교역상의 특혜를 주고 조선국 중심의 체제 안에서 수직왜인제(受職倭人制), 수도서인제(受圖書印制), 세견선약정(歲遣船約定), 세사미두(歲賜米豆)를 하사(下賜)해 왔다.

이러한 시혜는 대마도가 조선의 영토라는 인식하에 진행되었는데 조선시대 태종이 대마도 정벌을 위한 출정 직전에 내린 교유문(教諭文)에 따르면 "대마는 섬으로 본래 우리나라 땅이다. 다만 이 땅이 궁벽하게 막혀 있고 좁고 누추해 왜인들이 거류하게 두었더니 개같이 도적질하고 쥐같이 훔치는 버릇을 가지고 경인년(庚寅年)부터 날뛰기 시작하였다"라고 기술하고 있다.

이후 정벌이 단행되어 도주(島主)에게 보낸 교유문에는 대마는 섬으로 우리나라 경상도의 계림에 예속되었던바 본시 우리나라 땅이라는 것이 문적(文籍)에 실려 있어 확실하게 상고할 수 있다. 다만 그 땅이 매우 작고 또 바다 가운데 있어서 왕래가 막혀 백성들이 살지 않았을 뿐이다. 이에 왜놈으로서 그 나라에서 쫓겨나 갈 곳 없는 자들이 몰려와 살며 소굴을 이루었던 것이다.

차제에 너희들이 이 사실을 빨리 깨닫고 함께 항복해 오면 도주에게는 벼슬을 내리고 응당한 몫을 줄 것이며 나머지 벼슬아치들도 도주(島主) 평도전(平道全)

과 같은 예우를 할 것이며 여타의 무리들도 옷과 양식을 넉넉히 주어 비옥한 땅에 살게 할 것이다. 그러나 이러한 조치에 따르지 않으려면 무리를 이끌고 본국으로 돌아가야 한다. 만일 본국으로 돌아가지도 않고 우리나라에 항복도 하지 않으면서 도적질할 마음을 계속 품고 섬에 머물러 있으면 다시 병선을 갖추어 섬을 포위하고 정벌할 것이다.

이에 대해 세종실록, 세종 2년 윤 1월 10일자에 의하면 대마도주가 회답해 오기를 '귀국(貴國) 경내(境內) 주군(州郡)의 예(例)에 따라 주(州)의 명칭을 정하여 주고 인신(印信)을 내려주신다면 신하(臣下)의 도리(道理)를 지키고 시키는 대로 따르겠다'라고 하고 있다.

이에 그해 같은 달 23일에 인신을 하사하면서 '대마도는 경상도에 예속되었으니 모든 보고나 문의할 일이 있으면 반드시 본도의 관찰사에게 보고를 하고 이를 통하도록 해야 하며 결코 본조에 직접 아뢰지 마라.' 아울러 요청한 인신(印信)과 함께 돌아가는 사신에게 물품을 하사하였다.

세종실록 세종 23년 11월 22일의 기록에 김중곤(金仲坤)의 노비문기(奴婢文記)에 인(印)이 찍혀 있는 데 대해, '대마도는 곧 우리나라의 변경이니 왜인이라고 해서 무엇이 관계되랴' 하는 구절과 당시의 명정승 황희도 '대마도는 본시 우리나라 땅이온데 고려 말기에 기강이 크게 허물어져 도적을 금하지 못해 드디어 왜적이 웅거하는 바 되었다'고 화답한 바 있다.

세조 때도 대마도주 종성직(宗成直)의 수직(受職)을 추진하면서 '대마도주에게 내린 교서 가운데 경(卿)의 조부(祖父)가 대대로 남쪽 변방을 지켜서 나라의 변병(邊倂)이 되었는데 지금 경이 선조(先祖)의 뜻을 이어 더욱 공경하고 게으르지 아니하며 거듭 사람을 보내 작명(爵名)받기를 청하니 그 정성을 가상히 여겨 특별히 숭정대부(崇政大夫) 판중추원사(判中樞院司) 대마주병마절도사(對馬主兵馬節度使)를 제수한다'라고 하였다.

성종(성종 25년 2월 27일)과 연산군(동왕 8년 정월 19일) 연간에도 대마도주에게 주는 서계(書契)에서 대마주는 우리나라 번신(藩臣)이라 하여 조선과 대마도 간을 양국(兩國)이라 지칭한 데 대해 힐책하고 '너희 도주(島主)가 우리나라 신하(臣下)라 칭하였으니 대마도는 우리나라 일개 주현(州縣)에 지나지 않는다'

라는 기사가 자주 보인다.

이 밖에 조정의 중신 및 명사들의 대마관을 살펴보면 퇴계 이황은 조선과 대마도의 관계를 부자(父子)관계로 비유하고 세사미두(歲賜米豆)의 의미에 대해 귀도(貴島)가 충성을 다하여 바다를 든든하게 지키고 수고로운 공적을 가상히 여겨 해마다 하사한다고 설명하면서 대마도를 우리의 번국(藩國)이라 규정하고 있다.

통신사의 일원으로 왜국에 다녀온 바 있는 김성일(金誠一)이 대마도주에게 보낸 글 가운데 "두 나라 사이에 끼어 있는 것이 귀도(貴島)로 족하(足下)는 동으로 귀국을 섬기고 북으로는 우리 조정에 순종하여 하늘을 두려워하고 사대(事大)의 공경함이 지극하였다. 그런데 어떤 도적이 족하(足下)의 길을 빌려서 두 나라를 침범하려 한다면 그를 허락하겠소이까?" 하는 글이 보이며 또한 서장관(書狀官) 허성(許筬)에게 보낸 글 속에 "대저 이 섬이 우리나라와 어떤 관계인가. 대대로 조정의 은혜를 받아 우리나라 동쪽 울타리를 이루고 있으니 의리로 말하면 군신지간(君臣之間)이요 땅으로 말하면 부용(附庸)이다"라고 하고 있다.

선조실록, 선조 27년 8월 7일자에는 대마도주 종의지에게 보낸 경상감사의 답서가 실려 있는데 '대마도를 동번(東藩)으로 칭하면서 우리나라 신하로 우리 조정(朝廷)을 섬겨왔고 이에 나라에서는 후하게 대접해 왔다. 세견선(歲遣船)의 곡식으로 먹이고 수레의 포목(布木)으로 입혔으니 섬의 온 백성이 조상 대대로 우리 조정의 은덕을 입고 양육받지 않음이 없었다.'라고 하였다.

이상의 여러 기록을 참고해 기록한 것으로 보이는 동국여지승람에는 대마도에 대해 경상도 동래현 산천조에 다음과 같이 기술하고 있다. "대마도는 옛날에 우리 계림(鷄林)에 예속되었는데 언제부터 왜인이 살게 되었는지 모르겠다. 이 섬은 해동 여러 섬들의 요충에 위치해 있으므로 우리나라에 내왕하는 자는 반드시 경유하는 곳이어서 모두가 도주(島主)의 문서(文書)를 받은 후에야 올 수 있다. 도주(島主) 이하의 사람들이 각기 사선(賜船)을 보내오는데 해마다 일정한 액수이다. 섬이 우리나라에 가깝고 가난이 극심하므로 매년 쌀을 주는 데 차등있게 하였다." 이러한 동국여지승람의 기사와 지리적 인식은 이후에 발간되는 대부분의 지도에 대마도는 제주도 이상으로 우리나라 영토로 여기고 지도상에도 표기되어 있다.

이 같은 사실에 대해 일본 측의 기록은 어떠한가 하면 대마도에 국학(國學)을 개척한 학자 집안의 한 사람인 등정방(藤定房)이 1723년에 편찬한 대주편년략(對州篇年略) 범례(凡例) 가운데 … "산가요략기(山家要略記)에 말하기를 대마도는 고려국의 목(牧)이다. 신라사람들이 살았는데 개화천황(開化天皇)대에 이 섬으로부터 일본 본주로 습래해 왔다.

중애천황(仲哀天皇)이 풍포궁(豊浦宮)에서 대마도를 거쳐 신라를 정벌함으로써 마침내 이 섬을 얻었다"고 하는가 하면 "진대(塵袋)에 대마도는 옛날 신라국과 같은 곳이었다. 사람의 모습도, 그곳에서 나는 토산물도, 있는 것은 모두 신라와 다름이 없다"고 하였다.

그런데 일본에 명치정부가 들어서면서 대마도주가 명치정부에 올린 봉답서(奉答書)에는 이제까지 조선국에 대한 태도와는 상반되게 기록하고 있다. 즉 "세견(歲遣)을 약속(約束)한 것은 실로 업신여기며 주는 음식을 받아 먹는 것과 같은 것으로 일시적인 구급책에 불과하다. … 그 후 잘못된 선례(先例)가 생겨 조선에 대해 번신(藩臣)의 예(禮)를 갖추어 수백 년간 그 나라로부터 굴욕을 받았으니 분함이 이루 말할 수 없습니다"라고 조선외교사무서(朝鮮外交事務書)에 기록하고 있다.

이후 대마도주는 조선정부가 내린 도서(圖書) 대신에 일본정부에서 만들어준 도장(圖章)을 사용함으로써 조선과의 잘못된 번신관계(藩臣關係)를 바로잡아 나간다고 하였다. 이러한 일본정부의 조치나 대마도주의 언급은 대마도가 일본의 명치정부가 들어서기 전까지 조선의 번신관계였음을 자인(自認)한 것이다.

이상의 제반 역사적 기록들은 대마도가 먼 삼국시대로부터 조선시대에 이르기까지 우리나라에 예속되어 왔으며 근세기에 와서까지도 대마도가 비록 판도(版圖)로는 일본에 소속되어 있지만 민족사적 영토의식 속에는 이를 용인하지 않으려는 의지가 면면히 각인되어 왔다.

라) 민족 고토(故土)로서의 자취

대마도는 이웃의 이끼섬(一岐島)이나 일본 본토와는 달리 한반도와 같은 지질구조여서 섬 전체에 걸쳐 대륙계 동·식물들이 서식하고 있다. 자연적인 것뿐만 아니라 문화유적 또한 마찬가지이다. 신석기 · 청동기시대 고분들이 한반도에 면해 있는 대마도 서안(西岸) 일대에서 발굴되었다. 신석기시대의 빗살무늬토기와 청동기시대의 무문토기 · 김해토기 등은 그 대표적 예이다.

이러한 경향은 오늘의 해양 조류현상을 통해 볼 때도 여전하다. 코시카카(越高)를 비롯한 대마도 서쪽 해변에는 우리나라로부터 흘러가 모여드는 비닐봉지 등 해양 쓰레기를 얼마든지 볼 수 있어 지난날 우리나라와의 교류를 짐작하고도 남음이 있다.

역사시대에 들어오면서도 한반도문화의 영향은 절대적이어서 섬 전역에 걸쳐 도래불(渡來佛)이 상당수 남아 있다. 이 도래불의 숫자는 오늘날 학술적으로 고증 확인된 것만이 무려 128개나 되는데, 법당(法堂)은 말할 것도 없고 일반 가정집에도 상당한 숫자의 도래불(渡來佛)이 모셔져 있음을 현지인들로부터 쉽게 귀띔받을 수 있다.

이 밖에 조선시대 통신사의 발자취와 대마도 종가문서(宗家文書)들은 한국과의 관계를 극명하게 보여주는 것들이며 고찰(古刹) 매림사(梅林寺) 그리고 금전산성(金田山城) 역시 우리의 선대(先代)들이 일찍이 축조한 것임을 입증하고 있다.

이 밖에 민속신앙 측면에서나 농경생활사 가운데 우리나라에서 전래된 유풍이 적지 않게 남아 있다. 특히 도교(道敎) 계통의 천도신앙(天道信仰)의 흔적이 진하게 남아 있는데 예컨대 천도무(天道巫) 같은 것이 대표적인 예이다.

이 천도무는 마을과 격리된 산기슭에 천도제단(天道祭壇)을 쌓고 이곳을 신성시하는 풍습을 간직하고 있다. 이러한 유풍은 우리나라에서 괴목을 신성시하고 인근의 돌 · 나무 등을 함부로 다루지 않고 죄인이 이곳으로 달아나도 추적하지 않았다는 삼한시대(三韓時代)의 소도의식(蘇途意識)과 맥을 같이하고 있다.

천도무 가운데 칠악칠천도(七岳七天道)라는 제사는 명산이나 마을 근처 진산(鎭山)에 산신(山神)을 모시는 단을 쌓고 산신제(山神祭)를 지낸다. 토양이 척박한 까닭에 대마도 주민들은 일찍부터 쌀에 대한 욕구가 강하다. 이러한 의식이 투영되어 불린 동요가 있는데 내용인즉 아이들이 비누거품을 날리며 부르기를 '멀리 멀리 날아라 조선 땅까지 날아라 조선 땅에 가서 쌀을 가져오라' 하고 있다.

쌀을 신성시하는 의식도 매우 강해 붉은 쌀이라 하는 적미(赤米)가 이즈하라

쓰쓰에서 재배되는데 이 쌀은 특별히 재배되어 의식용(儀式用)으로 사용되고 있다. 의식은 일체의 말이 없이 오직 침묵 속의 동작으로 치르는데 음력 정월 열흘 자정에 그해의 신전(神田)을 맡아볼자를 선임하는 것으로 이날은 밤새도록 불을 밝히고 성대한 잔치상을 갖추는데 이곳에는 부정(不淨)한 사람은 절대로 참예할 수가 없다.

이 의식을 치르면서 그해에 파종할 종자는 88일 밤이 지난 다음 길일(吉日)을 택해 1말 분량의 볍씨를 정갈하게 골라 이 볍씨로 파종할 수 있게 못자리를 만들고 맑은 물을 논에 대 모를 심는다. 비료 또한 정갈한 것만을 사용하며 오물은 절대로 사용하지 않는다. 모내기 후에 주민 모두가 전신제(田神祭)에 참가한 뒤에 회식(會食)을 하는데 적미신사의식(赤米神社儀式)은 연중 무려 30회를 지낸다.

출산과 관련된 풍습도 일본 본토와 달리 산모(産母)에게 산기(産氣)가 있으면 본가의 반대쪽에 임시거처를 만들어 출산케 한다. 매장을 하는 데도 1차묘(一次墓)와 2차묘(二次墓)를 따로 두는데 1차묘는 시신을 실제로 매장하여 탈골(脫骨)시키고 2차묘에서 제례(祭禮)를 지내게 한다. 이러한 유풍은 우리나라 남해안에서의 초분제도(草墳制度)와 같은 것으로 보여진다.

농사를 짓기 위해 천장에 씨앗을 고이 매달아두는 관습이나 소몰이를 하는 표현 등은 우리의 농촌풍경을 그대로 옮겨 놓은 듯하다. 농기구의 명칭이나 고기잡이 배에 딸린 제반 도구들의 명칭 역시 대부분 유사하다. 예컨대 소쿠리는 스카루, 대답할 때의 예는 혜, 매한가지라는 말은 한가치라 표현한다.

동물이나 조류의 서식(棲息) 종류도 일본 여타의 열도(列島)와 달리 한반도에서만 서식하던 동물들이 대종을 이루고 있는데 크낙새, 까치, 꿩, 노루, 멧돼지, 살쾡이 등이다. 물론 대마도가 군사기지화하고 100여 개의 굴을 뚫으며 섬의 교통로를 종횡으로 닦음에 따라 요란한 폭발음으로 인해 대부분의 조류와 동물이 멸종위기에 놓이기는 하였으나 희소하게 남아 있는 것 역시 그 명맥은 우리의 산천에 살고 있는 것과 같은 것들이다.

그런 까닭에 이들의 명칭도 우리식이다. 즉 꿩은 고라이기치(高麗雉子), 까치는 죠셍 가라스(朝鮮烏), 노루와 멧돼지에도 조선이라는 관모(冠帽)가 씌워져 있다. 대마도가 우리 민족의 영토의식 속에 각인되어 오늘에 이르기까지 지워지지

1

1_간도가 우리나라 땅임을 나타낸 조선 전도와 동해가 SEA OF KOREA로 표기된 지도

2

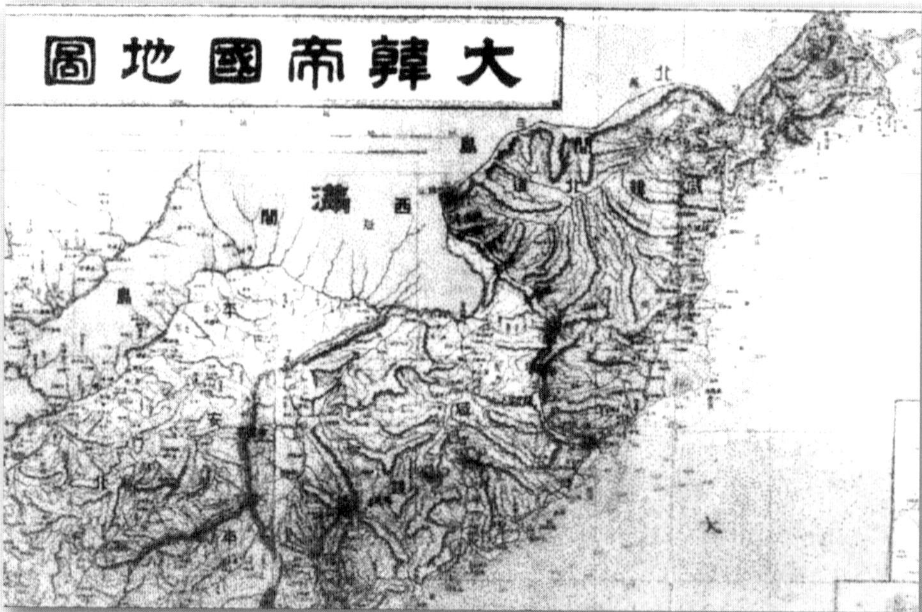

3

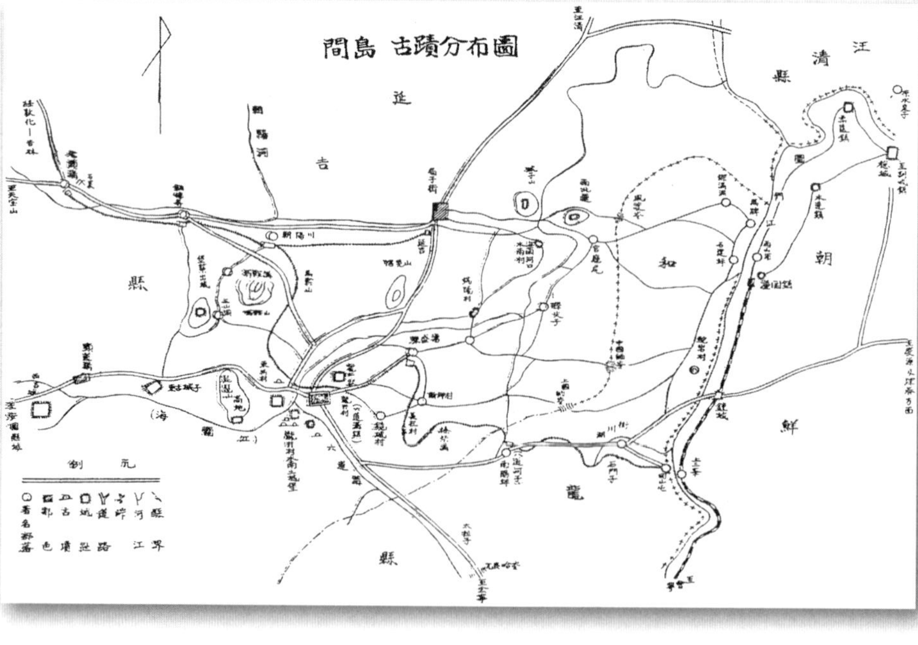

2_함경도에 속한 간도 땅
3_간도 고적 분포도

4

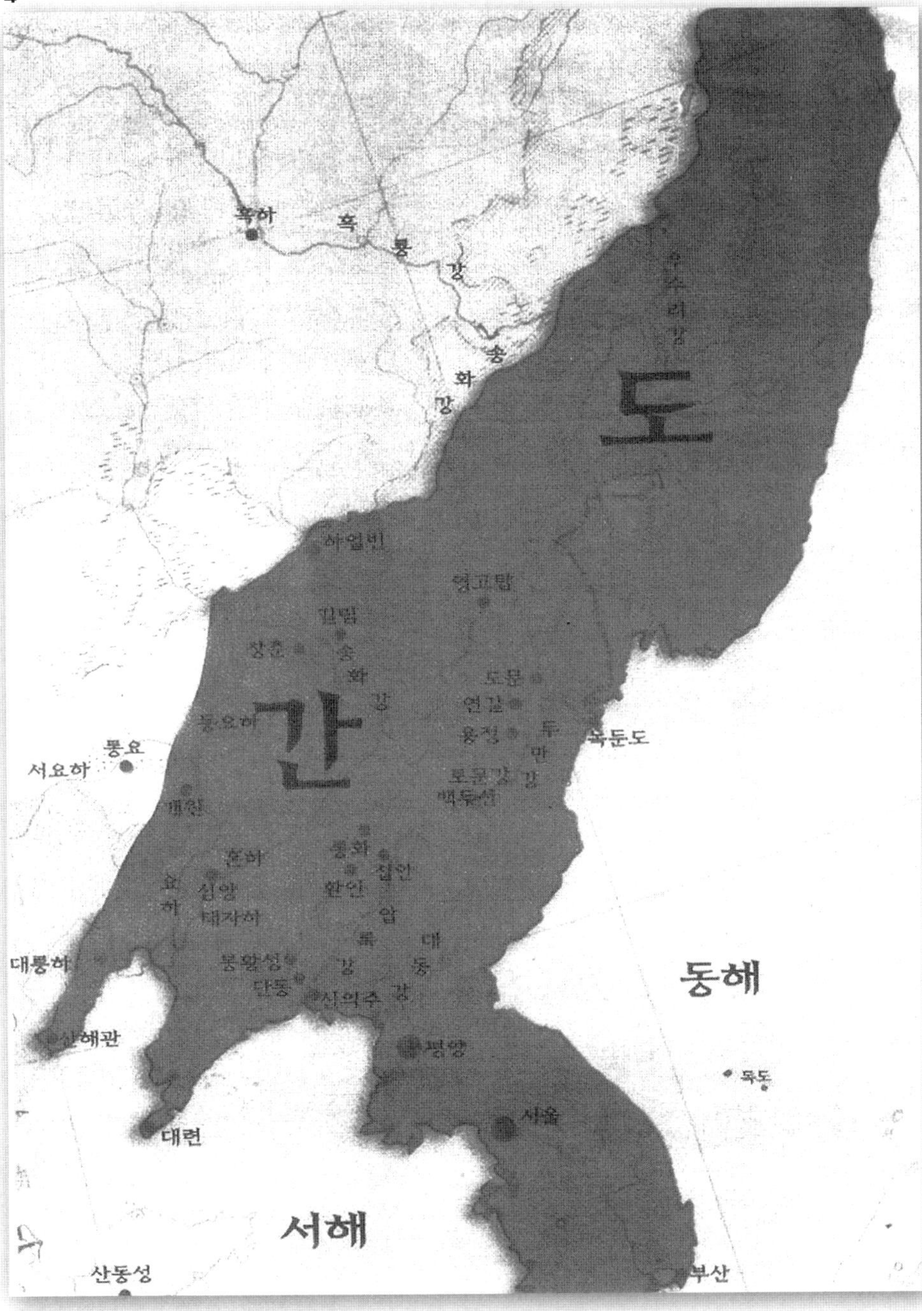

4_간도의 범위를 나타낸 우리 땅 모습

5

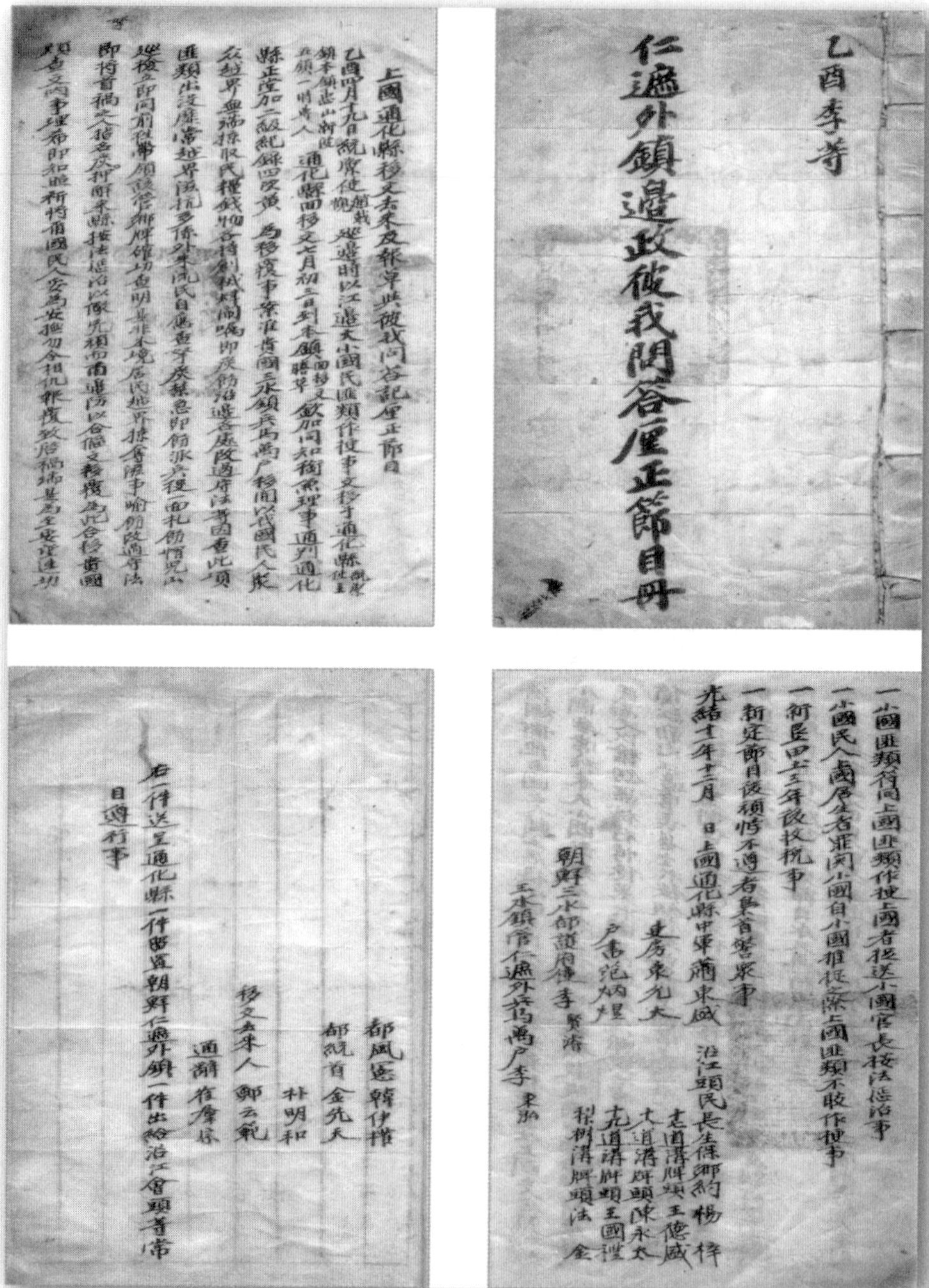
乙酉季春
仁遮外鎭邊政彼我問答厘正節目冊

5_변경의 분쟁을 막기 위한 인차외진절목

않고 있음은 우리나라 그 어떤 변경지대보다 역사 속에 특이하게 자리매김해 왔기 때문이다.

대마도에는 박제상의 기념비가 서 있고 이 기념비에 대한 해석이 몇 차례나 뒤바뀌어 옴을 볼 때 착잡한 감회를 지울 길 없다. 이는 오랜 기간 대마도가 한국에 예속되어 왔음에도 불구하고 이(利)를 좇아 변절하던 대마도인의 모습을 보는 듯하기 때문이다. 또한 이곳에는 대마도 통신사들이 내왕하다 조난을 당해 많은 인사들이 수장된 사실에 대해 추모탑을 두고 있는가 하면, 일제의 정략에 희생된 덕혜옹주의 유배생활의 잔영과 면암 최익현 선생의 사당 등이 이곳에 있어 무언의 교훈을 우리에게 주고 있다.

이러한 대마도는 한일 양국 간에 있어서뿐만 아니라 대한해협이라는 국제항로에 대한 비중이 날로 높아지는가 하면 대마도의 전략적 가치가 가중되고 있어 이 땅의 귀중함을 되새기게 한다. 이러한 대마도는 고금을 통해 우리의 국방문제와 깊은 관계를 맺고 있어 대마도를 실지(失地)한 데 대한 깊은 회한과 함께 대한해협을 경계로 한 국계(國界)를 되짚어보아야 하지 않나 생각된다.

2. 되찾아야 할 만주와 간도 땅

가) 통한(痛恨)의 우리 땅

불법 부당하게 간도협약을 체결한 지 100년이 훌쩍 지난 이 시점에서 간도문제가 우리 민족에게 어떤 땅인가에 대해 깊이 고뇌하지 않을 수 없다. 대다수의 국민들이 독도문제에 대해서는 커다란 관심을 표하면서도 간도문제에 대해서는 어설픈 인식에 그치고 있지 않나 생각된다. 이는 국토분단에 요인이 있다고 하겠으나 결코 그 어떤 이유를 내세우더라도 간도 땅에 대한 우리 국민의 열정과 애정이 식거나 엷어져서는 안 된다. 오히려 우리 국토의 그 어떤 지역보다 국민적 관심이 높아져야만 하고 이 땅에 대한 열정과 애정은 뜨거워져야 한다. 이제 그 이유를 짚어보고자 한다.

간도가 대한민국 영토로서 지도상에 표기되지 못하고 있는가 하면, 헌법에는 '대한민국의 영토는 한반도와 그 부속도서로 한다'라고 하여 북방영토에 대한 귀속을 방기하는 듯한 조문을 두고 있는데 민족사적 정통성에 입각해 볼 때 올바른 영토관이라 보기 어렵다.

이에 대한 의문의 해소와 물음에 대한 답이 우리 국민 모두에게 어떠한 상황하에서도 명쾌하게 답할 수 있게 되어야만 한다. 역사는 되풀이된다고 하지만 준비되지 않은 자에게는 기회가 주어져도 뜻을 달성하지 못함을 우리는 과거사를 통해 익히 알고 있다.

간도문제는 향후 국토통일문제와 함께 반드시 그 매듭을 풀어나가야 할 민족사적 대과제이다. 이는 공간적 점유논리를 떠난 역사적 진실 규명을 위한 과제 가운데 하나이기도 하다. 이러한 논제하에서 간도문제를 접근시켜 나가야만 한다. 이에 먼저 간도라는 지명, 그 범위, 민족적 지연성, 국제법적 논거를 중심으로 살펴보고자 한다.

나) 간도의 지리적 범위와 지명 유래

지리적 측면에서 보면 간도는 동간도와 서간도로 구분되며 동간도는 두만강 건너편 노야령산맥(老爺嶺山脈)과 흑산령산맥(黑山嶺山脈) 사이에 펼쳐진 땅으로 해란하(海蘭河) 포이합통하(布爾哈通河) 알아하(嘎雅河) 유역과 북간도 동부의 혼동강(混同江) 목단령산맥(牧丹嶺山脈) 지역인 북간도 서부일대가 포함된 지역이다.

서간도는 압록강과 송화강의 상류지방인 장백산 일대를 말한다. 보통 간도라 하면 동간도를 지칭하며 그 면적은 2만 1천km²로 훈춘(琿春), 왕청(汪淸), 연길(延吉), 화룡(和龍)의 4개 현(縣)으로 나누어진 지역이다.

간도는 함경북도 접양인 두만강 대안(對岸) 일대로 이른바 동북삼성의 하나인 간도성의 화룡, 연길, 왕청현 등지이다. 단 훈춘은 간도협약 시 간도성에 들어가지 않았으나 지리적 위치로 보아 동일시되고 있다. 위도상으로는 북위 41도 55분~43도 50분, 동경 128도 08분~131도 05분에 걸쳐 있다.

즉 백두산 동남 약 10리 안부(鞍部)에 있는 정계비를 기점으로 하여 백두산에서 북으로 달리는 지맥(支脈)인 노령산맥이 화룡, 연길 서부를 경계로 하고 있다. 북은 노령산맥을 완연기복(蜿蜒起伏)하여 왕청(汪淸), 훈춘 북부를 한계로 하고, 동은 연해주 우수리지방과 접하고 남은 두만강에 닿아있다. 면적은 1,656방리(方里)로 1934년 12월 1일 제정된 간도성에는 화룡, 연길, 왕청, 훈춘 4현 외에 안도현을 추가하고 있기도 하다. 추가된 현으로 인해 면적은 약 1,923방리로 늘어났다.

새로 개간한 간도(墾島) 땅은 조선 정북(正北)과 정동(正東) 사이에 위치한 간방(艮方) 동간도, 화룡, 연길, 왕청, 훈춘과 노야령산맥과 흑산령산맥 사이의 분지를 비롯해 혼동강 목단령산맥 사이의 분지일대를 아우르는 지명이다. 간도를 나타내는 명칭에 대해 함경도의 두만강 북쪽 땅을 間島, 間土, 墾土, 艮島, 斡東, 감터로 표기해 왔는가 하면 지명에 따른 설도 간도 땅의 역사적 사연만큼이나 다양하다.

간도(間島) 또는 간토(間土)라 함은 원래 샛섬 또는 사이 땅이라는 뜻으로 두만강 강상 도서들을 그렇게 불러온 데서 연유된 것이다. 그런가 하면 조선조 말 강 건너 북쪽의 비옥한 종성 뒤 샛땅으로 건너가 경작하게 됨으로써 얻어진 이름이라고도 한다.

예컨대 무산(茂山)간도, 회령(會寧)간도, 온성(穩城)간도, 경원(慶源)간도라 함이 그러한 예들인데 이 모두가 주변의 고을 명과 두만강 가운데 있는 무명의 섬을 합쳐 부르게 된 명칭인 것이다.

이후 두만강 북쪽으로 조선인들이 대거 건너가 살게 되면서 두만강북을 모두 간도라고 부르게 되었다. 간도(墾島)와 간토(墾土)는 개간한 땅이라는 뜻으로 써왔고, 간도(艮島)라는 말은 방위를 나타내는 축인(丑寅)의 방향인 동북지방이라는 데서 유래하였다.

감계사 이중하의 보고서 가운데 경성, 온성 사이 두만강안 중주(中洲)에 하나의 작은 섬인 고도(古島)가 있는데 이 섬에 이름을 붙여 개간(開墾)한 것이 후에 간도(사이섬, 샛섬)라 하다가 무산, 회령, 종성, 온성, 경원, 경흥 대안(對岸)을 각각 간도라 일컫게 되었는가 하면, 墾島 坤土 墾土 乫터로 기록되어 칭해졌다고도 한다.

그런가 하면 종성군 향청(鄕廳) 공문서(公文書)에 강도지간토(江島之間土)라는 글귀가 보이기도 한다. 고려 때는 이 부근을 알동(斡東)이라 불렀는데 알동(斡東)

을 북새기략(北塞記略)에 보면 번음(蕃音)으로 오동(烏東)이라 하며 여진어로는 아타리(俄朶里)가 전와(轉訛)된 것으로 토음(土音)의 한자에 부합되는 것이 없어 알동(斡東)을 조선음에 가까운 간도로 부르게 되었다는 것이다.

이 알동(斡東)을 여진어로 워둥 또는 우둥(烏東)이라 발음하는데 이 알동(斡東)이 間島 또는 墾土로 변하였다는 것이다. 즉 이성계의 고조부인 목조(穆祖)는 원(元)나라에 귀의(歸依)해 남경(南京)의 오천호(五千戶)에 봉해져, 다루하치(達魯花赤)라는 장인관(掌印官)의 명호를 받았는데 속강목(續綱目)에 의하면 몽골초치(蒙古初置) 달로호적감치군현(達魯花赤監治郡縣)이라고 한 기록이 있으며 목조(穆祖)는 그 지방 일대의 군사행정을 원(元)나라 조정으로부터 위임받고 있었다.

이와 관련해 용비어천가(龍飛御天歌)에 목조재알동(穆祖在斡東) 매지제천호소(每至諸千戶所) 피필재우마(彼必宰牛馬) 향응누일(饗應累日) 제천호지알동(諸千戶至斡東) 목조역여지(穆祖亦如之) 목조거알동지(穆祖居斡東地) 동북인(東北人) 함귀심언(咸歸心焉)이라 하여 강외즉알동(江外卽斡東) 알동즉강외(斡東卽江外)를 의미하게 되었는데 이 알동이 간도로 불려지지 않았나 생각된다.

두만강 하류인 경흥 대안에서 개척이 비롯되면서 차츰 그 범위가 강외(江外)로 넓혀져, 알동창첨(斡東倉站)을 두었는데 여기에서 알동(斡東)이라는 지명이 생겨났고 이 알동(斡東)이 간도(間島)로 변기(變記)된 것으로 보여진다. ㄱ터설의 경우는 감터(神土)에서 비롯되었다면서 고래(古來)로 이 지역을 신성시한 데서 연유된 것으로 보기도 한다.

이렇듯 다양한 표기와 호칭이 간도로 굳어지기 시작한 것은 일제의 통감부 파출소가 이 지역에 들어서면서 간도(間島)로 호칭, 표기하면서부터이다. 간도는 또한 동간도, 서간도라는 지역 구분을 하고 있는데 흔히 북간도라 함은 동간도를 의미한다.

다) 선인(先人)들이 이주(移住), 정착한 곳들

이러한 간도 땅은 역사적으로는 발해 멸망 이후 여진족이 할거하던 지역이다. 여진족은 조선 초기 번호(藩胡)라 칭하면서 조공(朝貢)을 바쳐온 종족인데 청나라가 건국되면서 이 지역이 한청(韓淸) 양국 간에 간광지대(間曠地帶)가 되었고 조선조 철종 말에서 고종 초에 잇따른 흉년으로 인해 북변에 살던 조선인들이 비교적 비옥한 강 건너 땅을 찾아 이주, 개척한 지역이다. 즉 만주 길림성 동남부 지역으로 이 지역을 청은 연길도(延吉道)라 하면서 저들의 영토시하였다.

광서 7년(명치 18년 : 1885년) 길한통상장정(吉韓通商章程) 체결 시, 이 지역은 화룡욕(和龍峪) 대습자(大習子) 광제욕(光霽峪) 종성간도(鐘城間島) 하천평(下泉坪) 서보강(西步江) 시배강(施培江)이며 두도구(頭道溝) 3개처를 상부지(商埠地)로 지정하고 청일 양국은 경계를 철폐하여 개방(開放)하였고 청의 월간국(越墾局) 설치(設置)에 따라 구령(舊令)은 전폐되였다.

이후 한인이주자가 증가되면서 광서 16년 청의 월간국은 무간국(撫墾局)으로 개칭되고 한인의 이주는 해란하 이남으로 한정하고 이주한인들을 소작인으로 고용, 토지를 대부하기에 이르렀다. 이 해란강(海蘭江)은 노령산맥(老嶺山脈) 동쪽에서 발원해, 청산리(靑山里)를 지나 팔가자(八家子)에 이르러 이도하(二道河) 두도하(頭道河)를 합한 전장(全長) 40리나 되는 강이다. 따라서 이민의 발길은 점차 이 강변을 따라 널리 퍼져나갔고, 무산(茂山) 아래로부터 종성위자(鐘城葳子) 일대는 당시 미개척지로 지명(地名)이 없어 한인(韓人)들의 편의적이고 자의적인 지칭에 따랐다.

당시 두만강 이북 부이합통하(富爾哈通河) 서쪽, 노야령(老爺嶺) 이남 및 동부(東部) 일대를 1구(一區)로 하여 국자가(局子街)에 있는 연길청(延吉廳) 동지(同知)가 이를 관리하고 길강군(吉强軍) 호통령(胡統領)이 총괄(總括)하였다. 조양천(朝陽川) 두도구(頭道溝) 동성가(東盛街) 대납자(太拉子)에 병영(兵營)을 설치하고 회령간도(會寧間島)에서 강을 따라 56리, 횡폭(橫幅) 10리 사이에 한인(韓人)들이 거주하였는데, 백운사(白雲社) 백학사(白鶴社) 대천사(對川社) 백옥사(白玉社) 무관사(茂關社) 대양사(對楊社) 무덕사(茂德社) 대월사(對越社) 무공사(茂功社)를 두었고, 종성간도(鐘城間島)에는 월랑사(月朗社) 제하사(霽霞社) 제청사(霽晴社) 광덕사(光德社) 광종사(光宗社) 광소사(光昭社) 광풍사(光風社) 광화사(光華社) 개문사(開文社) 개운사(開運社) 개태사(開泰社) 개화사(開花社)를 각각 두었다.

라) 제3국인도 인정한 우리 땅 '간도'

일본인 도엽암길(稻葉岩吉)은 그의 만주발달사(滿洲發達史)에 기술하기를 "1638년대 청 태종은 남반(欖盤)이라고 하는 압록강 하류지방에서 봉황성(鳳凰城)을 거쳐 감장변문(鹻場邊門(오늘날 興京 : 懷仁))에 달하는 일선(一線)에 방압공사(防壓工事)를 실시한 일이 있다. 당시 청(淸)의 호부(戶部) 측에 의하면 신계(新界)는 구계(舊界)에 비해 500리가 더 늘어났다(展出). 공사(工事)에 소요되는 정장(쇠못 : 釘樁)과 승색(繩索) 등이 봉황성 일대에서 충당하기에는 부족했다고 운운하고 있어 구계(舊界)에 있어서도 그와 같은 공사가 있었음을 추측할 수 있다. 내등호차랑(內藤虎次郞)도 간도문제를 조사하면서 그가 편저(編著)한 포이합도하연안고적도설(佈爾哈圖河沿岸古蹟圖說)에서 청태종은 숭덕(崇德) 2년 조선으로 동정(東征)하였을 때 양국의 경계(境界)를 정한 것이 프루가도(卜兒哈兎) 부근이었던 것 같다.

토벽(土壁)의 소재를 고찰하건대 토벽이 당시의 변장(邊牆)으로 축조된 것으로 보여진다. 구지명(舊地名)의 변리(邊裏), 변외(邊外)의 칭(稱)이 있음은 토벽(土壁)과 관계될지도 알 수 없다. 그 연장(延長)이 국자가(局子街) 부근에 그친 것은 주요한 부분에만 축조했기 때문이라고 생각된다. 한인(韓人)들의 구비(口碑)에 의하면 국자가(局子街)의 남방(南方) 벌가토(伐加土)는 근년에 이르기까지 양국(兩國) 무역(貿易)의 지점(地點)이었다고 한다.

벌가토(伐加土)는 포이합도(佈爾哈圖)의 대음(對音)이므로 양국(兩國)의 경계선(境界線)이 포이합도하(佈爾哈圖河) 부근에 있었던 것은 의심해서는 안 될 것 같다. 포이합도하(佈爾哈圖河) 중간에 왕왕(往往)이 석벽(石壁)의 소황지(小瑝地)와 다수의 토루(土壘) 양상(樣相)의 것이 있는 것으로 보건대, 한청국계(韓淸國界)의 각 방면에서 조사 연구한 결과에 따르면 이 지방에 있어서의 토성은 모두 여진인의 허지(虛址)에 속하고 석채(石砦)는 모두 한인(韓人)들의 허지(虛址)에 속한다. 포이합도하(佈爾哈圖河) 부근의 석채(石砦)는 곧 한인(韓人)들이 지난날(往古)이 지방에 거주하였던 것을 증명하는 데 충분한 것이다.

토루(土壘)는 동국여지승람(東國與地勝覽)에 보이는 봉수대(烽燧臺)일 것으로 상상되니 이 또한 한인(韓人)들이 설치했을 것이다. 요컨대 간도지방에 한인(韓人)들이 거주하였던 것은 매우 오랜 역사를 가진 것이며 결코 월간(越墾)에 즈음하여 시작한 것이 아니다.

그리고 압록강 하류 남반(攬盤)에서 고려문(高麗門)을 지나 양변문(陽邊門) 성창문(城廠門) 왕청문(汪淸門) 사이에 선(線)을 긋고 요소요소에 태보(台堡)를 구축해 놓고 동조변교(東條辺墙)라 칭하면서 만주족(滿洲族) 이외 타족(他族)들이 만주 일원으로 잠입(潛入)하는 것을 방지하고자 하였음도 간도지역은 조선령임을 반증하는 것이다.

마) 중국 측의 간도영유권 논리

이상과 같은 사실에도 불구하고 중국 측은 근래에 간도(間島)가 중국령(中國領)이라는 논지로 중조변계사(中朝邊界史)라는 저술을 비롯해 여러 매체를 통해 강조하고 있다. 그 같은 논조의 요지(要旨)를 간추려보면 다음과 같다. 명 · 청대(明 · 淸代)부터 중국과 조선은 압록강, 두만강을 계하(界河)로 고정되어 왔으며 그 남쪽은 조선이고 북쪽은 중국이다. 압록강과 두만강은 모두 장백산에서 발원하여 양 강의 중류와 하류는 강폭이 넓고 물이 깊어 두 나라의 국계는 명백하여 감계하거나 정계할 필요가 없었다.

그러나 장백산의 두 강 상류는 감계(勘界) 내지 정계(定界)하지 않았다. 때문에 청 초기(淸初期)부터 말기(末期)에 이르기까지 200년 동안 중조국경문제의 화근이 되었다. 1644년(淸 世祖 : 順治 元年)부터 1711년(淸朝 康熙 50年)까지 조선변민의 비법적인 월경사건으로 중기(中朝) 두 나라는 여러 차례에 걸쳐 교무교섭(界務交涉)이 있었는데 이 가운데 몇 차례의 큰 사건이 있었다.

즉 조선변민의 비법적인 월경을 막기 위하여 청의 강희황제(康熙皇帝)는 1711년 오랄총관 목극등을 장백산에 보내 압록강, 두만강 강원(江源)지역의 중조국경을 시찰하여 중조국경을 획정하게 하였다. 같은 해 목극등의 첫 번째 봉지시찰(奉旨視察)은 중단되었고 두 번째는 국경을 시찰하였는데 이때 조선에서는 접반사를 보내 마중하였다.

목극등은 장백산의 압록강, 두만강 두 강(江) 강원상(江源上)에 서위압록(西爲鴨綠) 동위토문(東爲土門)이라는 심시비(審視碑)를 세웠다. 아울러 조선 측 강원(江源)지역에 책(柵)을 설치하고 표지(標識)를 세워 국경을 명확하게 하도록 하였다. 그리고 설책입표(設柵立標)하는 일을 전적으로 조선 측에 맡겼다.

이후부터 중조 두 나라는 국경을 엄밀히 봉쇄하여 오랫동안 중대한 비법월경 사건은 일어나지 않았다.

1860년(淸 文宗 咸豊 10년)부터 1870년(淸 穆宗 同治 9年)까지 조선 북부지역에는 연이어 재해가 있었다. 굶주림에 시달린 수많은 민중들이 두만강, 압록강을 건너와 북 측에 있는 중국지역에 정착하였다. 1882년(淸 德宗 光緖 8年) 청정부는 중국 경내에 비법적으로 도강(渡江), 땅을 개간하는 조선변민들에게 계속 거주 경작 시, 지조(地租)를 내고 중국 국적을 갖고 중국법률을 지키도록 하였다.

그리고 조선 국왕에게 이후로는 조선변민들을 월경하지 못하도록 요구하였다.이에 조선 국왕은 중국 경내에 있는 조선간민들을 돌려 보내줄 것을 요구하였다. 청정부가 이를 승낙하였지만 돌려 보내는 기간을 1년으로 잡았다. 이듬해 조선은 서북경략사(西北經略使) 어윤중(魚允仲)을 보내 조선변민을 쇄환해 가려 하였다.

그러나 조선의 변민들은 모두 조선으로 돌아가려 하지 않았다. 이에 어윤중은 중국 경내에 있는 조선간민들이 구축당하는 것을 피하기 위하여 종성부사와 회령부사를 시켜 청의 돈화현 지사에게 토문(土門)·두만(豆滿)은 서로 다른 두 강임을 주장하게 하였다. 그리고는 도문강 이북은 조선의 영토이니 감계할 것을 요구해 왔다. 이에 청정부도 동의하였다.

중조의 국경분쟁은 여기서부터 시작되었다. 1885년(淸 德宗 光緖 11年)에 조선왕은 청(淸)의 예부(禮部)에 서류를 보내 감계(勘界)할 것을 요구했다. 청정부도 이에 동의하였다. 감계는 이해 9월에 시작, 중국대표 덕옥(德玉), 가원계(賈元桂), 진영(秦煐)과 조선대표 이중하(李重夏)는 제1차 감계회의를 가졌다. 양측 대표는 장백산에 올라가 두만강의 강원(江源)지역을 감사하였으며 여러 차례 담판하였다. 이 회담을 통한 쟁점은 세 가지였다. 첫째로 중국대표는 도문강원을 감사(勘査)하여 강(江)으로 국경을 획정하고자 하였다. 조선대표는 1712년 목극등이 세운 정계비, 즉 봉심비(奉審碑)를 감사(勘査)하여 비(碑)로 국경을 획정할 것을 주장하였다.

이에 중국대표는 1712년 목극등이 사변(査邊)할 때의 기록을 본국에서 보지 못해 그 같은 일이 있었는지 알지 못해 의심까지 하였다. 또한 목비(穆碑)의 현재 위치와 비문(碑文)의 내용이 맞지 않으므로 이 비석을 조선사람들이 후에 옮겨 놓은 것이라고까지 하였다. 그러나 후에 이 비석에 대해 조사할 것에 동의하였다.

다음으로는 강명(江名)인데 중국대표는 토문, 두만, 도문을 하나의 강이라고 하고 조선대표는 지금의 도문강을 두만강이라 하고 토문강은 별도로 있다고 하였다. 처음에는 중국연변지구의 해란강(海蘭江)이라 하더니 후에는 포이합도하(佈爾合圖河)라 하고 나중에는 송화강(松花江) 발원지인 황하송구자(黃河松溝子)가 토안(土岸)이 마치 문(門)과 같다 하여, 부회토문(附會土門)의 뜻이 있으므로 토문강이라 주장하였다.

이 밖에 어느 물줄기가 두만강의 정원(正源)이고 그것으로 국경을 그음에 있어 중국대표는 홍단수를 두만강의 정원(正源)이라 하여 그것으로 국경을 정하자고 하였으나 조선대표는 홍토산수로 해야 한다고 하였다. 양측은 장기간 논쟁을 벌이며 각기의 의견을 고집하다가 합의를 보지 못하고 결국 회담은 결렬되고 각기 자기 정부에 보고를 하였다.

1887년(淸 德宗 光緖 13年) 4월 중국과 조선은 제2차 감계담판을 가졌다. 이 회담은 두 달 반이나 걸렸다. 1차회담에 비해 무엇보다 큰 성과를 거두었다. 먼저 논쟁의 초점이 되었던 도문강에 대해 조선 측 대표가 토문 · 두만 2강설을 포기한다고 천명하였다. 따라서 강명(江名)에 대한 논쟁은 해결되었다. 양측 대표들은 토문, 두만, 도문을 하나의 강명(江名)에 대한 전음(轉音)이며, 두만강은 중조(中朝)의 계하(界河)라고 하였다.

그리하여 두만강 북쪽은 중국에 속하며 두만강 남쪽은 조선에 속한다. 도문강의 유로(流路)에 대해서는 양측 대표가 함께 두만강은 무산(茂山) 동쪽에서 녹둔도(鹿屯島)에 이르는 입해구(入海口)는 강이 넓고 물이 깊어 계선이 분명한바 사감할 필요가 없다고 하였다. 두만강의 상류 즉 무산 서쪽에서 석을수, 홍토산수에 이르는 합류처에 대해 단계마다 고증하여 별다른 의심이 없었다.

다만 양측의 대표가 끝까지 논쟁한 것은 어느 물줄기가 도문강의 정원(正源)이냐 하는 점과 이 정원(正源)을 기점으로 하여 국경을 긋는 문제였다. 석을수, 홍토산수 합류점에 목극등 심시비지계(審視碑地界)에까지 강원지역(江源地域)에서 석을수 혹은 홍토산수를 두만강 정원(正源)으로 하여 이를 국경으로 획정하자는 것이다.

중국대표는 처음에는 홍단수를 두만강의 정원이라고 고집하면서 이것으로 국경을 긋자고 하였다. 여러 차례에 걸쳐 논쟁을 폈지만 결론은 내리지 못하고 각자의 주장을 토대로 본국정부에 보고하고 2차 감계담판을 끝냈다. 그러나 이 담판은 큰 성과를 거두었는데 감계 전반의 국면이 정해졌다고 말할 수 있다. 다만 강원지역의 어느 물을 두만강원으로 정해 국경을 긋느냐 하는 문제를 남겼다.

1888년(清 德宗 光緒 14年) 1月 청의 북양대신 이홍장(李鴻章)이 조선 국왕에 서한을 보내 중국 감계대표와 함께 국경을 감정할 것을 요구하였다. 그러나 이중하는 홍토산수를 두만강의 정원(正源)으로 하여 이것으로 국경을 긋자고 하였다.

조선정부도 거듭 이 점을 반복하면서 1887년 두 나라가 여러 문제에 대해 이미 공언한데 대해 승인하지 않았다. 다시 말해 전번에 거둔 감계국면을 뒤엎어 놓았다. 그리고 다시 감계할 것을 제기하였다. 이에 이홍장은 전보로 조선에 상주하던 원세개(위안스카이)에게 조선정부가 만약 다른 의견이 있다면 총리각국사무아문(總理各國事務衙門)에 서한을 보내 대처할 수 있다는 점을 알리라고 하였다.

이에 조선정부는 도리가 없다는 것을 알고 앞서 거둔 감계성과를 뒤엎을 이유가 없으므로 다시는 청정부에 감계하자는 요구를 하지 않았다. 같은 해 청은 이미 양측 대표가 함께 감계한 적이 있고 아울러 이견(異見)이 없었던 두만강 무산서쪽에서 강원에 이르는 지역에 화, 금, 탕, 고, 하, 산, 대, 려, 장(華, 金, 湯, 固, 夏, 山, 帶, 礪, 長) 등 9字의 계비(界碑)를 세웠다. 조선정부도 이에 대해 항의하지 않았다. 1889년(清 德宗 光緒 15年)에 조선 국왕은 청의 예부에 서한을 보내 중국 국내에 있는 조선간민을 돌려 보내줄 것을 요구하였다.

이듬해 청은 중국 국경 내에 있는 간민들에 대해 치발역복편적정책(雉髮易服篇籍政策)을 실시하였다. 이에 대해 조선정부는 청정부에 대해 잠시 치발편적(雉髮篇籍)을 중지할 것을 요구했지만 청은 이를 거절하였다.

1894년 중일갑오전쟁(中日甲午戰爭)이 발발함에 조선정부는 일본의 핍박에 의해 청과 체결한 모든 조약을 해제하며 종번관계(宗蕃關係)를 해제한다고 선포하였다. 1899년 중한통상조약(中韓通商條約)을 체결하였는데 동 조약 제8조에 변민이 이미 월간한 자는 안업(安業)하게 하며 생명재산을 보호한다. 이후 국경을 넘어간 자가 있으면 서로 금지해야 하며 사단(事端)을 일으키는 것을 피하도록 한다고 하였다. 1902년 러시아는 8개국 연합군에 참가하여 중국 의화단(義和團)을 진압하는 기회를 타서 중국 동북부를 강점하였다. 조선정부는 러시아의 세력을 빌려 두만강 이북의 중국영토를 침략하려고 시도하였다.

이해 5월 조선은 이범윤(李範允)을 시찰관으로 임명한 다음, 비법으로 두만강을 건너와 중국 연변지구에서 조선간민을 무유(撫癒)하도록 하였다. 서상무(徐相懋)를 부향약장(副鄕約長)으로 임명한 다음 압록강 이북 중국 경내에서 음모(陰謀)활동을 진행하게 하였다.

이후 많은 조선군대들이 비법으로 월경하여 두만강, 압록강 북쪽에서 침략활동을 진행하게 하였다. 1904년 이범윤은 6,000여 명의 사포대(私砲隊)를 거느리고 비법으로 월강하여 중국 연변지구에서 대규모로 침략활동을 하다가 즉시 중국군에게 격파되어 조선으로 도망쳤다.

같은 해 7월 중국, 조선지방 군정관원(軍政官員)들은 회담을 하여 중한변계선후장정(中韓邊界善後章程)을 체결하였다. 이 조약에서 두 나라는 지계(地界)는 백비기(白碑記)가 증명하는 것으로 하고 양국 정부가 사람을 파견하여 회감하도록 하며, 회감(會勘) 이전에는 여전히 옛것을 따라 도문강 일대 물을 사이에 두고 각기 심지(沈地)를 지키도록 하고, 군대를 파견하여 무기를 들고 사단을 일으켜서는 안 된다고 규정하였다. 같은 해 중조(中朝) 국경지대에서 충돌사건이 날로 많아지자 청정부는 조선에 있는 사절(使節) 허대신(許台身)으로 하여금 조선 외교부에 조회하여 감계할 것을 요구하였다.

러일전쟁 이후 중국 침략 구실을 찾고 있던 일제는 청과 조선이 제3차 감계회담을 여는 것을 방해하였다. 중국과 조선이 다시 감계하여 협의를 이룬다면 중국 동북부를 침략하는 구실을 잃을 것을 우려했기 때문이다. 그리하여 주청 일본공사를 통해 청의 외교부에 조회하여 러일전쟁이 시작되었으니 중국과 조선의 감계를 잠시 미루도록 하였다. 일본 측의 이러한 간계를 간파하지 못한 청의 외교부는 이를 응낙, 다시는 조선에 대해 감계건의를 하지 않았다.

1906년 조선참정대신(朝鮮參政大臣) 박제순(朴齊純)은 조선내정과 외교대권을 조종하는 조선통감 이등박문에게 서한을 보내 일본정부가 중국 연변지구에 있는 조선간민들을 보호해 줄 것을 요구하였다. 이러한 요청은 일제에게 중국침략에 대한 절호의 구실을 주었다. 1906년에서 1907년까지 많은 군사와 밀정이 상인 또는 학자로 가장 중국 연변지구에 와서 각종 활동을 하였다.

1907년 9월 조선통감인 이등박문은 제등계치랑(齊藤季治郎)을 비롯해 많은 사람을 인솔, 불법으로 강을 건너 중국 연변지역에 조선통감부 간도파출소를 세웠다. 일본 사절은 동시에 청 외무부에 조회를 보내 연변은 도대체 어느 나라 영토인지 아직 해결되지 않았으므로 일본은 조선통감으로 하여금 사람을 그 지역에 보내 조선간민을 보호하고자 한다는 것이었다.

이후 중일(中日) 두 나라 중앙정부의 사절은 오랫동안 교섭을 하였다. 청의 길림변무공서(吉林邊務公署)와 일본의 조선통감부 간도파출소도 여러 차례 교섭을 하였다. 일본과 청이 간도문제로 교섭할 때 조선통감부는 조선정부와 밀접히 접촉하면서 조선 측에서 당년에 중조감계(中朝勘界)할 때의 교섭문건을 제공했을 뿐만 아니라 통감부파출소에 사람과 경비를 제공할 것을 요구함에 조선정부는 이 같은 요구를 모두 들어주었다. 마침내 1909년 9월4일 중일(中日) 양국은 도문강중한계무조관(圖們江中韓界務條款)을 체결하였다.

이 조약은 제1조에서 중일 두 나라 정부는 서로 성명하는바 도문강을 중한 두 나라 국계(國界)로 하며 그 강원(江源)은 정계비(定界碑)로부터 석을수(石乙水)까지 계(界)로 한다. 이해 10월 27일 조선통감인 증황조(曾荒祖)는 조선내각총리대신 이완용(李完用)에게 조회를 보내 중일(中日)이 도문강중한계무조관(圖們江中韓界務條款)을 체결하였다는 것을 통고하고 이 조약 전문을 알렸다. 그리고 그해 11월 9일 이완용은 조선통감 증황조를 만나 조선정부가 이 조약을 비준하였다고 알렸다. 이로써 '200년에 달하는 중조계무논쟁(中朝界務論爭)과 교섭(交涉)은 결속(結束)을 지었다.'고 하고 있다.

이상과 같이 장황하게 저들의 주장을 인용한 것은 중국 측(中國側) 간도영유권론(間島領有論)이 성립될 수 없는 아전인수격의 논법에 불과한 데 대해 다음과 같이 반론(反論)을 제기하고자 하는 데 있다.

바) 용납될 수 없는 중국 측 논리의 부당성

위에 언급한 내용은 한중(韓中) 양국 간에 간도문제에 대해 역사적으로 간략히 압축, 기술해 놓은 것처럼 보이지만 진실을 외면한 바탕 위에서 작성되었음을 다음 몇 가지 사항으로 요약, 결코 받아들일 수 없는 사항임을 지적하고자 한다.

첫째, 중국 측은 간도지역이 역사적으로 중국의 영토였음을 전제로 하고 있으나 고대 이후부터 간도지역이 우리 한만족의 영토였음은 차치하고라도 청조 건국 이후 조청 간에 준수되었던 봉금지대인 간광지대가 현대적 의미의 완충 내지 중립지대로서 결코 청 고유의 영토가 아니었다.

둘째, 위와 같은 사실은 청의 강희제가 서양인들에 의해 제작케 한 청국지도에 나타난 조청 양국 간의 국경선으로 미루어보아 알 수 있다. 압록강, 두만강 이북 상당지역이 조선의 영토로 나타나 있어 간도지역은 말할 것도 없고 그 북방지역까지 우리의 영토였음을 확인케 하고 있다.

셋째, 1712년에 세운 백두산 정계비에 명시된 토문강은 분명한 문자 그대로의 토문강이지 다른 강명의 전음이라고 하는 해석은 사리에 어긋나는 것이다. 이에 대해 청 측은 비석을 옮겨 놓았느니 후대의 위작물이니 하는 당찮은 주장을 폈는데 그들의 억지가 얼마나 심했던가를 알 수 있다. 특히 당시에 국경표지 공사터마저 뒤에 축조된 것이라 함을 정해감계담판 기록을 통해 확인할 수 있다.

넷째, 중국 측은 우리나라 변민이 비법 · 월경하였다고 계속적으로 기술하고 있으나 이는 원천적으로 잘못된 해석이다. 왜냐하면 비법 · 월경이란 그 땅이 이미 자기네 영토라는 것인데 그렇다면 무엇 때문에 이 땅의 귀속문제를 논의할 필요가 있었는지 반문하지 않을 수 없다.

다섯째, 정해감계담판으로 회담의 국면이 정해졌다는 표현을 하고 있는데 당시 조청 간의 관계는 병자호란 이래 종속관계에 있으면서 청의 정치적 위세와 억압이 가중되어 왔다. 더욱이 임오군란 이후 청은 그 기세가 가관일 정도로 우리나라 조정에 군림할 정도하에서 감계담판을 가졌는데 우리의 주장을 제대로 펼 수 없는 위압적인 분위기에서 더 이상 회담을 지속할 필요를 느끼지 않을 상황이었다. 따라서 그들의 일방적인 주장을 폈을 뿐, 토문·두만 2강설을 포기하였다는 것은 어디까지나 일방적인 주장일 따름이다. 그런 까닭에 이 회담을 통하여 전혀 합의된 바가 없는 것이다. 따라서 '회담의 국면이 정해졌다'라고 하는 것은 아전인수격인 기술로 어불성설이다.

여섯째, 조선정부와 감계대표가 감계국면을 뒤엎어 놓았다고 하였는데 회담이란 상대적인 것인데 일방적인 억압하에서의 반발 내지 반대를 조선정부가 분명하게 나타낸 것으로 합의된 바 없음을 천명한 것이니 감계국면을 뒤엎었다는 논리는 일방적인 해석일 뿐이다.

일곱째, 이른바 감계국면이 정해졌다는 논리하에 두만강 무산 서쪽에서 강원에 이르는 지역에 열 개의 계비를 세웠는데, 이에 대해 조선정부의 항의가 없었다고 하고 있는데 이것이야말로 비법적인 행위인 것이다. 계비를 세움은 양국 간의 합의가 이루어져야 하는 것인데 전혀 합의가 없는 상황하에서 불법적으로 취해진 조치일 뿐 이를 우리 정부가 묵인한 것이 아니다. 또한 그 같은 계비는 청 측의 기록상에 있을 뿐 실제 계비작업은 이루어지지도 않았던 것이다.

여덟째, 간도관리사 이범윤의 활동을 비법으로 단정, 침략활동으로 보고 있는데 우리 정부에서는 분명하게 간도는 우리나라 영토로서 현지에 거주하는 백성들을 보호하고자 하는 의당한 조치인 것이다.

그런데 간도에서의 청병의 활동은 당연한 것이고 우리 쪽의 활동은 불법시함은 납득할 수 없는 논리이며 이범윤 부대의 활동을 침략이라 하면서 중국군이 격파하였다고 함은 적반하장의 논리이다.

아홉째, 간도문제에 따른 담판이 결렬된 이후 양측의 군정관들이 중한변계선후장정을 체결하였음을 강조하고 있는데 이는 어디까지나 현지 군정관들의 일시적인 대응책일 뿐 조약의 성질은 못 된다. 그렇기 때문에 청 측은 계속해서 감계할 것을 요구했던 것이다.

열째, 간도문제가 청일 간의 합의하에 조약이 체결되어 일단락되었다고 하나 당사국이 아닌 제3국인 일본과 체결한 것으로 효력이 없는 것이다. 따라서 국제법상으로도 당연히 무효인 것이다.

이상과 같은 사실을 중국 측이 내면적으로는 인지하고 있으면서도 중국을 둘러싸고 있는 여러 나라들과의 국경·영토분쟁을 겪는 가운데 자국에 불리한 것은 은폐·멸실시키고 유리한 것 위주로 연구·발표케 하고 있다. 또한 중국 내 소수민족 가운데 우리나라 한국계에 유독 민감한 반응을 보이고 있는 것은 바로 간도문제가 오늘의 중국 위정당국자에게 적지 않은 부담이 되고 있고 아울러 통일한국문제와 관련해 과민한 반응의 일단이 근간의 이른바 동북공정에 잘 나타나고 있기 때문이다.

그 같은 사실을 입증케 하고 있는 것으로 중국의 지역문제 연구저작 가운데 단연 백두산지역을 비롯한 중국 동북지역 저작물이 눈에 띄게 광범위한 주제에 걸쳐 나타나고 있다는 점을 들 수 있다.

요컨대 기본적으로 간도문제는 중국 측이 아무리 장황하게 논증하고 사실을 은폐하려 하여도 결코 '역사적 사실로 끝난 것'이 아니라 분명하게 양국 간에 미정상태에 놓여 있으며, 명명백백한 대한민국 영토에 속하며 중국 측이 2차 대전 이후 마땅히 되돌려주어야 할 우리의 간도 땅인 것이다.

사) 만주는 우리 민족의 본향

역사상 만주 땅이 우리나라 판도에서 벗어난 것은 발해국의 멸망에서 비롯되었다. 발해 이후의 대체세력으로 등장한 것이 거란족인데 이들의 지배력은 오래 가지 못하였고 지난날 고구려, 발해의 하층민이었던 여진족이 혼란기를 거치면서 분화, 집산화(集散化)되는 과정에서 점차로 우리나라 영역권에서 벗어나 이질화되어 갔다.

발해국이 멸망한 지 88년 뒤인 1114년 여진족이 결집해 요나라 세력에 강력 대응해 나갔고 이듬해에는 국호를 금(金)이라 하였다. 이때 송나라가 거란족에게 빼앗긴 북방 16주를 되찾고자 금과 동맹을 맺어 요나라를 공격하였고 곧바로 송(宋)마저 굴복시키고 북중국 일원까지 점령하고는 1153년 수도를 북경으로 옮겨 중국 대륙의 지배자로 등장하였다.

이 기간 동안 만주는 완전히 여진족의 지배지가 되고 한족(漢族)과는 단절된 곳이었다. 1271년 몽골족이 세운 원(元)의 등장으로 여진세력권은 위축되었고 원은 만주 전체와 시베리아 일대까지 석권하였으나 사실상 행정권을 원활하게 행사할 수 없는 지역이었다.

이후 일부 지역은 무주지대화(無主地帶化)되었으며, 몽골 쇠락 후에는 주원장(朱元璋)이 세운 한족 중심의 명(明 : 1368~1644)이 등장하나 이들의 세력은 중원 남부에 치중되어 만주지역을 실질적으로 지배하지 못하고 명목상의 통치영역으로 두었다. 그리고는 여진족에 대해 더 이상 소란을 일으키지 않도록 하기 위해 위(衛)라는 자치조직을 둠으로써 여진족은 명의 직접적인 지배를 받지 않았다. 이는 명의 국력이 여진족에게까지 미칠 수 없었음을 뜻한다.

특히 임진왜란으로 인해 명나라의 요동수비군(遼東守備軍)이 우리나라의 원병으로 나와 있는 동안 건주여진은 세력을 확장해 추장 누르하치가 1616년 후금(後金)을 세웠고 20년 뒤인 1636년에는 청이라 국호를 바꾸고 명나라를 멸망시킨 후 여진족을 대거 중원(中原)으로 이주하게 함으로써 그들의 본거지였던 만주 땅은 저들의 주무대가 되지 못하였다.

이렇듯 만주 땅은 지배세력권의 잦은 교체와 거주민의 이동으로 고구려, 발해 멸망 이후 수세기 동안 명실상부한 관할권이 행사되지 못한 가운데 18세기에 접어들게 된다. 이때까지 만주라는 이름은 국명이라기보다는 종족명 내지 지명에 불과하였다.

만주의 어원은 천계(天界)에서만 핀다는 고대 범어(梵語)의 만주사화(曼珠沙華)라는 가공(架空)의 꽃이 있는데 티베트 법왕 달라이라마가 청나라 태조 누르하치를 만수사리황제(曼殊師利皇帝)라 칭하였다고 하며, 이때의 만수사리란 불가(佛家)의 문수보살을 가리킨다.

이러한 연유로 만주(滿洲)로 변기되었다고 하는가 하면, 건주(建州)의 와전이라고 하기도 한다. 또 다른 설로는 여진의 추장을 문수라 칭하였는가 하면, 청 태조를 신하들이 태조를 높여 만주(滿住)라 하였는데 이때의 만주(萬住)가 만수(曼殊), 만주(滿珠), 만주(滿洲) 등으로 표기, 음운상 상통하는 것으로 여겼다.

여진족이 당초의 금국(金國)이라는 국호를 버리고 청(淸)이라 한 이후 청조는 그들 조상의 출생지에 대해 역사성을 가미, 윤색할 필요를 느끼면서 청의 강희제(康熙帝)와 건륭제(乾隆帝)는 칙선제서(勅選諸書)에 만주(滿洲)라 기술하였다.

만주를 지명으로 볼 때 그 지리적 위치는 오늘날 요녕, 길림, 흑룡강 등 3개 성(省)이 자리하고 있는 지역으로 그 넓이는 123만km²가량 된다. 북쪽과 동쪽은 흑룡강, 우수리강을 경계로 하여 러시아와, 남쪽은 압록강, 두만강을 경계로, 서쪽은 내몽골자치구와 하북성에 접하고, 남쪽은 발해와 서해에 면하고 있다.

지세는 서부의 내몽골고원 동쪽 연변을 대흥안령산맥이 북동~남동방향으로 달리고 그 북단에서 소흥안령산맥이 북서~남동방향으로 뻗어 있다. 또 남동부의 북한과의 접경지대에 장백산맥이 가로놓여 있고, 요동반도와는 반도의 주맥인 천산산맥으로 이어진다.

이러한 산지와 구릉지대는 표고 200m 미만인 중국 최대의 동북평원이 펼쳐져 있는데 송화강, 눈강(嫩江) 유역을 일명 송눈평원(松嫩平原)이라고도 한다.

또한 요하유역을 차지하는 남부는 요하평원으로 불린다. 송화강은 백두산 천지에서 발원하여 북서류하다가 길림성 북서부에서 북동으로 유로를 바꾸어 목단강을 합치고 다시 흑룡강성 동부에서 흑룡강과 합류한다.

우수리, 송화, 흑룡강의 세 강 합류지점 일대는 표고 50m 이하의 저습 소택지를 이루고 있다. 역사적으로 이 일대는 일찍이 부여족이 농안 장춘 일대를 차지하고 북부여라 불려왔으며 이들은 후에 고구려를 세우고 약 700여 년 동안 번영을 누렸다.

그리고 이어서 발해가 기원 926년까지 존속하였고 이후 요·원·명 등이 대체 세력으로 등장하였다가 12세기에 일시 금이, 17세기에 여진족이 청을, 19세기 러시아의 남하와 청조의 봉금정책이 무너지고 난 후, 20세기에 들어서서 러일이 각축을 벌이다가 일본에 의한 만주국 괴뢰정권이, 2차 대전이 끝남에 따라 오늘날과 같은 정치세력권하에 놓이게 되었다.

그러나 우리의 선대들이 만주 일원에 수많은 문화유산을 남겼고 역사적으로 고구려, 발해국의 확고한 영역이었다. 그간에 여러 종족들이 이 땅을 중심으로 부침(浮沈)해 왔으나 가장 확실한 지배국은 고조선, 고구려, 발해국으로 이어지는 우리 조상들의 유서 깊은 지역이었다.

1

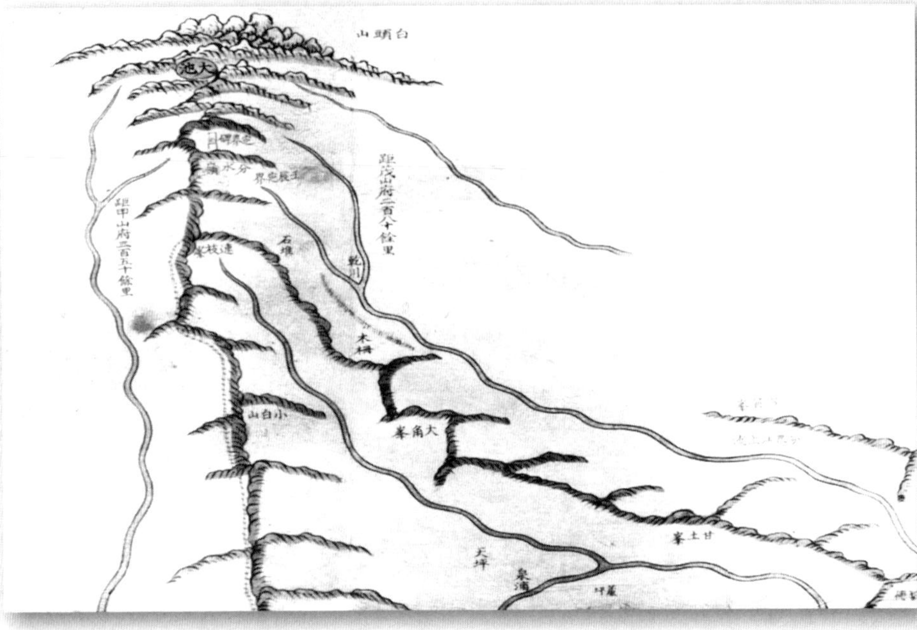

2

1960년	4월	길림성에서 성급 자연보호구로 지정
1980년		유네스코에 생물권보전지역으로 등록
1986년		중앙정부에서 국가급 자연보호구로 지정
2005년	6월	백두산 관할권을 연변조선족자치주에서 길림성 장백산보호개발구관리위원회에 이관
	8월	백두산 국제공항 착공 백두산 순환도로 건설 중
2006년	7월	유네스코에 세계자연유산 및 세계지질공원 등록 신청
	9월	백두산과 압록강, 두만강 인근을 통과하는 동변도(동북동부변경) 철도를 국민경제사회발전 11차 5개년계획(2006~2010년)에 의거 건설 중(총 1,389km, 흑룡강성-요녕성-대련)
	10월	과학원, 박물관 신축 중 동계아시안게임 성화 채화 국제스키장 건설 중 제25회 동계올림픽 백두산 유치 계획

1_백두산천지 약도

2_연도별로 본 중국의 백두산 영역화 책략

3

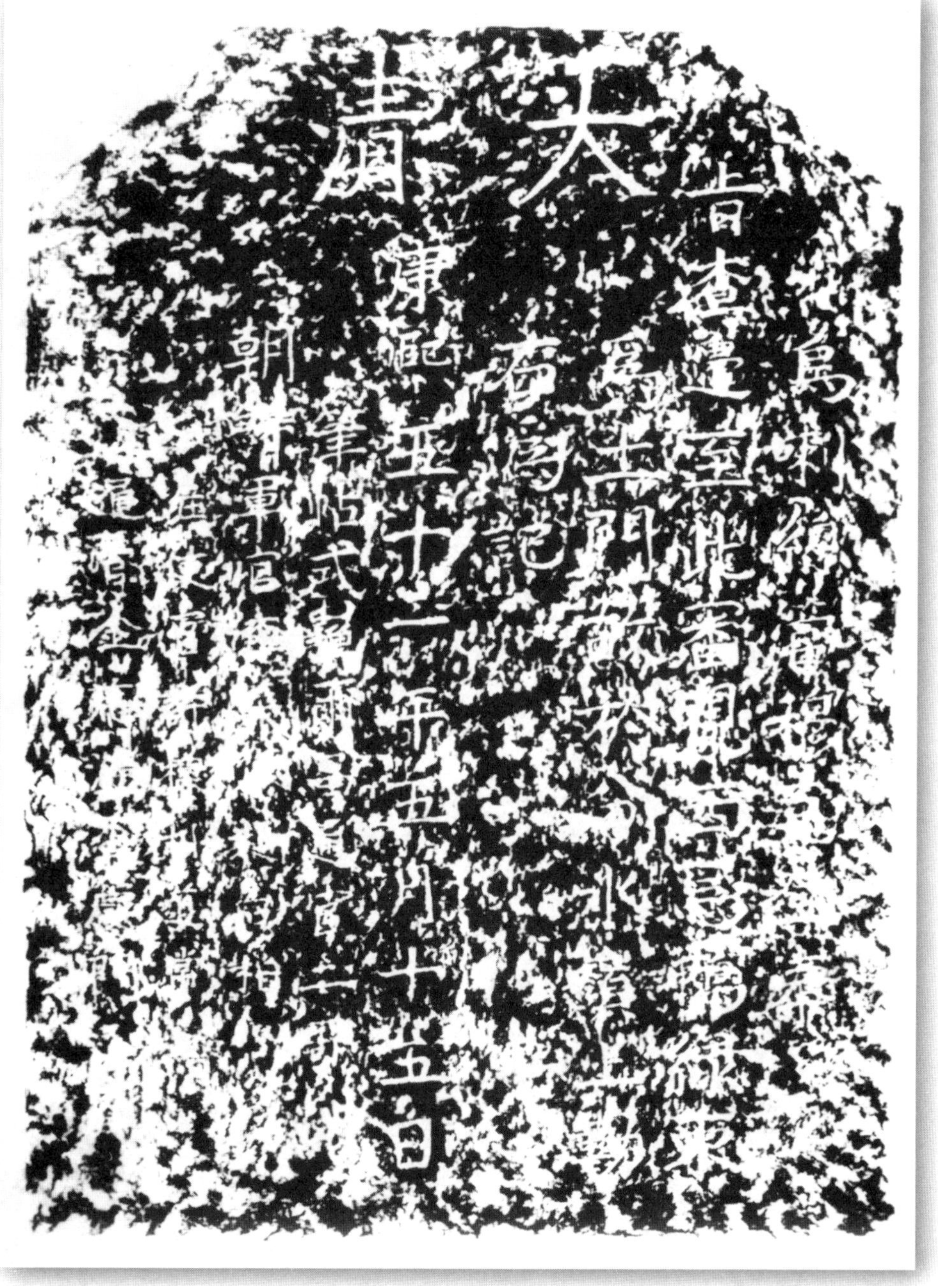

3_정계비문

4

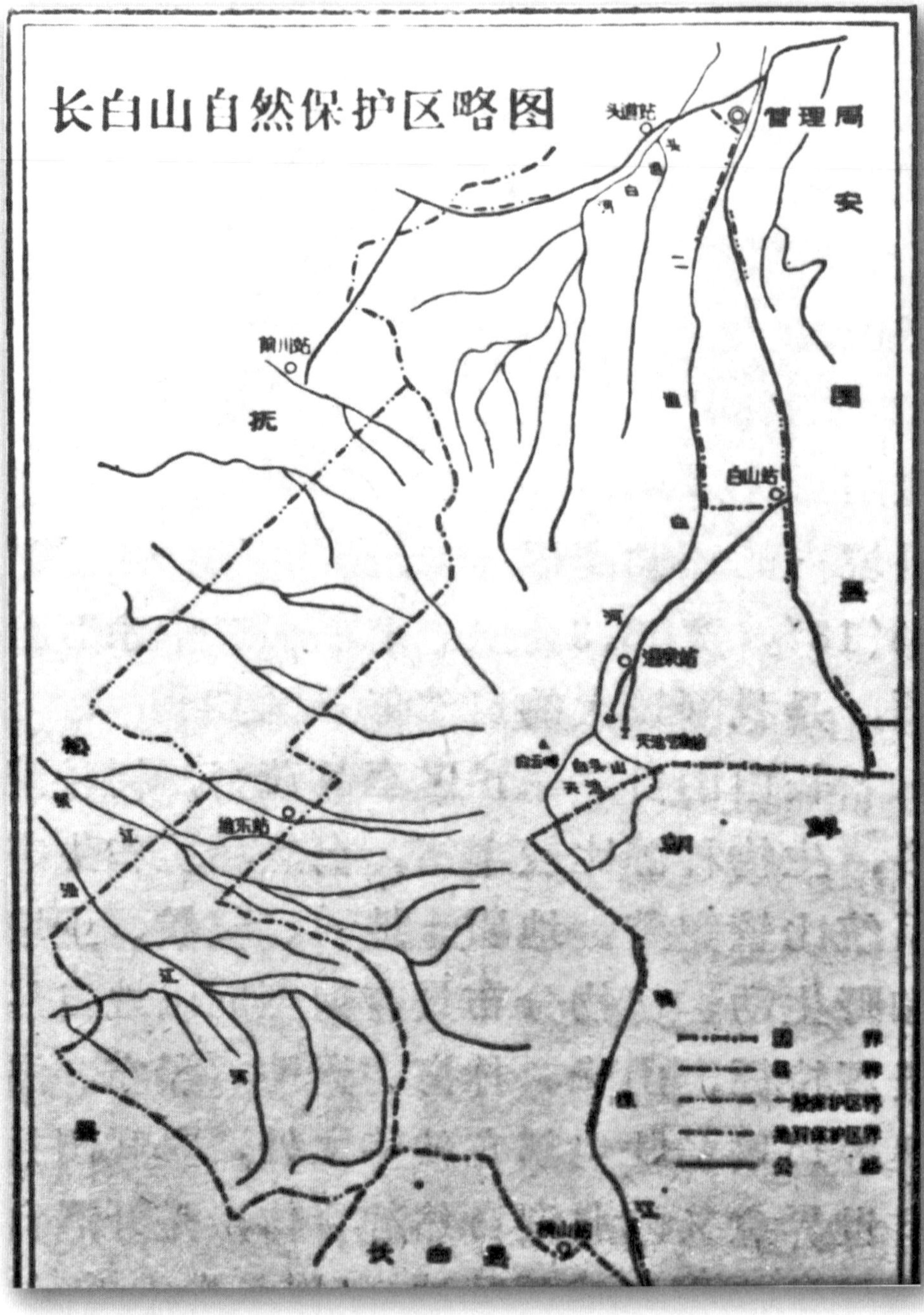

4_중국의 천지 분할도

즉 고려 윤관 장군의 출정에 의한 공험진 축성과 조선 세조 때 허종의 야인 구축, 선조 때 신충일(申忠一)의 여진 소굴 진영의 탐사 등을 통해 영토의식을 높여왔다.

이러한 만주지역은 지난 국권상실기에 이 지역을 근거지로 항일독립운동을 활발히 전개한 것도 전래적 민족지연성과 지리적 인접성에 만주지역이 우리 민족의 본향(本鄕)이었기 때문이다.

3. 백두산 천지와 주변 영역

가) 민족 성산(聖山)으로서의 백두산

백두산(白頭山)은 우리 민족의 성산(聖山)으로 고대로부터 오늘날에 이르기 까지 민족숭앙지가 되어오고 있으며, 그 가운데서도 이 성산 최상봉의 천지는 가장 신성시되어 오고 있다. 백두산이라 칭하기 이전에는 태백산(太白山) 대백산(大伯山) 태산(太山) 백산(白山) 불함산(不咸山) 개마산(蓋馬山) 도태산(徒太山) 장백산(長白山) 웅심산 등으로 다양하게 불려 왔다. 문헌상 최초의 기록은 산해경(山海經) 대황북경(大荒北經)에 보이는데 "드넓은 황야 가운데 산이 있으니 불함(不咸)이라 하며 숙신 땅에 속한다(大荒之中有山 名曰不咸 有肅愼氏代之國)"고 하고 있다.

여기서 말하는 불함(不咸)은 '붉은'의 역음으로 천주(天主)인 신명(神明)을 뜻한다고 하는데 혹자는 몽골어의 불이간(不爾干)의 음역으로 뜻은 신무(神巫)로 신(神)이 있는 산이라는 것이다. 이 밖에 다른 견해로는 숙신(肅愼) 또는 동이어(東夷語)와 관련되는 만주어의 백라가(伯羅哥) 현건(顯乾)을 음역할 때 첫 자인 伯(부)와 顯(쉔)을 떼어 不咸(부쉔)이라고 했는데 그 뜻을 장백(長白)이라고 풀이하고 있다. 후한서(後漢書)에 동옥저(東沃沮) 재고구려(在高句麗) 개마대산지동(蓋馬大山之東) 동빈대해(東浜大海)라 하였고 삼국지(三國志) 동이전(東夷傳)에도 이와 같은 내용으로 기재하고 있다.

개마(蓋馬)의 어원(語源)은 여진어(女眞語)에서 나온 것으로 그 뜻은 장백(長

白)이다. 중국 남북조시기에는 도태산(徒太山)이라 하였고, 위서(魏書) 물길전(勿吉傳)에 도태산(徒太山) 또는 종태산(從太山), 신당서(新唐書) 북적전(北狄傳) 수서(隋書) 말갈전(靺鞨傳)에 도태산(徒太山), 한대(漢代)에는 단단대령(單單大嶺) 북사(北史)에는 종태산(從太山), 고기(古記)에 태백산(太白山), 괄지지(括地志)에서 백산(白山), 금(金)나라 일통지(一統志)에는 장백산(長白山), 성경지(盛京志)에서는 가이민상견(歌爾民商堅 : 걸민샹젠)이라 하였다.

산 중심부인 천지(天池) 또한 산명(山名) 못지않게 신분(神湓), 천상수(天上水), 용왕담(龍王潭), 용궁지(龍宮池), 대택(大澤), 달문택(闥門澤), 달문지(闥門池) 등 다양한 별칭을 갖고 있다. 고래로 이 지대를 신성시(神聖視)하고, 숭앙해 오던 종족이나 집단들이 경외(敬畏)하면서 붙여진 명칭으로 표기(表記)나 어음(語音)이 다름은 시대와 족속(族屬)들의 방언(方言)에 의한 것이라 보여진다.

삼국유사 고조선조에 의하면 백두산을 태백산이라 칭하고 고려 광종 10년조에 압록강 밖의 여진족을 쫓아내 백두산 바깥쪽에서 살게 하였다는 기록이 보인다. 백두성산은 산정의 사계절 대부분이 백설로 덮여 있고 백색의 부석(浮石)으로 이루어져 있어 눈이 아니더라도 희게 보이는 데서 그 이름을 백두(白頭)라 하였다고도 한다. 이러한 백두성산은 고대 한민족의 발생지로 또는 개국의 터전으로 숭앙되어 온 민족의 영산(靈山)이다.

나) 백두산 지역의 범위

우리 민족의 성지(聖地)인 백두산천지(白頭山天池)와 주변지역(周邊地域)에 대해 국민적 관심을 기울이는 것은 지극히 자연스러운 현상이라 하겠다. 그러나 불행하게도 광복 이후 국토분단으로 인해 이 성지를 대다수의 국민이 중국 땅을 경유해 탐방하는 비운과 함께 천지를 북한과 중국이 영토분할의 축으로 삼아 국경조약을 체결한 사실이 알려지면서 민족적 울분을 자아내게 하고 있다.

백두산지역의 면적을 총 8,000㎢라 하며 위도상으로는 북위 41°31′~42°28′, 동경 127°9′~128°55′에 걸쳐 있다고 하나 백두산영역을 지질학(地質學) 및 지리적(地理的) 신앙처(信仰處)로, 주봉(主峰) 위주의 천지(天池)를 둘러싸고 있는 산세(山

勢)로 볼 것인지 아니면 위의 모든 요소(要素)를 포함해서인지 그 경역관(境域觀)은 정립(定立)되지 못하고 있는 실정이다. 1962년에 설정된 국경선에 따르면 북한 측에 속한 산봉우리로 쌍무지개봉 향도봉 삼기봉(三奇峰) 병사봉 단결봉 제비봉 등이라고 하는가 하면 중국 측에 속하는 것으로 玉柱峰, 白雲峰, 芝盤峰, 錦屛峰, 觀日峰, 龍門峰, 天豁峰, 鐵壁峰, 天文峰, 華蓋峰, 梯雲峰, 臥虎峰, 冠冕峰 등이라 하는데 봉우리의 명칭을 양측이 달리하고 있다.

즉 북한 측은 백두봉 향도봉, 해발봉 대장봉 병사봉, 쌍무지개봉, 락원봉 제비봉 청석봉 백운봉 차일봉 비루봉 낙타봉 백암봉 옥설봉 대각봉 등이라 하면서 재래적인 봉우리 명칭을 대체로 무시하고 있다.

그런데 위의 각기 달리 불리우는 산봉우리 가운데 제운봉(梯雲峰), 와호(臥虎峰), 관면봉(冠冕峰) 등만이 북한, 중국 양측에 속한다고 하고 있다. 상기한 여러 산 봉우리에 대해 개괄해 보면 백운봉(白雲峰)은 해발 2691m로 중국 측에서는 가장 높은 산이다.

산 전체는 둥근 모양을 하고 있는데 매우 험준하고 가파르며 맑은 날씨에도 늘 흰구름이 끼어 있어 백운봉이라 명명하였다. 이 산은 여러 차례의 화산활동에 의해 형성되었기 때문에 각 암층의 형태와 색깔이 층차를 이루고 있다.

이런 까닭에 일명 층암(層岩)이라 부르기도 한다. 지반봉(芝盤峰)은 천지의 서북쪽에서 백운봉과 나란히 서 있는 산이다. 높이는 2,603m로 백운봉보다는 다소 낮다. 산체는 둥글며 봉우리는 평탄하여 습초원(濕草原)을 이루고 있다. 너른 평지가 많아 풀 이름 '芝'자와 평탄할 '盤'자를 산명(山名)으로 하였다.

습초원에 사슴들의 먹이가 많아 사슴들이 모여들어 사슴소리가 요란하다 하여 일명 녹명봉(鹿鳴峰)이라고도 한다. 지반봉(芝盤峰) 북쪽에 위치한 높이 2,590m의 금병봉(錦屛峰)은 봉우리의 암벽이 절벽인데 그 형상이 매우 아름다워 마치 병풍 같다 하여 금병봉(錦屛峰)이라 하였다.

이러한 금병봉(錦屛峰)과 용문봉(龍門峰) 사이에 높이 2,510m의 관일봉(觀日峰)이 있는데 봉우리가 워낙 뾰족하고 높은 봉우리에서 해돋이와 석양을 잘 볼 수 있다는 의미로 관일봉(觀日峰)이라 하였고 일명 관일대(觀日台)라고도 부른다.

장백폭포 서쪽에 있는 높이 2,595m의 용문봉(龍門峰)은 두 개의 산봉우리가 있는데 마치 그 형상이 큰 문과 비슷하다 하여 용문봉이라 하였다. 천할봉(天豁峰)은 높이 2,620m로 폭포 동쪽에 위치하고 있는데 봉우리 두 개가 우뚝 솟아 있고 그 사이가 낮게 트였다는 뜻에서 천활봉이라 칭하였다.

천지기상소 남남서에 위치하고 있는 천문봉은 높이가 2,670m로 천지기상소를 설치할 때 기상소를 상징해 지은 이름이다. 천문봉 서쪽 천활봉 동쪽에 위치한 철벽봉(鐵壁峰)은 높이 2,560m로 산체의 암석색깔이 적흑색으로 되어 마치 쇠로 만든 벽처럼 보여 지은 이름이다.

화개봉(華蓋峰)은 천문봉 동남쪽 350m 되는 곳에 위치해 있는데 높이 2,640m이다. 천문봉과 화개봉 사이에서 구름이 일어 넓은 땅을 덮을 때가 많다. 이러한 천기(天氣)현상을 나타낸 뜻으로 지은 이름이다.

자하봉(紫霞峰)은 일명 무지개봉이라고도 하는데 천지 동쪽에 위치하고 있으며 높이가 2,118m이다. 저녁 무렵이면 흰 구름이 자하봉을 에워싸고 있는 것이 마치 무지개가 드리우는 듯하다 하여 자하봉 또는 무지개봉이라 한다.

병사봉 동북쪽에 고준봉(孤準峰)이라고도 하고 향도봉이라고도 하는 높이 2,712m의 산이 고준(孤準)과 비슷하다고 하는가 하면, 길을 인도한다는 염원을 담고 있다 하여 그렇게 부른다고 한다. 병사봉(兵使峰)은 천지 동남쪽에 위치해 있으며 백두산의 주봉으로 봉우리에 늘 흰 눈이 덮여 있다 하여 백두봉이라고 한다. 높이가 2,744m로 알려져 있으며 천지 동남쪽에 자리하고 있다.

관면봉(冠冕峰)은 높이가 2,525.8m로 첩첩이 둘러싸인 산이 마치 왕관과 비슷하다 하여 명명된 산 이름이다. 관면봉 북쪽에 있는 와호봉(臥虎峰)은 호랑이가 누워 있는 형상 같다 하여 지어진 이름으로 높이는 2,566m이다.

제운봉(梯雲峰)은 천지 서남쪽에 있는데 높이는 2,543m이다. 두 개의 산봉우리가 있는데 이 산봉우리 사이에 늘 흰 구름이 끼어 있다 하여 제운봉이라 명명하였다고 한다. 이상과 같이 천지를 둘러싸고 있는 여러 산봉우리 가운데 '북·중국경조약'에 나타난 북한 측 소속의 봉우리가 자하봉(紫霞峰) 고준봉(孤準峰) 삼기봉(三寄峰) 병사봉(兵使峰 : 일명 白頭峰) 관면봉(冠冕峰) 제운봉(梯雲峰) 와호봉(臥虎峰) 등 7개 봉우리이고 나머지는 중국 측에 속한 것으로 되어 있다.

그러한 가운데 중국 측은 백두산을 장백산(長白山)이라 하면서 저들의 영역관내(領域權內)로 보려는가 하면, 일부 일제시(日帝時) 제작된 지도에는 백두산을 우리나라 국경경계(國境境界) 밖으로 표시해 놓고 있는가 하면 경계미정지역으로 나타내고 있기도 하다.

이러한 정황하에서 백두산에 대한 한·중(韓·中) 양국 간의 공동조사가 이루어지지 못하고 있는 가운데 영유권(領有權)에 대한 견해(見解)를 달리하고 있다. 즉 영유권에 관한 시각차이(視覺差異)만큼이나 관련조사(關聯調査) 수치(數値)도 상이(相異)하게 나타나고 있다. 이는 백두산의 영유권이 어디에 있느냐 하는 문제점을 여실히 드러내는 단적인 예(例)라 하겠다.

즉 주봉(主峰)인 병사봉(兵使峯)의 높이를 지난날에는 2,744m로 보았는가 하면 오늘날 북한 측은 2,750m, 중국 측은 2,749.6m라고 하여 그 높이에도 상이(相異)함을 나타내고 있고 천지(天池)에 관한 중국·북한 간의 조사 수치 역시 차이점을 드러내고 있다.

다) 천지(天池)

천지의 남북 길이는 4.9km, 동서의 너비는 13.4km로 알려져 왔으나 천지의 남북쪽 길이를 북한 측은 4.5km, 중국은 4.85km(4.64km)로, 천지 수면(水面)의 높이 역시 북한은 2,194m, 중국 측은 2,115m라 하고 있다.

최대수심(最大水深)은 북한에서는 384m, 중국은 373m로, 변(邊)의 둘레 역시 북한 측은 14km라고 하는가 하면 중국은 13.11km라 하고 있다. 이 밖에 수면면적(水面面積 : 9.15km^2 : 9.82km^2), 평균수심(213.3m), 최대수심(384m), 총저수량(總貯水量 : 19.55億m^3), 초당(秒當) 출수량(出水量 : 0.3866m^3), 물의 경도 2° 등 관련 수치조차 불일치(不一致)한다.

이러한 현상은 천지에 대한 합동조사가 이루어지지 못하고 있다는 증거인 동시에 천지 분할경계(分割境界)가 원만치 못함을 암시(暗示)하는 대목이기도 하다. 천지의 물은 북쪽 화구벽 곧 승차하(乘槎河)로 뚫린 달문(闥門)을 통하여 넘쳐흘러 비룡폭포(飛龍瀑布 : 중국은 장백폭포라 함)를 이룬다.

폭포의 높이는 68m로 이 물이 이도백하(二道白河)를 이루는데 즉 송화강의 원천을 이룬다. 주변의 화구벽은 약 400~500m의 높이로 거의 90°의 절벽을 이루고 있어 화구호안(火口湖岸)으로 접근할 수 있는 곳은 병사봉(兵使峰) 동쪽과 달문 부근뿐이다.

천지가 겨울에는 얼기 때문에 겨울철에는 지하암석의 틈을 통하여 밖으로 유출되다가 6~10월에는 달문을 통하여 넘쳐 흐른다. 그런데 이 기간 동안 오랜 가뭄이 계속되면 달문으로 흘러 나가는 물줄기가 끊어질 때도 있다. 실제 이 같은 일이 1978년 7월에 있었다.

전 세계적으로 높이 2,155m의 산정에 천지처럼 큰 호수를 가진 산은 없다. 천지의 물은 융설량을 포함한 강수량으로 보급되는 것이 약 60%이고 지하수로 보급되는 것은 40%가량이다. 이렇게 이루어지는 적수량은 총 20억 400만㎥이다.

천지를 둘러싸고 있는 높이 2,500m 이상의 산봉우리는 16개인데 그 가운데 최고봉인 병사봉(兵使峰)을 비롯하여 망천후(望天吼) 비류봉(沸流峰) 백암산(白巖山) 차일봉(遮日峰) 층암산(層巖山) 마천우(麻天隅) 등이 유명하다. 그런데 이들 산봉우리들에 대한 명칭도 두 나라 간에 달리 표기되고 있는 실정이다.

이러한 백두산 영역에 대해 오늘날 중국 측은 1960년대 이래 백두산 일원에 대한 영유권 강화에 주안점을 두면서 1960년 4월에는 길림성으로 하여금 성급(省級) 자연보호구로 지정하면서 기상관측소를 인근에 설치하게 하였고 1980년에는 유네스코 생물권보전지역으로 등록하였다. 1986년에는 중앙정부에서 국가급 자연보호구로 격상시켰고 2005년 6월에는 백두산관할권을 연변조선족자치주에서 길림성장백산보호개발관리위원회로 이관하였다. 이해 8월에는 백두산 국제공항 건립을 착공하고 백두산 순환도로를 건설 중이다. 2006년 7월에는 유네스코 세계자연유산 및 세계지질공원 등록을 신청하였고 이어서 9월에는 백두산과 압록강, 두만강 인근을 통관하게 하는 동북동부변경철도를 국민경제사회발전 제11차 5개년계획(2006~2010)에 의거 흑룡강성, 요녕성, 대련을 연결하는 총 1,389km의 도로를 건설 중이다. 2006년 10월에는 과학원 박물관을 신축하고 동계아시안게임 성화를 백두산에서 채화하여 국제적으로 백두산을 자국령으로 홍보하려 하며 국제스키장을 건설하고 제25회 동계올림픽 백두산유치를 계획하고 있다. 최근에는 이 일대의 자연경관을 심각할 정도로 훼손시키면서 동계올림픽

1

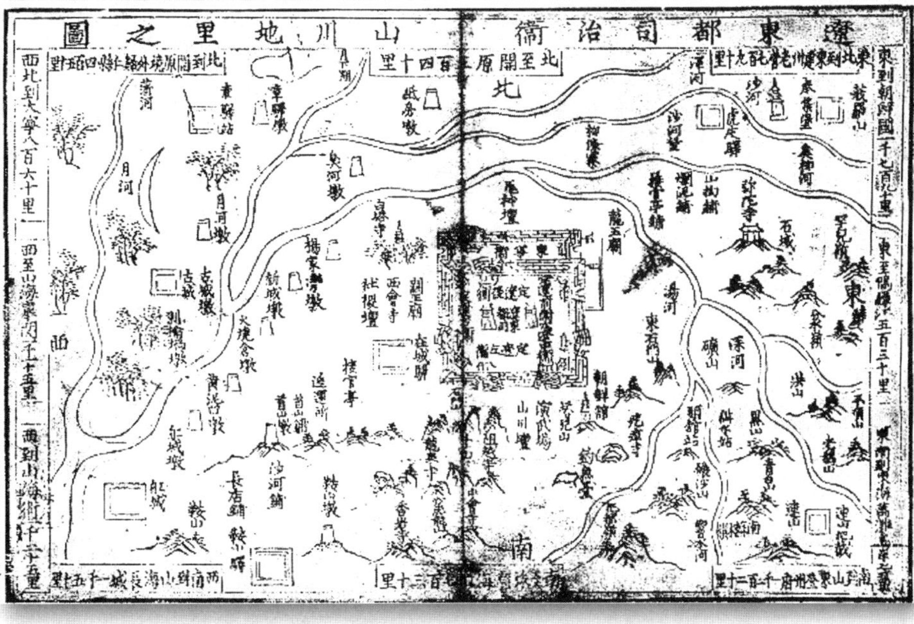

2

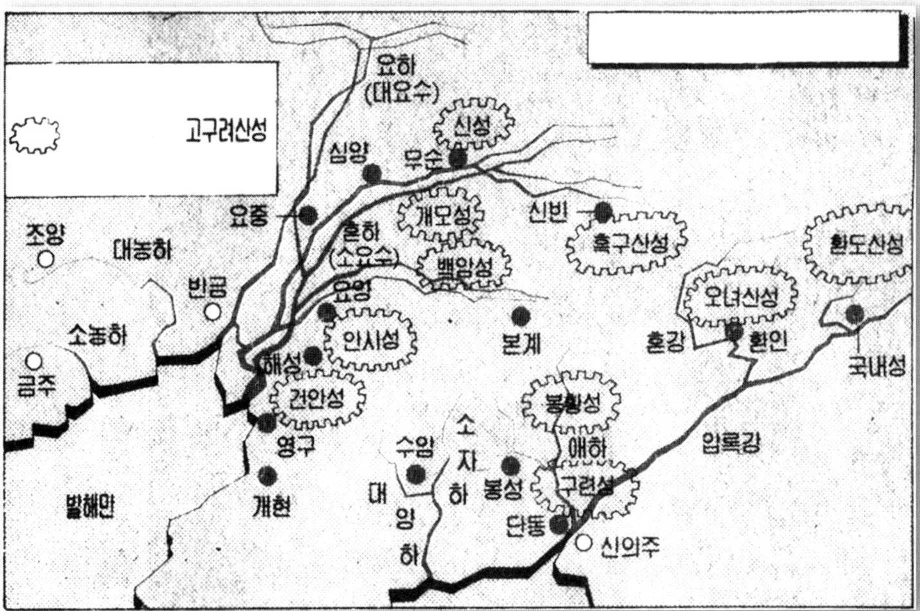

1_중국 요동지역 관할 치위도(治衛圖)
2_고구려 산성 위치도

3

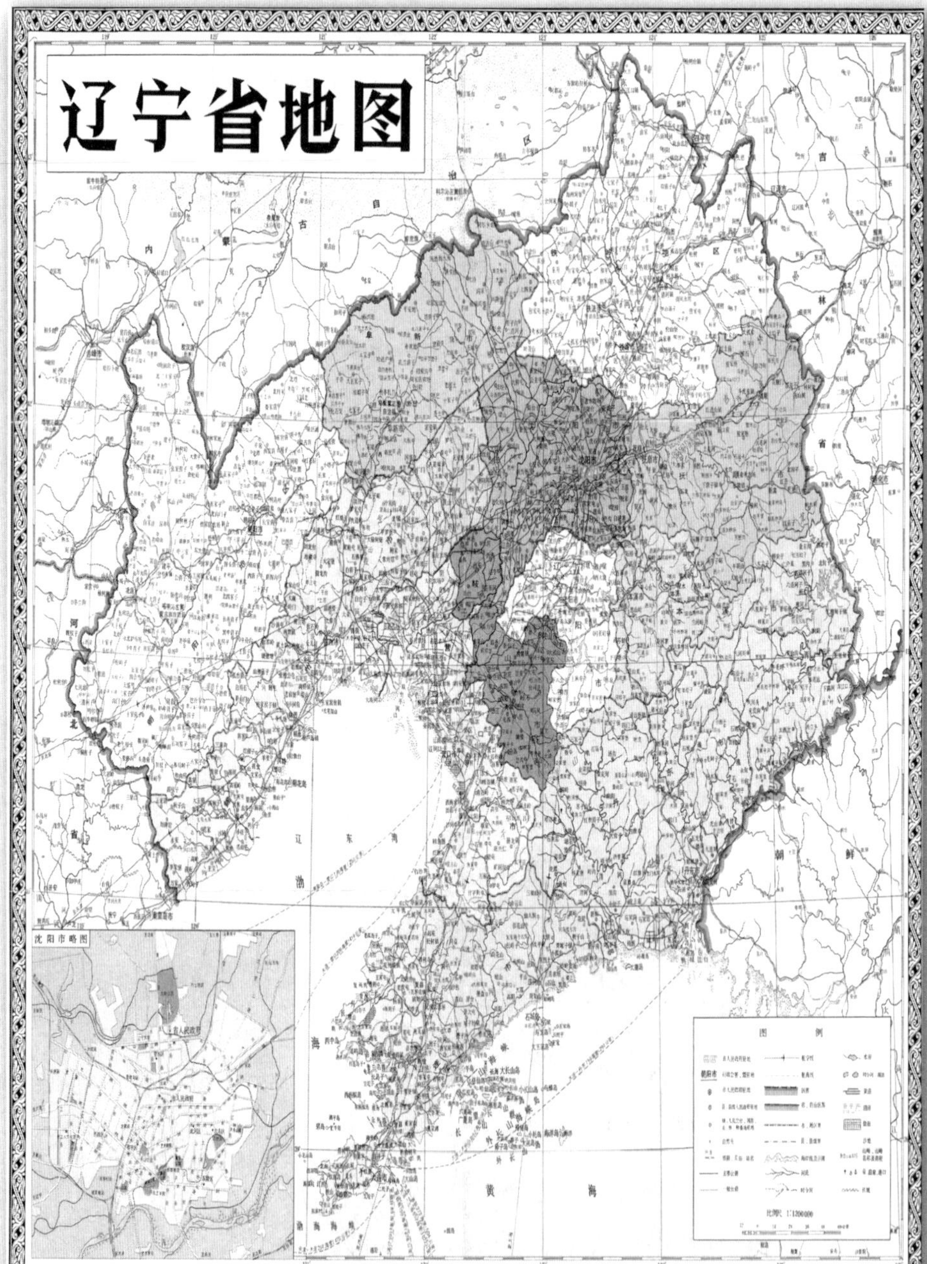

3_오늘날의 요녕성 위치도

유치를 위한다는 명분하에 54홀짜리 골프장, 별장 2개의 6성급 호텔 등 모두 9개의 호화 호텔을 짓고 있다. 삼림 속에는 600동의 호화별장을 짓고 있는데 그 넓이가 무려 241m^2에 달한다. 이러한 공사를 위해 230억 위안(약 4조 원)의 예산을 쏟아붓고 있는 실정이다.

4. 요동지역

가) 요동은 본시 조선의 땅

역사의 중요성을 논하다 보면 자연히 영토변천사(領土變遷史)에 접(接)하게 된다. 즉 조상들이 살았던, 살아왔던 그 땅이 어떠한 상황하에서 판도(版圖)가 바뀌었는가에 대한 물음에 부닥치게 된다. 이 물음에 대해 요동 땅은 우리 한민족의 발흥(勃興), 웅비(雄飛), 쇠잔(衰殘)이 점철(點綴)된 영역임을 잊지 말아야 한다.

한민족사(韓民族史)에서 북방영토(北方領土)는 우리 민족의 본향(本鄕)으로 이 지역을 빼놓고 우리의 역사와 문화를 논할 수 없다. 무엇보다 북방영토에서 요동지역(遼東地域)은 한민족(韓民族)의 발흥(勃興), 웅비(雄飛), 쇠잔(衰殘)을 거듭해 온 지역이기도 하다.

북방영토문제에서 빈번하게 언급되고 있는 간도(間島), 백두산(白頭山), 녹둔도(鹿屯島), 연해주(沿海州) 지역문제(地域問題) 등도 요동지역문제에 견주어 볼 때 지엽적(枝葉的), 국지적(局地的) 문제일 수밖에 없다. 왜냐하면 요동지역을 올바로 관할하였을 때는 자연히 여타의 국지적 문제는 발생될 수 없었기 때문이다.

둘째, 요동지역을 올바르게 경략한 민족과 국가는 아시아의 강대국으로 그 위상을 드높일 수 있었고 이 지역을 상실(喪失)한 나라는 그 위상(位相)이 추락될 수밖에 없었다. 이러한 요동지역에 대해 요수(遼水) 이북의 한족(漢族)들이 그 세력(勢力)을 동남(東南)쪽으로 뻗치고자 할 때 반드시 장악(掌握)해야 할 필수불가결(必須不可缺)한 요지(要地)가 요동지역(遼東地域)이었다. 때문에 중국 본토를 통일한 이후의 한족국(漢族國)들은 예외없이 이 지역을 차지하려고 국운(國運)을 걸고 쟁탈전(爭奪戰)을 벌였다.

따라서 이러한 요동 땅이 전장화(戰場化)될 때 동아시아 지역은 전운(戰雲)에 휩싸이게 되고 이 지역이 국제사회에서 평화로이 지켜질 수 있을 때 주변 제국들은 평화를 누릴 수 있었다. 그렇다면 이 땅이 전쟁을 통해 빼앗고 빼앗기는 각축장(角逐場)이 되어서는 안 되며 원래의 주인(主人)에게 돌아와야 한다. 그러나 지난 역사를 돌이켜볼 때 이 땅은 중흥세력(重興勢力)의 전리장(戰利場)으로 둔갑되기 일쑤였다.

멀리 회고할 필요도 없이 서구열강의 아시아침탈과정이나, 불과 100여 년 전의 청일전쟁, 러일전쟁에서도 이 지역 장악을 위해 혈안이 되었고 중국 역시 이 땅을 제대로 관할하지 못함으로써 쇠망의 길로 접어들었던 것이다.

셋째, 이 지역이 우리 민족의 본향(本鄕)인 까닭에 요동지역에는 조상의 얼과 문화적 흔적이 곳곳에 남아 있다. 이러한 문화유산이 불행하게도 오늘날 중국 측이 역사적 사실을 무시하고 알게 모르게 그 흔적을 지우고 있는가 하면, 엄청난 왜곡을 통해 역사적 사실을 둔갑시켜 나가고 있다는 사실이다. 이에 대한 항국적인 대응논리를 구축하려면 역사적 사실을 분명히 우리가 알고 이를 후손들에게 올바로 가르치고 전수시켜야 할 의무가 우리 모두에게 부과되어 있다.

역사상 분명한 우리의 영토였던 요동 땅은 우리 한민족이 오랫동안 살아온 옛 터전이다. 고조선시대는 물론 고조선을 계승해 일어난 고구려 역시 요동 땅을 중심으로 동아시아의 주역으로 활약하였다. 이러한 사실에 대해 청나라 말기의 실권자였던 이홍장(李鴻章)도 이를 입증하고 있다.

즉 청일전쟁에서 패배한 청이 마관조약(馬關條約) 체결 시 요동(遼東) 및 대만(臺灣), 팽호도(彭湖島)를 일본에 넘겨준 데 대해 청나라 조정의 힐책이 있자 응대하기를 요동(遼東)은 본시 조선의 땅으로 이번에 부득이 떼내줄 수밖에 없었다(遼東 宋明以來 本是 朝鮮之屬地 我朝入關前 所得也)라고 한 것으로 알 수 있다.

이러한 사실은 조선조 후기의 유명한 실학자이며 열하일기(熱河日記)의 저자인 연암(燕岩) 박지원(朴趾源)의 도강록(渡江錄)을 통해 연경(燕京)을 오가는 도중 요동 땅을 지나면서 언급하기를 "요동이 본시 조선의 옛 땅임도 모르고"라는 울분어린 감회를 토로하고 있으며 이는 연암 선생 이전에도 이후에도 수많은 조선의 식자들이 읊조려 왔었다.

이 같은 영토의식은 고려 말 요동정벌정책을 감행하기에 이르렀는데 역사에는 가정이란 있을 수 없다고 하나 정녕 이 당시 요동정벌이 단행되었더라면 우리의 역사 특히 북방영토사는 획기적으로 달라졌을 것이다.

동북아시아에서 요동 땅이 차지하는 비중이 얼마나 절절했던가는 역사를 통해 익히 알 수 있다. 즉 이 지역을 장악한 민족과 국가는 아시아의 강대국으로서의 위상을 유지할 수 있었으나 이 지역을 상실한 나라는 그 반대의 나락으로 떨어졌다.

특히 요동지역은 한족(漢族) 중심의 중국이 그 세력을 동으로 확대할 수 있는 필수지역이었으며 아울러 본토를 지켜내는 요지였다. 따라서 중국 본토를 통일한 이후의 제국(諸國)들은 한결같이 이 지역을 차지하려고 국운을 걸고 쟁탈전을 벌여왔다.

그 같은 역사적 사례는 모용선비족을 위시하여 수 · 당나라의 고구려 침략에서 읽을 수 있다. 반대로 이 땅을 지키기 위한 혈전은 고구려의 대응전에서도 잘 나타나고 있다.

고대사상 유명한 광개토대왕도 비장한 각오로 모용선비족의 침략으로부터 이 땅을 방어하기 위해 외치기를, "고구려가 이 전투에서 지면 이 나라는 멸망할 것이며 후세 대대로 천추의 한을 남길 것이다. 그러니 끝까지 싸워 이겨야 한다." 라고 하면서 비장한 각오로 보름 동안 응전하였다.

이 혈전으로 강력한 적대국이었던 모용선비족은 패하여 재기불능하게 되었다. 이후 고구려는 요동 땅을 호시탐탐 노리는 침략국에 대비, 수많은 성곽을 구축하고 을지문덕, 연개소문, 양만춘 장군 등의 지략과 강력한 영토수호의지로 수 · 당의 침략도 물리칠 수 있었다.

이러한 영토수호의지와 호국정신은 고구려를 계승한 발해국에 곧바로 이어졌고 고려조가 들어서면서 부득이 요동 땅을 상실하였으나 건국이념은 고구려를 계승해, 나라 이름도 고려라 하고 고구려의 수도였던 서경(평양)을 중시하였고 말기에는 최영 장군 등의 영토수복 의지의 일환으로 요동정벌에 나섰으며 조선 중기에도 효종 임금은 요동 땅 수복을 위해 북벌(北伐)계획을 수행하고자 하였었다.

이후 엄청난 국제정세의 변화를 통해 성장한 러시아, 일본 등도 동아시아를 장악하는 데는 요동 땅이 필수불가결한 지역이라 하여 이 땅을 먼저 차지하려고 발악하였다.

이러한 연유로 요동 땅이 전쟁화될 때 동아시아 지역은 전운에 휩싸일 수밖에 없었다. 그러면 요동(遼東 : lia-tung) 땅이란 오늘날 어느 지역에 해당하는가에 관심을 돌리지 않을 수 없다. 요동지방을 상징하는 요하의 원류(源流)는 서요하와 동요하로 나누어지는데 서요하는 대흥안령(大興安嶺)산맥에서 발원하여 동쪽으로 흐르다가 길림, 요녕 부근에서 라오하(老哈河)와 합쳐지는데 여기까지를 중국 측에서는 시라무룬쟝(西拉木倫河)이라고 부른다.

동요하(東遼河)는 싼장코우(三江口) 부근에서 장백산맥에서 발원해 서요하와 합쳐지는데 이를 요하라 칭한다. 동 · 서하 두 강물이 합쳐져 남쪽으로 흐르다가 훈허(渾河)를 합쳐 잉코우(營口)에서 발해(渤海)로 흘러들면서 하류에 요동만과 반도를 형성하고 있다. 장장 500여 리를 흘러 내리는 요하를 중심으로 한 드넓은 요동지역은 내륙에서 서해안에 이르기까지 지정학상으로나 전략상 매우 중요한 지대인 것이다.

'요동 땅' 빼앗긴 땅에 대한 울분과 억울함을 깨닫는 것도 중요하지만 언제 어떤 연유로 빼앗겼는지를 알고자 하는 의식이야말로 참다운 영토의식의 첫 걸음이라 하겠다.

나) 요동(遼東)의 지명(地名)과 지리적(地理的) 상황(狀況)

요동(遼東)이라는 지명은 여러 문헌에 나타나 있다. 진시황(秦始皇)의 중국 통일 이전까지의 역사서인 '戰國策 권29, 燕策 1'에 "燕의 東쪽에 古朝鮮在遼東 또는 洌水在遼東"이라는 기록들을 통해 '조선(朝鮮)－요동(遼東)의 위치설'을 명기하고 있다.

여기에서의 요동은 대능하(大凌河)와 요하유역(遼河流域)을 지목하는 것으로 추단(推斷)되는데 기원전 3세기경의 '산해경(山海經)'에서도 "洌陽은 燕의 東北地方으로 현재의 요서(遼西) 혹은 요동영역(遼東領域)임"을 내비치고 있다. 그런가 하면 또 다른 일부 기록에서는 고대(古代) 요하(遼河)의 서쪽지역인 현 요서(遼西) 지방인 난하(灤河)의 동쪽지역까지로 보고 있기도 하다.

진시황치세(秦始皇治世) 때의 요동지역은 요녕지방 동남쪽과 하북지방 동북쪽이라고 '사기(史記) 권2'에 언급하고 있고, '한서(漢書) 卷28'에 "상곡(上谷)은 요동(遼東)까지 다다른다"라고 하면서 주석(註釋)에 "상곡은 현재의 선화(宣化)의 군(郡)들과 화북(華北)의 몇몇 지방이 포함된 지역이다"라고 하고 있다. 따라서 이때의 요동(遼東) · 요수(遼水)는 중국 한족(漢族)의 침략 확장이 진행됨에 따라 여러 대상 지역을 가리키는 말로 사용되어 왔음을 읽을 수 있다.

그런가 하면 한편 요동(遼東)의 요(遼)란 의미를 거리상 상당히 먼 곳을 가리키는 방향성이라 하여 요동이 특정지역을 의미하기보다는 방향상(方向上)의 의미로 해석하는 측도 있다. 즉 요동은 먼 동쪽이라는 뜻 다시 말해 동쪽 변경지(邊境地)를 가리키는 것으로 오늘날 극동(極東)이라는 의미와 같은 맥락으로 보았다.

이상의 제설(諸說)을 차치하더라도 기원전 3세기까지 조선의 서부국경은 현재의 화북(華北)에서부터 동북쪽에 위치해 있었다. 위만이 조선으로 도망갈 때 요동고새(遼東古塞)를 넘었다고 하는데, '삼국지(三國志)'에 고구려는 요동의 동쪽 천리 밖에 위치해 있다고 하는가 하면, 고조선의 중심지는 요동이라고 '사기(史記) 卷155'에 기록하면서 요동에는 검독현(險瀆縣)이 있는데 이곳에 조선왕의 수도(首都)가 있다고 하여 요동은 고조선의 중심관할지임을 뒷받침하고 있다. 요컨대 요동지역은 요하의 동쪽지역으로 고조선 이래 우리 한민족(韓民族)의 강역지(彊域地)였음은 명백하다.

여기서 논하는 요동지역(遼東地域)이라 함은 남동쪽으로 압록강을 끼고 한국과 국경을 접하고 북동쪽으로는 지린성(吉林省), 북서쪽으로는 네이멍구자치구(內蒙古自治區)와 허베이성(河北省)과 접하고 남서쪽으로 발해(渤海) · 황해와 면하고 있는 지역을 말한다.

지형(地形)은 남동부의 산지와 북서부의 구릉(丘陵) · 고원(高原) 및 그 중간의 요하(遼河)평원 등 3지역으로 구성된다.

이 평원(平原)은 요하가 형성한 표고 50m 미만의 충적평야로 요하강 하구부의 요동만(遼東灣) 연안 일대로 표고 2~5m에 불과해 개척(開拓)이 진척(進陟)되기 전에는 저습지(低濕地)를 이루었다. 평원 동쪽은 100m급의 산봉(山峰)이 이어지는 장백(長白)산지이고 그 지맥인 천산(千山)산맥이 400m 이하의 표고로 남서주

(南西走)하여 요동(遼東)반도를 형성한다. 요동(遼東)반도는 침강지괴(沈降地塊)로 리아스식해안을 이루어 남동쪽의 장산군도(長山群島)를 비롯하여 연안에 많은 섬들이 분포해 있다.

평원북서부는 내몽골 고원으로 이어지는 표고는 400m가 넘으며 남서쪽의 해안평야는 이른바 요서주랑(遼西走廊)을 이루어 화북(華北)과의 주요 교통로가 되고 있다. 기후는 전반적으로 대륙성기후를 보이나 해안지대는 비교적 온난다우하다.

오늘날 요녕성(遼寧省)은 동북(東北)지방 남부의 성(省)으로 1977년 기준으로 면적은 23만km², 인구 약 3천6백만에 심양(瀋陽)이 성도(省都)이다. 1954년 요서성(遼西省) 요동성(遼東省) 일부를 합병하여 요녕성(遼寧省)으로, 1956년 열하성(熱河省)의 동부(東部)를 병합하고 있다. 주민은 한족(漢族)을 중심으로 만주족(滿洲族), 묘족(苗族), 회족(回族) 및 한국인 등이 살며, 요하평원은 동북지방에서 농업개발의 역사가 가장 오랜 곳으로 수수, 조, 옥수수, 쌀 등의 자급작물 외에 콩, 땅콩, 면화 등 상품작물의 생산이 많고 또 요동만 연안에서는 사과를 비롯한 과실류, 동부의 봉성(鳳城), 수암(岫岩)을 중심으로 잠사(蠶絲)를 많이 생산한다.

동부산지의 압록강 및 훈하(渾河) 유역은 산림지대를 이루어 임업(林業)이 성하고 또 연안부(沿岸部)에서는 여대(旅大) 장하(庄河) 웅악성(熊岳城) 및 장산(長山)군도의 여러 어항(漁港)을 중심으로 어업이 성하며 요동만 동안(東岸)에는 염전(鹽田)이 많다.

광업(鑛業)은 안산(鞍山) 본계(本溪) 요양(遼陽)의 철광석, 무순(撫順), 북표(北票), 부신(阜新) 등지의 석탄, 대석교(大石橋)의 마그네사이트 외에 망간, 몰리브덴, 아연, 구리, 유모혈암(油母頁岩) 등 다종류의 자원 매장과 생산량이 많다.

이 지역은 풍부한 수자원(水資源)으로 중화학공업 발달이 현저하여 중국 제1의 중화학공업지대를 이루고 있다. 요동만(遼東灣)은 요동반도에 의해 황해와 격리되고 수심이 가장 깊은 곳도 30m 내외에 불과하다. 만의 북쪽으로 요하를 비롯해 대능하(大凌河), 소능하(小凌河) 등의 하천이 흘러들고 그 어귀에 간석지가 발달되어 있다. 북동안에 영구(營口), 북서안에 호록도(葫蘆島) 등 상항(商港)이 자리하고 동안(東岸)에서는 천일제염(天日製鹽)이 성하다.

요동반도는 남서주(南西走)하는 표고 1천m급의 천산(千山)산맥을 척량(脊梁)

으로 하여 길게 내리뻗은 삼각형의 침강지괴(沈降地塊)로 해안선의 굴곡이 심하고 주변에는 장산열도(長山列島)를 비롯한 많은 섬들이 산재한다. 반도 선단부에는 여대시(旅大市)가 있는데 대련(大連)지구는 동북지방의 문호를 이루는 주요항구가 되고 있고 여순(旅順)지구는 해군기지화되어 있다.

요하(遼河)는 중국 동북지방 남부평원을 관류하는 하천으로 전장 약 1천4백km로 원류는 서요하(西遼河)와 동요하(東遼河)로 나뉘는데 서요하가 동요하보다 길다. 서요하는 대흥안령(大興安嶺)산맥 남부에서 발원하여 동류(東流)하다가 길림(吉林), 요녕(遼寧), 성경(省境) 부근에서 노합하(老哈河)를 합치는데 그때까지는 서납목윤하(西拉木倫河 : 시라무문하)라고 불린다. 요녕성에 들어와서 삼강구(三江口) 부근에서 장백(長白)산맥으로부터 발원하는 동요하를 합쳐 요하가 된 뒤 그대로 남하하여 훈하(渾河)와 합치다가 영구(營口)에서 발해(渤海)로 흘러든다.

상류부에서 다량의 토사가 유출되어 하구부의 요동만에 광대한 델타를 형성하고 있으며, 하류부에서는 자주 홍수를 일으켜 왔으나 제2차 세계대전 이후 치수공사(治水工事)가 이루어져 어느 정도 홍수의 피해를 줄이고 있다.

서요하 연안지대에서는 풍사(風沙)의 피해가 컸으나 대규모의 방풍림(防風林)이 조성되어 반산(盤山)과 금현(錦縣) 부근의 범람원(氾濫原)은 광대한 농경지로 개간되고 있다. 원래 동북지방 남부의 중요 내륙수로가 되어왔으나 철도가 개통된 뒤 수운은 쇠퇴되고 현재는 농업용수원으로 중요시되고 있다. 요양(遼陽)은 요녕성의 성도(省都)로 요하의 지류인 태자하 좌안에 위치하여 장대(長大) 철도가 통과하는 교통의 요지로 고래로 요동지역은 수로교통이 편리하고 물산이 풍부하며 오늘날에도 농공(農工)·광업(鑛業)이 병행 발달하고 있는 고장이기도 하다.

다) 요동(遼東)을 둘러싼 각축전(角逐戰)

요동지역은 옛날부터 화북(華北)지방과 관계가 깊었고 고조선 이래 부여(夫餘), 고구려, 발해의 영토였다. 고려 이후 우리나라와 국경을 접하고 있었기 때문에 유사(有史) 이래 한국과 중국 사이의 정치·문화교류는 거의 이곳을 거쳐 이루어졌다.

진(秦), 한대(漢代)를 통하여 요동(遼東)은 요동군(遼東郡)의 치소(治所)가 되어 왔으나 5호16국시대(五胡十六國時代)에 고구려의 영토로 편입되어 요동성(遼東城)이라 불렀다. 당 태종은 이 땅을 함락, 요주(遼州)라 개칭하고 요(遼)가 발해국의 유민을 다스리기 위해 이곳에 동단국(東丹國)을 세웠으나 뒤에 5경(五京)의 하나로 동경요양부(東京遼陽府)를 두었는데 요동이라는 현재의 지역명은 여기서 비롯되었다고 한다.

금(金) · 명대(明代)에도 이 지역명을 이어받아, 동북지역 경영의 기지로 삼았고 청 태조 누르하치(1621~1625년)는 이곳을 국도(國都)로 삼은 바 있기도 하다. 남만주인 요하 동쪽 지방의 요동반도를 중심으로 한 이 일대 역시 우리나라와 중국 사이의 첨예한 쟁탈지역이 되어왔으며, 전국시대(戰國時代) 말엽에는 연(燕)나라가 동호족(東胡族)을 물리치고 이 지방을 점령한 바 있었으나 다시 진(秦)이 중국을 통일함으로써 진(秦)나라의 영토(領土)가 되었다. 한(漢)나라 때는 여기에 요동군을 설치하고 동부도위(東部都尉)를 두었는데 고구려가 일어나 한사군(漢四郡)을 몰아내고 이어 요동지역을 점령하였다. 이때 고구려는 지금의 요양지방에 요동성을 쌓고 한족(漢族)의 침입을 방어하는 요새지로 삼았다.

고구려 19대 광개토대왕(374~413) 시절에는 고구려 후예인 고운(高雲)이 모용족의 연나라를 멸하고 북연(北燕)을 세웠는데, 영락(永樂) 17년 요하 동쪽 영역을 경략하면서 수나라와는 요하를 경계로 맞섰다. 당시 고구려의 기본방어선은 요하(遼河)에서 요동반도(遼東半島)로부터 열하(熱河)에 이르기까지의 서북방어선을 구축하고 그 이서(以西)인 만리장성 근방에까지 뻗쳤다.

이후 중원(中原)을 통일한 수(隋)나라 양제(煬帝)는 612년에 대군(大軍)으로 공격하였으나 고구려군민들은 요하전투를 비롯하여 요동성 · 오골성 · 봉황성전투, 살수전 등을 통해 통쾌한 승전을 거두었다. 이 가운데 요동성전투가 가장 치열하였는데 고구려의 서쪽 관문인 요동성이 요하유역에서 전략적 의의가 매우 큰 지역이기 때문이었다. 이 성의 함락을 목표로 수 양제는 수십만의 군대를 집결시켜 연속적으로 공격을 감행해 왔다.

요동성의 성공적인 방어는 수나라군의 전략을 파탄시키고 이후에 평양성을 향한 진격이 오히려 고구려군의 작전에 말려들게 해 살수전투에서의 패배를 겪게 하였고 이 대전에서의 패배로 결국 수나라 농민의 봉기를 맞게 되고 나라는 망하고 만다.

수나라 멸망 후 당(唐)나라가 세워진 후, 645년 당 태종이 10만 대군을 파견하여 수륙 양로(兩路)를 이용해 고구려로 쳐들어왔다. 침공이유로 고구려 보장왕(寶藏王) 3년, 당 태종이 고구려와 신라 간에 화해 권유의 칙서(勅書)를 사농승(司農丞) 상리(相里)인 현장(玄奬)으로 하여금 보냈는데 이에 대해 고구려의 연개소문이 답하기를 수나라가 고구려의 5백 리 땅을 빼앗아갔는데 그 땅을 돌려주지 않으면 그 어떤 조건으로도 화해할 수 없다고 답한 데 따른 응수였다. 연개소문의 이 말에 현장이 말하기를, "지난날의 일을 말한다면 요동 땅 전부가 자기네 나라 군현이었는데 지금 와서 그 땅을 찾으려 하지 않는다"라고 대꾸하였다.

이에 대로한 연개소문은 "요하 이동의 땅을 당신네 군현이라고 하는 것은 한적(漢賊) 유철(劉澈)이 우리 조선의 옛 땅을 도둑질하여 사군(四郡)을 두었던 일을 말하는 모양인데 그렇게 말한다면 영주(營州)나 유주(幽州)의 땅도 모두 우리나라 군현(郡縣)이었다"라고 일갈하였다.

이 시기에도 당나라 군사는 요동성을 공격하고 이어서 안시성으로 향하였다. 안시성 역시 고구려 서북 변경지역의 중요 요새지 중 하나였다. 당시 안시성주 양만춘의 활약상에 대해서는 조선조 후기 월정(月汀) 윤근수(尹根壽 : 중종 32.1537~광해군 8.1616)가 청국에 가서 중국 측 사료를 통해 확인한 후 비로소 전파되기 시작하였다.

'해상잡록(海上雜錄)'이라는 책에 "당(唐)은 당시 제1의 명장(名將)인 이정(李靖)을 행군대총관(行軍大總管)에 임명하고 고구려 정벌에 나서라"고 하였으나 이정(李靖)이 말하기를 "군은(君恩)도 중요하지만 사은(師恩)도 돌보지 않을 수 없다"라고 하면서 연개소문과의 관계를 언급하고 있다. 즉 태원(太原)에 있을 때 연개소문으로부터 병법(兵法)을 배웠는데 연개소문의 병법(兵法) 수준에는 천하에 적수가 없다고 하면서 재지(才智)가 뛰어나 만인(萬人)을 능가한다고 '무경칠서(武經七書)' 가운데 이정(李靖)이 쓴 '이위공병법(李衛公兵法)' 원본(原本)에 언급하고 있다.

이렇듯 연개소문의 고구려 영토수호의지는 어느 면에서나 당나라가 감히 넘보지 못할 정도로 확고하였으며 국력이 충실하여 요하방어선은 흔들림 없이 지켜짐으로써 요동 땅은 고구려 영토로 변함이 없었다.

뿐만이 아니다. 백제(百濟)는 한때 요동지역과 불가분의 관계가 있는 요서지역(遼西地域 : 柳城 遼寧省 朝陽. 北平 사이)을 경략하였다. 백제 동성왕(東城王)은 사법명(沙法名) 찬수류(贊首流) 목간나(木干那) 등의 영장(英將)으로 하여금 요서(遼書)·진평(晉平) 두 군(郡)을 다스리게 하였음을 '구당서(舊唐書), 신당서(新唐書), 양서(梁書), 남사(南史), 자치통감(資治通鑑), 이십오사(二十五史), 흠정만주원류고(欽定滿洲源流考)' 등에 기술되어 있다.

청말(淸末)의 임수도(林隨圖)는 1879년에 지은 '계동록(啓東錄)'에서 '문헌통고(文獻通考)'의 저자인 마단림(馬端臨)의 말을 인용해 언급하기를 진평(晉平)은 당대(唐代) 유성(柳城), 북평(北平) 사이라고 하면서 이 지역은 오늘날 금주(錦州), 영원(寧原), 광녕(廣寧)지방으로 비정(比定)하고 있다.

삼국사기 권46 최치원열전(崔致遠列傳)에도 고구려, 백제 전성기에 남쪽 오(吳)·월(越)을 쳐, 북쪽 유주(幽州) 연(燕 : 河北省), 제(齊) 노(魯 : 山東省)에 진출하여 한족(漢族)을 크게 위협하였다고 이십오사(二十五史)와 흠정만주원류고(欽定滿洲源流考)에도 적고 있다. 특히 흠정만주원류고(欽定滿洲源流考) 백제항목에는 백제의 땅 서북쪽에 광령(廣寧 : 하북성 遂慶縣의 西)과 금주(錦州 : 하북성 廣寧의 西)가 있다. 거기서 신라를 보면 동북쪽이고 유성과 북평에서 신라를 보면 역시 동남쪽에 있다. 이 밖에 백제의 도성은 동경(東京)인 웅진(熊津)과 서경(西京)인 거발성(居拔城 : 山東半島 所在)이 있다고 하였다. 흠정만주원류고(欽定滿洲源流考)는 1778년 청(淸)의 건륭황제(乾隆皇帝)의 명에 의해 편찬된 관찬서(官撰書)로 사료(史料)로서의 가치가 높은 것으로 평가되고 있다.

그런가 하면 발해는 북방의 거란이 강성해짐에 이전까지 이른바 거란도(契丹道)라고 하는 길이 발해의 부여부(夫餘府 : 오늘날 길림성 農安)를 거쳐 중원(中原)으로 내왕하였다. 10세기 초에 이르러 부여부가 자리하고 있던 국경요충지대인 부여성은 거란군에 함락되면서 229년간 존속되었던 해동성국 발해는 대인선(大仁宣) 대(代)에 이르러 결국 멸망하면서 요동지역은 거란인의 위성국인 동단국(東丹國)이라는 지방정권을 두어 관할하게 하였다.

928년 동단국이 요동지방에 세워지고 심양(遼陽)을 중심부로 정하고 당시 요양을 동경(東京)이라 개칭하였다. 이러한 동단국은 57년간 존속하다가 982년에 요나라에 편입, 공식 폐지되었다. 57년 동안의 동단국 통치기간에 발해의 하층 유민들은 요동지역 농경지에 강제집단 이주되어, 수탈당하고 일부는 거란인 귀족들의 노예가 되었다.

이러한 탄압정책에 발해인들은 줄기차게 저항하였다. 반요(反遼)투쟁은 975년, 995년 두 차례에 걸쳐 거세게 일어나다가, 1029년 8월에는 대연림이 주도해 흥요국(興遼國)을 세우게 되었다. 1030년 8월 25일 1년여 만에 요양성이 함락당했으나 반요투쟁은 지속되었다.

그러한 결과의 하나로 927년(景哀王 3) 고구려계의 발해 유민들은 요(遼)의 세력이 미처 닿지 않는 압로강 서쪽 연안(沿岸)에 안정국(安定國)을 고려 광종(光宗) 때 세웠다. 당시의 왕은 열만화(烈萬華)로 여진국을 중계로 삼아 송(宋)과 수로(水路)를 통하여 친교를 맺었다. 981년인 고려 경종(景宗) 6년(宋 太平興國 6년)에 여진(女眞)의 사신(使臣)편에 국서(國書)를 송(宋)나라에 보내, 송의 거란정복에 측면 지원할 것을 약속한 일이 있었는데 요(遼)나라 성종(成宗) 4년(985년) 요군(遼軍)의 침공으로 멸망하였으나 발해국 유민의 독립을 위한 저항운동은 요동지역을 중심으로 끈질기게 전개되어 왔음을 송사(宋史)는 기록하고 있다.

라) 고려조(高麗朝) 이후의 요동수복(遼東收復) 의지(意志)

고구려, 발해 멸망 후 요동지역은 다시 중국의 지배하에 들어갔고 그 후 몽골이 일어나 원나라가 이 지역을 장악하였다. 원(元) 이후 명(明)나라가 일어남에 여기에 요동도지휘사사(遼東都指揮使司)를 두어 만주 경략을 꾀함에 고려와의 마찰을 일으켰다.

1387년(우왕 13) 명(明)나라가 고려사신의 입국(入國)을 거절함에 고려는 명나라에 대한 감정이 좋지 않았다. 이러한 때에 명나라로부터 돌아온 설장수(偰長壽)가 철령(鐵嶺) 이북의 땅을 명나라 영토로 삼겠다는 명(明)나라 조정의 뜻이 전해졌다. 즉 철령이북(鐵嶺以北), 이동(以東), 이서(以西)의 땅은 원래 원(元)에 속해 있던 땅이니 이를 요동(遼東)의 관할(管轄)하에 두겠다고 하면서 요동도사(遼

東都事)로 하여금 지휘관 2명에 군사 1천 명을 거느리고 강계(江界)로 들어와 철령위(鐵嶺衛)를 설치하여 요동(遼東)으로부터 강계(江界)에 이르기까지 70여첨(餘帖)을 설치, 고려(高麗)를 위압(威壓)하려 하였다.

이에 고려 조정에서는 명(明)에 대한 적대감이 강하게 일어나고 철령위(鐵嶺衛) 설치의 부당성과 철령(鐵嶺)은 원래 우리의 영토이며 그 이북 이동 이서 모두가 우리의 땅이라는 주장하에 거국적으로 요동정벌군을 일으키게 하였다. 1388년(우왕 14년) 3월 전국(全國) 8도에 징병령(徵兵令)이 내려졌다.

시중(侍中) 최영(崔瑩)은 팔도도통사(八道都統使)가 되어 4월에 주전론(主戰論)을 지지하는 왕과 더불어 평양으로 출전하여 조민수(曺敏修)를 좌군도통사(左軍都統使), 이성계(李成桂)를 우군도통사(右軍都統使)로 삼아 좌우군(左右軍) 3만 8천 8백 명(일부 10만 설)을 이끌고 평양을 떠나게 하였다. 그러나 결국 위화도(威化島) 회군으로 모든 계획은 수포로 돌아갔다.

이로써 조선의 요동지역 수복은 수면하(水面下)로 가라앉고 말았다. 당시 정황은 명군(明軍)이 북호정벌(北胡征伐)에 나섰고 요동성(遼東城) 중에는 지휘관 몇 명만이 남아 있었기 때문에 이 시기에 요동으로 진격한다면 적과 싸우지 않고 쉽게 요동을 수복할 수 있었는데, 결과는 반대로 오히려 고려의 멸망을 초래하고 말았다.

그러다가 조선 중기 효종 때 또다시 북벌론이 제기되었으나 이 역시 실현되지 못하였고 조선조 말기에 접어들면서 국운이 쇠잔해지고 이 와중에 청일전쟁을 맞게 되었다. 청일전쟁에 패전한 후 청과 일본은 1895년에는 시모노세키조약(下關條約)에 의해 요동 땅 일부를 일본에 할양하기로 하였다가 삼국간섭에 의해 다시 반환되었다.

그 후 요동 남단부(南端部)의 관동주(關東州)가 러시아의 조차지(租借地)가 되었으나 러일전쟁의 결과 포츠마스조약 및 북경조약에 의해 일본조차지(日本租借地)가 되였고 그 곳을 거점으로 하여 일본은 만주경략에 착수하게 되면서 요동지역은 일시 일본의 통치하에서 놓여졌으나 제2차 세계대전 후 조차권(租借權)은 소멸되고 다시 중국영토로 환원되었다.

그러나 연행사절(燕行使節)이나 여타사(餘他事)로 이 지역(地域)을 통행하였던 뜻있는 우리 선현(先賢)들은 요동 땅이 본시 우리의 땅이었는데 이를 까마득히 잊어버리고 있음에 울분어린 감회를 시(詩) 또는 기행문(紀行文)을 통해 토로하고 있음을 조선 후기 실학자들의 저작물을 통해 보여주고 있다.

마) 민족문화유산으로서의 요동지역의 성곽(城郭)들

요동지역을 경략해 온 고조선 이래의 국가들은 요하(遼河)를 경계(境界)로 수많은 성새(城塞)를 구축해 왔고 그 지역에 허다한 문화유산(文化遺産)을 남겨 놓음으로써 강역상(彊域上)의 고토(故土)로서뿐만 아니라 민족의 얼을 깊숙이 심어 놓았다.

고구려의 문화적 전파는 요동지역뿐만 아니라 중원(中原)지역까지 널리 파급되었다. 특히 음악과 무용은 특출하였다. 남북조시기(南北朝時期)인 남송(南宋)과 북조(北朝)의 북위(北魏)에는 모두 고구려 춤과 음악의 영향이 매우 컸다.

이외에도 수·당의 궁정음악(宮庭音樂) 가운데 고구려악(高句麗樂)은 상당한 영향을 미쳤다. 예컨대 수(隋) 문제(文帝)의 7부악(七部樂), 수(隋) 양제(楊帝)의 9부악(九部樂), 당(唐) 태종(太宗)의 10부악(十部樂) 가운데도 고구려악(高句麗樂)이 들어 있었다. 고구려 벽화 무덤 가운데 발굴된 것을 보면 여인상(女人像)의 옷 차림새, 비천도(飛天圖), 신선도(神仙圖) 등은 고구려문화의 전파성(傳播性)을 여실히 알려주는 것들이다.

특히 요동지역을 중심으로 한 철기문화는 고조선 이래로 이 지역을 무대로 한 고구려, 발해국들에 의해 높은 수준을 유지시켜 왔다. 철기의 효율적 활용이야말로 요동지역이라는 지리적 특성을 무시할 수 없다. 과학자들은 아연(亞鉛)과 청동(青銅)의 합금(合金)을 세계사적 사건이라 하고 있다.

왜냐하면 청동(青銅)은 섭씨 1천 도까지 가열해야 용융(熔融)이 되면서 주물(鑄物)로 이용되지만, 아연(亞鉛)은 섭씨 9백 도에서 끓으면서 날아가기 때문이라고 한다. 즉 서로 비등점(沸騰點)이 다른 아연·청동 합금은 고도의 합금기술이 필요했기 때문이다. 이러한 기술은 한족(漢族)에게는 한(漢)나라 이후기로 봄이 정설이다.

선철(銑鐵)에서 강철(鋼鐵)을 얻는 방법도 고조선 사람들은 기원전 수백 년 전부터 연철(鉛鐵)과 선철(銑鐵)을 제련(製鍊)하고 강철도 제련하여 사용해 왔다. 이는 철에 대한 지식과 가공기술이 매우 높았음을 말해주고 있는 것이다.

사마천의 사기(史記)에는 동이족(東夷族)의 수령(首領)인 치우집단(蚩尤集團)이 머리는 동(銅)이고 이마는 철(鐵)인 동두철액(銅頭鐵額)이라고 전하고 있어 동이족(東夷族)이 화하족(華夏族)보다 금속문명이 발달해 왔음을 보여주고 있다. 이러한 철기문명은 이후 요동지역을 중심으로 동아시아의 제반 문명문화 발전에 획기적인 변화를 가져오게 하였다.

여기에다 고구려인의 특징으로 능가선무(能歌善舞), 습중후장(習重厚葬), 숭무상용(崇武尙勇), 희축산성(喜築山城)을 꼽을 정도로 수많은 산성(山城)을 남겨놓았는데 일설(一說)에는 고구려의 명칭이 고성설(高城說), 성성설(聖城說), 대성설(大城說) 등에서 왔다고 할 정도로 고구려인의 축성술(築城術)이 탁월하였음을 드러내고 있다. 성(城)은 고구려족의 생활 속에 중요한 시설물 중의 하나이기도 하다.

고구려인들이 도달하는 곳, 이들이 머무는 곳에는 대체로 돌로 성(城)을 쌓았다. 성은 적(敵)을 공격하기 용이하고 수비가 쉬워 자신들을 보호하고 적을 소멸시킬 수 있었기 때문이다. 이러한 고구려인이 구축한 성은 그 어떤 민족보다 그 수효가 월등하게 많았으며 축성술이 매우 뛰어났다.

고구려인들은 산성위치의 확정과 자연지세의 이용을 매우 효율적으로 그리고 가장 적합한 곳을 선택하였다. 이렇게 하여 축성한 성은 단순한 성 자체 이상의 고구려인의 생활상, 군비, 축성법 등 다양한 면모를 보여주고 있다. 오녀산성(五女山城)은 그 대표적인 예라 하겠다.

그러나 날이 갈수록 고구려, 발해국인이 축성한 성곽과 문화유적에 대해 중국측은 이 지역 일대의 문화유적을 중국 소수민족의 문화유산으로 왜곡(歪曲)시키고 있는가 하면 인위적(人爲的)인 방치 혹은 훼손을 방조시켜 민족지연성(民族地緣性)을 끊어놓으려 하고 있다.

이에 먼저 문헌상으로나 현장의 자취를 가장 오랫동안 그리고 생생하게 남겨주고 있는 성곽들에 대해 개략적이나마 살펴봄으로써 고토(故土)의 문화유산(文化遺産)에 대한 인식(認識)을 높여 나갔으면 한다.

성터	위치	비고
1. 대흑산성(大黑山城)	錦州 東쪽	築城時 卑沙城
2. 위패산성	福縣(福州 東쪽)	(今 瀋陽 南方推定하기도 함)
3. 고력성자(高力城子)	福 縣	
4. 용담산성(龍潭山城)	福縣 독리사 東쪽	
5. 개현산성	蓋縣 西南쪽	築城時 建安城
6. 고려성자(高麗城子)	蓋縣 東北쪽	
7. 고려성	蓋縣 東南쪽	
8. 고려성	영구현 대석교	
9. 영성자산성	해성현 해성 東南쪽	築城時 安市城
10. 고려채	안산시 東쪽	
11. 요양고려성	요양시 東北쪽	築城時 遼東城
12. 고려성자	요양 東西쪽	
13. 석성	요양 東쪽	
14. 연주성	요양현 연주성	築城時 白岩城
15. 평정산성	본계시 工源	
16. 석교자산성	본계시 서교자	
17. 왜두산성	본계시 왜두산	
18. 탑산산성	瀋陽市 진상둔	
19. 마총둔산성	瀋陽市 南쪽	
20. 석불산산성	瀋陽市 北쪽	
21. 현도성	瀋陽市 西北쪽	築城時 玄菟城
22. 고성자	撫順市 西쪽	築城時 盖牟城
23. 고이산성	撫順市 北쪽	築城時 新城
24. 최진보성	鐵嶺縣	
25. 청룡산성	鐵嶺縣	
26. 위원보성	개원현 개원 北쪽	
27. 고성자(高城子)	개원현 팔과수	
28. 성자산성	서풍현	
29. 살이호성	무순현 영반 東南쪽	築城時 南蘇城
30. 수수보산성	신빈현 목기	築城時 木底城
31. 영릉진성	신빈현 영릉	
32. 노성	신빈현 노성	
33. 구로성	신빈현 구로성	築城時 昌岩城
34. 이도하자성	신빈현 영릉 南쪽	
35. 흑구산성(黑口山城)	신빈현 홍모자향	

성터	위치	비고
36. 전수호산성	환인현 東北쪽	
37. 하고성자	환인현 西北쪽	
38. 오녀산성	환인현 東北쪽	
39. 두도성자	청원현 화가보	
40. 영액문산성	청원현 화가보	
41. 상산성채(南北2城)	본께시 東쪽	
42. 고려성	신금현 東쪽	
43. 동고려성	장하현	
44. 서고려성	장하현	
45. 성아산성	수아현 西南	
46. 빙옥산성(고려성)	수아현 西南	
47. 구토성	수암현 수암 附近	築城時 烏骨城
48. 구수암성	수암현 수암 附近	
49. 신수암성	수암현 수암 附近	
50. 낭랑성	수암현 수암 附近 南쪽	
51. 성산산성	수암현 수암 附近 西쪽	
52. 동일면산성	수암현 수암 附近 東南쪽	
53. 고산산성	수암현 수암 附近 東120리	
54. 쌍산산성	수암현 수암 附近 東180리	
55. 봉황산성	봉성현	
56. 고려문산성	봉성현 봉성 南쪽	
57. 진강성(鎭崗城)	단동시 東北쪽	
58. 애하첩성	단동시 東北쪽	
59. 애양고려성	봉성현 애양	
60. 고려산성	흥경 西南 125리	

** 이 밖에도 여러 성곽과 유적이 있으나 주요 산성만을 열거해 보았다. 무엇보다 축성 당시의 산성의 명칭과 후대에 불려진 산성 명칭이 다른데다 동일 명칭의 산성들이 소재한 위치에 대해 유의할 필요가 있다.

바) 재론되어야 할 요동 땅

요컨대 동북아시아 대륙에 있어서 요동 땅에 대한 비중은 절대적이라 하리만치 중요시되어 왔다. 고조선 이후 고구려시대를 지나 근세기에 이르기까지 우리의 본향(本鄕)으로 또한 고토(故土)로서의 정감(情感)을 깊숙이 간직해 오고 있는 지역이다.

요동지역을 올바르게 경략한 민족과 국가는 아시아의 강대국으로 그 위상을 드높일 수 있었고 이 지역을 상실한 나라는 그 위상이 추락될 수밖에 없었다. 이러한 요동지역은 요수 이북의 한족들이 그 세력을 동남쪽으로 뻗어나가려 할 때 반드시 장악해야 할 필수불가결의 요지였다. 그렇기 때문에 중국 본토를 통일한 이후의 제국들은 한결같이 이 지역을 차지하려고 국운을 걸고 쟁탈전을 벌였다.

그 같은 역사적 사실은 북방의 모용선비족을 위시하여 수·당나라의 고구려 침략사를 통해 잘 나타나고 있다. 이러한 요동 땅이 전장화(戰場化)될 때 동아시아 지역은 전운에 휩싸이게 되고 이 지역이 국제사회에서 평화로이 지켜질 수 있을 때 주변 제국들은 평화를 누릴 수 있었다. 그렇다면 이 땅이 전쟁을 통해 빼앗고 빼앗기는 각축장이 되어서는 안 되며 원래의 주인에게 돌아와야 한다.

그러나 지난 역사를 돌이켜볼 때 이 땅은 중흥세력(重興勢力)의 전리장(戰利場)으로 둔갑되기 일쑤였다. 멀리 회고할 필요없이 서구열강의 아시아 침탈과정이나, 불과 100여 년 전의 청일·러일 전쟁에서도 이 지역 장악을 위해 혈안이 되었고 중국 역시 이 땅을 제대로 관할하지 못함으로써 쇠망의 길로 접어든 것이다.

이 요동 땅이 본시 우리의 땅이었음은 수많은 중국 측 사료를 통해서 밝혀지고 있다. 근세기의 일로 청일전쟁 당시 청나라 실세였던 이홍장이 패전자로서 요동·대만·팽호도를 일본에 넘겨줄 수밖에 없었는데 이때 청제는 다른 곳은 몰라도 요동 땅을 내준 데 대해 조정 중신들과 함께 이홍장을 힐책함에 그가 답하기를 요동(遼東) 송명 이래(宋明以來) 본시(本是) 조선지지(朝鮮地之) 아조(我朝) 입관전 소득야(入關前所得也)라 하면서 일본에 떼어줄 수밖에 없었음을 토로하고 있다.

요컨대 빼앗긴 땅에 대한 울분과 억울함을 깨닫는 것도 중요하지만 언제 어떤 연유로 빼앗겼는지를 알고자 하는 의식이야말로 참다운 영토의식의 발로라 하겠다.

1

1_조선 말까지도 인문지리상 시베리아 연해주는 조선령시(朝鮮領視)되었다.

2

2_바이칼호로 가는 노정도

5. 민족지연성(民族地緣性) 짙은 북방의 시베리아

가) 시베리아 지명의 유래

'시비리아'는 흔히 시베리아라 부르고 있다. 이러한 명칭의 형성은 오늘날의 토불스크 부근 일대에 몽골인이 세운 흠찰한국(欽察汗國)이 붕괴됨에 따라 실필아한국(失必兒汗國)이 세워지면서부터이다. 이 실필아(失必兒 : Sibir)란 이르티쉬河와 심토불河의 두 하천이 합류되는 일대의 옛 지명이다. 이 지방의 원주민들이 이곳을 한때 실필아부(失必兒部)라 불렀는데 이 시기는 몽골제국이 전 세계를 휩쓸던 기간이었다.

시베리아는 한반도 면적의 약 57배에 달하는 광활한 지역으로 오늘날 러시아측은 이 지역을 서, 중, 남, 동북, 극동지역으로 나누고 있다. 연해주(沿海州) 극동지역에 해당되는데 러시아어로 이 지역을 'Primorskii Krai'라 칭하는데 'Pri'란 '연안(沿岸)'을, morskii는 '바다의'라는 뜻이다. 시베리아는 근간의 용어로 지구의 그린벨트로 우랄산맥에서 연해주까지 동서로 9,000km, 남북으로 최장 3,500km, 아시아 대륙면적의 4분의 1이 넘는 광활한 산야가 야생의 숨을 쉬고 있는 곳으로 오랜 기간 인적이 끊어진 거대한 생태지대이다. 냉대 활엽수에서 툰드라 침엽수까지 갖가지 수목과 산, 강들이 연출하는 원시 풍광이 시원하고 장엄하다. 시베리아에는 겨울, 여름 두 계절만 있다. 한겨울은 섭씨 영하 40~50도 한여름은 영상 20~30도이다. 여름밤은 10시까지도 환한 백야(白夜), 겨울은 그 반대이다. 시베리아는 원주민 타타르족 언어로 잠자는 땅(시비르)이란 뜻이라고도 한다. 이러한 동토에도 개발의 손길은 이어져 시베리아 중부 이르쿠츠크에서 자동차로 5~6시간 달리면 바이칼호까지는 포장도로이나 그 나머지 3분의 1은 비포장길이다.

연해주는 극동지역 7개 주(州)의 하나이다. 극동지방이라 함은 우랄산맥 동쪽으로부터 예니세이강까지의 낮은 지역 일대를 서시베리아지역이라 하고 동시베리아 지역은 예니세이강 동쪽 고원 및 산지 일대를, 극동연해주지방은 동시베리아 끝 동부인 연해변산지(沿海邊山地)의 분수령으로부터 동편지역을 말한다.

일반적으로 넓은 의미의 시베리아라고 부르는 이 지역을 우리의 선대들은 심정적으로 본토와의 지리적 인접성과 민족지연성에 따라 강동(江東) 또는 원동(遠東)지역이라 불렀다. 본래 숙신(肅愼)의 땅이었다가 고구려, 발해의 영역에 속해 있었고 발해 멸망 이후 원·명(元·明) 이래 관할권이 확립되어 있지 않던 땅이었는데 1858년 아이쿤조약(愛琿條約)에 의해 청·러 간의 공동관리지역이 되었고 1860년에는 북경조약에 의한 러시아의 태평양연안의 진출 야욕으로 인해 러시아령이 되고 말았다. 그러나 이 지역 일대는 우리 동포들이 춘경추귀(春耕秋歸)하던 땅이며 나라가 어수선하던 조선조 말기에도 우리의 선열들은 한민족 고유의 고토(故土)라는 인식하에 국권회복을 위한 망명지로 삼아온 지대이다. 1937년 중앙아시아로 강제 이주당하기 전까지 재러시아 우리 동포들과 그 선대들이 피땀흘려 개발해 놓은 곳이다.

돌이켜보면 연해주는 해동성국으로 그 위상을 드높였던 발해국의 영토요 고구려의 옛 땅이었다. 이 터전 위에 발해는 5경 15부 62주의 행정관할 구역을 두고 사방 5천여 리의 광활한 영토를 통치해 온 발해국의 관할지(管轄地)였음을 신당서 발해전에 다음과 같이 기록하고 있다.

"발해는 그 지역이 영주로부터 동으로 2,000리 떨어진 곳에 위치하는데 남쪽으로 신라와 니하(泥河)를 경계로 삼고 동쪽으로 바다에 이르렀으며 서쪽으로 거란에 이르렀다.

성곽을 쌓고 살았는데 영토의 크기는 5,000리가 된다. 부여 옥저 변한 해북 제국의 여러 나라들을 모두 얻었다.(地直營州東二千里 南比新羅以泥河爲界 東窮海 西契丹 築城郭以居 … 地方五千里 … 盡得夫餘沃沮弁韓朝鮮海北諸國)"

이러한 사실은 고구려의 영토가 6천여 리였다는 것과 대비하여 볼 때 동서로는 1천 리가 작지만 동서남북 사위(四圍)의 여러 지경(地境)을 살펴볼 때 고구려의 영토 대부분을 경략해 왔음을 알 수 있다. 발해의 중심처였던 5경이라 함도 상경 용천부, 중경 현덕부, 동경 용원부(일명 柵城府), 남경 남해부, 서경 압록부를 말하는데 연해주에 자리하고 있던 동경 용원부(東京 龍原府)는 예맥의 옛 땅이었고 고구려의 동해진출에 따른 주요활동무대였다. 상경 용천부(上京 龍泉府)의 동남쪽에 위치한 이 지역은 오늘날 길림성(吉林省) 훈춘현(渾春縣) 일대에서 해양으로 접해 있는 곳이니 연해주로 비정(比定)되는 곳이다.

좀 더 구체적으로 언급해 보면 제3대 문왕이 중경 현덕부에서 천보(天寶 742~775) 말년에 상경 용천부로, 정원(貞元 781~793) 연간에 이곳으로 천도해 제6대 강왕이 다시 상경으로 옮길 때까지 발해의 수도로 삼았던 곳이다. 신당서 발해전에 그 위치가 상경의 동남에 있다고 하고 또 동남해에 가깝다고 하였는데 그 위치 비정이 1940년대 초 유물, 유적의 발굴 결과 만주 훈춘현(渾春縣) 반납성(半拉城)임이 학계에서 정설화되고 있다.

연해주에 해당하는 동북지대는 동해와 접해 있으면서 오늘날 함경북도 앞바다에 접한 지역에 남경 남해부가 있었고 일본으로 향하는 요충지인 5경의 하나로 동경 용원부가 있어 동해 일원을 장악, 일본과 교류하였던 곳이다. 고구려 멸망 이후 불과 30년도 못 되어 대조영이 세운 발해는 14대 227년 동안 해동성국으로 국위를 떨치며 무수한 유·무명의 인걸들이 연해주 일원의 영토를 수호, 경략하여 온 땅이다. 오늘날 두만강 하구 삼각주 개발지역이란 곳도 발해의 일본 및 신라와의 교통로로 핫싼, 크라스키노, 포시예트, 자루비노 등의 항구 역시 발해의 옛 터전이었다. 이 일대가 상당기간 러시아정부에 의해 군사용 및 자연자원 보존지역으로 묶여 있었으나 주정부의 블라디보스토크 개발계획에 의해 1992년 여름부터 대외개방정책을 펴고 있어 이 지역 자원개발로 인해 세계인의 주목을 받고 있는 지역이 되고 있다.

이러한 지역이 우리의 판도(版圖)에서 벗어났음은 한민족사상 불행 중 불행이라 하지 않을 수 없다. 뿐만 아니라 오늘날 중국 당국은 발해국 자체를 중국 변방국으로 폄하하면서 우리나라 역사와는 무관한 것으로 강변하고 있으나 근년 이 지역에서 발굴된 유적들을 보더라도 중국 측의 주장이 억지임은 재론의 여지가 없다.

16세기 중엽 흠찰한국(欽察汗國)의 왕족인 고정(庫程)이 걸아길사(乞兒吉思),오스락 등 제 부족들을 통합하여 실필아국을 세웠는데, 이 실필아국의 수도는 오늘날의 '또볼리스끄로쉬'로부터 이르뜨이江에 이르는 이스께르 성곽을 중심으로 한 지역이다. 이 성곽 일원을 러시아인들은 'Sibir'라고 불렀는데 한자(漢字)로는 '失必兒', '西比理亞', '西伯理亞'라 표기하였다.

광활한 이 지역은 20세기에 들어오면서 시베리아 연해주 또는 노령연해주라 지칭하기도 하였다. 이러한 명칭들은 이국인(異國人)들에 의한 명칭이며 우리의 선인들은 이 지역을 두만강 건너편 일대라 하여 강동지역(江東地域)이라 불렀으며 일시는 바다에 인접해 있는 해안지대라 하여 연해주(沿海州)라 칭하였고, 저 멀리 중앙아시아에 이주되었던 한인(韓人)들은 이 지역을 원동지역(遠東地域)이라 불렀다.

명칭이야 어떻든 이 지역은 우리 한민족의 오랜 고토(故土)로서 고조선 이래 숙신, 읍루, 옥저 등 고구려, 발해국이 연이어 누천년간 경략해 왔던 지대로 여타 종족들의 할거는 시기적으로도 매우 한정적이었고 여진, 몽골족 등 잡다한 종족들이 할거한 상태로서 정통적인 주인은 우리 한민족(韓民族)이었다. 애석하게도 발해국이 멸망한 이래 곧바로 이 지역을 장악하지 못한 까닭에 상당기간 무인지경이 되어오다가 동방으로 영토 확장의 야욕을 끊임없이 추구해 온 러시아인들의 손에 어이없게 이 지역을 빼앗김으로써 우리의 판도에서 벗어났다. 따라서 이 일대는 선사시대로부터 역사시대인 고구려 및 발해시대의 문화유적이 오늘에 이르기까지 출토되고 있어 우리 한민족(韓民族)의 민족지연성을 짙게 간직하고 있다.

나) 시베리아의 지리적 범위

오늘날 시베리아 지역을 관할하고 있는 러시아인들이 보는 이 지역에 대한 지리적 범위는 구소련 국민경제회의에서 러시아의 경제구역을 나눈 바와 같이 동시베리아와 극동지방으로 나누며 연해주라 할 때는 아무르강을 경계로 우수리강과 태평양 연안 사이의 지역을 말한다. 면적은 1천2백7십6만 5천9백만km²며 동서로 7천km, 남북이 3천5백km로 동서의 길이가 남북의 배나 된다. 이 지대의 인구는 대체로 2천6백2만8천 명가량 된다.

극동지방의 총면적은 622만km²로 이 가운데 연해주는 16만 6천km², 하바롭스크 그라이지방이 82만 5천km², 아무르주 36만 4천km², 캄차카주 47만 7천km², 야쿠트 · 사하 310만 3천km²이다. 인구분포로 보면 1992년 말 현재 극동지역 총 8백만 중 28.7%인 2백 31만 명이 연해주에, 23.11%인 1백 86만 명이 하바롭스크

지방에 그리고 13.3%인 1백 10만 명이 아무르주에 밀집해 있다. 민족구성 비율은 러시아계가 87%로 주류를 이루고 있고 다음으로 우크라이나인이 8.2%, 벨로루시인 1.0%, 기타 북방 소수민족이 0.1%이며, 조선족은 0.4%인데 사할린과 중앙아시아 거주 한국계 러시아인들이 이주해 오면서 점차 늘어나고 있다.

그런데 일반적으로 서방인들은 시베리아라고 하면 우랄산맥 이동(以東)에서 태평양 연안까지로 보는 데 비해 러시아에서는 이 지역을 양분해 지리적 구분을 하고 있다. 즉 우랄산맥 동사면(東斜面)에서 태평양 사면(斜面) 하천의 분수령까지를 시베리아라 부르고 태평양 사면의 부분을 극동부로 구분하고 있다.

광활한 시베리아 지역의 지세를 일일이 설명하기보다는 '바이칼 아무르간선 철도계획노선'의 예를 들면 자연지세를 이해하는 데 도움이 되리라 생각한다.

'바이칼 · 아무르간선'을 일명 'BAM'선이라고 하는데 바이칼호 북방 '우스리스크'에서 극동지역의 '콤소몰스크나아무레'에 이르는 총연장 길이 3,145km의 노선을 말한다.

이러한 바이칼 · 아무르선은 7개의 산맥과 수많은 하천, 밀림지대, 툰드라지대를 통과하게 되는데 터널만도 무려 100여 개가 넘는다.

예컨대 '무야 터널' 같은 것은 그 길이가 40리가량인 15km나 되며, 비교적 짧다고 하는 '바이칼 터널'도 15리가 넘는 6.7km나 된다. 여기에다 136개의 대철교를 포함한 400개 이상의 크고 작은 다리가 놓여지고 철로 인근에는 2천만km^2의 임야가 벌목되고 4천km에 달하는 보조육로가 병설되어 이 지역을 관통하는 세계지상 교통로로서의 위용을 보여주고 있다. 이러한 '바이칼 · 아무르'철도의 건설은 러시아의 태평양시대의 핵심과제가 되고 있다. 이 철도의 건설로 극동지역의 수송조건은 일대 변혁을 가져오게 되며 시베리아 일대 천혜의 자원보고를 개발함으로써 무진장이라 할 수 있는 석유, 석탄, 철, 다이아몬드, 석면, 몰리브덴, 구리, 주석, 보크사이트 등 수많은 종류의 지하자원을 개발해 나간다는 엄청난 계획인 것이다. 이렇듯 천혜의 자원보고지대가 우리 선인들의 경략지였던 것이다.

다) 발해 고토로서의 시베리아

시베리아 일대가 발해의 판도였던 까닭에 오늘날 이 일대에서 적지 않은 유물 · 유적이 발굴되고 있다. 우선 이 지역의 주요한 성터로는 파르티잔스크에 있는 니콜라예프카 성터와 크라스키노 성터를 들 수 있다. 니꼴라예프카城은 평지성으로 토성이다. 성의 형태는 사다리꼴 모양을 하고 있으며 남벽은 좁고 북쪽벽은 약간 넓다. 둘레는 약 2km가량 된다. 성벽의 높이는 10m, 아래쪽 너비는 20~30m가량 되며 적을 방어하기 위한 해자(垓字) 시설을 갖추고 있다. 이곳이 바로 발해의 5京 15府 62州 가운데 동경(東京) 관할 정리부(定理府) 소재지로 보여지는 곳이다.

이곳에서는 발해시대의 산물인 청동제 부절(府節)이 발견되었는데 부절이라함은 물건 하나를 둘로 나눈 것으로 뒤에 이를 맞춰봄으로써 증표로 삼아왔다.

이곳에서 발굴된 부절은 왼쪽 부분에 해당되는 것으로 합동(合同)이란 것이 절반 부분이다. 크기는 길이가 5.6cm, 두께 0.5cm로서 한 면은 다른 한 면의 반절과 붙여 볼 수 있도록 납작하게 되어 있다. 그리고 한 면이 타원형으로 돌출되어 물고기 모양이 조각되어 있다. 이러한 형상 속에 동좌효위장군 섭리계(同左曉衛將軍 攝利計)라는 글자가 새겨져 있다. 여기에 기록된 섭리계라는 인물은 발해시기의 장군 지위에 있던 인물이다.

크라스키노 성터는 발해시대 염주(鹽州)로 비정되는 곳으로 성벽의 높이는 1.5~2m 정도이며 토성이다. 성 안에서는 절터와 가마터가 발견되었다. 염주는 발해의 일본도(日本道) 마지막 지점으로 이곳은 발해에서 일본으로 출항하는 항구도시였다.

발해는 일본과 빈번한 왕래를 하였는데 기록에 의하면 발해에서 일본에 35차례, 일본에서 13차례에 걸쳐 사신들의 내왕이 있었다고 한다. 사신단의 수는 대체로 1백5명 정도 되었으며 이때 많은 물자의 교역이 있었다.

염주 주변에는 수많은 고분군이 널려 있어 당시 상당수의 인구가 이 일대를 중심으로 살아왔음을 알 수 있다.

우스리스크(Ussurisk)시 서쪽 근교에는 코르사코프카(Korsakovka) 사지(寺址)와

크라스키노 성터 안에 절터가 있다. 이곳은 1993년과 1994년 두 차례에 걸쳐 러시아와 한국 학자들이 공동으로 발굴한 곳이기도 하다.

코르사코프카 절터의 전체적인 발굴은 이루어지지 못했지만 대체로 한 변이 6m 정도 되는 정방형의 기단 위에 서 있는 건물지 1개소밖에 확인되지 않아 향후 발굴이 지속되면 연해주 지역 사원 규모의 윤곽이 드러날 것으로 보인다.

이 지역의 발굴 유물로는 다양한 형태의 기와조각들이 적지 않게 출토되고 있는데 특히 막새기와의 연꽃무늬는 고구려 연꽃무늬를 계승해 왔음을 보여 주고 있고, 어떤 것은 신라의 것과 유사한 봉황새가 새겨져 있기도 하다. 이러한 유물들을 통해 발해와 신라 간의 교류관계 연구에 제한적이기는 하겠으나 밑바침이 될 것으로 보여진다.

크라스키노 절터에서는 석축과 탑지들도 확인되었는데 유물로는 작은 보살입상과 작은 수인(手印) 그리고 고구려 계통의 붉은 기와를 비롯한 많은 기와편, 장신구 등이 발굴되었다.

보살입상은 전형적인 발해 불상의 자태로 형상이 매우 아름답다. 특히 높이 1m가량의 상륜부연꽃 장식토기는 이제까지 동양에서 발견된 것 가운데 가장 큰 것이다.

고분군은 발해묘제의 토광묘 유형의 것으로 대부분 지하로 묘광을 파고 그 안에 시신을 안치하는 이른바 지하식인데 여기에서 수습된 주요 유물로는 삼채편, 서투편 등 각종 용기의 조각과 옥제품, 청동제 장신구 등이 출토되어 이 지역에서의 민족지연성을 잘 드러내고 있다. 그런데 이러한 발해 고토로서의 민족지연성을 실증해 주고 있는 유물 유적들이 관할국의 희박한 관심과 현지 관리들의 무지 내지 무관심으로 인멸, 훼손되었음을 볼 때 민족적 자존심이 짓밟히는 듯한 아픔을 느끼게 한다. 특히 연해주지역의 발해 유물 유적은 이 고장 지역개발과 농경지화되어 있는데다, 군의 야영 훈련지 및 사격장화됨으로써 고분군들의 파괴는 물론 매장 유물의 인멸이 극심한 상태이다.

라) 한민족의 원류지(源流地) 바이칼호수

바이칼호수는 파미르고원에서 동북쪽으로 뻗어 나온 천산산맥과 알타이산맥 줄기들의 지령(地靈)이 응결, 형성된 호수이다. 동북아시아 중심부인 남부 시베리아 쪽에 위치하여 남쪽으로는 몽골초원과 고비사막이 자리하고 북쪽으로는 밀림과 툰드라의 광막한 대지, 동쪽으로는 흑룡강과 후룬치호 브이르(Buir)호수 일대에 이르는 지역과 서쪽으로는 중부 시베리아 대저지(大低地)가 펼쳐지는 광대한 대륙의 중심에 위치해 있다.

바이칼호수 주변에는 '이만'이라고도 하는 이르쿠츠크, 치타, 울란우데, 크라스노야르스크, 톰스크, 노보시비르스크 등의 도시가 자리하고 있다.

이 호수의 수면 면적은 30,500km^2, 남북길이 632km, 최대폭 79km, 길이 1,752m, 水深 1,637m로 수정처럼 맑은 물이 솟구쳐나오는 세계 최대의 담수호로서 그 수량은 발틱해의 해수량보다 많다. 호수의 밑바닥은 암반으로 되어 있어 물밑 40m까지 투명하게 보인다. 세계에서 가장 깊고 깨끗하며 저수량이 가장 많은 이 호수로 인해 시베리아 일대의 기후가 조절될 정도의 대호수이다.

호수에는 2만 마리의 물개와 바다표범, 2천 종 이상의 동식물, 철갑상어, 연어, 청어 등 다양한 물고기가 살고 있다. 이 호수의 수원에는 366개나 되는 대소강과 하천의 물줄기가 모여든다. 이 가운데 가장 큰 물줄기는 몽골쪽에서 흘러 나오는 셀렝가 강이다. 가장 큰 출구는 앙가라강으로 예니세이강으로 흘러 북극해로 들어간다.

이 366개의 물줄기는 1년 365일의 숫자와 같고 사람의 인골수나 혈(穴)수 366개, 신고문자 366자, 천계 366, 천안궁 366간 등 천지인의 수와 일치한다.

바이칼이란 어원은 풍부한 호수를 뜻하는데 바이칼은 밝에서 연유된 것으로 추단된다.

이러한 바이칼호수 주변에는 1만년 전 한님께서 거처했던 곳으로 당시에는 기후가 온난해 오늘날과 같은 한랭지대는 아니었다. 이러한 사실은 이 지역에서 발견되고 있는 맘모스 등 거대 초식 동물군과 식물류의 흔적으로 입증되고 있다. 즉 바이칼은 우리 고대 민족의 고토로 한인 천제가 천산기슭에서 환국(桓國)

을 개국하고 천해(天海)로 자리를 옮겨 구환(九桓)의 겨레로 12국을 세우고 64족을 다스렸던 중심지이다.

환인천제의 뜻을 받들어 환웅은 천부인 3개를 하사받아 흥안령을 넘어 천지에 이르러 천평(天坪)에 개천(開天)하여 천하를 다스리니 이에 인류문명의 기원이 된 곳이다. 단군조선이 웅비하고 북부여 해모수가 천안궁을 짓고 대진국의 태조 대조영이 천통의 연호를 계승하여 해동성국이 다할 때까지 8200년 동안 바이칼 일대와 만주, 캄차카 반도, 중원 일대 모두가 우리 한민족의 영향하에 있었다. 바이칼호수와 부이르(Buir－부여－비류) 호수 사이의 대지는 북부여와 고구려의 조상들이 살았던 고토이기도 하다. 오늘날에도 바이칼 근방에는 스스로 고려인이라 부르는 브리야트(Briat)족들이 살고 있으며 우리의 전래 무속신앙과 유관한 무풍(巫風)을 그대로 유지하고 있다. 몽골리안의 본향인 이 지역은 북아시아 샤머니즘 문화권의 모태(母胎)이기도 하다. 낯익은 장승, 솟대, 서낭당들이 바이칼 인근 곳곳에 서 있다. 몽골에 인접한 카자흐스탄 대평원의 이름인 텡기스(Tengis)는 바다라는 뜻으로 바이칼의 별칭이자 무속신앙의 신(神), 텡그리(Tengri)와 칭기즈칸이라는 호칭의 어원(語源)으로 알려져 있는데 우리말의 당골 발음과 흡사하다. 바이칼 지역의 토착민인 브리야트인의 언어는 우리 말과 같은 알타이어로 분류되고 있으며 이 일대를 뒤덮고 있는 자작나무는 브리야트인들이 신성한 나무로 여기고 이 나무껍질을 태워 향을 사르며 기원을 올리는 이들의 모습은 신단수 아래 신시를 연 단군시대의 수목신앙을 연상시킨다. 바이칼에 둘러싸인 알혼섬의 부르한 바위는 한국의 무속인들이 하늘의 정기(精氣)를 받으려고 자주 찾는 곳이기도 하다. 백두산의 옛 이름인 불함산도 부르한에서 왔다고 본다.

고고학적 측면으로 볼 때에도 우리나라 선사문화와 밀접한 중석기시대(BC : 8천 년 전후)인 이른바 세석기문화권으로 통칭되는 만주 · 몽골 · 신강지역을 비롯하여 섬서 · 사천 · 운남 등지에 분포되어 있다. 이러한 세석기문화의 시원은 시베리아 바이칼호 부근에서 비롯되어 몽골방면으로 남진한 코스와 만주방면으로의 동진코스로 전파되어 왔다.

마) 신시개천(神市開天)의 성지(聖地) 바이칼호

우리 겨레는 신시개천(神市開天)의 이념을 받들고 그 전통을 지켜오며 오늘날까지 연면히 이어져 온 민족이다. 그 연원의 줄기를 탄생시킨 곳이 지금의 시베리아 일원이다. 즉 그 가운데서도 오늘날 바이칼호는 핵심처이다.

이곳을 중심으로 원시사회에서 국가사회로 들어서기 전, 법규범이 종교, 도덕에서 분화되지 않고 일체로 되어 있을 때, 사회를 통제하는 힘은 종교적 색채가 농후한 주술적 규범으로 자연숭배와 정령숭배(精靈崇拜) 사상인 우주 만물은 제각기 영혼을 지니고 있다는 애니미즘(Animism)신앙의 진원지였다. 즉 인간은 물론 산 · 강 · 바다 · 바위 · 나무도 영혼을 가지고 있으며 그 영혼은 멸하지 않는 것이라고 생각하였다. 인간의 육체는 멸하더라도 영혼은 멸하지 않고 살아 있으며 자손들은 시체(屍體)를 신앙과 관습법에 따라 보호함으로써 조상의 혼령으로부터 보호를 받는다고 믿었다.

무엇보다 태양 숭배사상이 강해 난생설화, 태양신격화, 자연물에 대한 친연관계가 있다는 토테미즘(Totemism)이나 터부(Taboo)의 관념하에서 토템이 원시사회의 씨족적 집단의 결합을 굳히며 씨족원은 모두가 토템을 자기의 명칭으로 삼고 같은 선조로부터 나온 혈족이라 믿고 서로가 깊은 정신적 일체감을 의식해 왔다. 이러한 정신적 산물의 소산처가 바로 바이칼호 지역이다.

바이칼호수는 동서양을 가른다는 파미르고원에서 동북쪽으로 뻗어나온 천산산맥과 알타이산맥 줄기들의 지령(地靈)이 응결, 형성된 호수이다. 동북아시아 중심부인 남부시베리아 쪽에 위치해 남쪽으로는 몽골초원과 고비사막이 자리하고 북쪽으로는 밀림과 툰드라의 광막한 대지에 동쪽으로는 흑룡강과 후룬치호, 부야루 호수 일대에 이르는 지역이며 서쪽으로는 중부시베리아 대저지가 펼쳐진 광대한 대륙의 중심처에 놓여 있다.

이 호수로 인해 광활한 시베리아 일대의 기후가 조절될 정도의 대호수이다. 호수는 초승달 모양의 형태로 북, 동, 남쪽으로 길쭉하며 길이 636km, 최대 폭 79km, 표면 31,500km²이다.

바이칼호는 담수호로서 세계 최대의 면적이며 호안선의 연장은 2,200km나 되며 최대 수심은 1,742m로 세계에서 가장 깊은 호수이다. 호수의 밑바닥은 암반으로 되어 있어 투명도는 40.5m에 주위는 표고 1,500~2,000m의 바이칼산맥이 둘러싸여 있는 구조성의 호수이다.

저수량은 2만 2천km³나 되어 북아메리카 5대호 전체의 수량과 맞먹는다. 호수에는 1,800여 종의 동식물이 서식하며 이 가운데 78%는 호수 고유의 것으로 육봉(陸封)된 담수성의 바이칼바다표범이나 희귀종인 해면(海綿)동물들도 있다.

주위로부터 366개의 대소강과 하천이 흘러드는데 이 물줄기 중 가장 큰 물줄기는 몽골 쪽에서 흘러나오는 셀렝가강이며 유출로는 앙가라강인데 예니세이강으로 흘러 북극해로 들어간다. 이 366개의 물줄기는 1년의 366일의 숫자와 같으며 사람의 인골수나 혈(穴)수 366개, 신고문자 366자, 천계 366, 천안궁 366간 등 천지인의 수와 일치한다. 뿐만 아니라 1천여 리를 격해 동으로 백두산 천지, 또 1천여 리를 격해 한라산 백록담으로 천기(天氣)를 이어주고 있다. 바이칼은 밝에서 연유된 것으로 한자로는 '백경호(白鏡湖)'라 하여 역시 '밝'을 나타내는 뜻을 담고 있으며 그 어원은 풍부한 호수를 뜻한다.

바이칼호는 아득한 옛날부터 고대 종족과 관련된 숱한 전설을 안고 있으며 특히 숙신족(肅愼族)과의 관련이 깊어 민족지연성(民族地緣性)의 속살을 내비치고 있다. 주변은 1만여 년 전에 한님께서 거처했던 곳으로 당시에는 기후가 온난해 오늘날과 같은 한랭지대는 아니었다. 이 같은 사실은 이 일대에서 발견되고 있는 맘모스 등 거대 초식 동물군과 식물류의 흔적과 후기 구석기시대의 유적의 발견으로 입증되고 있다.

바이칼은 우리 고대 민족의 고토로 한인 천제가 천산기슭에서 환국(桓國)을 개설하고 천해(天海)로 자리를 옮겨 구환(九桓)의 겨레로 12국을 세우고 64족을 다스렸던 민족 고토의 중심지였다. 이곳에서 환인 천제의 뜻을 받들어 환웅은 천부인 3개를 받아 흥안령을 넘어 천평에 개천하여 천하를 다스리니 이에 인류문명의 기원이 된 곳으로 바이칼은 밝(白)의 본향처이다. 고대로부터 우리 동방민족의 정체성(Identity)을 함축하고 있는 환(桓), 한(韓), 려(麗), 광명(光明), 동명(東明), 부루(夫樓), 부여(夫餘), 불함(不咸) 등의 명칭과 일일이 열거하기 어려울 정도의 수많은 선조들의 영웅적인 영토애로 누천 년 동안 지켜온 신성처(神聖處)요 샤먼의 고향임과 동시에 민족혼의 산지(産地)가 우리의 옛 땅 시베리아 고토이다.

조상이 물려준 땅을 빼앗긴 것도 억울한데 그 내력조차 송두리째 잊어버려서야 되겠는가? 시베리아 고토가 우리 조상이 물려준 옛 땅이라고 외칠 때 정녕 그러냐고 동감하는 이가 오늘날 얼마나 될까? 자문자답할 수밖에 없는 실정이라고 한다면 잘못된 생각이라고 할른지!

바) 한인(韓人)들의 개척지 시베리아

발해국과 정안국이 멸망한 이래 여진, 몽골족의 쇠락 이후 이 지역은 기후상으로나 지리적으로 자연히 정착민의 수가 줄어들면서 무인지대화되었는데 17세기 이래 러시아의 동방침략이 지속되면서 무저항지대라 할 수 있는 시베리아를 통한 태평양 진출을 위해 적극적으로 이 지역을 장악해 나갔다.

1860년 청과의 북경조약 체결 이후 본격적인 러시아인들의 시베리아 진출이 두드러진 가운데 우리나라 두만강 연안의 농가들이 전래적으로 연해주의 남부 우수리 유역 포시예트 일부 비옥한 지역에서 춘경추귀하며 짓던 농사를 정착농가화하기 전에 경작해 온 지역이있다.

1862년 두만강 연안의 13가구의 농가가 노우 고르드만 연안 포시예트에 이주를 비롯하여 이듬해인 1863년에는 남우수리 찌진허 강가에 10여 가구가 이주해 농사를 지었다. 1864년에는 이주자 수는 대폭 늘어나 60여 가구 300여 명의 한인들이 집단적으로 몰려들었고 이어서 1868년에는 165가구, 1886년에는 766호에 이주자는 1,880명이 넘게 되었다.

이러한 이주자의 수는 해를 거듭해 점차 늘어나는데 특히 이 시기에 잇단 국내의 흉년이 겹치면서 연해주로의 이민 집단자 수는 대폭 늘어났다. 그리하여 1870년에 들어서면서 이곳의 정착민은 무려 8,400여 명으로 증가되었다.

특히 수이푼강가 여러 곳으로 흩어져 조금이라도 농사 짓기에 좋은 땅을 찾아 나섰는데 콘스탄티노프스키, 카자케비체프카, 푸칠로프카, 코르사코프카 등지로 이주자는 계속 몰려들게 되었다. 1872년에는 사마르키 강가에 최초로 한인 집단 부락인 포랄고슬로벤노에 촌락이 건설되는데 이곳은 만주, 간도지역 못지않게 시베리아 고토에 대한 개발, 개척이 성행하였다. 이러한 한인들의 시베리아 연해주 일대로의 발길은 역사적으로 오랜 민족지연성을 바탕으로 한 농가인구의 이주, 개척하고자 하는 의욕이 뒤따랐기 때문이다. 그리고 나라를 빼앗긴 울분과 이 지역을 중심으로 독립운동기지화됨으로써 시베리아 연해주 일대는 제2의 안정국(定安國)과 같은 위치로 발돋움하고자 하였던 곳이기도 하다.

사) 정계비문상에도 시베리아 연해주는 우리의 땅

1712년 백두산에 세워진 정계비문에 의하면 동위토문이라 하여 동쪽으로의 국경은 토문강으로 삼는다고 함으로써 토문강의 흐름을 살펴볼 때 시베리아 연해주 일원은 우리의 영토인 것이다. 간도문제로 인해 저술하게 된 우리의 북방영토문제의 해답서라 할 수 있는 북여요선(北輿要選)이라는 책의 찰계공문고(察界公文攷)편에 의하면 비의 동쪽 토문강의 근원은 석퇴(石堆)와 토퇴(土堆)를 지나서 빈포에 이르러 물이 비로소 솟아나 비스듬히 북증산의 서쪽 능구, 황구수, 대사허, 소사허, 구등허, 양양구 등에 이르기까지 5, 6백 리 정도 흘러 송화강과 합류하여 동쪽으로 흑룡강에 이르러 동해바다로 들어간다.

토문강의 상류로부터 하류의 바다에 이르기까지의 이동이 진실로 계한(界限) 안의 땅이나 우리나라는 당초 변경에서의 분쟁을 우려하여 유민을 엄금하고 그 땅을 비워 두었다. 이를 기화로 청이 이 지역을 자기네 영토라 하여 먼저 점거하고 아라사에게 1천여 리의 땅을 할양하였는데 진실로 토문을 한계로 하여 경계를 정한다면 이 같은 일은 결코 용납할 수 없는 일인 것이다.

그러나 원초 정한 계한도 아직 원만한 감정을 못 보고 있고 민생이 곤경을 당하고 이에 따라 변경문제가 더욱 불어나게 되니 이는 국가 간 외교문제라는 점에서도 바람직한 일이 못 된다. 요컨대 이 지계(地界)의 옛 계한(界限)을 다시 밝힘은 한 · 청 · 아 3국에 유관한 것으로 상호가 기일을 앞서 정해 두고 적당한 사람을 파견하여 이들이 회동, 먼저 백두산의 정계비를 조사하고 토문강의 근원에서 부터 강류를 따라 물이 바다에 들어가는 곳에 이르기까지 착실히 답사하여 공정한 관점으로 지도를 그리고 피차가 각국 통행의 법례에 비추어 공정하게 타결한다면 계한(界限)은 저절로 분명해질 것이요 변경에서의 분쟁도 불어날 리가 없을 것이다. 이는 본국 변민의 안정문제에 그치는 것일 뿐만 아니라 3국 간 돈독한 친선에 관계됨이니 어찌 아시아 동방의 대행(大幸)이 아니겠는가!

(碑東土門之源 歷石堆土堆 至杉浦水始出 施至于北甑山之西陵口黃口水 大沙墟 小沙墟 九等墟兩兩溝等處 流于五, 六百里之許 與松花江 併合東至于黑龍江 入于海 土門江之自上源

至下流入海以東 固是限內地而我國則 初廬邊嚴禁流民 遂虛其地故 淸國謂之己疆 先爲占居 至有割讓俄人千餘里之地

視之當年定界土門之限 不容若是而原定之界限 尙未妥勘 民生以之受困邊案從又滋案揆以交際 寔屬未協 治此兩國和好約定之日 我疆我理 又所不己也

總之此界之申明舊限有關乎韓淸俄三國互相先期聲明　三國各派妥員會同先勘白山之定界碑 自土門之源 順流之于入海處 歷歷踏勘 公眼繪圖彼此援照各國通行之法例 公平妥決結則界限自可分明邊–無由滋生矣不但本國邊民之安揷乃己實是 三國和誼之友睦豈非亞州東隅之大幸.)

위와 같은 내용의 요지를 정리한다면 토문강의 근원에서부터 송화강으로 유입되는 물은 동쪽으로 흑룡강에 이르러 바다로 들어가니 이 계한은 간도지역은 말할 것도 없고 시베리아 일대가 이 계한(界限)에 들어 있으니 우리의 땅임이 자명하다는 것이다.

이상과 같은 엄연한 사실과 기록상의 주장이 있음에도 불구하고 시베리아 영유권에 대한 주장을 이제까지 단 한번도 제기하지 못했으니 참으로 안타깝기 이를 데 없다.

第11章

一萬里 朝鮮
疆土의 侵縮史

북변국(北邊國)과의 조약론(條約論)

1

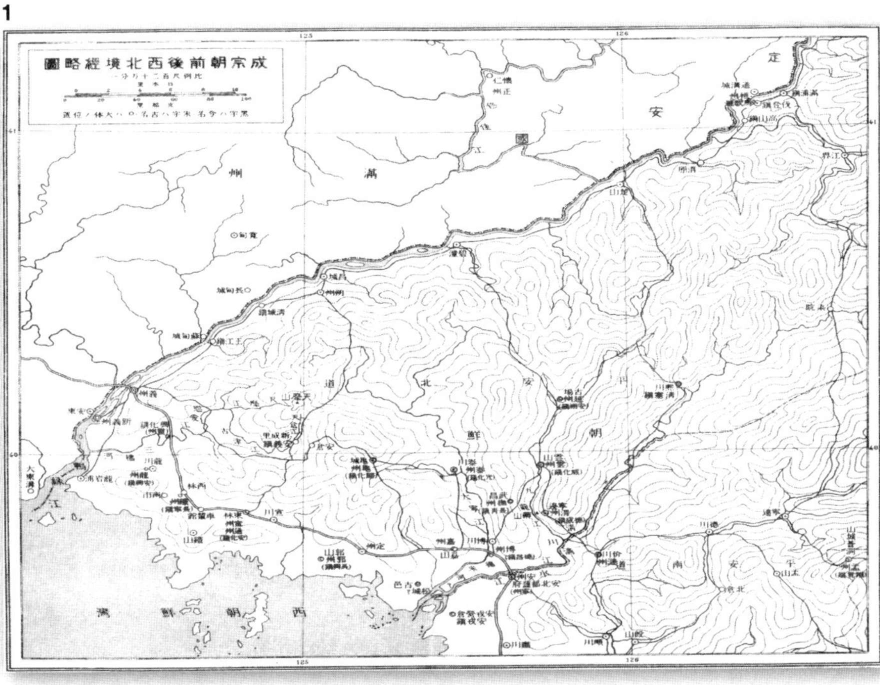

2

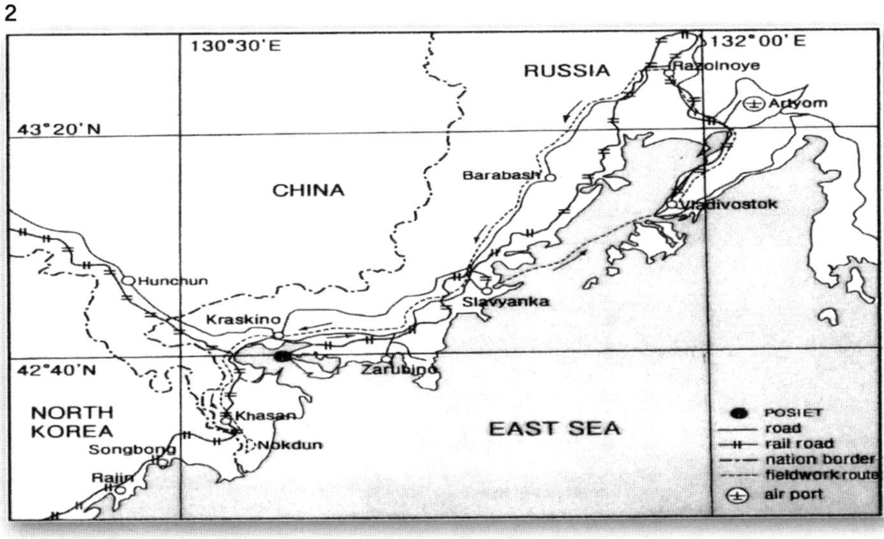

1_고려시기까지도 압록강 건너 조선령임을 나타낸 지도
2_북 · 중 · 러 국경도

3

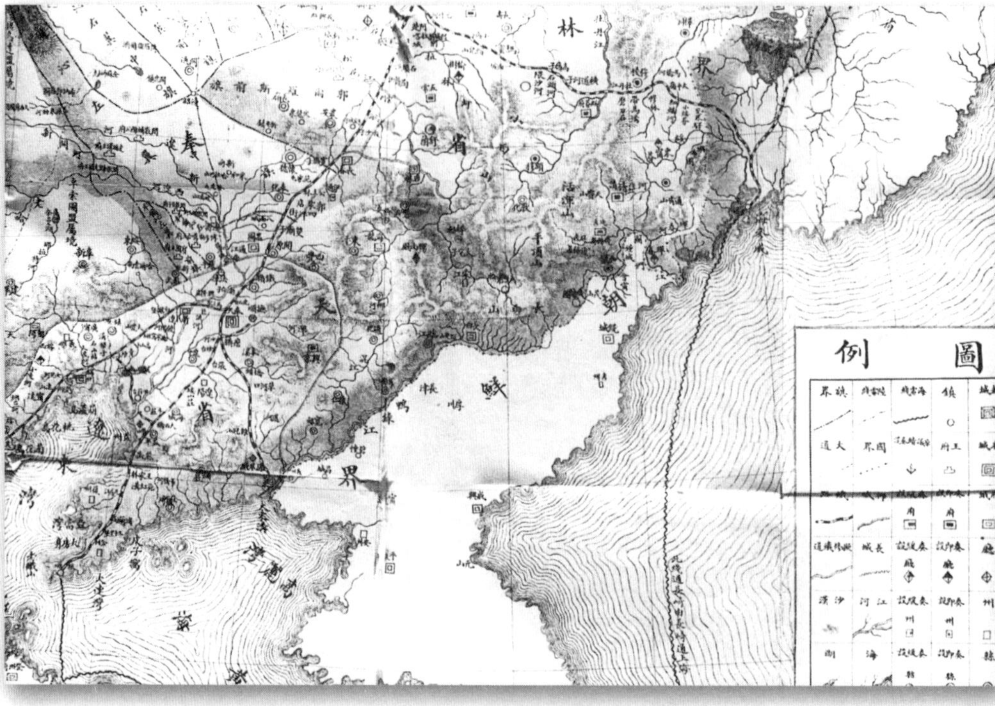

4

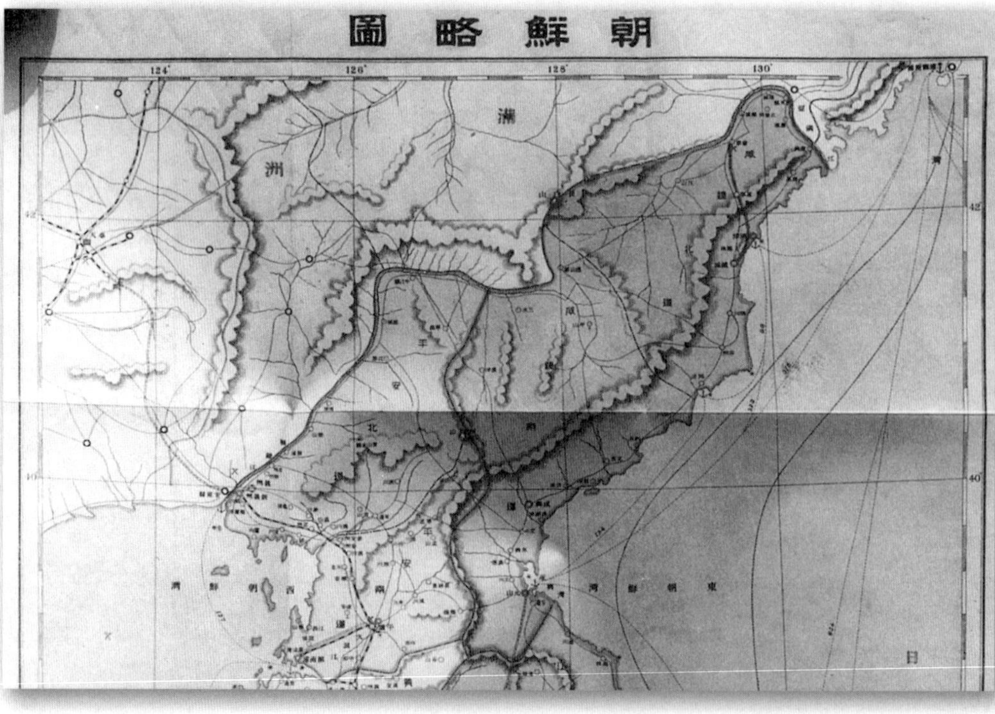

3 · 4_잘못된 국경선 지도들

5

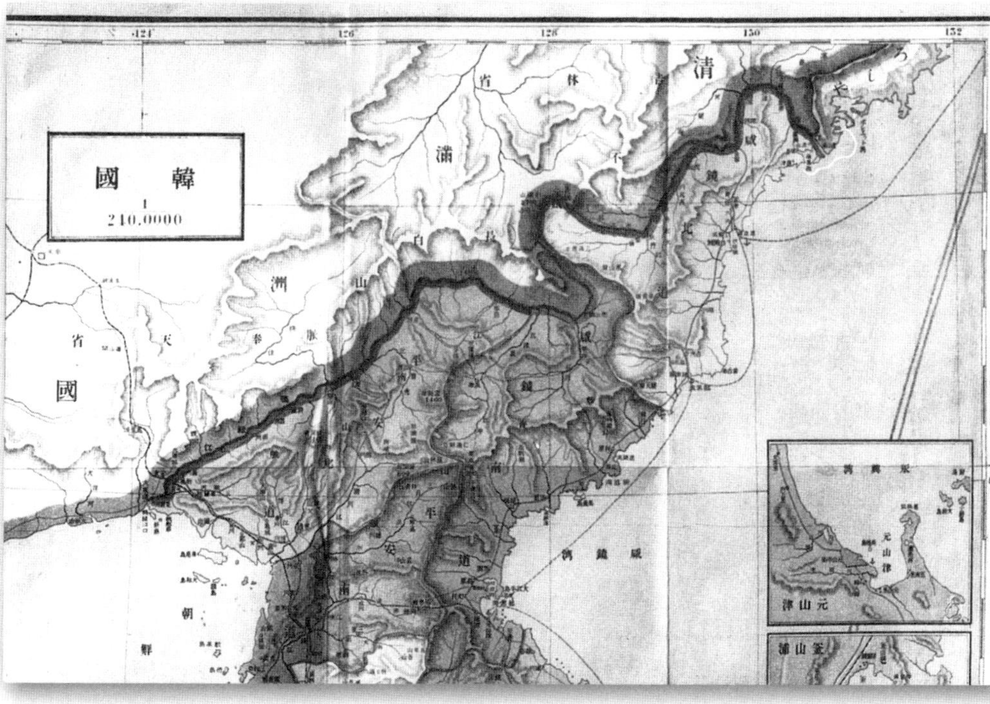

6

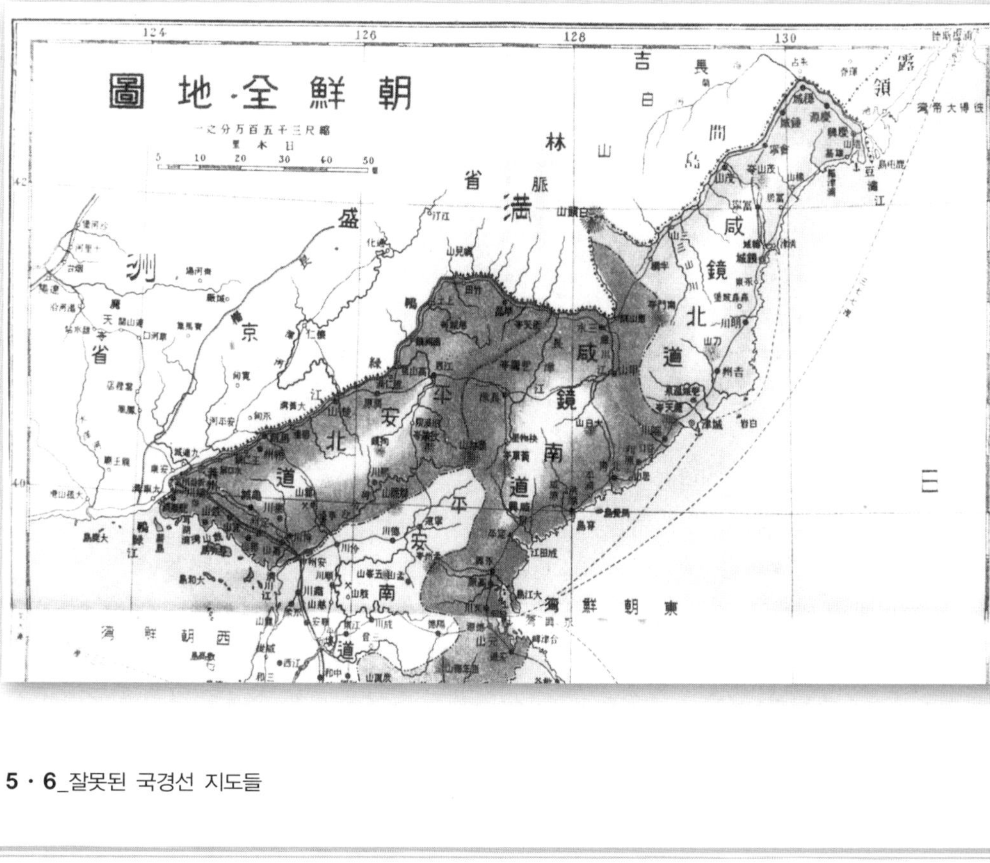

5 · 6_잘못된 국경선 지도들

•第11章•

북변국(北邊國)과의 조약론(條約論)

1. 잘못된 북변(北邊)의 국경선(國境線)

압록강과 두만강은 인위적 · 물리적으로 국경하천이 되고 있으나 사실상 이들 강은 인문지리적으로 볼 때 전통적으로 우리의 선조들은 내하(內河)와 같은 관점으로 살아왔다.

산천(山川)은 신(神)이 내려준 자연지형(自然地形)의 하나로 비교적 인간의 도움을 요하지 않는 경계선이 되어왔고 또한 되어오고 있다.

강(江)은 접속(接續)의 성격이 강해 정치적 국경, 문화적 · 인위적 경계 간의 괴리(乖離)를 가져오는데 외관상 명확한 경계로서의 속성(屬性)을 가지고 있는 듯하나 실제는 위치(位置) 경계선의 선택, 수로(水路)의 변경 등과 관련, 적지 않은 문제점을 내포하고 있다.

호수(湖水) 역시 자연적 국경을 연결하는 것으로 이용되고 있는데 강(江), 만(灣), 해협(海峽), 내륙해(內陸海) 등 다른 국경수역(國境水域)과 유사점(類似點)을 가지고 있다.

우리나라 북쪽 경계를 지도상은 물론 지리적 지식으로도 이를 의문시하고 있지 않은 경향이 있는 듯하나 이는 결코 올바른 우리나라 북쪽 땅 경계라 할 수 없다. 왜냐하면 백두산 정계비문상의 해석과는 너무나도 상반(相反)되기 때문이다.

백두산 정계비문(定界碑文)을 굳이 논하지 않더라도 우리나라의 북방경계선(北方境界線)은 청(淸)의 강희제(康熙帝)의 명(命)에 의해 작성된 지도에 표시되어 있는 바와 같이 그 경역(境域)이 압록강, 두만강을 훨씬 넘어선 지역에 북쪽 경계선을 긋고 있는 것을 보아도 알 수 있다.

백두산정계비문(白頭山定界碑文)상의 서위압록(西爲鴨綠)이라는 문구(文句)로 압록강이 조선과 청나라 간에 국경하천으로 인식되어 온 지 오래이나, 강 상류는 유입되는 여러 갈래의 하천들로 인해 경계가 명확하지 못해 선적(線的) 개념의 국경선은 획정되지 못하였다.

하류에서는 상류로부터 밀어닥치는 홍수로 인한 토사나 퇴적물로 인해 강의 지형이 심하게 변형되고 강구와 바다와 접하는 지역은 사주(沙洲)가 형성되거나 기존의 섬들이 침수 훼손 또는 물길이 달라지면서 소속구분을 흐리게 하는 등, 제반 변화가 뒤따르면서 명확한 국경하천으로서의 기능을 다하는 데 한계(限界)를 드러낼 수밖에 없었다.

이러한 압록강의 명칭은 신당서에 강물 빛깔이 오리머리 빛과 같다 하여 압록이라 하였는가 하면 마자수(馬訾水), 아리수(阿利水), 대총강(大總江), 청하(淸河) 등의 명칭을 갖고 있으며 그 길이는 795km(북한 측은 803km)로 발원지는 백두산의 주봉인 병사봉 동남면으로 알려지고 있다.

두만강상의 조·중 국경은 정계비문상의 동위토문(東爲土門)에 대한 이견(異見)으로 우리나라 북방경역이 미정상태에 놓인 가운데 간도 땅 귀속문제에 대해 청 측의 일방적 행태로 이어지다가 일제가 간도문제에 개입하면서 불법부당하게 석을수(石乙水)를 국경하천으로 인정하면서 두만강을 국경으로 정하였는데 이는 정계비문상의 토문강을 두만강으로 둔갑시킨 작태의 일환이다.

두만강의 강 이름은 시대에 따라 지역 토착민에 따라 고려강(高麗江) 도문금색(圖們色禽) 도문(圖們) 통문(統們) 도문(徒門) 등 다양하게 칭명(稱名)되거나 호칭(呼稱)되어 왔으나 결코 정계비문상의 토문(土門)과는 같은 강명(江名)이 아니다. 따라서 국경을 정계비문상의 동위토문(東爲土門)을 경계로 삼는다고 할 때 결단코 두만강을 국경하천으로 보아서는 안 된다.

동위토문(東爲土門)에 따른 정계논란(定界論難)은 조선조 말까지 결말을 보지 못하고 있다가 국권상실기에 일제가 자행한 이른바 간도협약에 의해 석을수(石乙水)를 경계로 획정하고 난 후, 일제가 만주대륙을 장악하고 한반도 관할구역을 일제식민통치(日帝植民統治) 구미(口味)에 맞도록 행정관할(行政管轄) 편의위주(便宜爲主)의 경계(境界)를 획정하였을 뿐, 역사성이나 면밀(綿密)한 인문지리적(人文地理的) 여건(與件)을 고려함이 없이 개략적인 하천관리(河川管理) 수준에서 경계(境界)문제를 일단락(一段落) 지음으로써 그 후유증은 오늘날까지 이어져 왜곡(歪曲)된 국경선이 수많은 지도류(地圖類)에 등장하고 있는 것이다.

이처럼 왜곡(歪曲)된 국경선은 우리나라 북방 하천경계상(河川境界上)에는 북한 · 중국 간 변경주민(邊境住民)들의 잦은 교역상(交易上)의 필요에 따라 지난날 나룻배 이용처(利用處)를, 근래에는 교량(橋梁)으로 대체(對替)하고 있는데 6, 70년대 이후에는 북한 측 승선과 중국 측 남평을 잇는 다리가 놓여졌는가 하면, 두만강하류지역 개발에 따라 권선 · 훈춘 간에 이른바 국제친선교량을 가설 · 개통시킴으로써 교량 수는 계속 늘어나고 있는 실정이다.

즉 교류와 물동량이 많아지면서 규모가 확대된 교역처만도 28개소로 늘어났다. 이 가운데 16개처(이 중 4개는 일제 때 가설된 것임)는 교량(橋梁)을 놓아 이용하고 있다.

북한 · 중국 간 양대 국경하천(國境河川) 사이에 무려 28개처의 왕래지점(往來地點)을 두고 있는데, 빈번한 국제분쟁의 요인이 하천(河川) 경계분쟁(境界紛爭)으로 야기된다는 사실을 일제가 감안했더라면 그 같은 경계획정(境界劃定)은 하지 말아야 했다.

한때 북한 · 중국 간에 문제되었던 수풍발전소(水豊發電所)댐, 1966년에 준공(竣工)된 운봉호수력발전소 등, 이들에 대한 관할 운영문제를 일제는 안중에도 두지 않았다. 강상도서(江上島嶼)의 귀속문제나, 운항(運航)문제도 접경국(接境國)문제로 본 것이 아니라 내국(內國)문제로 안이(安易)하게 대처하였기 때문이다.

따라서 광복 이후 일제의 경계(境界)정책을 그대로 답습, 국경관리(國境管理)를 해온 북한 · 중국 간에는 일일이 열거하기 어려울 정도의 숱한 문제에 직면할 수밖에 없었다. 그러기에 심지어는 뗏목운송협정까지 맺어야 하고 이를 시행 관리운영하기 위해서는 해마다 번거롭기 이를 데 없는 의정서(議定書)에 매달려 회합(會合)을 벌여야만 했다.

두만강의 경우도 압록강의 경우 못지않으나 가장 두드러진 문제점으로 1938

년 러일 간에 격전(激戰)을 치른 핫싼국경전투를 대표적 사례로 들 수 있다. 이 전투(戰鬪)는 바로 북방삼각국경지대(北方三角國境地帶)를 형성(形成)하는 장고봉(張鼓峯) 고지(高地)를 둘러싸고 양측(兩側)이 대접전(大接戰)을 벌였는데 이 또한 토자비(土字碑) 경계표석(境界標石) 건립(建立)에 따른 지형상(地形上)의 위치를 무시하고 세웠기 때문이다.

오늘날 두만강 최하류(最下流) 16.5km에 달하는 구간(區間)은 북한 측과 러시아가 맞대고 있는 국경지대(國境地帶)로 이 지역의 국경 및 하천관리(河川管理)는 거의 일방적(一方的)이라 할 정도로 러시아 측 주도(主導)하에 관할되어 오고 있다.

요컨대 북한 측은 국토분단 이후 우리나라 북방한계선을 일제가 획정한 계선(界線)을 답습해 오다가 1957년 10월 북한 · 러시아 간에 "국경문제 조정에 관한 협약"을 체결하였고 동 조약 체결 30년을 앞둔 1985년 4월에 관련부속서를 작성 · 교환 · 시행하고 있다.

중국 측과는 1956년에 치수공정(治水工程)에 관한 의정서를 비롯해, 1956년 압록강 · 두만강 목재운송에 관한 의정서와 동 보충의정서(1961년)를 작성 · 시행해 왔고 이듬해인 1962년에 북 · 중 변계조약(北 · 中邊界條約)을 체결하였으며, 2년 후인 1964년 3월에는 북 · 중 변계조약(北 · 中邊界條約) 의정서(議定書)를 체결하여 북방한계선을 관할해 오고 있다.

2. 북 · 중 변계조약(邊界條約)의 허(虛)와 실(實)

조약이란 국제법 주체 간의 합의로 이러한 합의를 할 수 있는 국제법상의 주체는 국제법률행위를 할 수 있는 자로 하고 있다. 특히 국제법상의 권리 의무를 자기의사로써 발생 · 변경 · 소멸시킬 수 있는 국제법상 능동적 주체에 한(限)하는 것인데 실정국제법하에서는 능동적 주체로서 국가가 있고, 한정적 의미에서는 국제조직을 들고 있다. 실정법상 조약이라고 하는 것은 결국 국가 간 국가와 국제조직 간, 또는 국제조직 상호간의 구속력 있는 합의라고 할 수 있다.

이러한 조약은 광의로는 국제법주체 간의 명시적 합의 일반을 총칭한 것이고,

협의의 조약은 조약 중 특별히 구체적으로 조약이라는 명칭을 붙인 것을 말하는데 조약의 법적 효력은 명칭 여하와는 상관없이 조약상 적용될 실체법규에는 구별이 없다.

광의의 조약에는 협약, 규약, 헌장, 규정, 협정, 결정서, 의정서, 선언, 협정, 교환공문, 잠정협정 등이 있다. 이렇게 볼 때 북 · 중 양측 간의 변계조약은 국제법상 하자로 보기는 어렵다. 이 문제는 결국 북한 측을 국가로 인정하느냐 않느냐 하는 정통성승계문제에 귀결될 수밖에 없다. 문제는 앞으로의 통일한국정부에 심대한 영향을 미칠 수 있다고 보여져, 북한 · 중국 · 러시아와의 국경문제에 관해 사실적 상황을 바탕으로 논해보고자 한다. 무엇보다 홍토수(紅土水)를 정원(正源)으로 삼은 잘못된 북 · 중 변계조약(北 · 中邊界條約)에 대해 결코 국수주의적 사고라고 부정시해서는 안 된다. 왜냐하면 주장은 근원에 근거할 필요가 있기 때문이다.

3. 북 · 중 변계조약(北 · 中邊界條約)의 실상(實狀)

북 · 중 변계조약(北 · 中邊界條約)에 의하면 우리 민족의 성지인 백두산 천지를 중심으로 동단(東段)은 내두하(乃頭河) 서지류(西支流)의 동쪽에 있는 2,114.0 고지로부터 직선으로 무지개봉(일명 자하봉(紫霞峰)) 북쪽에 있는 2,427.9고지에서 서남방향쪽 천지를 지나는 선을 분할경계로 하고 있음을 알 수 있다.

국제관례상 호수(湖水)의 경계구분(境界區分)은 양분(兩分)하는 것이 관례(慣例)임을 감안할 때 북한 측 주장대로 60%가 북한에, 40%가 중국 측에 속한다고 한다면 과연 백두산을 자국령이라고 주장해 온 중국 측 입장에서, 40%의 지분비율(持分比率)로 천지분할경계(天池分割境界)에 중국 측이 만족하고 있는지, 아니면 이면(裏面)에 다른 의도(意圖)가 반영(反影)되어 있는지에 대한 의구심을 떨쳐버릴 수 없다.

지난 시기 천지의 영유권론은 명확하게 획정됨이 없이 한중(韓中) 양국 간 상호 주장에 그쳐 오다가 1945년 8.15광복 이후 북한정권이 수립되면서 중국과의 국경문제를 피할 수 없게 되었고 그 가운데 가장 민감한 곳이 바로 백두산지역이었다.

북한 측은 백두산이 조선의 영토임을 고수해 왔으나 1950년 6.25전쟁에 중국이 개입하고 휴전이 성립된 이래 중국 측의 북한정권에 대한 영향력이 커지면서 백두산 천지 인근을 중심으로 자연보호관리국을 설치하고 이어서 천지기상소(天池氣象所)를 두는가 하면 변강군(邊疆軍)이라는 명칭의 상비군까지 배치하고 국경문제 해결에 북한 측을 압박하기에 이르렀다.

그 결과 1962년 10월 2일자로 이른바 북중 변계조약(北 · 中邊界條約)이 체결되었고 이 조약에 의해 백두산 동단을 내두하 서지류 동쪽에 있는 2,114.0고지에서 직선으로 하여 무지개봉 북쪽에 있는 2,427.9고지에 이른 다음, 서남방향으로 천지를 지나도록 하였다.

이리하여 결국 천지 동남쪽은 북한 측에, 서북쪽 약 40%는 중국에 속하게 하고 북한 쪽은 60%로 나누어지게 되었다.

이는 북 · 중 변계조약(北 · 中邊界條約) 제1조에 근거한 것으로 "조약 쌍방은 두 나라 국경을 아래와 같이 확정함에 동의한다"라고 하면서 첫 항에 "백두산 천지의 국경선은 백두산상의 천지를 한 바퀴 에워싼 산등성이의 서남단 2,520고지와 2,664고지 사이 안부(鞍部)의 대체적인 중심점에서부터 시작하여 동북쪽을 향해 직선으로 천지를 가로질러 맞은편 산등성이의 2,628고지와 2,680고지 사이 안부(鞍部)의 대체적인 중심에서 끝나며 그 서북부분은 중국에 속하고 동남부분은 조선에 속한다"라고 하였다.

북 · 중 변계조약(北 · 中邊界條約) 체결 2년 후인 1964년 3월 20일 북 · 중 국경에 관한 의정서가 체결되었는데 이 의정서 제7조와 8조에 백두산지구의 국경선 방향과 경계팻말의 위치를 아래와 같이 기술함으로써 기존 간도협약에 따른 석을수 국경선은 파기되었다.

백두산지구의 압록강 상류와 2,017고지 동쪽에서 제일 가까운 작은 지류와 합쳐진 곳으로부터 시작하여 백두산 천지를 지나 홍토수(紅土水)와 약류하(弱流河)가 합쳐지는 곳까지 구간 분계선의 길이를 45,092.8m로 보면서 양측 간의 분계선은 압록강 상류의 2,071고지로부터 동쪽 제일 가까운 작은 한 지류인 시령하

(時令河)와 압록강이 합쳐진 곳, 주위에 1호 계비(界碑)인 3개의 대형 경계팻말을 세우고 경계선은 시령하(時令河)와 압록강이 합쳐진 곳으로부터 2,071고지를 거슬러 올라가 동쪽으로 가장 가까운 작은 한 지류의 물 중심선으로부터 서북쪽으로 올라가 2호인 두 개의 대형 경계팻말 사이의 직선 교차점(交叉點)으로 하고 이 구간의 경계선 길이를 3,050m로 측정하고 있다.

계비(界碑) 2호는 쌍립 대형 경계팻말 간 교차점으로부터 시작하여 국경선은 극좌표 322°57.1′에서 직선으로 이어지다가 2,469고지를 지나 동남의 언덕과 벼랑 2,469고지 정상의 3호 대형 경계팻말에 이른다. 이 구간의 경계선 길이는 472.3m이다.

3호 대형 경계팻말로부터 국경선은 계속 직선으로 뻗어나가 2,469고지의 서북 언덕과 건천(乾川) 골짜기 두 개와 벼랑 하나를 지나 백두산 천지를 에워싼 산등성이 최남단의 안부 서쪽에서 가장 가까운 2,525.8고지에서 정상의 4호 대형 경계팻말까지로 이 구간 길이는 1,691.1m이다.

4호 대형 경계팻말로부터 국경선은 백두산 천지를 에워싼 산등성이를 따라 대체로 서쪽으로 향하여 2,520고지와 2,664고지 청석봉(靑石峯) 간의 안부 중심에 있는 대형 경계팻말까지이며 이 구간의 거리는 3,100m이다.

5호 대형 경계팻말로부터의 국경선은 직선으로 극좌표 방위각 67°58.3′을 기준으로 백두산 천지를 지나 백두산 천지의 2,628고지와 2,680고지 사이, 안부의 대략적 중심점인 6호 대형 경계팻말까지로 이 구간의 길이는 5,305.6m이다.

6호 대형 경계팻말로부터 국경선은 직선으로 진좌표 방위각 93°10′41.6″ 방향으로 나가다가 비로 인해 가려진 우열(雨裂)한 곳을 지나, 내두하의 서쪽지류를 거쳐, 2,114.0고지 위의 7호 대형 경계팻말까지 이어지며 이 구간의 길이는 3,226.3m이다.

7호 대형 경계팻말로부터 국경선은 직선으로 극좌표 방위각 82°57′.9″ 방향으로 2,114.0고지의 산기슭을 거쳐 1,999.0고지 위의 8호 대형 경계팻말까지로 이 구간은 1,646.8m이다.

8호 대형 경계팻말로부터 국경선은 직선으로 극좌표 방위각 96°07′.1″ 방향으로 800m 거리에 있는 1,992.0고지와 1,956고지 사이의 내두하를 거쳐 1,956고지

위의 9호부터 대형 경계팻말까지인데 이 구간의 길이는 1,696.7m이다.

9호 대형 경계팻말로부터 국경선은 직선으로 극좌표 방위각 96°45.5′ 방향으로 뻗어 나가 이 직선에 놓여 있는 10호, 11호, 12호, 13호의 네 개 소형 경계팻말을 지나 10,040.8m 지점에 놓여 있는 14호 대형 경계팻말까지이다.

국경선은 9호 대형 경계팻말로부터 흑석구(黑石溝 : 일명 토문강)를 지나 10호 소형 경계팻말까지, 거기에서 직선으로 계속 내려가 우열(雨裂)한 곳을 넘어 소형 경계팻말까지, 또 거기서 직선으로 계속 내려가 우열을 하나 지나 12형 소형 경계팻말까지, 그 다음 다시 더 내려가 안도(安圖)에서 신무성(神武城)으로 통하는 길을 지나 13호 소형 경계팻말까지이며 이 경계팻말에서 다시 작은 시내를 하나 지나 쌍목봉(쌍두봉)의 서북기슭을 따라 올라가 쌍목봉(쌍두봉)의 북쪽 봉우리 즉 1,562고지의 14호 대형 경계팻말까지이다.

14호 대형 경계팻말로부터 국경선은 직선으로 극좌표 102°58.5′ 방향으로 나가 이 직선 위에 놓여 있는 15호, 16호, 17호 등 세 개의 소형 경계팻말을 지나 18호 대형 경계팻말까지이다. 국경선은 14호 대형 경계팻말로부터 동남쪽으로 가파른 산비탈을 내려가 평탄한 경계팻말까지, 여기서 다시 평탄한 산지를 따라 17호 소형 경계팻말을 지나 또 다른 산지를 따라 1,332고지 위의 18호 대형 경계팻말까지이다.

18호 대형 경계팻말로부터 국경선은 직선으로 극좌표 방위각 91°11.5′ 방향으로 완만한 언덕을 따라 내려가 작은 골짜기를 하나 지나 그 후에 완만한 산비탈을 따라 올라가 19호까지 소형 경계팻말까지이다.

경계팻말로부터 계속 합쳐지는 곳으로부터 국경선은 홍토수의 물줄기 중심을 따라 내려가다 적봉 남쪽 기슭을 돌아 먼저 동남쪽으로 굽어 내려가 조선경내에서 흘러나오는 소시령하와 홍토수의 합쳐지는 곳을 거쳐 다시 동북으로 내려가(20호 대형 경계팻말로부터) 2,575m 떨어진 홍토수와 합쳐진 곳까지이다.

이곳에 21호인 3개의 대형 경계팻말을 세웠다. 8호 경계팻말부터 20호 대형 경계팻말까지의 사이에 너비가 4~8m 되는 산속 통시도(通視道)를 만들었다.

이리하여 백두산지구에는 21개 번호의 경계팻말을 세웠고 그 수는 28개인데 그중에 한 번호로 된 하나짜리 경계팻말은 17개이고, 한 번호에 쌍립은 두 개이고 동일한 번호에 3립으로 된 것은 9개이다. 경계팻말의 구체적 위치는 다음과 같다.

1호 대형경계팻말 : 경계팻말은 번호가 1(1) 1(2) 1(3)으로 새겨진 세 개의 경계팻말로 구성되었는데 이 경계팻말은 압록강 상류와 2071고지 동쪽에 있는 제일 가까운 작은 지류와 합쳐진 곳 주위에 있다.

1(1)호 경계팻말은 중국경내 상술한 합쳐지는 서쪽 언덕의 평대 위에 있는데 위치는 동경 125°05′49.9″, 북위 41°56′44.3″이다. 상술한 합쳐진 곳에서 극방향 방위는 직각좌표로 74°01.2′이며 거리는 86.0m이다.

1(2)호 경계팻말은 조선경내 상술한 합쳐진 곳에서 동쪽에 있는 언덕의 평대 위에 놓여 있다. 상술한 합쳐진 곳에서 극방향 방위가 298°36.2′이며 거리는 82.7m이다. 뾰족한 암석에서 극방향 방위각 187°39.4′이며 거리는 332.2m이다. 2호 대형 경계팻말은 2(1) 2(2)호가 새겨진 두 개의 경계팻말로 구성되어 있다.

이 양 경계팻말은 2,071고지 동쪽에서 제일 가까운 작은 지류의 상류 양측 산언덕 위에 있다. 2(1)호 경계팻말은 중국경내에 있는데 상술한 작은 지류의 물줄기 중심에서 2호 양 경계팻말의 직선 교점 서쪽 산언덕의 평대에 놓여 있다. 동경 128°04′21.6″, 북위 41°57′54.0″에 놓여 있다.

2(1)호 경계팻말에서 2(2)호 경계팻말까지의 거리는 상술한 작은 지류의 물줄기 중심 교차점에서 극동향 방위각 66°41.7′이고 거리는 55.9m이다. 2(2)호 경계팻말은 조선경내에 있는데 상술한 교차점에서 동쪽의 산언덕에 위치한 상술한 교차점의 극방향 방위각 246°41.7′에 있고 거리는 50.0m이다.

3호 대형 경계팻말 : 이 경계팻말은 2,469고지 정상에서 동경 128°04′09.1″, 북위 41°58′0.57″에 있다. 3호 대형 경계팻말에서 4호 대형 경계팻말까지는 남쪽 방향 방위각 314°40′분 20.8″이다.

4호 대형 경계팻말 : 이 경계팻말은 백두산 천지를 에워싼 산등성이 최남단의 안부 서쪽에서 제일 가까운 2,525.8고지의 정상에 놓여 있는데 동경 128°03′16.9″, 북위 41°58′44.2″에 자리하고 있다.

4호 대형 경계팻말에서 5호 대형 경계팻말까지는 남쪽방향 방위 각 311°16′48.6″이다.

5호 대형 경계팻말 : 이 경계팻말은 백두산 천지를 에워싼 산등성이 서남단의

2,520고지의 안부 중심점에 있는데 동경 128°01′40.9″, 북위 41°59′47.1″이다.

5호 대형 경계팻말에서 6호 대형 경계팻말까지는 극방향 방위각 67°58.3′이다.

6호 대형 경계팻말 : 이 경계팻말은 백두산 천지를 에워싼 산등성이 2,628고지와 2,680고지(천문봉) 간 안부(鞍部)의 대개 중심 부위에 있는 돌출부위에 있는데 동경 128°05′01.5″, 북위 42°01′11.8″이다. 6호 대형 경계팻말에서 7호 대형 경계팻말 까지는 남쪽방향 방위 각 93°10′41.6″이다.

7호 대형 경계팻말 : 2,114.0고지 위에 있는 동경 128°07′21.5″, 북위 42°01′ 06.0″이다. 7호 대형 경계팻말에서 8호 대형 경계팻말까지는 극방향 방위각 82°57.9′이다. 8호 대형 경계팻말에서 9호 대형 경계팻말은 대각봉 북면 산언덕의 1,956고지에 서 있다.

동경 128°09′44.4″, 북위 42°01′20.9″이다. 9호 대형 경계팻말로부터 직선으로 10, 11, 12, 13호 소형 경계팻말을 지나 14호 대형 경계팻말까지의 극방향 방위각은 96°45.5′이다. 10호 경계팻말 동쪽으로 1,229m 떨어진 곳에 있는데 서쪽 언덕을 따라 80m 되는 곳에 흑석구(黑石溝 : 일명 토문강)가 있다.

11호 소형 경계팻말은 10호 경계팻말로부터 2,218m 떨어진 곳에 있는데 서쪽 비탈로 80m쯤 가면 큰 우열이 하나 있다. 12호 소형 경계팻말은 11호 경계팻말로부터 3,182.8m 떨어진 곳에 있는데 동쪽으로 80m 되는 곳에 역시 큰 우열이 하나 있다.

13호 소형 경계팻말은 12호 소형 경계팻말로부터 2,135m 떨어진 곳에 있는데 서쪽으로 15m 떨어진 곳에 안도에서 신무성으로 통하는 길이 있다. 14호 대형경계팻말은 13호 경계팻말로부터 1,276m 떨어진 쌍목봉(雙頭峯) 북쪽 봉우리인 1,562고지상에 있는데 동경 128°17′008″, 북위 42°01′25.7″에 있다.

서남쪽으로 500m에 한 산봉우리가 있다. 14호 대형 경계팻말로부터 직선으로 15, 16, 17호 소형 경계팻말을 지나 18호 대형 경계팻말까지의 극방향 방위각은 102° 58.5′이다. 15호 소형 경계팻말은 14호 소형 경계팻말에서 2,002m 떨어진 곳에 있다.

16호 소형 경계팻말은 15호 경계팻말에서 3,602.9m 동쪽의 길과 약 10m 사이를 두고 있다. 17호 소형 경계팻말은 16호 경계팻말에서 2,361m 떨어진 곳에 있다. 서쪽에서 30m 떨어진 곳에 신무성에서 적봉까지 가는 길이 있다.

18호 대형 경계팻말은 17호 경계팻말에서 1,609m 떨어진 1,332고지상에 있으며 위치는 동경 128°23′55.4″, 북위 42°00′58.6″이다. 18호 대형 경계팻말에서 19호 소형 경계팻말까지 북쪽방향 방위각 91°11.5′이다.

19호 소형 경계팻말 직선으로 18호 경계팻말과 홍토수와 북쪽에 있는 작은 지류(모수림하)가 합쳐지는 곳까지 1,054.6m이고 18호 경계팻말까지는 1,658.7m이다. 20호 대형 경계팻말은 20(1), 20(2), 20(3)가 새겨진 세 개의 대형 경계팻말로 구성되었다.

이 경계팻말들을 홍토수와 북쪽의 한 작은 모수림하(母樹林河) 지류가 합쳐지는 곳 주위에 있다. 20(1)호 경계팻말은 조선경내에 있는데 상술한 합쳐지는 곳의 남쪽에서 조금 서쪽의 언덕에 있다. 동경 128°25′51.8″, 북위 42°01′08.7″의 곳에 있다.

상술한 합쳐진 곳에 이르는 극방향 방위각은 11°26.0′이고 거리는 103.02m이다. 20(2)호 경계팻말은 중국경내에 있는데 상술한 합쳐지는 곳의 동북쪽 언덕의 남쪽에 있다. 상술한 합쳐지는 곳에 이르는 극방향 방위각은 239°54.2′이고 거리는 126.89m이다.

20(3)호 경계팻말은 중국경내에 있으며 상술한 회합지점의 서쪽에서 조금 북쪽으로 기울어진 지점에 있다. 상술한 합쳐진 곳에 이르는 극방향 방위각은 103°21.0 이며, 거리는 135.45m이다.

21호 대형 경계팻말 : 21(1), 21(2), 21(3)호 세 개의 대형 경계물로 조성되어 있는데 이 경계물은 홍토수와 약류하가 합쳐지는 곳 주위에 있다. 21(1)호 경계팻말은 조선경내에 위치하고 있는데 상술한 합쳐지는 곳 남쪽에서 조금 서쪽에서 자리 잡고 있는 언덕에 있다. 동경 128°27′19.1″, 북위 42°01′06.9″이다. 상술한 합쳐지는 곳에 이르는 극방향 방위각은 25°28,8′이며 거리는 71.4m이다. 21(2)호 경계팻말은 중국경내에 위치하고 있고 상술한 합쳐지는 곳의 동쪽에서 조금 북쪽 위치한 고개에 있다.

위에서 합쳐지는 곳에 이르는 극방향 방위각은 263°54.4′이고 거리는 90.77m 이다. 21(3)호 경계팻말은 중국경내에 위치하고 있는데 상술한 합쳐지는 곳에 이르는 극방향 방위각은 142°42.0′이고 거리는 74.7m이다.

상술한 28개의 경계팻말들은 대형 경계팻말이 20개이고 소형 경계팻말이 8개이다.

대형 경계팻말 중에 13개 즉 1(1), 2(1), 3, 4, 5, 6, 7, 8, 9, 14, 1, 8, 20(1), 21(1)호 경계팻말의 위치는 모두 감찰을 하였고 경도와 위도를 측량하였다.

기타 즉 1(2), 1(3), 2(2), 20(2), 20(3), 21(2), 21(3)호 경계팻말과 소형 경계팻말 8개 즉 10, 11, 12, 13, 15, 16, 17, 19호는 모두 경도와 위도의 측정 없이 경계팻말을 세워놓았다.

요컨대 백두산 천지분할은 도저히 받아들일 수 없는 반민족적(反民族的) 처사로 규탄되어 마땅하다. 이 문제는 향후 국경문제 재론 시, 백두산 정계비문 문제나 간도귀속문제에 결정적인 영향을 미친다는 점에서 결코 간과할 수 없는 사안이다.

이에 대해 우리 정부는 북한 · 중국 간의 경계분할의 부당성을 선언적인 의미라도 하루 속히 분명하게 천명해 두어야 한다.

4. 북 · 중 변계조약상(北 · 中邊界條約上)의 강상분계표식(江床分界標識)

가) 강상분계표(江床分界標)

북 · 중 변계조약 가운데 "양국의 경계하천과 강 바다 분계표지"는 위에 언급한 북 · 중 변계조약 가운데 "양국의 경계하천과 강 바다 분계표지" 제9조 1항에 따르면 압록강과 두만강 가운데는 감찰을 거친 섬과 사주(沙洲)가 모두 451개라 하며 이 가운데 중국에 귀속된 것은 187개, 조선에 귀속된 것은 264개이다.

① 압록강 하구 강 · 바다 분계선에서부터 시작하여 압록강 상류와 2,071고지 동쪽 가장 가까운 작은 지류의 회합지점까지 압록강을 경계로 하는 이 구간의 강 가운데 감찰(監察)을 거친 섬과 사주는 모두 205개로 이 가운데 중국에 귀속된 것은 78개, 조선에 귀속된 것은 127개이다.

② 홍토수(紅土水)와 약류하(弱流河)의 합류점으로부터 중 · 북 국경의 동단(東

端) 최종점까지 두만강을 경계로 하는 이 구간의 강 가운데 감찰을 거친 섬과 사주는 모두 246개이며 그중 중국에 귀속된 것은 109개, 조선에 귀속된 것은 137개이다.

위에 언급한 섬과 사주(沙洲)는 압록강 하구, 강 · 바다의 분계선으로부터 두만강 하류까지 중 · 북 변계 동단의 최종점까지 이르는 순서에 따라 통일적으로 번호를 붙였고 금후 홍수 물 흐름의 변동 혹은 기타 원인으로 본조 제1항에서 서술한 섬, 사주의 위치와 형태에 변화가 발생하거나 혹은 압록강, 두만강안(岸)의 토지가 섬으로 충적(沖積)되거나 혹은 상대방의 육지와 인접되게 되었을 때도 그 귀속은 여전히 변함이 없다고 규정하고 있다.

압록강 하구 강 · 바다의 분계선은 북 측의 소다사도(小多獅島) 최남단(最南端)의 1호 강 · 바다의 분계표지에서 시작하여 직선으로 북 측 신도(薪島) 북단(北端)의 2호 강 · 바다의 분계표지를 지나 중국 대동구(大東溝) 이남 돌출부(突出部) 최남단 3호 강 · 바다의 분계표지에 다다르고 강 · 바다의 분계선 길이는 22,249.2m로 측정하고 있다. 강 · 바다 분계표지의 위치는 아래에 서술하는 바와 같다.

1호 강 · 바다의 분계표지. 북 측경내의 소다사도 최남단 동경 124°24′31.25″, 북위 39°48′22.64″에 위치하며 극방향 방위각은 145°38′18″, 거리는 1,290m 되는 곳인 북 측경내 대다사도(大多獅島) 삼각점(三角點)으로 한다.

2호 강 · 바다의 분계표지. 북 측경내 신도(薪島)북단, 동경 124°13′43.59″, 북위 49°21′30″에 위치하고 남극방향은 방위각 95°51′47.2″, 거리는 15,512.9m 되는 곳을 상술한 1호 강과 바다의 분계표지로 한다.

3호 강 · 바다의 분계표지 중국경내 대동구 이남의 돌출부 최남단 동경 124°09′02.25″, 북위 39°49′49″에 위치하고 있다. 남극방향 95°51′47.2″, 거리는 6,736.3m 되는 곳을 2호 강과 바다의 분계표지로 한다.

위의 위도상(緯度上)의 경계는 국경에 관한 의정서 제11조에 조약 쌍방은 별첨 지도(제47호) 지도상에 경계하천을 지도의 변두리까지 그렸으며 중 · 북 국경 동단의 끝점 부근은 지형(地形)만을, 지물(地物)과 지명(地名)은 표시하지 않았다.

나) 하천(河川)과 해상분계선(海上分界線)

해상분계선과 자유항행구는 동 의정서 제12조에 조약 쌍방은 국경조약 제3조 제2항의 규정에 따라 양국 해상 분계선을 압록강 하구 강 · 바다 분계선상의 동경 124°10′06″, 북위 39°49′41″에 의한 점에서부터 시작하여 직선으로 동경 124°09′18″, 북위 39°43′39″에 의한 점에 연접하고 다시 동경 124°09′18″, 북위 39°31′51″에 의한 점을 지나 공해(公海)까지로 하는데 위의 해상분계선은 별첨지도에 표명하게 하고 제13조 국경조약 제3조 제3항에서 서술한 압록강 하구 강 · 바다의 분계선 밖의 양국의 일체 선박의 자유항행구는 동경 123°59′ 동쪽과 동경 124°26′ 서쪽 강 · 바다의 분계선으로부터 시작하여 북위 39°30′까지 각각 중국 영해와 조선 영해에 속한다.

관련조문은 조약문 제1조 4항과 5항에 기술되어 있다. 4항 말미에 "두만강 상류의 지류인 홍토수(紅土水)와 북면(北面)의 한 지류(支流)가 합쳐지는 1,283고지 이북(以北)에 이르며 이곳에서부터 국경선은 홍토수의 물 흐름 중심선을 따라 내려와 홍토수와 약류하가 합쳐지는 곳에 이른다. 여기서부터 중 · 북 동쪽 끝점에 이르기까지 두만강을 경계"로 하고 있다.

이에 따라 부연한다면 홍토수(紅土水)와 약류하(弱流河)가 합쳐지는 21호 국경비에서 그 상류(上流)인 홍토수(紅土水)와 모수림하(母樹林河)가 합쳐지는 20호 국경비까지, 20호 국경비로부터 서쪽 3km 되는 해발 1,300.8m 고지까지 직선으로 국경선을 정하고 또 그곳에서 22호 지점까지 직선으로 정하였다. 그 다음 약 11km 서쪽에 있는 해발 1,992.0m 고지까지 또 일직선으로 국경을 정하였다.

여기서 서남방향으로 해발 2,114.0m 고지까지 역시 직선으로 국경선화하고 이곳에서 북서방향으로 3km 천지 주변에 있는 2,427.9m 고지까지 일직선으로 그었다. 이상이 오랫동안 미정상태에 있던 두만강을 경계로 한 북 · 중 간의 두만강 국경하천상의 국경이다.

5. 북 · 러 간 두만강 하류 강상(江床)의 국경문제

두만강 최하류 16.5km 40여 리에 달하는 하구는 이른바 북방삼각국경지대인 북한, 러시아, 중국령이 교차하는 지점으로부터 시작하여 강 가운데 위치한 점에서부터 남쪽 하구 방향 약 1km 지점에 있는 강의 중심부를 따라 이어지고 다시 남쪽방향으로 휘어져 두만강의 주류로 이어진다.

여기서 강주류의 중심 즉 철교의 서단으로부터 약 1.4km 되는 동남에 그리고 이 철교 동단으로부터 약 1.5km 떨어진 곳에서 남방으로 전환하여 강주류의 위치는 동남방 약 2.5km, 서북방향 약 3.3km 되는 지점에 달하는데 국경선은 강주류의 중심을 따라 서남방으로 진행하여 1.2km 그리고 강의 중심을 따라 남방으로 이어지면서 러시아 측 무명의 섬 1곳과 북한 측 섬 1곳 사이를 국경선으로 하고 있다.

이 같은 내용은 북한 · 러시아 간의 국경획정에 관한 조약 부속문에 상술되고 있는데 그 내용은 다음과 같다.

"북한 · 러시아 · 중국령이 만나는 지점으로부터 국경선은 시작되는데 두만강 가운데 위치한 점에서부터 남쪽 하구방향 약 1km 지점에 있는 강의 중심부를 따라 이어지고 다시 남쪽방향으로 휘어져 두만강의 주류를 따라 점 B로 이어진다.

점 B는 여기서 강주류의 중심 즉 철교의 서단으로부터 약 1.4km 되는 동남에 그리고 이 철교 동단으로부터 약 1.5km 떨어진 곳에서 남방으로 전환하여 점 C에 도달한다.

점 C는 강주류의 중심에 위치하는바 북한 측에 위치한 고도 89.9의 동남방 약 2.5km 그리고 북한 측에 위치한 고도 120.1의 서북방향 약 3.3km 되는 지점에 달한다. 국경선은 점 C로부터 강주류의 중심부를 따라 서남방으로 진행하여 점 D로부터 강의 중심에 위치하는바 북 측에 위치한 곧 120.1의 약 1.2km 떨어진 곳에 둔다.

그리고 국경선은 점 D로부터 강의 중심을 따라 남방으로 이어지면서 러시아 측에 섬 1곳과 북한 측 섬 1곳 사이가 있어 점 E에 도달한다"라고 하면서 이와 관련된 11개항의 부속 Note가 있음을 밝히고 있다.

그런데 북한 · 러시아 간에는 중국보다 훨씬 앞선 6.25전쟁에 따른 휴전이 성립되고 난 후인 1957년 10월에 국경문제 조정에 관한 협약을 체결하였으며 조약 체결 30년을 앞둔 1985년 4월에 관련부속서를 작성 · 교환 · 시행하고 있다.

第12章

一萬里 朝鮮
疆土의 侵縮史

독도침략 야욕 속에 동해를 일본해로 고집하는 일본

1

1_성인봉에서 바라보는 독도

2

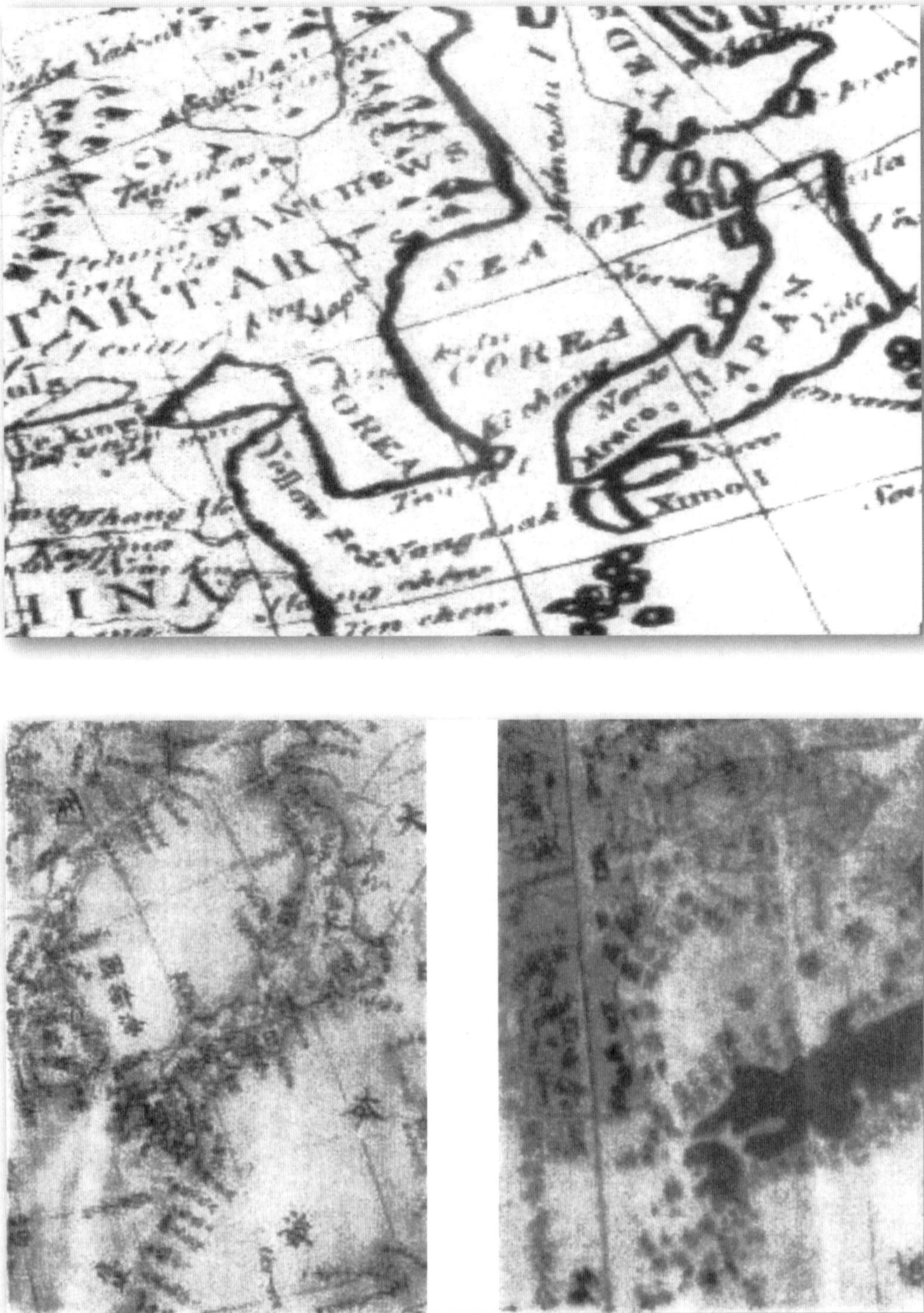

2_동해를 조선해로 표기한 지도들

3

4

3 · 4_동해를 조선해로 표기한 지도들

5

6

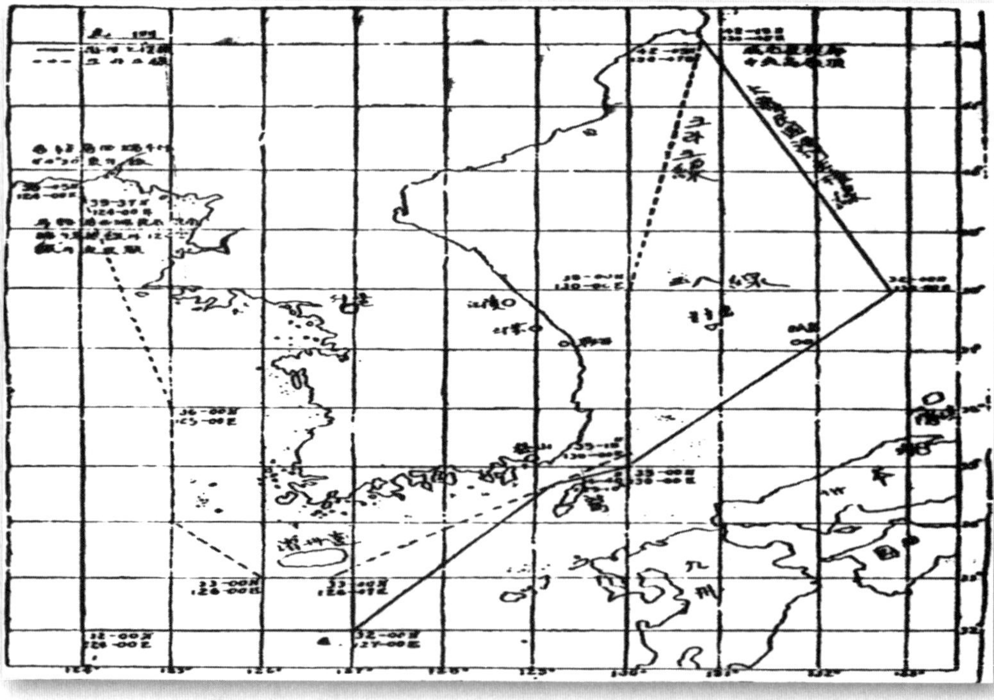

5_동해를 조선해로 표기한 지도
6_인근해 조업도

7

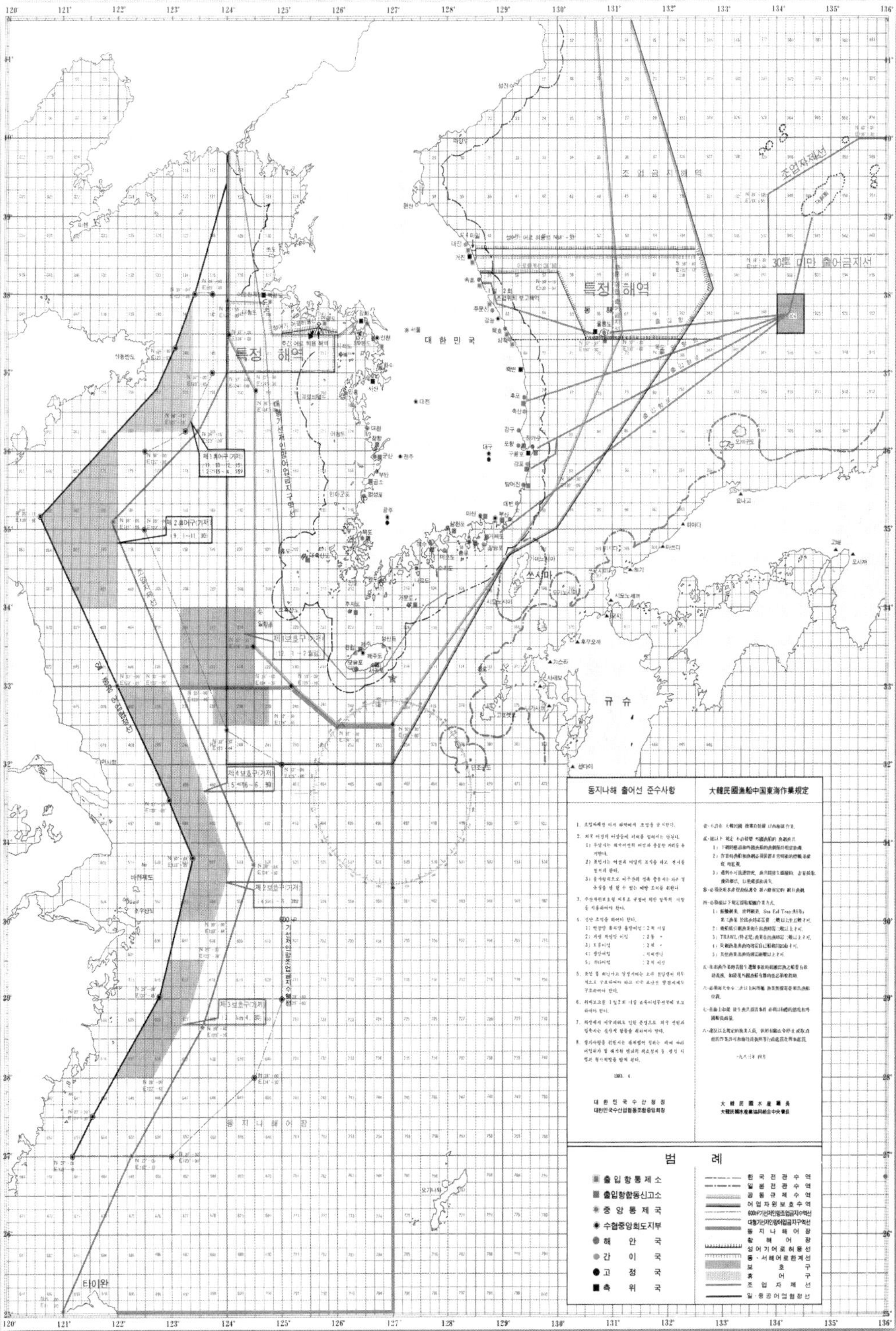

조업금지해역
조업자제선
30톤 미만 출어금지선
특정해역
특정 해역
대한민국
쓰시마
규슈
제1휴어구기저
제2휴어구기저
동지나해어장
타이완
동지나해 출어선 준수사항
大韓民國漁船中国東海作業規定
범례
출입항통제소
출입항항통신고소
중앙통제국
수협중앙회도지부
해안국
간이국
고정국
측위국
한국전관수역
일본전관수역
공동규제수역
어업자원보호수역
동지나해어장
황해어장
조업자제선

7_한국 연근해 해구도

8

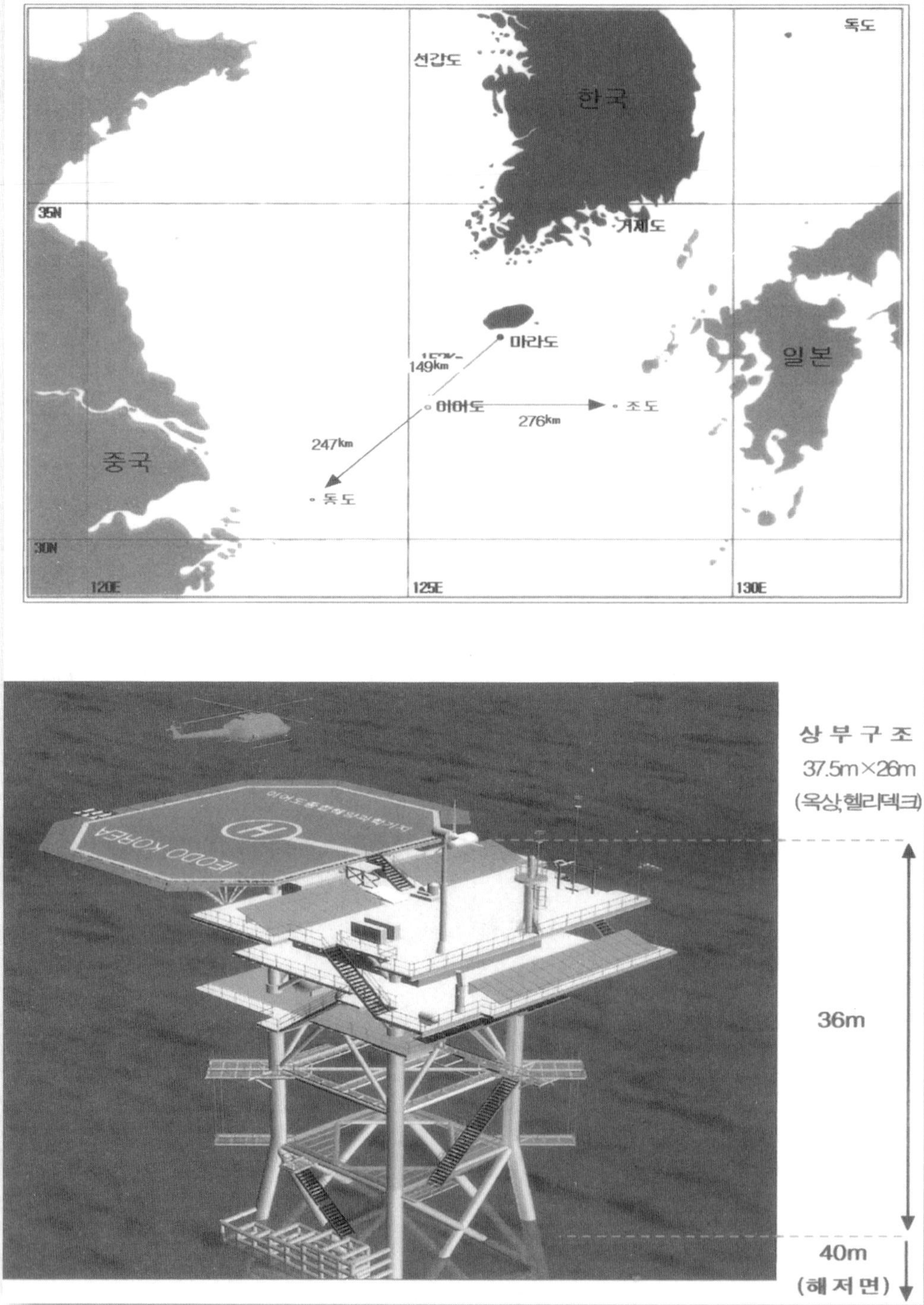

8_이어도 위치와 해양과학기지 조감도

9

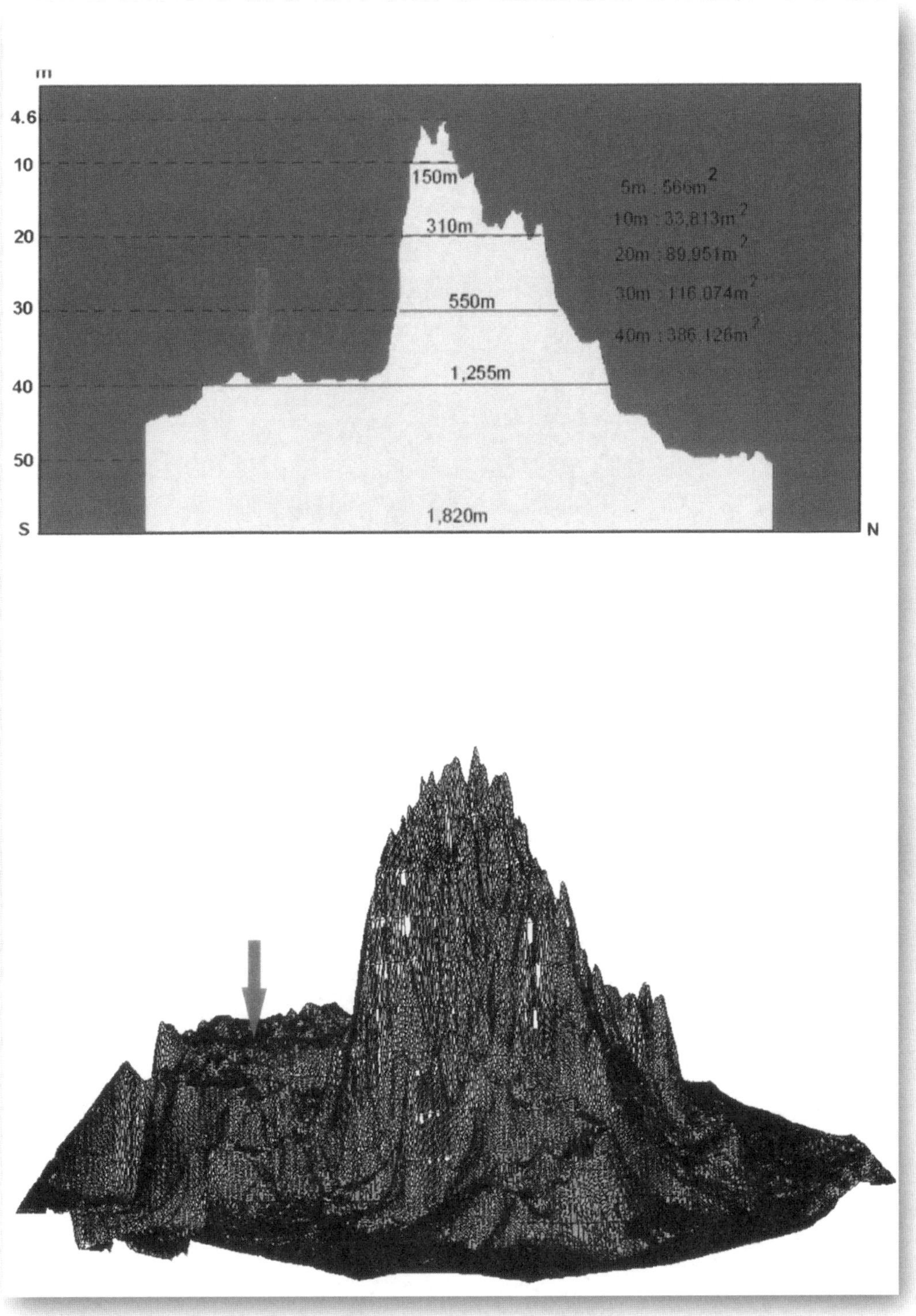

9_이어도 해저지형 모형도

•第12章•

독도침략 야욕 속에 동해를 일본해로 고집하는 일본

1. 한민족사(韓民族史)에서의 동해(東海)

동해를 일본해로 고집하고 있는 것은 일본이 독도침략의 야욕을 버리지 않고 있다는 속셈이다. 그러나 우리 한민족(韓民族)에게 있어서 동해는 대한민국 영역 이상으로 신성시되어 온 바다이다. 고래(古來)로 우리 민족은 내륙에서는 백두산을, 해양으로는 동해를 가장 신성시해 왔다. 그러한 연유로 동해에 대한 민족적 애정은 그 어떤 타 민족에 비교할 수 없이 각별하다. 그러한 까닭에 애국가 가사 첫 머리에 "동해물과 백두산이 마르고 닳도록"이라는 구절이 자연스럽게 등장하게 된 것이다. 동해에 대한 이 같은 민중적 외경심(畏敬心)은 신앙화되어 서해나 남해에서의 제반행사 이상으로 지극 정성을 다하여 왔다. 이러한 제례(祭禮)는 수천 년을 자연스럽게 이어져 내려오면서 민족신앙으로 각인되어 오고 있다.

동해라는 바다 명칭은 일반적으로 호칭되는 방위개념에 따른 東이 아니다. 東은 日과 木이 합쳐져 만물이 생동하기 시작할 때 해가 솟아오르는 방향을 의미하는 동시에 해돋이를 상징하는 문자인데 五行으로 볼 때 東은 목성으로 사철 가운데 봄이며 5색(五色) 중에서도 청색(青色)에 해당되는 것으로 인류 활동사의 규범이 되는 의식과 예속(禮俗) 가운데 핵심적인 위치를 차지하고 있다. 고래로 우리 민족을 동방예의지국이라 일컬음은 우연발생적(偶然發生的) 용어가 결코 아니다. 왕조시대의 관직구분에 동반(東班)과 서반(西班)을 두고 동반을 우위시해 왔고 인륜지대사라는 혼례식에도 동상례를 하게 되어 있다. 뿐만이 아니다. 동맹제천의식이나 신라 문무대왕 사후에 동해에 수중릉을 두어 호국하고자 하였던 염원, 불교의 화엄종(華嚴宗) 개조(開祖)이신 의상대사가 당나라에서 귀국 후 곧바로 동해로 달려가 7일 밤낮 동안 동해를 향해 간곡히 기도를 드리고 마지막날에 용천시중이 그를 굴 안으로 인도하여 그곳에서 하늘과 바다의 용이 수정염주(水晶念珠) 한 꾸러미와 여의주 한 알을 줌에 계속해 다시 칠일기도를 올림으로써 진신(眞身)으로 관세음보살을 만날 수 있었다는 것이다. 이 같은 설(說)은 의상대사가 일생 동안 갈고 닦은 학문을 정리, 종교인 원점으로 돌아와 동해를 향해 기도를 올리고 민족구도에 힘씀으로써 비단 불자(佛子)뿐만 아니라 우리 한민족의 신심 가운데 동해신성심을 각인시켜 왔음을 의미한다. 이러한 동해신성심은 면면히 이어져 고려시대에 들어와서도 자연재해, 기상이변 등에 대해 신앙적 측면에서 숭앙해 왔음을 삼국유사나 고려사를 통해 전해오고 있다. 조선조에 들어와서도 동해신사(東海神祠)를 두어 춘추로 제사를 올렸다고 세종실록 지리지 양양도호부조에 기록하고 있다. 신앙적 측면을 떠나서도 '東'자를 국명시(國名視)해 왔다. 즉 동국(東國)은 곧 우리나라를 자타칭(自他稱)해 왔다는 사실이다. 정신적 문화소산인 수많은 저서의 명칭인 東國通鑑, 東國輿地勝覽, 東國正韻, 東國文獻備考 등등 숱한 저서가 동국으로 서명화(書名化)되고 있다. 이렇듯 동해에 대해 국가적 차원은 물론 범국민 행사로 이어져 오면서 동해는 민중의 삶과 신앙 속에 자리 잡아 동해와 우리 한민족의 감성은 떼려야 뗄 수 없는 관계인 것이다.

예컨대 동해별신굿은 그 명칭도 다양하게 절기 따라 풍어제, 풍어굿, 골매기당제 등의 명칭하에 동해바다 멀리서도 쉽게 찾아볼 수 있는 곳에 당집을 짓고 이곳을 신성시해 왔다.

동해라는 명칭 이외에도 바다에 대한 신성함과 숭앙심을 곁들이기 위한 이칭(異稱)도 간헐적으로 기록되어온 바 있기도 하다. 예컨대 해(海) 대신 영(瀛) 또는 명(溟)이라는 글자를 써서 동영(東瀛) 또는 동명(東溟)이라 하였는가 하면 은인(隱人)과 기인(奇人)들이 사는 물 맑고 푸른 바다라는 뜻으로 창해(滄海)라 하였는가 하면, 넓고 넓은 대양(大洋)이라는 의미에서 창영(滄瀛), 창명(滄溟)으로 표기하기도 하였다. 일시 조선의 국호를 청구(靑丘)라 한 것과 맥락을 같이하여 동해를 청해(靑海)라 하였으나 이 모든 명칭들은 사용기간이 일시적이었고 제한적이었다. 따라서 동해라는 명칭은 유사 이래 지속되어온 명칭으로 결코 방위적인 명칭에서 생겨난 것이 아니라 민족생성의 근원적 정신문화의 소산 가운데서 자연스레 붙여진 신성 숭앙시한 바다 명칭인 것이다.

2. 지도상으로 본 동해 명칭

신증동국여지승람(新增東國輿地勝覽) 팔도총도(八道總圖)에 동해제신(東海諸神)에 제사를 드리는 장소를 나타내기 위해 동해명칭을 사용하고 있으며 서북계도(西北界圖)에 동해로 표기하고 있고 서해는 발해(渤海)로 적고 있다. 이후 1800년대 말기에 제작된 것으로 보이는 아국총도(我國總圖)에도 삼면의 바다 명칭이 있는데 동해 명칭을 뚜렷하게 나타내고 있다. 위의 지도들보다 훨씬 후대에 제작된 현공렴(玄公廉)이 편집한 대한제국지도에 동해를 국가를 대표하는 바다명칭으로 하여 대한해로 표기하고 있다. 동양사회에서 전통적으로 지도상에 바다명칭을 표시하는데 소극적이었으나 16세기 이래 지도제작에 있어 동해 표기를 분명히 해 왔다. 서구의 탐험가들이 극동해역으로 탐사에 나서면서 해도제작을 해 왔는데 이들이 국가를 기준으로 바다 이름을 붙였다. 즉 우리나라를 기준으로 하여 그린 지도는 조선해로 하였고 일본을 기준으로 한 지도는 일본해로 명기하였다.

1595년 불란서 메르카토르가 제작한 것과 벨기의 오르텔리우스가 제작한 지도에는 동해바다를 한국해(Mer de Coree)라 하였다. 1615년에 제작된 Manoeel Godinho Mar Coria Asia라는 지도에도 한국해로, 164년 Robert Dudley가 제작 출판한 세계해도첩 가운데는 Mare di Coraid라 하여 한국해를 나타내고 있다. 1650년 프랑스 파리에서 Philip Briet라는 사람이 Ocean Oriental이라는 지도를 간행하였는데 여기에도 동해로 표기하고 있다. 1679년에는 Jean Baptister Travernier가 파리에서 출간한 Ocean Oriental Mer de Coreer, Carte des Isles du Japan이라는 지도에 우리나라와 일본이 마주 대하고 있는 바다를 Mer de Coreer로 적고 있다. 1705년 Guillaume de Lisler가 출판한 책에도 Mer Orintal이라 하고 다음에 Mer de Coree라 적고 있으며, 1747년 Sea of Korea, A Map of Quantong or Lyau-Tong Province and the Kingdom of Kau-li or Korea라는 긴 제목의 지도를 John Green이라는 사람이 D. Anvill의 지도를 수정 편집하여 런던에서 출판하였으며 Astley판 New General Collection of Voyages and Travels 제4권에 수록한 우리나라 지도에 동쪽 바다 일부분이 나타나고 있어 역시 동해가 우리나라 바다임을 나타내고 있다. 1771년에는 160권 한정판으로 나온 Encyclopedia Britanica 제2권, p. 685에 실린 스코틀랜드계(系)인 앤드루 벨이 제작한 세계지도 가운데 Map of Asia에 Sea of Corea라 기록되어 있는데 이 지도는 범세계적으로 공신력이 인정되고 있다. 1777년에 이태리 베네치아 상인이 안토니오 자타 교수에게 의뢰하여 제작한 아시아전도에도 동해를 Mer di Corea로 적고 있다. 이 밖에도 1748년의 벨링, 1750년대 영국의 놀, 1751년 프랑스의 보공디, 1800년대의 보웬 등에 의해 제작된 지도에도 동해를 한국해로 표기하고 있다. 그런가 하면 일본인 스스로가 제작한 지도 가운데도 동해를 조선해로 표기한 것이 상당수 있다. 1794년 가쓰라 가와(桂川浦周)의 아시아전도, 1809년에 나온 일본변해전도(日本邊海全圖), 1810년 에도막부 시절 지도제작의 최고권위자로 알려진 다카하시(高橋京保)의 신정만국전도(新訂萬國全圖)에도 동해를 조선해로 적고 있으며, 다만 일본 동쪽 바다를 대일본해(大日本海)라 표기하고 있을 정도이다. 이 지도를 독일인 시볼트가 1832년에 간행한 그의 연구보고논문집 제1부에 일본해변 약도를 번역·게재하면서 조선해를 일본해로 그릇되게 적어 놓게 되었다. 이후 이 같은 오류가 반복되어 시정됨 없이 1841년 일본인에 의한 원도(原圖) 및 천문관측에 바탕을 두었다는 일본국도(日本國圖), 1842년 일본육해해도첩(日本陸海海圖帖)에도 조선해를 일본해로 표기하고 있다.

3. 동해를 일본해라 주장하는 것은 침략성의 발로

일본인들에 의해 제작된 지도들이 독일인 시볼트의 무지이던 실수이던 간에 이에 대한 별다른 비판 없이 서구에서 발간된 지도들로 인해 독일인 시볼트의 오류를 바로잡음 없이 답습됨으로써 오늘날 동해를 일본해로 표기하는 잘못을 저지르고 있는 것이다.

아이러니한 것은 시볼트에게 지도를 제공한 다카하시는 막부조정(幕府朝廷)에 의해 외국인에게 지도를 제공한 혐의로 처형되었다. 그러나 다카하시가 제작한 지도는 계속 통용되어 동해를 조선해로 표기해 왔다.

특히 1870년 일본의 극우세력이 정한론(征韓論)을 주창하면서 조선해를 일본해로 표기하는 지도가 늘어났고 러일전쟁에 승기를 잡은 이후 일본 내의 교과서와 여타 지도에도 동해를 일본해로 그릇 표기해 오고 있는가 하면, 2차 대전 이후 바다가 내륙영토 못지않게 중요시되는 가운데, 해양자원개발에 따른 해저광구를 둘러싼 이해가 맞물리는 가운데 일본인들의 침략근성이 가미되어 오늘날 바다 명칭에서조차 억지를 부리며 독도침략준비에 몰입, 동해를 일본해라 고집하고 있는 것이다.

•附錄•

북 · 중 · 러시아와의 국경조약 및 관련조약

1. 북 · 중 간의 국경조약

가) 치수공정(治水工程)에 관한 의정서(議定書)

중화인민공화국 수리부와 조선민주주의 인민공화국 농업성 간의 중 · 소 두만강유역 중국방면의 갑만자촌~서위자촌 사이 조선방면의 훈융리에서 승량리 사이 치수공정에 관한 의정서(1956년 9월 2일, 중국 · 북한 간 의정서)

중화인민공화국 수리부와 조선민주주의인민공화국 농업성은 중 · 소 두만강유역 중화인민공화국 길림성(훈춘현 갑만자촌)에서 서위자촌 사이 조선민주주의인민공화국 함경북도 경원군 훈융리에서 승량리 간의 홍수의 범람을 방지하기 위하여 상기지구 치수공정을 달성할 데 관하여 아래와 같이 협의한다.

제1조 본 의정서 중에서 지적한 지구의 치수공정은 양국의 영토주권에 영향을 주지 않고 아울러 양국인민의 이익을 보장하는 원칙하에서 진행되고 수축되어야 한다. 이로 인해 쌍방은 상술지구 내에서 상대방 공정을 위협할 가능성 있는 일은 다시 하지 않고 아울러 본 의정서 서명 이전에 쌍방이 이미 준공했거나 현재 진행하고 있는 치수공정이 만일 상대방에 대해 위해할 때는 마땅히 즉시 스스로 공사를 중지하거나 혹은 쌍방의 협상으로 해결한다.

제2조 본 의정서에서 지적한 지구 내에서 공동으로 치수공정의 측량설계공작을 진행하

기 위하여 쌍방은 각기 기술인원 5명, 측량공 10명을 파견하여 1956년 10월 20일에 중화인민공화국 길림성 연길현 도문에서 측량설계공작의 구체적 진행방법을 상의하여 정한다.

측량공작은 1957년 1월 20일 이전에 끝내고 아울러 1957년 3월 10일 이전에 설계서를 작성한다. 설계 공작은 쌍방이 입은 재해 정도의 금후 발전가능성 그리고 공정의 효율 등 급수공학원리를 전면적으로 고려하여 수리건설의 공정여부와 수리건설 방법과 제방위치를 확정한다. 측량 설계에 소요되는 경비와 소공구는 공작소재의 국가가 책임진다.

단 소요되는 주요 측량기계와 공구는 쌍방기술인원 각자가 휴대한다.

제3조 공정설계서는 쌍방이 각기 본국 정부에 제출 심사비준을 받은 후 1957년 5월 5일 이전에 쌍방대표가 중화인민공화국 장춘시에서 서명하여 확인한다.

제4조 공장설계서의 서명 후 쌍방은 신속하게 치수공정에 착수하며 아울러 1959년 12월 말에 준공하도록 한다. 이 공정에서 본국 영토 내에서 진행하는 공정에 소요되는 모든 경비와 인력, 물력은 마땅히 각자가 부담해야 한다. 단 석재를 채취할 때는 상호 시공지점 근처에 있는 상대방 채석장을 이용할 수 있다.

제5조 치수공정의 측량설계에서 준공기간까지 중국 측은 중화인민공화국 길림성 훈춘현 현장과 조선민주주의인민공화국 함경북도 경원군 인민위원장은 상호 연락을 갖고 본 공정에 유관할 그들 직권범위 내에서 처리할 수 있는 문제를 처리한다. 그들의 직권범위 내에 속해 있지 않은 문제는 각기 본국 정부에 보고하여 해결해야 한다.

제6조 쌍방은 설계서에 따라 각기 자기 경내에서 진행하는 공정을 준공한 후 양국이 연합으로 조직한 준공검사조가 공동으로 검사를 진행한다.

제7조 상술공정의 준공검사 후 만일 일방이 본 의정서에서 지적한 지구 내에서 치수공정의 중건 혹은 개건(改建)이 필요하다면 상대방에 통지, 공동으로 협상한 후 진행한다.

제8조 공정이 완성, 준공한 후 쌍방은 각기 본국 경내의 유관 공정의 보호와 관리공작을 스스로 책임지고 진행해야 한다. 단 일방이 위급한 정황에 부딪쳤을 때 상호 지원을 해주어야 한다.

제9조 본 의정서는 서명한 날로부터 효력을 발생한다. 본 의정서는 1956년 9월 2일에 중화인민공화국 길림성 연길시에서 서명하며 각 2부에 매부 모두 중문과 조선문

으로 작성하고 양종의 문본은 모두 동등한 효력을 가진다.

중화인민공화국 수리부 대표 史 輪(서명)

조선민주주의인민공화국 농업성 대표 朴均采(서명)

나) 목재운송에 관한 의정서(1961. 11. 24)

중화인민공화국 정부와 조선민주주의인민공화국 정부는 압록강과 두만강에서 뗏목운송작업과 빙상목재운송작업을 순조롭게 진행하기 위하여 평등 호혜와 우호호조(友好互助)의 원칙에 근거를 두고 본 의정서에 서명한다. 조문은 아래와 같다.

제1조 중국, 조선 쌍방은 본 국경 내에서 벌채한 목재로 편성한 뗏목을 압록강과 두만강을 이용하여 유송할 수 있다. 뗏목의 규격은 중국 측은 장백현 경내 이십도구에서 장백현성 까지 조선 측의 삼포(三浦)에서 혜산시까지 뗏목 넓이는 9m로 한다. 중국 측의 장백현, 조선 측의 혜산시 이하에서 뗏목의 넓이는 21m로 한다. 두만강유역 중국 측의 삼합(三合) 이상 조선 측의 회령 이상에서는 뗏목의 넓이를 18m로 한다. 이상의 뗏목 길이는 모두 150m를 초과할 수 없다.

교량이 없는 지구에서 뗏목의 규격은 이상의 제한을 받지 않을 수 있다. 단 어떤 정세하에서건 막론하고 뗏목의 넓이는 모두 고정된 교량의 교각 사이의 넓이에 복종해야 하고 교량의 안전에 영향을 줄 수는 없다.

제2조 목재의 순조로운 운송을 보증하기 위하여 쌍방은 다음 사항에 동의한다.

(1) 중국 측의 집안(輯安)에서 조선 측의 만포간을 가로지르는 제1편교, 제2편교 교각 두 개를 철거하고 승리교 교각 6개를 뜯고 중국 측의 장전하구(長甸河口)에서 조선 측 청성진을 가로지르는 교각 2개를 철거하고 중국 측의 연와(燕窩)에서 조선 측의 북하동을 가로지르는 교각 2개를 철거한다.

교각 철거기간은 1956년 5월 15일 이전으로 한다. 교각철거 후 일방이 복구가 필요하다고 인정할 때는 상대방의 동의를 얻은 후 5일 이내에(철로편교는 포함하지 않는다) 다시 복구할 수 있다.

(2) 뗏목통과 강수로(江水路)에 있는 교각 사이에서 만일 일방이 팔자형편갑(八字形偏閘) 방호설비(防護設備)의 설치가 필요하다고 인정될 때에 상대방의 동의를 얻은 후에 설치할 수 있다.

(3) 본조 제1항에서 지적한 교각철거와 복구, 제2항에서 팔자형편갑(八字形偏閘)의 시설 및 수함(水涵)의 신설보수와 수로의 준설(浚渫)은 중국 측 경내에서는 중국 측이 책임지고 조선 측경 내에서는 조선 측이 책임진다. 단 공직상의 편리를 위해서는 만일 쌍방이 동의한다면 한쪽에서 단독으로 책임질 수 있다. 뜯어낸 자료는 응당 교량의 소유자에 넘겨 보관해야 한다.

(4) 교량의 보수건축기간에 만일 교량의 보수건축에 영향이 없다면 쌍방은 목재운송을 여전히 진행할 수 있다.

제3조 뗏목이 교량을 통과하는 시간은 백주(白晝) 해가 떠서 해가 질 때까지 백주에 한하고 백주에 안개 또는 흐리거나 비가 올 때 100m밖의 뗏목통과로를 판별할 수 있는 정황하에서는 정상적인 통행을 할 수 있고 그렇지 않으면 통행하여서는 안 되며 뗏목이 통과할 교각 사이는 쌍방의 현장인원들이 구체적으로 규정한다.

제4조 뗏목운송작업은 일반적으로 백주에 진행하고 뗏목유송이 교량을 통과할 때 매 뗏목마다 반드시 두 사람 이상의 숙련공이 조작한다.

제5조 생산의 특수한 수요에 따라 야간에도 진행할 수 있다. 단 야간뗏목유송은 교량을 통과할 수 없고 야간뗏목유송은 반드시 사전에 야간뗏목유송기간 지역을 상대방 변방부문에 통지하여야 하고 아울러 뗏목 위에 신호등과 기타 필요한 설비의 설치 및 야간뗏목유송 숙련공의 수를 필요한 만큼 증가시켜야 한다.

제6조 뗏목유송에 종사하는 노동자 직원(수로보수인원 포함)들은 반드시 "뗏목유송작업증"을 지녀야 하고 이 증명은 중국 측은 중화인민공화국 임업부가 발급하고 조선 측에서는 조선민주주의인민공화국 내각 임업국이 발급하며 쌍방의 증명에는 모두 중·조 양국 문자로 인쇄 제작한다.

제7조 제6조에서 "뗏목유송작업증"을 소지하고 있는 인공들은 강상내(江床內) 자연강안 이내에서 목재운송작업을 진행할 수 있다. 뗏목운송도중 만일 상대방 경내 강안에 상륙하거나 혹은 동 뗏목운송작업에 유관한 공작을 진행할 필요가 있을 때에는 그 경유 범위를 쌍방이 규정한 뗏목정체장에 한하고 아울러 상륙한 후 1시간 이내에 당지 변방부문이나 혹은 공안기관 혹은 마을인민위원회에 보고해야 한다.

제8조 쌍방은 뗏목유송이나 빙상작업에 유관한 일과 연계되어 있어 상대방 국경의 국안(쌍방국경선상)에서 통행이 허락된 출입국을 통과할 필요가 있을 때는 반드시 뗏목 유송작업고정대표증을 소지해야 하고 이 증명은 쌍방 변방 총대표 혹은 부총대표가 서명하여 발급한다. 매 관련된 지점에서 쌍방은 각기 5장을 발급하여

매장 1인에 한하며 이 증명을 갖는 대표로는 중국 측에서는 현급 간부로 하고 조선 측에서는 군급 간부로 하고 조선 측에서는 군급 간부 혹은 중국 측 현급 간부 조선 측 군급 간부에 상당하는 전직뗏목유송인원(중국 측은 현임업과장(縣林業科長)으로 하고 조선 측에서는 뗏목유송작업소장, 작업소장, 동급의 인원)으로 한다.

통행 시에는 아울러 반드시 본 기관의 소개장을 휴대해야 하고 그렇지 않으면 통행할 수 없다. 노동자들이 만일 강상을 넘어 표류목이나 탈배목(脫排木)을 수집할 때는 반드시 먼저 상대방 당지 인민위원회와 변방부문에 통지해야 하고 아울러 자기 측 변방대표의 소개장과 뗏목운송작업증을 소지하여야 비로소 진행할 수 있다.

제9조 쌍방의 뗏목유송정체에서는 원칙적으로 본국 강안에 대어야 하나 자연적 지세의 제한으로 상대방 쪽에 대어야 할 때에는 아래 열거한 정체장에 정박시킨다.

중국 측에서의 조선 측 정체장 : 잠시 규정하지 않으면 필요할 때는 조선 측에 제청하여 동의를 얻은 후 결정한다.

조선 측에서의 중국 측 정체장 : 길림성 장백현 팔도구 십도구 십이도구 길림성 집안현 상해방촌(上解放村) 임강현의 사도구 자연적인 재해를 만난 특수한 정황하에서는 상기 제한을 받지 않을 수 있다. 쌍방은 가능한 조건하에서 구원을 준다. 상기 열거한 정체장은 쌍방의 동의를 거쳐 증감할 수 있다.

정체장으로 만일 농민의 경지를 사용할 때는 사용한 쪽에서 농민에게 응당한 보수를 주어야 한다.

제10조 목재를 순조롭게 운송하는 것을 보증하기 위하여 쌍방은 상호 목재운송에 관한 기술문제를 교환하고 아울러 상호 태풍 폭우와 (3)항에 대한 기상예보와 통보자료를 제공한다.

통보방법 : 쌍방은 이미 얻은 상술한 기상자료를 전화로써 상대방에 통지한다.

제공지점 : 중국 측은 장백 임강 집안 라고초(拉古哨) 안동 남평(南坪)으로 하고 조선 측은 혜산 만포 영풍(永豊) 신의주 무산으로 한다.

송보제공기관 : 중국 측은 시, 현인민위원회로 한다. 조선 측은 군인민위원회로 한다.

제11조 일방이 수로보수를 위하여 상대방 영토에서 채석 혹은 기타 작업을 진행할 필요가 있을 때와 화약을 사용해야 할 필요가 있을 때는 모두 상대방의 당지 현 군인

민위원회의 동의를 얻어야 하고 아울러 상대방 현 군인민위원회가 지정한 지점에서 진행해야 한다. 단 강중의 암석폭파가 상대방 강안 보호나 안전에 관계를 주지 않을 때는 사전에 상대방 변방부문에 통지하고 즉시 진행할 수 있다.

제12조 일체의 운송되는 목재는 모두 응당 일정한 표시로 된 인을 찍어야 하고 쌍방이 표류목이나 탈배목을 습득했을 때는 그 표증에 따라 처리한다. 만일 갑방의 표류목과 탈배목이 을방 강안에 떠내려와 닿았을 때에는 을방이 응당 보관하고 아울러 갑방에 통지하여 8개월 내에 돌려줄 책임이 있고 이에 대하여는 서로 세금을 징수하지 않으며 만일 기간 내에 돌려줄 수 없다면 곧 을방 현, 군인민위원회에서 처리한다. 단 일방 표류목과 탈배목이 만일 상대방 주민들에 의해 수집되었다면 상대방 수집자에게 보수를 지급해야 하며 보수는 수집한 일방 본국의 화폐로 지급해야 하며 한 덩이씩 검수하여 쌍방대표가 당지의 일반 노임에 근거하며 협상으로 결정한다.

제13조 무릇 목재가 교량을 부딪쳐 파손시켰을 때는 목재소 측에서 책임지고 배상하고 수리해야 한다. 만약 교량파손의 원인이 불명일 때는 쌍방은 인원을 파견하여 감정할 수 있다.

제14조 쌍방은 뗏목유송작업이나 혹은 동 유송작업에 관계있는 작업을 진행하는 데 선박을 사용해야 할 필요가 있을 때는 사용할 수 있다. 단 선상인원은 상대방의 허락을 얻지 않고서는 상대편 강안에 오를 수 없다.

제15조 쌍방은 목재운송수요에 만족하기 위하여 동계에는 쌍방대표의 협상으로 강상범위 내에서 일정한 빙도를 획정하고 목재운송사업을 진행할 수 있다.

제16조 쌍방은 편리를 도모하기 위하여 대표를 파견하여 지정된 회의지점에서 회의를 진행할 수 있다.

회의지점 : 중국 측은 장백 임강 집안 장전하구 장시태(長市台) 안동 고성리(古城里) 남평(南坪) 삼합(三合)으로 한다. 조선 측은 혜산 중강 만포 청성진 의주 신의주 삼장(三長) 무산 회령으로 한다.

제17조 일방이 다른 일방의 화폐를 지불할 때 쌍방 은행을 통하여 태환처리(兌換處理)한다.

제18조 본 의정서가 효력을 발생한 후 1953년 4월 30일 서명한 중조(中朝) 뗏목유송에 관한 의정서를 폐기한다. 쌍방은 본 의정서를 각기 압록강과 두만강 강안의 자기 측 관계기관과 당지 인민들이 즉시 사용하도록 통지해야 하고 아울러 자기

측 목재운송 인원들이 절실하게 본 의정서 규정을 준수하도록 교유시켜야 한다.

제19조 본 의정서에 만일 타당치 않은 곳이 있을 때 쌍방은 협의에 의하여 수정 혹은 보충할 수 있다.

제20조 본 의정서는 서명한 날로부터 효력을 발생하며 유효기간은 5년으로 한다. 기간 만료 6개월 이전에 만일 일방이 제의하여 다른 일방의 동의를 얻는다면 다시 5년을 연장할 수 있다. 본 의정서는 1956년 1월 14일에 북경에서 서명하여 2부를 작성하여 매부 모두 중국문과 조선문으로 쓰며 양종의 문자는 모두 동등한 효력을 가진다.

중화인민공화국 정부주권 대표 유성동(서명)
조선민주주의인민공화국 정부전권 대표 최 일(서명)

다) 목재운송에 관한 보충의정서(1961년 11월 24일 북경)

중화인민공화국 정부와 조선민주주의인민공화국 정부는 1956년 1월 14일 조인한 압록강과 두만강에서 목재운송에 관한 의정서의 유효기간을 5년간 연장하고 아울러 의정서 제19조의 규정에 의거하여 보충협의를 아래와 같이 결정한다.

제1조 쌍방은 각기 벌채한 목재로 편성한 뗏목을 압록강과 두만강을 이용하여 유송할 수 있음을 체결한다. 강변과 교량의 안전을 보증하기 위하여 뗏목의 넓이는 교량의 교각 넓이보다 좁게 고정시켜야 한다.
뗏목의 규격제한은 다음과 같다. 압록강유역, 즉 중국 측으로 장백현 아래 조선 측으로는 혜산시 아래로 뗏목의 최대 넓이를 25m로 한다. 단 장백현 대교 혜산교를 통과할 때는 뗏목의 최대넓이가 5m를 초과해서는 안 된다. 두만강유역 즉 중국 측에서는 고성리에서 개산둔(開山屯)에 이르기까지 조선 측에서는 삼장에서 삼봉에 이르기까지 뗏목의 최대 넓이는 20m로 한다. 단 아동교를 통과할 때는 뗏목의 최대 넓이가 8m를 초과해서는 안 된다. 교량이 없는 지역에서 길이와 넓이는 제한받지 아니한다.

제2조 목재의 순조로운 유송을 보증하기 위하여 압록강과 두만강의 수로역량을 합리적으로 이용하고 반운시설(搬運施設)의 안전을 확보하여 쌍방은 의정서 제2조를 아래와 같이 수정한다.

(1) 압록강에서 필요에 의하여 쌍방은 협의를 통하여 공동으로 새로이 수문을 세움으로써 공동으로 이용한다. 이런 해당시설의 건설비용 및 그 관리는 쌍방이 공동으로 책임진다. 쌍방의 동의를 거친 뒤 일방에서 단독으로 건설한 수문의 그 비용과 관리는 건설한 측에서 책임진다. 쌍방의 동의를 거친 뒤 일방에서 단독으로 건설한 수문의 그 비용과 관리는 건설한 측에서 책임진다. 쌍방은 수문의 통과능력과 뗏목의 정체능력에 근거하여 협의를 진행하며 합리적으로 뗏목의 유송량을 안배함으로써 시설의 효능을 충분히 발휘하게 한다.

(2) 새로운 수문건설 뗏목 정체장의 증감 및 목재운송에 관계되는 기타 중요문제를 연구 해결하기 위하여 쌍방은 매년 한 차례 회의를 열 수 있다. 회의에 참가하는 대표는 중국 측에서는 중화인민공화국 임업부가 지명 파견하고 조선 측에서는 조선민주주의인민공화국 농림성이 지명 파견한다. 상방은 상술한 문제를 해결할 필요가 있을 때는 3개월 이전에 상대방에게 제출해야 한다. 회의개최 지점은 중국 측에서는 안동시로 하고 조선 측에서는 신의주시로 하며 혹은 쌍방이 협의한 기타 지점으로 옮겨 진행한다.

(3) 압록강과 두만강 유역에서 목재유송은 강물의 주류방향을 변경시키지 않고 노동의 안전을 보증하는 원칙하에서 시설을 증가하여 유송의 통과능력을 강화시킬 수 있다. 그러나 목재운송에 관계있는 수로의 각종 시설 삼각 사각 수갑 편갑 등과 건설 혹은 암석폭파와 굴착작업을 진행할 때는 반드시 쌍방 강안의 보호와 안전확보의 조치를 취하여야 한다. 소요되는 자금과 기재는 작업하는 쪽에서 부담한다. 만일 강속의 암석을 폭파할 때 상대방 강안의 보호와 안전에 대해 관계가 없을 때는 사전에 뗏목유송 고정대표를 거쳐 변방부문에 통지한 후 작업을 진행한다.

(4) 압록강과 두만강에서 목재유송작업을 순조롭게 진행하는 것을 보증하기 위하여 쌍방은 단독적으로 강물의 흐름에 장애를 주는 물건을 설치하거나 혹은 강 양쪽 연안에서 물건을 거꾸로 놓을 수 없다.

제3조 뗏목의 유송작업은 원칙적으로 백주(해가 떠서 질 때까지)에 진행하나 특수한 수용에 의하여는 야간에도 진행할 수 있다. 단 반드시 사전에 뗏목의 유송기간과 지역을 상대방 뗏목유송 고정대표를 거쳐 변방부문에 통지하고 아울러 뗏목에는 신호등과 필요한 장치를 설치해야 한다. 뗏목이 교량을 통과할 때는 반드

시 2명 이상의 숙련노동자가 장악해야 한다. 뗏목통과할 교각 사이는 쌍방의 현장인원이 편리할 지점을 구체적으로 규정하여 선택한다. 야간에 뗏목이 교량을 통과할 때 뗏목이 통과하는 교각 사이에 신호등을 설치하여 안전을 보장하도록 해야 한다. 중국 측 뗏목유송의 교각 사이에는 중국 측이 책임지고 장치하고 조선 측 뗏목유송의 교각 사이는 조선 측이 책임지고 장치한다. 뗏목이 교각 사이를 통과할 때는 뗏목유송 책임자를 거쳐 교량소재 보호인원과 변방인원(邊防人員)에 통지하고 신호증을 점멸시킨다.

제4조 뗏목유송에 종사하는 노동자 직원(수로보수인원 표류목 침몰목재 수집인원 뗏목편성 노동자 강상에서 목재를 운송하는 노동자와 선박인원을 포함)들은 반드시 뗏목유송작업증을 소지해야 한다. 이 증서는 중국 측에서는 중화인민공화국 임업부가 발급하고 조선 측에서는 조선민주주의인민공화국 임업성에서 발급한다. 쌍방의 증서는 모두 중국문과 조선문으로 작성한다.

제5조 조선 측의 중국 쪽 뗏목정체장으로 길림성 집안현의 양어두(羊魚頭), 양민전자(良民甸子) 상투(上套)시, 요녕성 관전현(寬甸縣)의 라고초(拉古哨) 동 와방점(瓦房店) 등 5개 처를 증가한다. 중국 측의 조선 쪽 뗏목정체장으로 잠시 동안 구체적으로 규정하지 않고 필요할 때 다시 조선 측에 동의를 청한 후 확정한다.

제6조 목재의 순조로운 유송을 보증하기 위하여 쌍방의 뗏목유송 고정대표는 소재지점에서 목재운송에 유관한 기술자료 및 연간 뗏목유송재목운송량 원목규격 원목낙인표시 등을 상호교환할 수 있다. 태풍, 폭우와 홍수에 대한 3개의 기상예보와 통보지점으로 중국 측에서는 라고초(拉古哨), 남평을 취소하고 연길을 첨가한다.

제7조 쌍방 뗏목유송 고정대표 회담지점으로 중국 측에서는 마전하구 삼합 남평을 취소하고 라고초와 도문을 첨가하고 조선 측으로는 청성진 의주 무산 회령을 취소하고 수풍과 남양을 첨가한다.

제8조 쌍방은 의정서와 보충의정서의 규정에 의거하여 뗏목유송 고정대표의 회담을 통하여 제때에 현장에서 발생한 문제를 협상 해결한다. 뗏목유송고정대표는 목재의 순조로운 유송을 보증하기 위하여 목재운송에 유관한 강 연안의 시설 신축과 보수 수로의 개발과 보수 표류목재와 침몰목재의 수집 및 기타 유관문제를 제때에 협상하여 해결해야 한다.

제9조 중 · 조 압록강과 두만강에서 목재운송에 관한 의정서와 본 보충의정서에 있는 조항들은 쌍방의 영토 주권의 안전에 영향을 주지 않는다.

제10조 본 보충의정서는 조인된 날로부터 효력을 발생한다. 유효기간은 1966년 1월 14일까지이다. 1956년 1월 14일 조인된 압록강과 두만강에서 목재운송에 관한 의정서와 본 보충의정서에 서로 상위되는 것이 있을 때에는 본 의정서의 조항에 준한다. 1956년 1월 14일 조인한 압록강과 두만강에서 목재운송에 관한 의정서와 본 보충의정서는 유효기간 만료 6개월 이전에 만일 일방이 폐기할 것을 제기하지 않는다면 그 유효기간은 5년간 연장한다. 본 보충의정서는 1961년 11월 24일 북경에서 조인하고 2부를 작성 매부 모두 중국문과 조선문으로 쓰며 양종문은 모두 동등한 효력을 가진다.

중국인민공화국정부 전권대표 장 통(서명)
조선민주주의인민공화국정부 전권대표 박춘삼(서명)

라) 북 · 중 국경에 관한 국경조약(1962. 10. 2)

중화인민공화국 주석과 조선민주주의인민공화국 최고인민위원회 상임위원회는 마르크스-레닌주의와 무산계급 국제주의 원칙에 근거하여 두 나라 간에 역사적으로 내려온 국경문제를 전면적으로 해결하는 것은 양국 인민의 근본 이익에 부합되며 양국 간의 형제와 같은 우의를 공고히 하고 강화하는 데 도움이 된다는 것을 믿어 의심치 않는다.

이를 위해 본 조약을 체결하기로 결정하며 각각 파견한 전권대표는 다음과 같다.

중화인민공화국 주석은 중화인민공화국 국무원총리 주은래를 파견하고 조선민주주의인민공화국 최고인민회의 상임위원회는 조선민주주의인민공화국 내각수상 김일성을 파견한다. 쌍방의 전권대표는 전권증서가 정확하다는 것을 서로 확인하고 다음과 같은 조항들에 대하여 합의하였다.

제1조 조약 쌍방은 두 나라 국경을 아래와 같이 확정함에 동의한다.

1. 백두산 천지의 국경선은 백두산상의 천지를 한 바퀴 에워싼 산등성이의 서남단 2520고지와 2664고지 사이의 안부(鞍部)의 대체적인 중심점에서부터 시작하여 동북쪽을 향해 직선으로 천지를 가로질러 맞은편 산등성이의 2628고지와 2680고지 사이 안부의 대체적인 중심점에서 끝나며 그 서북 부분은 중국

에 속하고 동남부분은 조선에 속한다.

2. 천지 이남의 국경선은 상술한 산등성이의 2520고지와 2664고지 사이 안부의 대체적인 중심점에서 시작하여 그 산등성이의 대략 동남방향을 따라 산등성이의 최남단의 한 점에 이르며 그런 후에 산등성이를 떠나 직선으로 동남방향으로 2469고지를 거쳐 2071고지 동쪽의 압록강 상류와 이 고지에서 가장 가까운 소지류상의 한 점에 이른다. 그로부터 국경선이 그 소지류의 물 흐름의 중심선을 따라 내려와 그 소지류가 압록강에 흘러드는 곳에 이른다.
3. 상술한 2071고지 동쪽 압록강 상류와 그 고지에서 가장 가까운 한 소지류가 압록강에 흘러드는 곳으로부터 압록강하구에 이르기까지 압록강을 경계로 한다. 압록강하구는 조선의 소다사도 최남단에서 신도 북단을 거쳐 중국 대동구(大東溝) 이남 돌출부 최남단까지 잇는 직선으로서 이를 압록강과 황해의 분계선으로 한다.
4. 천지 동쪽의 국경선은 상술한 산등성이의 2628고지와 2680고지 사이 안부의 대체적인 중심점에서 시작하여 동쪽을 향하여 직선으로 2114고지에 이르고 다시 직선으로 1992고지에 이르며 다시 직선으로 1956고지를 경유해서 1562고지에 이르며 다시 직선으로 1332고지에 이르며 다시 직선으로 두만강 상류의 지류인 홍토수(紅土水)와 북면의 한 지류가 합쳐지는 곳(1283고지 이북)에 이르며 이로부터 국경선은 홍토수의 물 흐름 중심선을 따라 내려와 홍토수와 약류하(弱流河)가 합쳐지는 곳에 이른다.
5. 홍토수와 약류하가 합쳐지는 곳으로부터 시작해 중 · 조국경 동쪽 끝점에 이르기까지 두만강을 경계로 한다.

제2조 조약 쌍방은 경계하천의 도서(島嶼)와 사주(沙洲)는 아래의 규정에 따라 획분하는 것에 동의한다.

1. 본 조약이 체결되기 전에 이미 일방의 공민에 의하여 정착 혹은 개간한 섬과 사주는 해당 일방의 영토로 하며 다시 고치지 않는다.
2. 본 조약 제1항목에서 서술한 이외의 섬과 사주는 중국 쪽에 붙은 것은 중국에 속하는 것으로 하고 조선 쪽에 붙은 것은 조선에 속하는 것으로 한다. 양 안의 중간에 자리잡은 것은 쌍방의 협상에 의해 다음과 같이 그 귀속을 획정한다.
3. 일방의 하안(河岸)과 그에 속한 섬과 사주 사이에 위치한 섬과 사주는 비록 타방의 하안 혹은 가운데 있더라도 여전히 일방의 소유로 한다.

4. 본 조약이 체결된 후 경계하천 중 새로 출현한 섬과 사주는 본 조약의 제2항목과 제3항목에 근거하여 그 귀속을 결정한다.

제3조 조약 쌍방은 다음의 사항에 동의한다.

1. 압록강과 두만강상의 너비는 어떠한 때를 막론하고 모두 수면의 너비를 기준으로 한다. 양국 간의 경계하천은 양국이 공유하며 양국이 공동관리하고 공동으로 사용하며 여기에는 항행 어업과 강물 사용 등을 포함한다.
2. 압록강 하구 바깥 중 · 조 두 나라 해역의 획분은 강과 바다의 분계선상의 동경 124도 10분 6초의 한 점으로부터 시작하여 대체로 남쪽으로 공해에까지 이르는 일선을 양국의 해상 분계선으로 한다. 서쪽의 해역은 중국에 속하고 동쪽의 해역은 조선에 속한다.
3. 압록강하구 강과 바다 분계선 밖의 동경 123도 59분으로부터 동경 124도 26분 사이의 해역은 양국의 일체 선박이 모두 자유로이 항행할 수 있으며 제한을 받지 않는다.

제4조 조약 쌍방은 다음의 사항에 동의한다.

1. 본 조약이 체결된 후 즉시 양국 국경연합위원회를 설립하여 본 조약의 규정에 근거하여 국경을 순차하며 경계팻말을 세우고 하천 중의 섬과 사주의 귀속을 확정하며 그런 후에 의정서 한 부를 작성하며 국경지도를 그린다.
2. 본 조약 제1항에서 서술한 의정서와 국경지도는 양국 정부대표의 서명을 거친 후 즉시 본 조약의 부속문건으로 되며 연합위원회의 임무는 종결된다.

제5조 본 조약은 반드시 비준을 거쳐야 하며 비준서는 빠른 시일내에 북경에서 교환한다. 본 조약은 비준서를 교환하는 날부터 효력을 발생한다. 본 조약이 체결되기 전의 일체 양국 간의 국경에 유관되는 문건은 1962년 10월 3일 조인한 중 · 조 국경문제에 관한 중조 양국 정부대표단의 회담기요를 제외하고는 본 조약 제4조에 서술한 의정서가 효력을 발생하는 날부터 시작하여 효력을 잃게 된다.

본 조약은 1962년 10월 12일 평양에서 체결하였으며 중국문과 조선문으로 각각 2통씩 작성된 이 두 원문은 동등한 효력을 가진다.

중화인민공화국 전권대표 주은래(서명)

조선민주주의인민공화국 전권대표 김일성(서명)

마) 중 · 조 국경에 관한 의정서(1964. 3. 20)

중화인민공화국 정부와 조선민주주의인민공화국 정부는 중 · 조 국경연합위원회가 1962년 10월 12일에 체결한 중 · 조 국경조약에 근거하여 평등한 협상과 우호적인 합작을 통하여 양국 국경의 감찰과 경계팻말의 수립 및 경계하천의 섬과 사주의 귀속을 확정하는 임무를 원만하게 완성하고 양국의 국경을 명확하고 구체적으로 감정하여 마르크스-레닌주의와 무산계급 국제주의에 기초한 위대한 단결과 양국 인민의 형제적 우의를 한층 더 강화시키는 데 공헌함에 중 · 조 국경조약 제4조의 규정에 근거하여 본 의정서를 체결한다.

총 칙

제1조 중 · 조 양국 국경은 중 · 조 국경연합위원회가 이미 정한 중 · 조 국경조약(이하 국경조약) 제4조의 규정에 근거하여 현지 감정을 하였다. 쌍방은 국경조약 제1조 제1, 2, 4항에서 서술한 백두산지구의 국경선에 따라 측량 감찰과 팻말을 세워 정식 표기를 하였다. 그리고 국경조약 제1조 제3, 5항에서 서술한 압록강과 두만강 경계하천에 따라 감찰을 진행하여 경계하천의 섬과 사주의 귀속을 확정하였고 압록강하구 강과 바다의 분계선을 감정하여 하천 · 바다의 분계 표지를 세 개 세웠으며 국경조약 제3조 제2항 규정에 근거하여 압록강 하구 바깥의 중 · 조 양국해상 분계선을 획정하였으며 국경조약 제3조 제3항에서 서술한 압록강하구 및 하천과 바다의 분계선 밖의 양국 자유항행 구역을 구체적으로 확정하였다. 이상에서 서술한 각 항은 본 의정서에서 구체적인 서술을 하였으며 자유항행 구역을 제외하고는 중 · 조 국경조약 부도(부속지도 이하 부도)에 모두 명확히 표시를 하였으며 금후부터는 본 의정서의 규정과 상술한 부도를 기준으로 한다.

제2조 1. 본 의정서 제1조에서 서술한 백두산 지역에 세울 팻말은 대형과 소형 두 가지로 나누고 모두 철근과 콘크리트로 만들며 국경 팻말 중심에 철천(鐵釺)을 넣어 묻는다. 대형과 소형의 경계팻말이 지면에 노출되는 부분의 높이는 각각 155cm, 129cm로 한다.

경계팻말을 세우는 것은 각각의 상황에 따라 하나를 세우는 것과 동일한 번호를 두 개 세우는 것, 동일한 번호의 팻말을 세 개 세우는 등 세 가지로 한다. 경계팻말은 사면에 글자가 새겨져 있다. 중국을 향한 면에는 中國이란 글자가 새겨져 있고 조선을 향한 면에는 조선이라고 새겨져 있으며 나라 이름 아래에는 경계팻말을 세운 연도가 새겨져 있으며 경계팻말 양쪽에는 경계팻말의 번호가 새겨져 있다.

2. 같은 번호로 두 개 세워지거나 세 개 세워진 경계팻말의 경우는 동일번호 아래 보조번호를 (1) (2) 혹은 (1) (2) (3)과 같이 새긴다. 경계팻말의 양식과 규격은 본 의정서의 별첨 1을 보기 바란다. 본 의정서 제1조에 서술한 압록강하구의 하천과 바다 분계 표지는 철근과 콘크리트로 만들고 동서 양측에 글이 새겨져 있다.

   서면에는 강해분계(江海分界)가 새겨져 있고 동쪽에는 하구계선이란 글이 새겨져 있다. 그 글 아래 번호가 새겨져 있다. 그 양식과 규격은 본 의정서 별첨 2를 참조하면 된다.

3. 쌍방은 두만강의 가운데 있는 중국 왕가타자도(王家坨子島)와 조선 매기도의 분계선을 명확히 하기 위하여 그곳에다 경계팻말을 두 개 세웠는데 그 양식과 규격은 본 의정서 별첨 1의 소형 경계팻말과 같다. 하지만 번호는 없다.

제3조 1. 압록강과 두만강을 분계로 하는 구간에서는 국경의 너비를 본조 제2항에 서술한 수역 이외에 국경조약 제3조 제1항의 규정에 따라 언제나 분계하천 수면의 너비를 기준으로 한다.

2. 쌍방은 1962년 10월 3일 중 · 조 양국 정부대표단이 가진 중 · 조 국경회담기요 제6항의 규정에 따라 일방의 국경 내에서 발원하여 국경 하천으로 유입되는 지류 중에서 국경 하천 구간에 속해 있지 않고 경계의 너비가 축소비례로 5만분의 1의 지도에서 1mm 이상인 지류와 오직 한쪽이 국경 하천과 닿아 있고 일방적으로 한 나라에 치우쳐 호수상태를 이룬 수역은 국경 하천과 같이 부도에 국경선을 표시하였다.

제4조 국경하천의 섬과 사주는 면적이 2,500m^2 이상의 것과 비록 2,500m^2는 되지 않더라도 쌍방이 모두 비교적 고정적이고 이용가치가 있다고 인정하는 것은 쌍방이 실지 감찰을 거쳐 국경조약 제2조의 규정에 따라 귀속을 결정하였다.

상세한 것은 본 의정서에 첨부한 섬과 사주의 귀속 일람표(이하 일람표)에 있고 부도에도 명확한 표시를 하였다.

상술한 부도에 무릇 면적이 2,500m^2 이상 되는 섬과 사주는 비례척(比例尺)에 따라 표시를 했고 2,500m^2가 되지는 않지만 쌍방이 모두 비교적 고정적이고 이용가치가 있다고 인정하는 섬과 사주는 비례척에 따라 표시하지 않았다.

기타의 섬과 사주의 귀속은 국경조약 제2조의 규정에 따르기로 한다.

제5조 본 의정서 제7조 제8조와 제10조에 서술한 길이와 거리는 부도에서 계산한 것임을 주해를 달아 설명한 것 외에는 모두 실지에서 계산한 것이다. 실지에서 측량한 거리는 모두 수평거리이다. 제8조와 제10조에서 서술한 경도 위도는 중 · 조 쌍방이 연합하여 측량한 평면 직각좌표에서 역산법으로 구한 것이다.

본 의정서에 첨부된 일람표에 있는 면적은 실지 감찰을 통해서 구하였으며 경도와 위도는 부도에서 측량하여 얻은 것이다.

제6조 본 의정서에서 서술한 부도의 비례척은 5만분의 1이며 중 · 조문본과 조 · 중문본 두 가지로 되어 있고 모두 47쪽으로 되어 있다. 이 부도는 압록강 하구로부터 시작해서 서쪽에서 동북쪽의 순서로 되어 있고 통일된 번호가 있다. 그중 제32호 지도에 1~2호 경계팻말 구간의 2만 5천분의 1의 상세한 지도가 첨부되어 있고 제33호 지도에 20~21호 경계팻말 구간의 2만 5천분의 1의 상세한 지도가 첨부되어 있다.

금후 물 흐름의 중심을 국경으로 했던 구간이 물 흐름의 변화로 변했을 경우 상술한 2만 5천분의 1의 상세한 지도에 명확히 밝힌 국경선은 변하지 않는다.

백두산지구의 국경선 방향과 경계팻말의 위치

제7조 백두산지구는 압록강 상류와 2071고지(새로 측량한 높이는 2,152m, 부도는 새로 측량한 것을 기준으로 함)의 동쪽에서 제일 가까운 작은 지류와 합쳐진 곳으로부터 시작하여 백두산 천지를 지나 홍토수와 약류하가 합쳐지는 곳까지 구간의 분계선으로 길이가 45,092.8m이며 상세한 분포는 아래와 같다.

백두산지구의 분계선은 압록강 상류의 2071고지로부터 동쪽으로부터 제일 가까운 작은 한 지류(時令河)와 압록강이 합쳐진 곳으로 그곳 주위에 1호인 3개의 대형 경계팻말을 세웠다.

경계선은 상술한 합쳐진 곳으로부터 2071고지를 거슬러 올라가 동쪽으로 가장 가까운 작은 한 지류의 물 중심선으로부터 대체로 서북쪽으로 올라가 2호인 두 개의 대형 경계팻말 사이의 직선교점으로 한다.

이 구간의 경계선 길이는 3.050m(부도에서 측량한 것)이다.

2호 쌍립 대형 경계팻말 간의 상술한 교점으로부터 시작하여 국경선은 극좌표

322도 57.1분으로부터 직선으로 이어지다가 2469고지(신측 2,457.4m, 부도는 실측을 기준으로 함)를 지나 동남의 언덕과 벼랑을 지나 2469고지 정상의 3호 대형 경계팻말에 이른다. 이 구간의 길이는 472.3m이다.

3호 대형 경계팻말로부터 국경선은 계속 상술한 직선으로 뻗어 나가 2469고지의 서북 언덕과 마른 골짜기 두 개와 벼랑을 하나 지나 백두산 천지를 에워싼 산등성이 최남단의 안부 서쪽에서 가장 가까운 2525.8고지 정상의 4호 대형 경계팻말까지이다.

이 구간의 길이는 1,691.1m이다. 4호 대형 경계팻말로부터 국경선은 백두산 천지를 에워싼 산등성이를 따라 대체로 서쪽으로 향하여 2520고지(신측 2,543m, 부도는 실측을 기준으로 함)를 지나 2520고지와 2664고지(청석봉) 간의 안부 중심점에 있는 대형 경계팻말까지이다.

이 구간의 거리는 3,100m(부도에서 측량한 것)이다.

5호 대형 경계팻말로부터 국경선은 직선으로 극좌표 방위가 67도 58.3분을 기준으로 백두산 천지를 지나 백두산 천지의 2628고지와 2680고지(천문봉) 간 안부의 대략적인 중심점인 6호 대형 경계팻말까지이다. 이 구간의 길이는 5.305,6m이다.

6호 대형 경계팻말로부터 국경선은 직선으로 진좌표 방위각 93도 10분 41.6초 방향으로 나가 우열(雨裂 : 비로 인해 가라앉은 곳)을 하나 지나고 내두하의 서쪽 지류를 지나 2114.0고지상의 7호 대형 경계팻말까지이다. 이 구간의 길이는 3,226.3m이다. 7호 대형 경계팻말로부터 국경선은 직선으로 극좌표로부터 극좌표 방위각 82도 57.9분 방향으로 2114.0고지의 산기슭을 거쳐 1999.0고지 위의 8호 대형 경계팻말까지이다.

이 구간의 길이는 1,646.8m이다. 8호 대형 경계팻말로부터 국경선은 직선으로 극 좌표 방위각 96도 07.1분 방향으로 800m 거리에 있는 1992.0고지와 1956고지(실측 1,951.8m, 부도는 실측을 기준으로 함) 사이의 내두하를 거쳐 1956고지 위의 9호 대형 경계팻말까지이다. 이 구간의 길이는 1,696.7m이다.

9호 대형 경계팻말로부터 국경선은 직선으로 극좌표 방위각 96도 45.5분 방향으로 뻗어 나가 이 직선에 놓여 있는 10호 11호 12호 13호 네 개 소형 경계팻말을 지나 10,040.8m 지점에 놓여 있는 14호 대형 경계팻말까지이다. 국경선은 9호 대형 경계팻말로부터 흑석구(黑石溝 : 土門江)를 지나 10호 소형 경계팻말까지이다.

더 다시 내려가 우열을 하나 넘어 소형 경계팻말까지, 직선으로 계속 내려가 우열을 하나 지나 12형 소형 경계팻말까지 그 다음은 다시 내려가 안도(安圖)에서 신무성으로 통하는 길을 지나 13호 소형 경계팻말까지이며, 이 경계팻말에서 다시 작은 시내를 하나 지나 쌍목봉(쌍두봉)의 서북기슭을 올라가 쌍목봉(쌍두봉)의 북쪽 봉우리 즉 1562고지(실측 1,532.1m, 부도는 실측을 기준으로 함)의 14호 대형 경계팻말까지이다.

14호 대형 경계팻말로부터 국경선은 직선으로 극좌표 102도 58.5분 방향으로 나가 이 직선 위에 놓여 있는 15호 16호 17호 세 개의 소형 경계팻말을 지나 18호 대형 경계팻말까지이다.

국경선은 14호 대형 경계팻말로부터 동남쪽으로 가파른 산비탈을 내려가 평탄한 경계팻말까지 이 경계팻말에서 다시 평탄한 산지를 따라 17호 소형 경계팻말을 지나 또 산지를 따라 1332고지(신측 1,300.8m, 부도는 신측을 기준으로 함) 위의 18호 대형 경계팻말까지이다.

18호 대형 경계팻말로부터 국경선은 직선으로 극좌표 방위각 91도 11.5분 방향으로 완만한 언덕을 따라 내려가 작은 골짜기를 하나 지나고 그 후에 완만한 산비탈을 따라 올라가 19호까지 소형 경계팻말까지이다. 경계팻말로부터 계속 상술한 합쳐지는 곳으로부터 국경선은 홍토수의 물줄기 중심을 따라 내려가다가 적봉 남쪽 기슭을 돌아 먼저 동남쪽으로 굽어 내려가다가 조선 경내에서 흘러나오는 소시령하와 홍토수의 합쳐지는 곳을 거쳐 다시 동북으로 내려가(20호 대형 3립 경계팻말로부터) 2,575m 떨어진(부도에서 측량한 것) 홍토수와 약류하가 합쳐진 곳까지이다. 이곳에 21호인 3개의 대형 경계팻말을 세웠다.

8호 경계팻말로부터 20호 대형 경계팻말까지의 사이에 너비가 4~8m되는 산속의 통시도(通視道)를 만들었다.

제8조 본 의정서 제7조에 서술한 백두산지구의 21개 번호의 경계팻말을 세웠고 그 수는 28개이다. 그중에 한 번호로 된 하나짜리 경계팻말은 17개이고 한 번호에 쌍립은 두 개이고 동일한 번호에 3립으로 된 것은 9개이다.

경계팻말의 구체적 위치는 아래와 같다.

1호 대형 경계팻말 : 이 경계팻말은 번호가 1(1), 1(2), 1(3)으로 새겨진 세 개의 경계팻말로 구성되었다. 이 경계팻말들은 압록강 상류와 2071고지(신측 2,152m) 동쪽에 있는 제일 가까운 작은 지류와 합쳐진 곳 주위에 있다.

1(1)호 경계팻말은 중국경내, 상술한 합쳐지는 곳 서쪽 언덕의 평대 위에 있는데 위치는 동경 125도 05분 49.9초, 북위 41도 56분 44.3초이다. 상술한 합쳐지는 곳에서 극방향 직각좌표 74도 01.2분 거리 86.0m이다.

1(2)호 경계팻말은 조선경내 상술한 합쳐진 곳에서 동쪽에 있는 언덕의 평대 위에 놓여 있다.

상술한 합쳐진 곳에서 극방향 방위가 298도 36.2분이며 거리는 82.7m이다.

뾰족한 암석에서 극방향 방위각 187도 39.4분이며 거리는 332.2m이다.

2호 대형 경계팻말 : 이 경계팻말은 2(1) 2(2)호가 새겨진 두 개의 경계팻말로 구성되었다. 이 양 경계팻말은 2071고지 동쪽에서 제일 가까운 작은 지류의 상류 양측 산 언덕에 위에 있다.

2(1)호 경계팻말은 중국경내에 있는데 상술한 작은 지류의 물줄기 중심에서 2호 양 경계팻말의 직선 교점 서쪽 산언덕의 평대에 놓여 있다. 동경 128도 04분 21.6, 초 북위 41도 57분 54.0초에 놓여 있다.

2(1)호 경계팻말에서 2(2)호 경계팻말까지의 거리는 상술한 작은 지류의 물줄기 중심 교차점에서 극동향 방위각 66도 41.7분이고 거리는 55.9m이다.

2(2)호 경계팻말은 조선경내에 있는데 상술한 교차점에서 동쪽의 산언덕에 위치하고 있다. 상술한 교차점의 극방향 방위각 246도 41.7분에 있고 거리는 50.0m 이다.

3호 대형 경계팻말 : 이 경계팻말은 2469고지(실측 2,457.4m) 정상에서 동경 128도 04분 09.1초, 북위 41도 58분 0.57초에 있다. 3호 대형 경계팻말에서 4호 대형 경계팻말까지는 남쪽방향 방위각 314도 40분 20.8초이다.

4호 대형 경계팻말 : 이 경계팻말은 백두산 천지를 에워싼 산등성이 최남단의 안부 서쪽에서 제일 가까운 2525.8고지의 정상에 놓여 있는데 동경 128도 03분 16.9초, 북위 41도 58분 44.2초에 자리잡고 있다. 4호 대형 경계팻말에서 5호 대형 경계팻말까지는 남쪽방향 방위 각 311도 16분 48.6초이다.

5호 대형 경계팻말 : 이 경계팻말은 백두산 천지를 에워싼 산등성이 서남단의 2520고지(실측 2,534m)와 2664고지(청석봉)의 안부 중심점에 있는데 동경 128도 01분 40.9초, 북위 41도 59분 47.1초이다. 5호 대형 경계팻말에서 6호 대형 경계팻말까지는 극방향 방위각 67도 58.3분이다.

6호 대형 경계팻말 : 이 경계팻말은 백두산 천지를 에워싼 산등성이인 2628고지와 2680고지(천문봉) 간 안부의 대개 중심 부위에 있는 돌출부 위에 있는데 동경 128도 05분 01.5초, 북위 42도 01분 11.8초이다. 6호 대형 경계팻말에서 7호 대형 경계팻말까지는 남쪽방향 방위 각 93도 10분 41.6초이다.

7호 대형 경계팻말 : 이 경계팻말은 2114.0고지 위에 있는 동경 128도 07분 21.5초, 북위 42도 01분 06.0초이다. 7호 대형 경계팻말에서 8호 대형 경계팻말까지는 극방향 방위각 82도 57.9분이다.

8호 대형 경계팻말에서 9호 대형 경계팻말은 대각봉 북면 산언덕의 1956고지(실측 19,518m)에 놓여 있다. 동경 128도 09분 44.4초, 북위 42도 01분 20.9초이다. 9호 대형 경계팻말로부터 직선으로 10, 11, 12, 13호 소형 경계팻말을 지나 14호 대형 경계팻말까지의 극방향 방위각은 96도 45.5분이다.

10호 경계팻말 : 이 경계팻말로부터 동쪽으로 1,229m 떨어진 곳에 있는데 서쪽 언덕을 따라 80m 되는 곳에 흑석구(土門江)가 있다.

11호 소형 경계팻말 : 이 경계팻말은 10호 경계팻말로부터 2,218m 떨어진 곳에 있는데 서쪽비탈로 80m쯤 가면 큰 우열이 하나 있다.

12호 소형 경계팻말 : 11호 경계팻말로부터 3,182.8m 떨어진 곳에 있는데 동쪽으로 80m 되는 곳에 큰 우열이 하나 있다.

13호 소형 경계팻말 : 12호 경계팻말로부터 2,135m 떨어진 곳에 있는데 서쪽으로 15m 떨어진 곳에 안도(安圖)에서 신무성으로 통하는 길이 있다.

14호 대형 경계팻말 : 13호 경계팻말로부터 1,276m 떨어진 상목봉(쌍두봉) 북쪽봉, 즉 1562고지(신측 1,532.1m)상에 있는데 동경 128도 17분 008초, 북위 42도 01분 25.7초에 있다. 서남쪽으로 500m에 한 산봉우리가 있다. 14호 대형 경계팻말로부터 직선으로 15, 16, 17호 소형 경계팻말을 지나 18호 대형 경계팻말까지의 극방향 방위각은 102도 58.5분이다.

15호 소형 경계팻말 : 14호 경계팻말에서 2,002m 떨어진 곳에 있다.

16호 소형 경계팻말 : 15호 경계팻말에서 3,602.9m 동쪽의 길과 약 10m 사이를 두고 있다.

17호 소형 경계팻말 : 16호 경계팻말에서 2,361m 떨어진 곳에 있다. 서쪽에서 30m 떨어진 곳에 신무성에서 적봉까지 가는 길이 있다.

18호 대형 경계팻말 : 17호 경계팻말에서 1,609m 떨어진 1332고지(신측 1,300.8m) 상에 있으며 위치는 동경 128도 23분 55.4초, 북위 42도 00분 58.6초이다. 18호 대형 경계팻말에서 19호 소형 경계팻말까지 북쪽방향 방위각 91도 11.5분이다.

19호 소형 경계팻말 : 직선으로 18호 경계팻말과 홍토수와 북쪽에 있는 작은 지류(모수림하)가 합쳐지는 곳까지 1,054.6m이고 18호 경계팻말까지는 1,658.7m이다.

20호 대형 경계팻말 : 이 경계팻말은 20(1), 20(2), 20(3)호가 새겨진 세 개의 대형 경계팻말로 구성되었다. 이 경계팻말들을 홍토수와 북쪽의 한 작은 지류(모수림하)가 합쳐지는 곳 주위에 있다.

20(1)호 경계팻말은 조선경내에 있는데 상술한 합쳐지는 곳의 남쪽에서 조금 서쪽의 언덕에 있다. 동경 128도 25분 51.8초, 북위 42도 01분 08.7초의 곳에 있다. 상술한 합쳐지는 곳에 이르는 극방향 방위각은 11도 26.0분이고 거리는 103.02m이다.

20(2)호 경계팻말은 중국경내에 있는데 상술한 합쳐지는 곳의 동북쪽 언덕의 남쪽에 있다. 상술한 합쳐지는 곳에 이르는 극방향 방위각은 239도 54.2분이고 거리는 126.89m이다.

20(3)호 경계팻말은 중국경내에 있으며 상술한 회합지점의 서쪽에서 조금 북쪽으로 기울어진 지점에 있다. 상술한 합쳐지는 곳에 이르는 극방향 방위각은 103도 21.0분 거리는 135.45m이다.

21호 대형 경계팻말 : 21(1), 21(2), 21(3)호 세 개의 대형 경계물로 조성되었다. 이 경계물은 홍토수와 약류하가 합쳐지는 곳 주위에 있다.

21(1)호 경계팻말은 조선경내에 위치하고 있는데 상술한 합쳐지는 곳 남쪽에서 조금 서쪽에 자리잡고 있는 언덕에 있다. 동경 128도 27분 19.1초, 북위 42도 01분 06.9초이다. 상술한 합쳐지는 곳에 이르는 극방향 방위각은 25도 28.8분이며 거리는 71.4m이다.

21(2)호 경계팻말은 중국경내에 위치하고 있고 상술한 합쳐지는 곳의 동쪽에서 조금 북쪽에 위치한 고개에 있다. 위에서 서술한 합쳐지는 곳에 이르는 극방향 방위각은 263도 54.4분이고 거리는 90.77m이다.

21(3)호 경계팻말은 중국경내에 위치하고 있는데 상술한 합쳐지는 곳에서 서북쪽 고개에 자리잡고 있다. 상술한 합쳐지는 곳에 이르는 극방향 방위각은 142도 42.0분이고 거리는 74.74m이다.

상술한 28개의 경계팻말들은 대형 경계팻말이 20개이고 소형 경계팻말이 8개이다. 대형 경계팻말 중에 14개 즉 1(1), 2(1), 3, 4, 5, 6, 7, 8, 9, 14, 1, 8, 20(1),

21(1)호 경계팻말의 위치는 모든 감찰을 했고 경도와 위도를 측량하였다.

기타 7개 즉 1(2), 1(3), 2(2), 20(2), 20(3), 21(2), 21(3)호 경계팻말과 소형 경계팻말 8개, 즉 10, 11, 12, 13, 15, 16, 17, 19호는 모두 경도와 위도를 측정하지 않았다.

양국의 경계하천과 강 바다 분계 표지 위치

제9조 1. 압록강과 두만강 가운데는 감찰을 거친 섬과 사주가 모두 451개 있다. 이 중 중국에 귀속된 것은 187개, 조선에 귀속된 것은 264개이다. (1) 압록강 하구 강 · 바다의 분계선에서부터 시작하여 압록강 상류와 2071고지(신측 2,152m) 동쪽의 가장 가까운 작은 지류의 회합지점까지 압록강을 경계로 하는 이 구간의 강 가운데 감찰을 거친 섬과 사주는 모두 205개이며, 그중 중국에 귀속된 것은 78개, 조선에 귀속된 것은 127개이다. (2) 홍토수와 약류하의 합류지점으로부터 중 · 조 국경의 동단 최종점까지 두만강을 경계로 하는 이 구간의 강 가운데 감찰을 거친 섬과 사주는 모두 246개이며 그중 중국에 귀속된 것은 109개, 조선에 귀속된 것은 137개이다.

2. 본조 제1항에서 서술한 섬과 사주는 압록강 하구 강 · 바다의 분계선으로부터 두만강 하류까지 중 · 조 변계 동단의 최종점까지 이르는 순서에 따라 통일적으로 번호를 붙였다.

3. 본조에서 서술한 섬과 사주의 위치, 면적 및 귀속 등 정황은 본 의정서 제4조에서 서술한 일람표 속에 싣는다. 이 일람표를 본 의정서의 한 부분으로 한다.

4. 금후 홍수 · 물 흐름의 변동 혹은 기타 원인으로 본조 제1항에서 서술한 섬, 사주의 위치와 형태에 변화가 발생하거나 혹은 압록강 · 두만강 강안(江岸)의 토지가 섬으로 충적되거나 혹은 상대방의 육지와 인접되게 되었을 때도 그 귀속은 여전히 변함이 없다.

제10조 압록강 하구 강 · 바다의 분계선은 조선의 소다사도 최남단의 1호 강 · 바다의 분계 표지에서 시작하여 직선으로 조선 신도 북단의 2호 강 · 바다의 분계 표지를 지나 중국 대동구 이남 돌출부 최남단의 3호 강 · 바다의 분계 표지에 이른다. 강 · 바다의 분계선은 길이가 22,249.2m이다. 강 · 바다의 분계 표지의 위치는 아래에서 서술하는 바와 같다.

1호 강 바다의 분계표지 : 조선경내의 소다사도 최남단, 동경 124도 24분 31.25초, 북위 39도 48분 22.64초에 위치하고 있다. 극방향 방위각은 145도 38분 18초

거리는 1,290m 되는 곳을 조선경내 대다사도 삼각점으로 한다.

2호 강 · 바다의 분계표지 : 조선경내 신도 북단, 동경 124도 13분 43.59초, 북위 49분 21.30초에 위치하고 있다.

남극방향 방위각 95도 51분 47.2초, 거리는 15,512.9m 되는 곳을 상술한 1호 강과 바다의 분계표지로 한다.

3호 강 · 바다의 분계표지 : 중국경내 대동구 이남의 돌출부 최남단. 동경 124도 09분 02.25초, 북위 39도 49분 46.49초에 위치하고 있다. 남극방향 95도 51분 47.2초, 거리는 6,736.3m 되는 곳을 2호 강과 바다의 분계 표지로 한다.

제11조 조약 쌍방은 별첨 지도 제47호 지도상에서 경계하천을 지도의 변두리까지 그렸다. 중 · 조 국경 동단의 끝점 부근은 지형만 그렸고 지물과 지명은 표시하지 않았다.

해상 분계선과 자유 항행구

제12조 조약 쌍방은 국경조약 제3조 제2항의 규정에 근거하여 양국 해상 분계선을 다음과 같이 확정한다.

압록강 하구 강 · 바다의 분계선상의 동경 124도 10분 06초, 북위 39도 49분 41초의 한 점에서부터 시작하여 직선으로 동경 124도 09분 18초, 북위 39도 43분 39초의 한 점에 연접하고 다시 동경 124도 09분 18초, 북위 39도 43분 39초의 한 점에서 시작하여 직선으로 동경 124도 06분 31초, 북위 39도 31분 51초의 한 점을 지나 공해까지 이른다.

위의 해상 분계선을 별첨 지도에 표명한다.

제13조 국경조약 제3조 제3항에서 서술한 압록강 하구 강 · 바다의 분계선 밖의 양국의 일체 선박의 자유항행구는 동경 123도 59분 동쪽과 동경 124도 26분 서쪽 강 · 바다의 분계선으로부터 시작하여 북위 39도 30분까지 각각 중국 영해와 조선 영해에 속한다.

국경의 유지 보호와 관리

제14조 조약 쌍방은 경계팻말과 강 · 바다의 분계 표지의 유지 보호와 관리를 강화하고 필요한 조치를 취하며 경계팻말과 분계 표지가 이동되거나 파손 · 훼멸되는 것을 방지해야 한다.

어떠한 일방도 일방적으로 새로운 경계팻말과 강·바다의 분계 표지를 세우지 못한다.

제15조 1. 조약 쌍방은 경계팻말과 강·바다의 분계 표지를 유지 보호하고 관리하기 위하여 다음과 같이 일을 분담하기로 한다.

(1) 한 번호에 한 개로 된 경계팻말은 중국 측에서 책임지고 한 번호에 두 개인 경계팻말은 조선 측에서 책임진다.

(2) 같은 번호에 두 개 혹은 같은 번호에 세 개 세워진 경계팻말은 경계팻말 소재의 일방이 책임진다.

(3) 압록강 하구에 있는 강·바다의 분계 표지는 표지가 있는 측이 책임진다.

(4) 중국 왕가타자도와 조선 매기도의 분계선상에 세워진 두 개의 경계팻말 중 동남면의 1개(동경 130도 15분 15.96초, 북위 42도 51분 57.91초)는 중국 측이 책임지고 서북면의 1개(동경 130도 15분 13.62초, 북위 42도 52분 02.08초)는 조선 측이 책임진다.

2. 만약 경계팻말 혹은 강·바다의 표지가 움직여졌거나 파손·훼멸된 것을 일방이 발견하면 속히 상대방에 통지해야 한다.

이 경계팻말 혹은 강·바다 분계 표지의 보호·유지를 책임진 일방은 다른 일방이 있는 자리에서 원래의 규격대로 회복·수리 혹은 재건을 해야 한다. 만약 움직여졌거나 파손·훼멸된 경계팻말 혹은 강·바다의 분계표지를 자연원인으로 인해서 원래의 자리로 회복·수리 재건할 수 없으면 쌍방이 협상하여 적당한 자리를 선택하여 세울 수 있다.

그러나 국경선 혹은 강·바다의 분계선은 이를 이유로 변화시키지 않는다.

3. 경계팻말 혹은 강과 바다의 분계선 표지에 대한 회복 수리 혹은 중건은 쌍방이 반드시 공동으로 기록을 작성해야 한다. 만약 다른 곳을 선택하여 경계팻말 혹은 강·바다의 분계 표지를 세웠을 때는 쌍방은 문건으로 체결하고 약도를 그려야 하며 본 의정서 제8조, 제10조와 본 조 제1항 제4항에서 서술한 그 경계팻말 혹은 강·바다의 표지의 위치를 설명해야 한다.

상술한 문건과 약도는 쌍방의 서명 후 본 의정서의 부가문건이 된다.

제16조 조약 쌍방은 본 의정서 제7조에서 서술한 백두산지구 삼림 구간의 국경선을 명확히 하고 판별하기 쉽게 하기 위하여 6년마다 한 번씩 경계팻말 간의 통시도(通視道)를 정리해야 한다. 그러나 쌍방은 상의하여 정리시간을 변경하거나 또는

일부 지구에 한해서 정리를 진행할 수 있다. 정리방법은 작업을 시작할 때 쌍방의 유관인원들이 상의하여 결정한다.

제17조 조약 쌍방은 경계하천의 흐름도가 고쳐지는 것을 방지해야 한다. 어떠한 일방이 만약 항도를 고치거나 물 흐름에 변동을 주어 대안을 충격할 수 있는 건축물을 경계 하천상에 세울 때 응당 먼저 상대방의 동의를 구해야 한다. 어떠한 일방이 만약 항도를 고치거나 물 흐름에 변동을 주어 대안을 충격할 수 있는 건축물을 경계하천상에 세울 때 응당 먼저 상대방의 동의를 구해야 한다.

제18조 조약 쌍방은 본 의정서가 효력을 발생한 후 3년마다 백두산지구의 국경, 5년마다 경계하천에 대해 한 차례의 연합검사를 진행해야 한다. 그러나 쌍방의 협상을 통하여 검사시간을 변동시킬 수도 있고 혹은 국경의 부분 구간에 대해서만 검사를 진행할 수 있다.

일방의 요구를 거쳐 쌍방은 국경의 일정한 구간에 대해 임시적인 연합검사를 진행할 수 있다.

매번 연합검사는 반드시 공동으로 기록을 작성해야 하며 쌍방의 서명을 거친 후 쌍방에서 각기 보존한다.

연합검사 중 만약 경계팻말 혹은 강 · 바다의 분계 표지가 이동, 파손, 훼멸되었거나 본 의정서에 부가된 일람표에 열거된 섬 및 사주가 충적되거나 일방에 속한 섬 · 사주가 다른 일방의 육지와 연결되는 상황이 발견되면 응당 공동 기록상에 상세히 게재해야 한다.

이동, 파손, 훼멸된 경계팻말 혹은 강 · 바다의 분계표지의 정황은 쌍방의 공동조사를 거쳐 본 의정서 제15조 제2항의 규정에 근거하여 회복 · 수리 중건을 진행해야 한다. 만약 일방의 섬 · 사주 및 충적에 의한 강안의 토지가 다른 일방의 육지와 연결되는 상황이 출현된다면 그 분계선을 명확히 하기 위하여 쌍방이 공동 혹은 일방이 상대방의 동의와 참가를 구한 뒤 상술한 분계선상에 표지를 세울 수 있다.

연합검사를 진행할 때 만약 새로 출현한 섬 및 사주를 발견한다면 쌍방은 국경조약 제2조 제4항의 규정에 근거하여 그 귀속을 확정해야 하며 일람표상의 번호에 이어서 계속 번호를 달아야 한다.

또 그것을 문건과 약도로 작성하여 상술한 섬 및 사주의 위치, 면적과 귀속 등 정황을 설명해야 한다.

상술한 문건과 약도는 쌍방이 서명한 후 본 의정서의 부가문건이 된다.

제19조 조약 쌍방은 무릇 본 의정서에서 규정한 국경의 유지 보호와 관리사항에 관하여 서로 연계 혹은 협상하여 처리할 때는 쌍방이 지정한 인원이 책임지고 진행한다. 쌍방이 연합으로 국경을 검사할 때는 쌍방의 파견인원이 중 · 조국경연합검사위원회를 조성할 수 있다.

최후 조항

제20조 국경조약 제5조의 규정에 근거하여 본 의정서가 효력을 발생하는 날부터 시작하여 1962년 10월 3일 중 · 조국경문제에 대한 중 · 조 양국 정부대표단의 회담기요 이외에 국경조약체결 이전의 일체의 양국 국경에 관한 문건은 즉각 효력을 잃는다.

제21조 본 의정서는 서명한 날부터 효력을 발생한다.

본 의정서는 1964년 3월 20일 북경에서 조인되었고 모두 2부로 되었으며 매부는 중문과 조문으로 작성되었다. 두 가지 문건은 동등한 효력을 가진다.

중화인민공화국 정부 전권대표 진의(陣毅)(서명)

조선민주주의인민공화국 정부 전권대표 박 성 철(서명)

2. 북 · 러시아 관련 국경조약

북한 · 러시아 간의 국경관계는 대한제국 당시의 관계를 일제가 국권찬탈 이후 그대로 계승해 오다가 제정러시아가 무너지고 소련연방국이 들어서면서 만주변경지와 연해주 일원으로 그 세력을 강화해 오는 가운데 일제 역시 대륙침략의 야욕을 펴면서 양대세력이 부딪치면서 두만강 하류지역인 이른바 북방삼각 국경지대는 불안정한 상태에 놓여 있다가 8.15광복 이후 러시아군의 지원하에 북한정권이 탄생하면서 자연히 북한 · 러시아 간의 국경문제는 러시아 주도하에 획정 · 관할 운영되어 오고 있는 실정이다.

즉 양측의 구체적인 경계선 획정은 러시아 · 북한 · 중국령이 교차하는 지점으로부터 시작하여 두만강 중심부에 위치한 점에서 남측 하구 방향 약 1km 지점에 있는 강의 중심부를 따라 이어지고 다시 남쪽방향으로 휘어져 두만강의 주류로 이어진다.

여기서 강주류의 중심, 즉 철교의 서단으로부터 약 1.4km 되는 동남에 그리고 이 철교 동단으로부터 약 1.5km 떨어진 곳에서 남방으로 전환하여 강주류의 중심 위치는 동남방 약 2.5km, 서북방 약 3.3km 되는 지점에 달하는데 국경선은 강주류의 중심을 따라 서남방으로 진행하여 1.2km 그리고 강의 중심을 따라 남방으로 이어지면서 러시아 측 무명의 섬 1개와 북한 측 섬 1개 사이를 국경선화하고 있다.

위의 북한 · 러시아 간의 국경설정에 관한 조약문이 향후 수립될 통일한국정부가 승계할 경우 국경 · 영토관리 측면에서 지대한 영향을 미칠 것으로 전망됨에 관련 제조약들을 연차순에 의해 수록한다.

가) 북 · 러시아 국경문제 조정에 관한 협약(1957. 10)

소비에트사회주의연방공화국 정부(이상 갑이라 칭함)와 조선민주주의인민공화국 정부(이상 을이라 칭함)는 소련과 조선 경계상에 타당한 질서를 유지하는데 관련된 제 국경문제를 최선의 방법으로 신속하게 조정할 목적으로 양접경구(兩接境口)의 활동을 규정하기 위해 본 협약을 체결할 것을 결정했으며 하기 사항의 서명자들을 타당하고 완전한 형식을 갖추어 자국이 인정하는 당사국의 전권대사로 임명하였고 하기(下記) 사항에 대해 합의했다.

제1조 소비에트사회주의연방공화국 정부와 조선민주주의인민공화국 정부는 국경문제 담당 전권대사와 그의 대사대리를 각각 1명씩 임명한다. 국경문제 담당 전권대사는 각각 2명씩 자기의 보좌관을 임명한다. 양국 국경문제 담당 전권대사와 그들의 대사 대리의 이름은 외교방식에 따라 상호간에 발표될 것이다. 국경문제 담당 양 전권대사의 보좌관의 이름은 전권대사에 의해 상호 발표될 것이다.

제2조 소비에트사회주의연방공화국 정부와 조선민주주의인민공화국 정부는 국경문제 담당 전권대사들이 다룰 지역은 경계표시 [T]자 지역(소비에트사회주의연방공화국, 조선민주주의인민공화국 및 중화인민공화국의 접경지로부터 [뚜메니-울라]

(두만강) 하구에 이르는 지역이다.

소비에트사회주의연방공화국의 국경문제 담당 전권대사의 상주 장소는 포시예트 읍(邑)이고 조선민주주의인민공화국의 국경문제 담당 전권대사의 상주 장소는 청진(세이신)시이다. 양국 국경문제 담당 전권대사들은 서로 자국의 대사 대리 및 보좌관의 주재 장소를 공식으로 발표한다.

제3조 국경문제 담당 전권대사의 대사 대리는 국경문제 담당 전권대사에 의해 위임된 모든 권한을 가진다. 국경문제 담당 전권대사의 보좌관들은 국경문제 전권대사가 위임한 국경상의 질서를 유지하는 부분적인 문제를 다룬다.

제4조 노어와 한글로 하는 문서작성권은 본 협약 제1조에서 언급된 다음과 같은 인물에게 주어진다. 소비에트사회주의연방공화국의 국경문제 담당 전권대사와 그의 대사 대리에게 소비에트사회주의연방공화국 국경군사령관에 의하여

조선민주주의인민공화국의 국경문제 담당 전권대사와 대사 대리에게

조선민주주의 인민공화국 내무성 부상에 의하여 :

제5조 국경문제 담당 전권대사의 의무는 다음과 같다.

1) 국경상에서 질서가 파괴되는 것을 막기 위하여 필요한 조치를 취한다.
2) 국경선상에서의 질서파괴와 관계가 있는 제 문제에 대한 조사를 실시하고 그 같은 사건을 근절하기 위해 조치를 취한다.

제6조 국경상에서 질서를 파괴하는 사건과 관련된 다음과 같은 문제들은 국경 담당 전권 대사의 소관으로 한다.

1) 국경지대의 주민에 의한 우연한 무고의 월경 및 그들이 거주하던 국가의 영토로 그들을 인도하는 방식을 결정하는 문제.
2) 국경지대의 주민들이 경제적 및 일상생활의 목적을 가지고(어획 삼림 속을 헤매는 것 등등) 불법적으로 월경하는 것과 그들이 거주하던 국가의 영토로 그들을 인도하는 방식을 결정하는 문제.
3) 공무수행상이나 그와 관련이 있는 일에 공무원들이 범한 월경 및 월경이 고의가 아닌 경우에 자국 영토로 그들을 돌려보내는 방법을 결정하는 문제.
4) 무기를 지참했거나 특히 살인을 저지를 목적으로 국경에서 질서를 파괴하였을 경우와 양국 가운데 어느 한 국가의 영토에 있는 자에게 부상을 입히거나 건강에 어떤 해를 끼치는 경우.
5) 선박과 보트나 뗏목 등에 의한 수로 및 해로를 통하여 국경을 침입하는 사건

과 특별협약에 의해 설정된 수로 밖에서 월경하는 사건에 관련된 문제.

6) 상대국의 국경지대에서 일어나는 약탈, 파괴 및 국가재산이나 기타의 재산에 대한 손해와 재산 반환 및 손해배상에 대한 조치.

7) 경계선에서 질서를 파괴함으로써 일어난 각종 배상에 관한 제 요구에 대한 검토 및 결정, 단 피해총액이 5000루블을 초과할 경우 손해배상의 결정은 양국 외무성의 허가를 얻어야 한다.

8) 필요한 조치를 취하고 상대국 영토에서 범죄행위를 막고 동시에 범죄자들이 상대방으로 월경하는 것을 방지할 목적하에 상대방 국경문제 담당 전권대사에게 그 조치를 통지하는 문제, 만일 범죄자들이 한편 국가에서 다른 편 국가로 넘어가는 경우, 갑 측 국경문제 담당 전권대사는 을 측 국경문제 담당 전권대사에게 이 사실을 통지한다.
후자는 범인을 일정기간 억류하는 문제와 범인을 본국 영토로 인수하는 문제에 대한 조치를 취한다.

9) 농업인구의 대량 월경.

10) 외교 경로를 거칠 필요가 없는 국경상의 질서파괴 문제들.

제7조 국경문제 담당 전권대사들은 국경상에서 발생하는 분쟁을 조정하기 위하여 그들에게 맡겨진 모든 조치를 취함과 동시에 특히 중요한 의의를 가지는 문제이면 어떤 것이든 외교적인 방식에 따라 해결하기 위하여 타방의 국경문제 담당 전권대사에게 그것을 통지하며 독자적으로 임의의 문제를 제기할 수 있는 권한을 갖는다. 양국 국경문제 담당 전권대사 사이에 합의를 보지 못한 문제들은 외교적인 방식으로 해결하도록 한다.

제8조 국경문제 담당 전권대사, 그의 대사 대리 및 보좌관들은 회의에서나 혹은 상면시에 공동으로 일을 처리한다. 회합이 있을 때마다 동일한 의정서를 2부씩 작성한다. 의정서 2부는 각각 노어와 한글로 작성하며 그 의정서에는 회합의 과정과 채택된 결정들이 명시되어야 한다.

결정이 채택됨과 동시에 그의 이행기한이 정해진다. 양국 국경문제 담당 전권대사에 의하여 공동으로 채택된 결정들은 변경할 수 없다. 이 같은 결정들을 이행하기 위하여 양국 국경문제 담당 전권대사들은 가능한 한 빨리 상호간에 채택된 조치에 대하여 발표하여야 한다.

사소한 문제들은 양국 국경문제 담당 전권대사들 사이에 서신교환으로 해결할 수 있다.(단 대사들 가운데 누구도 그 문제를 회의에서 검토하자고 주장하지 않을 경우에 한한다). 보좌관들이 만날 때마다 그들이 취한 행동을 상세하게 표시한 서류가 작성된다. 그러나 필요한 경우에는 결과와 제안만 기입한다. 보좌관들에 의해서 채택된 결정은 그들의 국경문제 담당 전권대사에 의해서 확인되고 난 후에만 효력을 나타낸다.

양국 국경문제 담당 전권대사의 첫 회의는 본 조약이 효력을 발하는 날로부터 1개월을 넘기지 않고 열려야만 한다.

제9조 양국 국경문제 담당 전권대사 그들의 대사 대리 및 보좌관의 회의와 회합은 반드시 양국 영토에서 교대로 행해져야 한다.

회합일과 시간에 대해서 국경문제 담당 전권대사는 적당한 때에 합의를 본다. 긴급 회합의 필요가 있을 때에는 국경문제 담당 전권대사들은 전화로 합의를 보거나 회합 시간 12시간 전보다 더 늦지 않을 범위 내에서 서신으로 서로 알려야만 한다.

그 영토에서 회의가 열리고 있는 측의 대표자는 회의나 회합을 사회한다. 국경문제 담당 전권대사의 회의와 회합에는 비서와 통역이 참석할 수 있으며 동시에 참석하는 것이 필요하다고 인정되는 전문가와 기타의 인사도 참석할 수 있다.

제10조 양국 국경문제 담당 전권대사들은 예비적인 합의에 따라서 사건의 본질을 규명하기 위하여 국경현장에서 직접 질서파괴의 경우를 조사할 수 있다. 그 영토 위에서 조사가 행해지는 당사국이 그 조사를 지휘한다. 조사에 대해서는 후에 회의 의사록에 첨부될 서류가 작성되어야 한다. 상술한 서류들은 본 협약 8조에 규정되어 있는 규칙을 준수하면서 작성되어야 한다.

제11조 통신교환 및 조항에 의한 범인과 재산의 인수 인계를 위하여 회합이 이루어진다. 소비에트사회주의연방공화국 영토에서는 [카산] 정거장에서, 조선민주주의인민공화국 영토에서는 두만강 정거장에서 통신은 하루 종일 수신해야 한다. 공휴일과 휴일도 제외되지 않는다. 범인과 재산인도는 낮에만 해야 한다. 국경문제 담당 전권대사들은 상호 협의에 따라 범인과 재산을 인수하거나 통신을 받을 때에 제출하게 될 서류의 양식을 정한다.

제12조 국경문제 담당 전권대사와 그의 대사 대리 및 보좌관들은 본 협약 제4조에서 규정한 서면 위임에 의거하여 국경을 넘나들 수 있다. 위임장에는 사진과 지참인의 서명 및 상대편 국경문제 담당 전권대사의 비자가 있어야 한다.(위임장의 견

본은 no. 1과 2에 기입되어 있다.) 서기와 통역은 국경문제 담당 전권대사에 의하여 발급된 증명서에 의하여 국경을 넘을 수 있다.

어떤 문제를 밝히는 데 참석해야 할 필요가 있는 전문가들 및 기타 인사들은 양측을 1회만 왕복할 수 있고 24시간 동안 효력을 나타내는 증명서에 의거하여 국경을 왕래한다. 증명서는 국경문제 담당 전권대사에 의해 발급되고 비자는 상대방 국경문제 담당 전권대사에 의해 발급된다.(증명사의 견본은 no. 4에 기입되어 있다.)

제13조 국경문제 담당 전권대사, 그들의 대사 대리 및 보좌관들 그리고 서기 통역 및 전문가들은 국경을 넘을 때 제복과 무기를 소지할 권리를 갖는다. 개인의 불가침성 및 개인이 가지고 있는 공문서의 불가침성이 보장된다. 상술한 인사들은 공무상 필요로 하는 물건과 교통수단 및 개인적으로 필요한 식료품과 담배 등을 상대방의 영토 안으로 관세나 세금이 없이 가지고 갈 수 있는 권한과 다시 그것을 가지고 올 수 있는 권한을 갖는다.

제14조 협약을 체결한 쌍방은 그의 영토상에서 본 협약을 수행하는 데 드는 비용을 부담한다. 그의 영토 내에서 회의나 회합이 행해지고 있는 측은 회의나 회합에 드는 비용을 부담한다.

제15조 본 협약은 협약을 맺고 있는 쌍방의 정부에 의하여 그것이 인준된 것을 통지한 날로부터 효력을 발하며 5년간 효력을 지속할 것이다. 만일 협약을 맺고 있는 쌍방 중에 일방이 본 협약의 만기 6개월 전에 그것을 거부하거나 다소 변경하여야 한다는 의사표시를 하지 않으면 본 협약은 자동적으로 폐기통지가 있을 때까지 다시 5년 동안 유효하다.

제16조 협약은 2부로 구성되며 각 협약은 노어와 한글로 작성된다. 2부는 제각기 동일한 효력을 가진다.

1957년 10월 14일 평양에서 조　인(서명)

협약은 1957년 12월 14일 효력을 발생한다.

나) 북 · 러시아 간의 국경획정(國境劃定)에 관한 조약(1985년 4월 17일 모스크바)

양국 간의 협조와 우의, 주권, 독립, 평등 및 영토보전에 관한 상호존중을 기초로 하여 러시아 · 북한 간의 국경을 좀 더 상세하게 규정하고자 다음과 같이 합의함.

제1항 양국 간의 국경선은 두만강 유로의 중심을 따라 러시아, 중국 그리고 북한의 국경이 교차하는 곳으로부터 시작하여 그 하구로 이어지며 이 조약에 첨부된 5만분지 1의 축적도와 국경조정에 관한 상술서에 의거 동해로부터 러시아의 대외경계와 북한의 영해선이 교차하는 점에 이른다.

국경조정에 관한 상술서 및 국경선을 표시하는 5만분지 1의 축적도는 이 조약의 주요부분을 이룬다.

제2항 본 조약이 지정하는 국경선은 수직방향으로 지하 및 상고(上高)에 대하여 기술한 것으로 한다. 조약 체결 당사자가 달리 동의하지 않는 한 두만강 유로에서 발생할지도 모르는 자연적 변화에 대하여 본 조약에 의한 국경선의 위치 변화는 수용하지 않는다.

제3항 국경선을 표시, 코스의 상세한 기술을 준비 경계지도에 이를 표시하거나 다른 경계를 획정하기 위하여 체결 당사자들은 본 조약 시행 후 가능한 한 조속히 동등의 원칙하에 러시아, 북한간의 합동경계위원회를 설정한다.

제4항 본 조약은 비준여부에 의존하며 비준서의 교환일로부터 효력을 발생하고 그 교환은 평양에서 행한다.

이의 부본은 1985년 4월 17일 모스코바에서 러시아어와 조선어로 각각 작성하고 각기 동등한 권위를 가진다.

다) 북한 · 러시아 간의 국경획정에 관한 조약 · 부속서(1985년 4월 17일 모스코바)

러시아, 북한 간의 영토는 러시아, 북한, 중국 영토가 만나는 지점으로부터 시작되며 국경선은 두만강 중심부에 위치한 지점에서 위에 언급한 지점으로부터 남측하구 방향으로 약 1km 지점에 있는 강의 중심부를 따라 이어지고 남쪽방향으로 전향하여 강의 주류를 따라 점 B에 도달한다.

점 B는 강 주류의 중심, 즉 철교의 서단으로부터 약 1.4km 되는 동남에 그리고 동 철교의 동단으로부터 약 1.5km 떨어진 곳에서 남방으로 전환하여 점 C에 도달한다. 점 C는 강 주류의 중심에 위치하는바, 북한 측에 위치한 고도 89.9의 동남방 약 2.5km 그리고 북한 측의 고도 120.1의 서북방 약 3.3km 되는 곳에 이른다.

국경선은 점 C로부터 강주류의 중심부를 따라 서남방으로 진행하여 점 D로부터 강의 중심에 위치하는바, 조선 측에 위치한 고도 120.1의 약 1.2km의 곳에 둔다. 국경선은 점 D로부터 강의 중심을 따라 남방으로 이어지며 러시아 측에 섬 하나가 있으며 북한 측에도 섬이 하나가 있어 점 E에 도달한다. 이 밖에도 본 조약에 부속된 11개항의 Note가 따로 부속되어 있다.

(이 내용은 1985년 4월 17일 북한외교부 김영남과 러시아 외상 그로미코가 서명한 영문 조약문을 번역한 것이다.)

맺는 말

국가의 판도(版圖)는 영원불변한 것이 아니라 신축(伸縮) 또는 확축(擴縮)되기 마련이다.

국운이 융성(隆盛)할 시기에는 그 영역이 넓혀지는가 하면, 쇠락할 때에는 침축(侵縮)되기도 한다.

우리나라의 경우도 예외는 아니었다. 다른 나라에 비해 오히려 그 같은 기복(起伏)과 굴곡(屈曲)이 심한 정도였다. 수많은 주변국들이 흥망성쇠를 거듭해 오는 동안, 그 여파(餘波)가 우리나라의 영토를 침축(侵縮)시켜 온 것이다.

고대 이래 중·근세에 이르기까지 우리의 국사(國史)는 영토사의 변천과 궤를 같이하며 변화무쌍(變化無雙)한 우여곡절(迂餘曲折)을 겪어왔다. 특히 우리 한국사에 있어서 북방영토의 상실은 곧바로 국력의 쇠락으로 이어졌고, 고구려를 계승한 해동성국이라 지칭되던 발해국(일명 大震國)이 쇠망한 이래 장기간에 걸쳐 북방영토를 상실하게 되면서 오늘날 세계적 자원의 보고(寶庫)로 알려지고 있는 시베리아와 만주 일원의 판도(版圖)가 우리의 영토권에서 벗어나는 비운을 맞게 하였다.

고려조에 들어와 북방영토의 일부를 회복하였으나 국력이 뒷받침되지 않아 적극적인 경역관리(境域管理)를 하지 못해 오다가 조선조가 들어서면서 영토수호를 위한 진취적인 기상(氣象)이 제대로 발휘되지 못하였다.

그러나 그 후에도 우리의 강토가 1만 리(一萬里)라는 영토의식은 조야(朝野) 모두가 의심의 여지없이 견지해 왔다. 1만 리 강토(一萬里疆土) 의식이 3천 리(三千里)라는 자학적(自虐的) 영토관으로 스며들게 된 것은 조선 후기 이후부터였다.

이 같은 자학적인 영토의식은 국권(國權)이 찬탈되고 식민사관이 형성되면서 점차 무비판·무의식 속에 일만 리 강토가 은연중 삼천리 금수강산으로 수식화되고, 반도국이라는 자학적인 민족사관에 따라 국민의 뇌리에 젖어들고 말았다.

급기야 이러한 영토관은 헌법에도 투영되어 '대한민국의 영토는 한반도와 그 부속도서(島嶼)로 한다.'라고 명문화되기에 이르렀고 오늘날 휴전선 이남만이 우리의 영토라고 보는 견해마저 생겨날 정도이다.

이러한 영토관이 대두된 것은 현실적으로 당면한 불가피성 속에서 제기된 것이라 하더라도 우리의 역사관(歷史觀)·영토관(領土觀)으로 대입시킬 수는 없다. 우리의 선대(先代)들은 타국을 침략하여 영토를 넓히려 했거나, 넓히고자 한 것이 아니라 역사적으로 전래(傳來)·계승(繼承)되어 온 영토의 범위를 올바로 파악, 인식, 견지해 오고자 하였다.

이에 이 시대를 살아가는 우리들은 불법부당하게 상실당한 땅들에 대해 그 과정을 올바로 알고, 나아가 투철한 영토의식을 견지해, 후손들에게 빼앗긴 땅을 원상회복(原狀回復)시키려는 의지를 각인(刻印)시켜 주어야만 한다.

그 같은 연유를 발해 멸망 이후 러시아의 동침(東侵)과 청의 봉금정책(封禁政策)에 따른 불법부당성으로 인해, 우리의 영토가 침축(侵縮)당해 온 과정을 제기, 영토수복의지(領土收復意志) 확산에 주안점을 두고자 한 것이 본서의 핵심이다.

올바른 영토관은 올바른 역사의식 속으로 이어져 나가야만 한다. 주장하지 않는 자에게는 얻을 수 있는 기회가 도래하더라도 그 권한을 향유할 수 없다는 사실은 영토관에 있어서도 예외는 아니리라!

1만 리 강토(一萬里疆土)를 더 이상 3천리강산(三千里江山)이라는 자학적(自虐的) 영토관에 젖어들지 말고, 수복되어야 할 조상 전래의 고유영토들을 회복시켜 나가도록 하는 역사의식과 함께 영토의식을 고양(高揚)시켜 나갔으면 한다.

본서는 이 같은 의도하에서 엮어졌음을 밝혀두는 동시에 본서 제3장과 9장 이후의 각 항목별 주와 참고문헌은 편집상 부득이 생략하였음을 밝혀 둔다. 또한 이 책에서 언급된 국명, 지명, 인명 등 고유명사에 대해 통일성을 기하지 못하고 각 장(章)에 따라 편의적으로 기술한 데 대해 독자 여러분의 양해를 구하는 바이다. 무엇보다 어려운 출판상황하에서도 발간을 흔쾌히 허락해 주신 진욱상 사장님과 편집과 교정 교열을 위해 노고를 아끼지 않으신 여러분께 거듭 감사의 뜻을 표하는 바이다.

참고문헌

【韓國語文】

金富軾, 三國史記.

一　然, 三國遺事.

延世大 東方學硏究所編, 高麗史.

朝鮮王朝實錄, 太宗, 世宗, 中宗, 明宗, 宣祖, 光海君日記, 孝宗, 高宗實錄 等.

中樞院 編, 世宗實錄地理志, 咸吉道條.

備邊司謄錄, 第十七册 孝宗 五年 甲午 二月 初二日條.

同文彙考 原編, 卷七十二, 卷七十六軍務扁.

金指南, 通文館誌.

古典刊行會 編, 新增東國輿地勝覽.

丁若鏞, 我邦疆域考.

韓致奫, 海東繹史.

李　翼, 星湖僿說類選, 卷九 下.

金魯奎, 北輿要選.

李重夏, 勘界交涉報告書.

朴容大, 奉命 編, 增補文獻備考, 撰集廳, 1902(隆熙 2年).

鄭寅普, 朝鮮史硏究, 서울신문사, 1947.

金鍾烈, 對馬島와 朝鮮關係, 新天地, 제3권 3호, 1947년.

서울신문, "對馬島는 本是 朝鮮領土", 1948년 1월 2일자.

崔南善, 九州와 對馬島情勢, 新天地, 제8권 8호, 1953.

金鍾權, 國難克服史, 凡潮社, 1967.

咸北大觀, 正文社, 1967.

文定昌, 朝鮮史硏究, 柏文堂, 1969.

咸鏡北道道誌 編纂委員會, 咸鏡北道誌, 同委員會刊, 1970.

咸鏡南道誌道誌編纂委員會, 咸鏡南道誌, 同委員會刊, 1972.

平安北道誌道誌編纂委員會, 平安北道誌, 同委員會刊, 1972.

李源台 編, 倍達族 彊域形勢圖, 서울大學校出版部, 1972.

新義州市誌編纂委員會 編, 新義州市誌. 同委員會刊, 1973.

大韓民國 國會圖書館 編, 間島領有權關係拔萃文書, 1976.

한국일보, "특별기획 對馬島", 1978년 1월 14일자.

申基碩, 間島領有權에 關한 硏究, 探求堂, 1979.

양태진, 韓露國境線上의 鹿屯島, 韓國學報, 第十九輯, 1980年 여름號.

양태진, 韓國의 國境硏究, 同和出版公社, 1981.

李炳銑, 對馬島地名考, 語文學, 제42輯, 1982.

국제문제조사연구소, 시베리아의 賦存資源과 開發現況, 1983.

姜錫午, 新韓國地理, 大學教材出版社, 1984.

李仁榮, 韓國滿洲關係史硏究, 乙酉文化社, 1984.

서울신문사 편, 日本 對馬島, 壹岐島綜合學術調査報告書, 1985.

李炳銑, 韓國의 古代國名地名硏究, 亞細亞文化社, 1986.

趙秉善, 恢復, 靑文社, 1986.

이훈구, 滿洲와 朝鮮人, 成進文化社, 1987.

양태진, 韓國邊境史硏究, 法經出版社, 1989.

양태진, 對馬島는 우리 땅이였다, 한배달, 제6호, 1989.

안 천, 만주는 우리 땅이다, 인간사랑, 1990.

李 徹, 시베리아개발사, 민음사, 1990.

방학봉, 중국동북민족관계사, 대륙연구소출판부, 1991.

梁泰鎭, 韓國領土史硏究, 法經出版社, 1991.

한국정신문화원 편, 한국민족문화대백과사전, 7권, 1991.

劉忠傑 · 沈惠淑, 白頭山과 延邊朝鮮族, 白山出版社, 1993.

북한지지요람, 통일원정보분석실, 1993.

北韓研究所 編, 北中國境橋梁狀況, 北韓, 1993년 7월호.
韓國精神文化硏究院 編, 江北日記, 江左輿地圖, 俄國輿地圖, 1994.
원호식, 러시아 발해유적, 대륙연구소출판부, 1994.
북한의 자연지리와 사적, 통일원 정보분석실, 1994.
田景 等著, 豆滿江下流自然資源과 利用, 白山出版社, 1996.
現代ゴリア, 1997年 10月號, 內外通信 綜合版, 第22輯, 1997年 第63號.
양태진, 近世韓國境域論考, 景仁文化社, 1999.
양태진, 條約으로 본 우리 땅 이야기, 예나루, 2007.

【北韓出版物】

문화유산, 1959년 4월호.
사회과학원 역사편찬연구소, 력사사전 1, 사회과학원출판사, 1972.
考古學, 김일성종합대학출판사, 1983.
이지린 · 강인숙, 고구려 역사, 논장, 1988.
오붕근 등저, 조선수군사, 사회과학출판사, 1991.
사회과학원 력사연구소, 조선전사 1, 2(원시 · 고대편), 과학백과사전출판사, 1991.
사회과학원 력사연구소, 조선전사 3(중세편-고구려사), 과학백과사전출판사, 1991.
발해사연구론문집 1, 과학백과사전종합출판, 1992.
방학봉, 발해사연구 4, 연변대학출판사, 1993.
조선지도첩, 교육도서출판사, 1997년.
고장이름사전 -평안북도편-, 과학백과사전종합출판, 2001년.
고장이름사전 -량강도편-, 과학백과사전종합출판, 2001년.
고장이름사전 -자강도편-, 과학백과사전종합출판, 2001년.
고장이름사전 -함경북도편-, 과학백과사전종합출판, 2001년.
1956년 9월 2일 북한 · 중국간 치수공정에 관한 의정서 및 보충의정서.
1962년 10월 2일에 체결한 조 · 중국경조약.
1962년 3월 20일 조 · 중국경에 관한 의정서.
1961년 11월 24일 체결, 압록강과 두만강에서 목재운송에 관한 의정서.

1957년 10월에 체결한 북한·러시아간의 국경조정에 관한 의정서.
1985년 4월에 체결한 북한·러시아간의 국경조정에 관한 조약.
1985년 4월에 체결한 북한·러시아간의 국경획정에 관한 조약부속서.

【외국어문】

Cahen, G., Histoire des relations de la Russie avec la Chine, 1689.

F. A. Golder, Russian Expansion on the Pacific, 1641~1850.

Ravenstein E. G., Russians On the Amur −Its Discovery, Conquest and Colonization−, London, 1861.

Henry H. Howorth, History of the Mongols, Part ll −The So-called Tartars of Russia and Central Assia−, Division ll, London, 1880.

Korzhinsky, S. I., Amursky Oblast'kak Zemledel'cheskaia Kooloniia(The Amur Region as an Agricultural Colony), St. Pestersbug, 1892.

Robinson J. H. Breasted, J. H. A General History of Europe Part 111, −Recent European History−, 1914.

Account of the Diplomatic Relation between Russia and China, Part 1−The treaty of Peking 1860, Port Arthur, 1902.

Wright George F., Asiatic Russia, New York, 1902.

Deutch, Leo, Sixteen Years in Siberia, London, 1903.

Keller, A. G. Colonization, 1908.

Morse H. B., The International relation of the Chinese Empire, Vol. 1, the period of Conflict 1834~1860, 1910.

The Encyclopaedia Britannica, 11th edition, Vol. XV, Cambridge, 1911.

Романовъ, В.Ф., ДальнійВостокъ.(ПерсеЛенческое Управленіе Главнаго Управленія Землеустройства и Земледълія Азіатская Россія), Vol. I, Петербургъ, 1914.

Zimern Alfred E., Nationality and Government, 1918.

Robinson J. H., Breasted, J. H., Recent European History, 1921.

Kennan G. E. G., Harriman, A Biography, Vol. 11, Boston, 1922.

Hand book of Siberia and Arctic Russia, London, 1922.

Bowman I, The New World, problems in political geography, London, 1924.

Du Halde, Description de la Chine et de la Tartarie Chinoise Tome.

БартолЬд В. В., История ИЗучения Востока в Европе и Россин, Ленингра, 1925, Barker, Ernest, National Character and Factors in Formation, 1927.

Бахрушин С.В., Очерки по истории Колонизации Сибири в XVI и XVII вв. Моссва, 1928.

Bernad Joseph, Nationality; Its Nature and Problems, 1929.

Lippincott's Pronouncing Biographical Dictionary, Fifth edition, 1930.

Yakhontoff Victor A., Russia and the Soviet Union in the Far East, London, 1932.

Lobanov Rostvsky A. A., Russia and Asia, New York, 1933.

Becker C. L., Modern History, New York, 1935.

Dixon, Roland B., Migration Primitive, Encyclopaedia of Social Sciences, MacMillan Vol. X.

Vernadsky, G., A History of Russia, 1935.

Moeller R. Russaland, Wessen und Werden, 1940.

David J. Dallin, The Rise of Russia in Asia, 1947.

Mazoul, A. G., Russia past and present, New York, 1951.

Сереломниь, С.М., ИсторичесскiйОчеркъ Завоеванiя АзiатскойРссiи.(Переселенчское Управ ленiя Землеустройства и Землелъiя Азiатская Россiя), Vol. 1, Петербургъ.

Jones Stephen B., Boundary Making, Washington D.C., 1945.

Kerner, Robert J., The Russian Easterward Movement-Some Observation on its Significance, Pacific Historical Review XVIII, May 1948.

Treadgold Donald W., The Great Migration, Princeton Univ. Press, 1957.

Malozemff Andrew, Russian Far Eastern Policy(1881~1904), Berkley California University Press, 1958.

Sebes Joseph S. J., The Jesuits and the Sino-Russian Treaty of Nerchinsky 1689, Rome, 1961.

Lattimore Owen, Inner Asian Frontiers of China, Boston, 1962.

Semynov Yuri, Siberia, Its Conquest and Development, translated by J. R. Foster, London, 1963.

Staton John W., The Foundation of Russian Foreign Policy in the Far East, 1847~1867, Unpublished Ph.D. dissertation Univ. of California, Berkeley.

David Rees, Soviet Border Problems-China and Japan, Conflict Studies No. 139, The Institute for the Study of Conflict.

【中國語文】

何秋濤, 俄羅斯互市始末(二十九年(康熙)), 1690.

吉林通志 · 李桂林 等著, 吉林省(光緒十七年), 1891.

鄒代鈞, 中俄界記, 武昌 : 亞新地學社(宣統 3年), 1911.

蘇演存, 中國境界變遷大勢考, 上海 : 商務印書館(民國 5年). 1916.

黑龍江通志稿 · 張伯英 等著, 民國 21年刊本, 1930.

王海波, 東北移民問題, 上海 : 中華書局(民國 21年), 1930.

翟文選 等編, 奉天通志, 奉天 : 臧式穀, 1934.

曹廷杰, 島田好 · 岩間德也 解說, 俄界情形, 滿洲文化協會, 1935.

皇朝通考, 卷三十三, 卷三百 및 皇朝續文獻通考, 上海 : 商務印書館 影印本(民國 25年), 1936.

施紹常, 中俄國際約注, 臺北 : 廣文書局, 影印本(民國50年), 1962.

趙中孚, 清季中俄東三省界務交涉, 臺灣 : 中央硏究院近代史硏究所(中華民國 59年), 1970.

趙中孚, 清季東三省界務交涉, 臺灣 : 中央硏究院 近代史硏究所(中華民國 59年), 1970.

臧勵龢, 中國古今地名大辭典, 臺灣 : 商務印書館(民國 61年), 影印版, 1972.

中國 吉林省, 自然保護, 吉林省 自然保護管理局, 1978.

陳壽, 三國志 魏志 東夷傳, 臺灣 : 商務印書館, 1987 影印版.

李賢 等撰, 明一統志, 臺灣 : 商務印書館, 1987 影印版.

司馬遷 撰, 史記, 臺灣 : 商務印書館, 1987 影印版.

魏徵 編纂, 隋書, 臺灣 : 商務印書館, 1987 影印版.

歐陽修・宋祁 等撰, 唐書, 臺灣 : 商務印書館, 1987 影印版.

郭璞 注, 山海經, 臺灣 : 商務印書館, 1987 影印版.

班固 撰, 前漢書, 臺灣 : 商務印書館, 1987 影印版.

范曄 撰, 後漢書, 臺灣 : 商務印書館, 1987 影印版.

阿桂 于敏中 等奉勅撰, 欽定滿洲源流考, 臺灣 : 商務印書館, 1987 影印版.

阿桂 劉謹之 等奉勅撰, 盛京通志, 臺灣 : 商務印書館, 1987 影印版.

呂一燃 等著, 中國邊疆史之論集, 黑龍江教育出版社, 1990.

楊昭全・孫玉梅 共著, 中朝邊界史, 吉林文史出版社, 1993.

西淸, 黑龍江外記, 據皇朝藩屬輿地叢書 光緒癸卯刊本.

曹廷杰, 西伯利亞 東偏記要, 遼海叢書版 遼海書社, 刊年未詳.

欽定大淸會典事例, 卷七百四十六, 理藩院邊務, 刊年未詳.

遼東志(尊經閣 叢書), 飜刻本, 刊年未詳.

古地圖類로 遼東河東城堡地方總圖, 刊年未詳.

【日本語文】

鴨綠江, 大崎峰登, 兵林館, 1910(明治 43年).

野口保興, 韓國・南滿洲(全), 目黑書店(明治 43年), 1910.

津田左右吉, 朝鮮歷史地理, 第一, 二卷, 南滿洲鐵道株式會社(大正 2年), 1913.

釋尾春芿, 欽定滿洲源流考 全 朝鮮群書別集, 第七輯, 朝鮮古書刊行會(大正 5年), 1917.

Polant Ross 原著, 瀨川秀雄譯, 歐洲諸國民族發達史, 下卷(大正 15年), 1926.

南滿洲鐵道株式會社 編, 露領沿海地方ノ 自然ト 經濟(上・下卷), 1927.

稻葉岩吉, 朝鮮孝宗朝に於ける滿洲出兵に 就いて, 上・下 靑丘學叢, 第十五號.

牛丸潤亮, 最近間嶋事情-附露支移住鮮人發達史-朝鮮及朝鮮人社, 1927.

津田弘治郎, 露領沿海州地方の自然と經濟, 南滿洲鐵道株式會社(昭和 2年), 1927.

內藤智秀, ロシアの東方政策, 東京 : 目黑書店(昭和 2年), 1927.

朝鮮總督府, 吉林省東部地方狀, －在住朝鮮人現況－(昭和 3年), 1928.

稻葉岩吉, 滿洲發達史, 日本評論社(昭和 10年), 1935.

松本於菟男, 鴨綠江, 滿洲國通信社, 1937.

篠田治策, 白頭山定界碑, 樂浪書院, 1938.

中村敏, 滿蘇國境紛爭史, 東京 : 改造社(昭和 14年), 1939.

万代源司 編, 長白山綜合調査報告書, 滿鐵吉林鐵道局, 1941.

朝鮮側 鴨綠江 上流地方一般狀況, 滿鐵調査月報, 1943年 9月號(通卷144號, 第13卷 9號).

ロシア原初年代記, 除村吉태郎 譯(昭和 18年), 1943.

加藤九條, ｼﾍﾘｱ歷史, 紀伊國屋, 1963.

金正柱編, 朝鮮統治史料, 第九卷(領土紛爭關係 薪島), 韓國史料硏究所, 宗高書房, 1972.

周藤吉之, 清代アシア史硏究, 日本學術振興會(昭和 47年), 1973.

大橋興一, 帝政ロシアのシベリア開發と東方進出過程, 日本東海大學出版部, 1974.

永留久惠, 對馬島文化財, 杉屋書店, 1978.

日比野丈夫, 中國歷史地理硏究, 東洋史硏究叢刊之三十, 同朋舍(昭和 52年), 1978.

倉橋敏夫, ｿ蓮ﾉ ｼﾍﾘｱ 征服史, ｾﾞﾝﾎｳ, 1981.

永留久惠, 古代史の鍵・對馬・大和書房, 1985.

船越昭生, 康熙圖地理學史的硏究, 法政大學出版局, 1986.

稻葉岩吉, 淸初の疆域, 滿鮮歷史地理硏究報告, 第二輯.

魏聲龢, 中俄界牌表, 東北叢刊, 七期.

下田禮佐, 露淸關係硏究, 小川博士還曆記念 史學地理學論叢, 年代未詳.

東亞同文會 編, 支那關係特殊條約彙纂, 刊記未詳.

※ 위의 참고문헌은 발간연도 순임을 밝혀둔다.

찾아보기

저자약력

양태진

1960년대 이래 오로지 우리나라 영토관련 연구에 몰입, 한국변경사연구 등 20여 권의 저서와 수많은 논문, 관련학회 활동을 통해 영토의식 제고에 이바지해 왔다. 본서는 특히 우리나라 영토가 1만 리 강토였음을 밝히고 3천리강산이라는 자학적 영토의식에서 벗어났으면 하는 의지의 소산이다.

一萬里 朝鮮疆土의 侵縮史

2011년 11월 25일 초판 1쇄 인쇄
2011년 11월 30일 초판 1쇄 발행

저 자 양 태 진
발행인 (寅製) 진 욱 상

발행처 백산출판사

서울시 성북구 정릉3동 653-40
등록 : 1974. 1. 9. 제 1-72호
전화 : 914-1621, 917-6240
FAX : 912-4438
http://www.ibaeksan.kr
editbsp@naver.com

저자와의 합의하에 인지첩부 생략

값 30,000원
ISBN 978-89-6183-530-5